Julius Waldkirch • Die Meinungsmacher

Julius Waldkirch

Die Meinungsmacher

Die Geschichte des renommierten Pfälzer Presse-Verlages – Ein Kampf für die Pressefreiheit und Wahrhaftigkeit

FRIELING

Bibliografische Information der Deutschen Nationalbibliothek
Die Deutsche Nationalbibliothek verzeichnet diese Publikation
in der Deutschen Nationalbibliografie; detaillierte bibliografische Daten
sind im Internet über http://dnb.d-nb.de abrufbar

Eine Marke der Frieling & Huffmann GmbH & Co. KG
Rheinstraße 46 · D 12161 Berlin
Telefon: (0 30) 76 69 99-0
www.frieling.de

ISBN 978-3-8280-3405-1
1. Auflage 2017
Umschlaggestaltung: Michael Reichmuth
Bildnachweis: Archiv des Autors
Schreibservice: Birgit Neureither

Printed in Germany

Inhaltsangabe

Mit Dokumentationen sowie mit Bildern und Berichte über VII. Epochen wird erstmals chronologisch geschildert sowie mit zeitgemäßen Berichten von Augenzeugen bekräftigt, wie es am Beispiel eines bedeutenden pfälzischen Presseverlags diesem sowie seinen Verantwortlichen in den turbulenten Zeitabschnitten erging.

III. Die Dokumentation über den Führer Adolf Hitler und die Ausschaltung der freien Presse durch seine NSDAP 1930 – 1945

Hier wird erklärt, wie die Nazis mit Propaganda ihre Machtergreifung vorbereiteten, die Presse als meinungsbildendes Instrument einsetzten und nach dem Motto „Und bist du nicht willig, so brauch ich Gewalt“ die Zeitungsverlage in ihre Hände bekamen.

IV. Dokumentation über den Druck der NSDAP zur Arisierung in Ludwigshafen und Mannheim 1933 – 1945

Hier befasst sich der Autor mit den verschiedenen Arten der jüdischen Enteignung und Arisierung sowie den Tricks, mit denen jüdisches Vermögen, trotz Verbots, ins Ausland gebracht wurde.

V. Dokumentation über das Ende des verlorenen Krieges und die Restitution der arisierten Vermögen 1945 – 1952

Hier wird die Symbiose der Bevölkerung mit dem Wiederaufbau sowie die Rückgabe oder Entschädigung der enteigneten Betriebe gezeigt.

Vorwort

- Im Dienste am Gemeinwohl –

So legt die Waldkirch-Presse ihr eigenes Wesen dar.
Das Wesen der Presse im Allgemeinen ist aber vielschichtig und da sie meinungsbildend ist und ein Kritikorgan für Politik, Wirtschaft, Verwaltung und Gemeinden darstellt, ist sie auch ein Machtinstrument.
Ein Instrument, das nur richtig und gut klingt, wenn es sich in verantwortungsbewussten Händen befindet und „Im Dienst am Gemeinwohl“ verwendet wird.
Schon Napoleon wusste um die Bedeutung der Presse und nannte sie die „Siebente Großmacht“.
Auch die Nationalsozialisten begründeten ihr Bestreben das ganze Zeitungswesen in ihre Hände zu bekommen so: „Wer die Presse hat, der hat die öffentliche Meinung. Wer die öffentliche Meinung hat, der hat Recht. Wer Recht hat, der kommt in den Besitz der Macht“.
Die Tageszeitung ist ein Band, das den einzelnen Menschen mit dem anderen verbindet und die Bevölkerung mit ihrem Staat und der Welt verknüpft. Sie ist, wie Schopenhauer sagt, „der Sekundenzeiger der Weltgeschichte“.
Die Zeitung ist ein Spiegel des Zeitgeschehens und sollte einen schlierenfreien Blick ermöglichen. Sie sollte dem Leser eine wirklichkeitsnahe Orientierung bieten, dann „dient sie dem Gemeinwohl“.
Die Presse ist aber auch ein Instrument, das durch Nachrichten, Berichte und Kommentare Meinungen beeinflusst und so Menschen in eine bestimmte Richtung lenken kann.
Diese Möglichkeiten haben Hierarchien und Diktaturen schon immer für sich benutzt. Sie haben nach ihrer „Machtergreifung“ immer die Pressefreiheit beschnitten oder ganz abgeschafft. Es erschienen dann nur noch die für ihre Zwecke geeigneten Artikel.
Aber auch in Demokratien, wo die Pressefreiheit garantiert ist, gibt es Interessengruppen aus Politik, Wirtschaft und der Parteienlandschaft, die versuchen, die Medien für sich einzuspannen.
Durch eine Beteiligung an den Verlagen, die Erteilung von Großanzeigen und der mithilfe von willigen Journalisten können Medienmonopole entstehen, die dann trotz oder gerade wegen der Pressefreiheit ihre meinungsbildende Arbeit machen. Mit der Pressefreiheit alleine ist es also nicht getan. Denn auch Kartellämter können nicht immer eine Zentrierung verhindern.

Zur echten Medienfreiheit gehört deshalb auch die Vielheit. Durch die Vielschichtigkeit wird eine gewisse Ausgewogenheit garantiert, damit sich eine Monopolmeinung nicht bedingungslos durchsetzt. Die Konkurrenz wird einem manipulierten oder geschönten Bericht sofort widersprechen und das betreffende Geschehen von der anderen Seite her beleuchten.
Kommentare sind in einer freien Gesellschaft natürlich erlaubt, ja erwünscht. Sie sollten allerdings als Meinung der betreffenden Kommentatoren erkennbar sein.
Wenn aber der Zeitgeist mitmischt und eine Tendenz entsteht, so kann es für eine neutrale Berichtübermittlung sehr eng werden. Eine einmal entstandene Strömung in irgendeine Richtung ist dann kaum noch zu neutralisieren. Alles wird mitgerissen.
Durch eine geschickte Medienpsychologie werden selbst hochintelligente Menschen, ohne dass sie es selbst merken, beeinflusst. Sie interpretieren den Zeitgeist und die tendenziöse Berichterstattung als eigene Gedanken und verteidigen sie vehement.
Selbst wenn angesehene Menschen, darunter Politiker, Wirtschaftler, Gewerkschaftler, Universitätsprofessoren und auch Parteifunktionäre, die ihre fünf Sinne noch beisammen haben, sich gegen diesen gefährlichen Zeitgeist stellen, werden sie oft einfach ausgeblendet.
Ihre Kommentare erscheinen als Nebensätze und sie werden in dem betreffenden Falle als unglaubwürdig und parteiisch hingestellt. Sie werden beleidigt und es wird oft in ihrer Vergangenheit gewühlt, ob es da nicht einen wunden Punkt gibt, der gegen sie zu verwenden wäre. Wenn es ganz schlimm kommt, wird ihnen eine faschistoide Haltung angedichtet und sie in die NS- oder kommunistische Ecke gestellt. Auch eine angedichtete antisoziale und machtgierige Einstellung ist immer wirkungsvoll.
Solche Tendenzen die aus dem Ruder laufen, sind auch für Demokratien sehr gefährlich.
Menschen sind nun einmal Menschen und wenn ihnen eine gewisse Abneigung, ein Zorn oder eine Feindschaft eingeimpft wird, so kann es schnell zu Gewalttätigkeiten kommen und so entstehen laufend kalte und heiße Kriege, an denen natürlich immer der andere Schuld ist und auch angefangen hat. Keiner ist ein Aggressor, jeder verteidigt sich nur.
Ein psychologisch denkender Mensch kann erkennen, wann eine solche Manipulation ihren Anfang nimmt.
Es ist seit Jahrhunderten der gleiche Ablauf, wenn Menschen andere Menschen gegen jemanden persönlich, ein Land, ein beliebiges Objekt beeinflussen wollen.

Es beginnt zuerst verhältnismäßig harmlos; leichter Spott, leichtes Lächerlich machen, alles noch im Bereich eines spitzfindigen Humors. Dann steigert es sich in nicht mehr so ganz witzige und herabsetzende Vermutungen unter Beifügung von negativen Attributen.
Das Zielobjekt, die Person, die Gruppe, das Land wird dann mit unangenehmen und feindlichen Dingen assoziiert. Es erfolgt die Einordnung in asozial, geldgierig, machtbesessen, diktatorisch, kriegslüstern usw. Oft erscheinen auch Karikaturen mit dementsprechenden Outfit wie Dollarnote, Hakenkreuz, Hitlerbärtchen, NS-Uniformen, Lenin-Mütze usw.
Für die lügnerischen Behauptungen die dann aufgestellt werden, ist nun der Boden bereitet, sie werden aufgrund der gesteigerten Diskriminierung als Tatsache anerkannt und nicht mehr hinterfragt.
Jetzt bleibt nur die Hoffnung, dass der Zeitgeist sich erschöpft, sonst ist für eine einzelne Person Matthäi am letzten.
Ein ganz spezieller Aspekt innerhalb der Presse und Meinungsfreiheit ist die Satire. Sie gilt seit der Antike als eine Kunstform „in der literarisch sowie bildlich durch ironisch-witzige Darstellungen menschliche Schwächen und Laster kritisiert werden". So drückt es der Duden aus.
In Meyers Enzyklopädie steht hierzu „Satire ist eine Kunstform, in der sich der an einer Norm orientierte Spott über Erscheinungen der Wirklichkeit nicht direkt, sondern indirekt durch ästhetische Nachahmung eben dieser Wirklichkeit ausdrückt".
Tucholsky, der große Satiriker stellt sich die Frage „Was darf Satire?" und er antwortete selbst „Alles".
Dieses „Alles" ist aber falsch. Tucholsky geht von zwei Hauptaspekten der Satire aus. „Er unterscheidet zwischen der gewissenlosen Satire eines Spaßvogels, der auf den billigen Lacherfolg aus ist, und der echten Satire, die blutreinigend wirkt".
Hinzu kommt aber noch ein dritter Aspekt, der der Pseudosatire. In ihr tummeln sich selbsternannte Richter, die sich anmaßen, mit Häme öffentlich über andere Menschen, Geschehnisse und Dinge zu urteilen und herzuziehen.
Diese Satiriker sind eigentlich keine, wenn die Definition von „Duden" und „Meyers" hinzugezogen wird, sondern es sind überhebliche Besserwisser, die sich als Gutmenschen positionieren und mit ihrem Anspruch auf Presse- und Meinungsfreiheit andere Menschen niedermachen.
Ihre „Satire" beleidigt, diskriminiert, verleumdet und ist oft purer Hass der als Spaltpilz ganze Volksgruppen und Staaten in Feinde verwandeln kann.

Diese sogenannten Satiriker sind oft genug Psychopathen, die Freude am Verletzten haben und Genugtuung empfinden, wenn durch ihre Machenschaften Ärger entsteht.
Es sind dann diejenigen, die erstaunt beteuern „wir haben doch nur unsere Meinung geäußert, denn die Presse- und Meinungsfreiheit muss doch als hohes Gut hochgehalten werden."
Toleranz kennen diese Leute nicht. Ihnen ist es egal, ob die von ihnen oft zu Unrecht karikierten Menschen in ihren Persönlichkeitsrechten und in ihrer Ehre beschädigt werden und dadurch ihre Reputation verlieren. Es kümmert sie nicht, dass die meisten sich gegen dieses Unrecht nicht wehren können und es ist ihnen gleichgültig, ob Menschen sich gedemütigt und beleidigt fühlen, wenn ihre Ideale, Idolsymbole oder Religionen verunglimpft werden.
Satiriker sollten beachten, dass es kulturelle Unterschiede und Ehrenkodexe gibt. Darstellungen, ob schriftlich oder bildlich, die bei uns noch als echte Satire gelten, können in anderen Volksgruppen höchste Beleidigungen sein, die – aus ihrer Sicht – mit bis zu „Ehrenmorden" geahndet werden müssen.
Spätestens, wenn aus einer Satire ein Rufmord wird, muss diese einseitige Presse- und Meinungsfreiheit zu Ende sein. Es geht nicht, dass diese Freiheit zu solchen Exzessen benutzt wird, denn darunter leiden dann auch die guten Satiriker und Journalisten, sie werden dadurch alle in einen Topf geworfen und die Presse wird als Ganzes als unehrenhaft eingestuft. Was natürlich auch wieder nicht richtig ist. Auch eine Selbstjustiz von Beleidigten ist nicht hinnehmbar, denn dann beginnt sich eine Spirale zu drehen.
Hier ist dann der Staat oder eine Selbstkontrolle gefordert. Es muss verhindert werden, dass extreme Pseudosatiriker oder auch Journalisten durch ihre Häme, die bei manchen gut ankommt und bei manchen eine gedankenlose Meinungsfreiheit vortäuscht, ganze Gruppen verfeindet.
Eine zügellose und menschenrechtsverletzende Meinungs- und Pressefreiheit kann und darf es in einer Gemeinschaft nicht geben. Ein Miteinander funktioniert nur mit gegenseitiger Toleranz. Kritische Satire muss dort enden, wo die Persönlichkeitsrechte verletzt werden.
Der Geheimrat Dr. h. c. Wilhelm Waldkirch hatte dieses System erkannt und versucht, dagegenzusteuern.
Um Journalisten mehr mit der Ethik ihres Berufes und einer verantwortungsvollen Handhabung der Presse bekannt zu machen, gründete er 1927 das „Institut für Zeitungswesen an der Universität Heidelberg“, in dem er auch selbst unterrichtete.

Sein Einsatz für Demokratie und eine freie ehrliche Presse wurde von den Nazis mit der Enteignung seines Zeitungsverlages, dem Entzug der Lehrbefugnisse und einem Berufsverbot für die Familie geahndet.
Sein Berufsweg ist symptomatisch für die Pressewelt.

Julius Wilhelm Waldkirch

I. Dokumentation über die Entstehung und Entwicklung des Waldkirch-Presse-Imperiums und 1. Weltkrieg 1840 – 1918

Aus der Sicht und den Erkenntnissen eines liberalen
Pfälzer Presse Verlages.

Julius Waldkirch (1840 – 1911) – Firmengründer und Pionier im Sozial- und Fortbildungsbereich von Ludwigshafen, der Stadt am Rhein

Julius Waldkirch war ein Schweizer Degen und befand sich auf der Walz.
Die „Jünger der Schwarzen Kunst“ nannten in ihrer Fachsprache Gesellen, die eine Berufsausbildung als Buchdrucker und als Schriftsetzer hatten, „Schweizer Degen“.
Es bedingte damals im 19. Jahrhundert eine etwas 2x5 = 10jährige Schulung und einen langen finanziellen Atem, denn in dieser Zeit erhielten Stifte (Lehrlinge) keinen Lohn, im Gegenteil, sie mussten ein Lehrgeld an ihren Meister entrichten, damit er sie unterrichtete.
Dieser doppelte Beruf des „Schweizer Degen“ hatte aber den Vorteil, dass der wandernde Geselle sowohl als Buchdrucker wie auch als Schriftsetzer arbeiten konnte und so leichter Arbeit auf seiner Walz finden würde.
Die „Jünger der Schwarzen Kunst“, auch „Schwarz-Künstler“ genannt, betrachten sich seit der Erfindung Gutenbergs, als sich danach die Techniken des Buchdruckes rasant weiterentwickelten, stets als Künstler und nicht als Arbeiter im allgemeinen Sinne. Sie zeigten ihren Status, indem sie fein angezogen, oft mit Spazierstöckchen, dieses sogar manchmal mit silbernem Handgriff, in ihre Offizin spazierten.
Johannes Gensfleisch zu Gutenberg war nicht der Erfinder des Buchdrucks, den gab es schon lange. Er erfand die „beweglichen Letter“ aus Metall und war damit auch der erste Schriftsetzer und Schriftgießer.
Seine entscheidende Tat war aber die Kombination und das aneinander anpassen der verschiedenen alten und neuen Techniken des Druckvorganges.
Schon die alten Ägypter hatten versucht, von Tonlettern zu drucken, sie waren aber zu spröde und zerbrachen. Die Druckstöcke, die später Verwendung fanden, waren „Holzschnitte“.
Mit einem Stichel wurden die tieferliegenden und damit nicht druckenden Teile eines flachen Holzblattes heraus gestemmt, so dass beim Einfärben mit einem Ballen nur die höher liegenden Flächen Farbe abbekamen, die dann beim Drucken auf Papier oder Pergament übertragen wurden.
Holzschnitte mussten spiegelbildlich gearbeitet sein, damit der Druck dann die richtige Seite zeigte wie bei einer Schreibmaschine oder einem Stempel ersichtlich.

Dieses Holzschneiden war eine mühevolle Arbeit und der kleinste Fehler machte sie zunichte. Der Holzschnitt eignete sich nur für Bilder, für eine Schrift und Text war er zu umständlich und zeitaufreibend, da war das Handschreiben viel schneller und effektiver.
Gutenberg goss die einzelnen Buchstaben, die Lettern, in einem Handgießgerät, dass er genauso wie die Matrize (Form) hierzu erfinden musste. Die Legierung bestand aus Blei, Zinn und Antimon und einem Zusatz von Wismut. Die Letter, etwa zwei Zentimeter hoch und so breit und tief wie der Buchstabe eben sein sollte, lagerten sortiert jeweils in dem Fach eines „Setzkastens" und so konnte der „Setzer" leicht und schnell den gewünschten Buchstaben greifen und in einem „Winkelhaken" zu Wörtern setzen und so Abschnitte und Seiten zusammenstellen. Alles natürlich in Spiegelbildschrift. Es gab kurze und verschieden breite Zwischenstücke, die kürzer waren wie die Letter und nicht mitdruckten und so die Zwischenräume bildeten. Kamen noch druckende Linien hinzu, so konnten auch Formulare hergestellt werden. Und dadurch war der Buchdruck auch der Beginn des Formularwesens.
Der Satz kam dann in die Druckpresse und die Vervielfältigung begann.
Die Druckform wurde vor jedem Abzug von Hand mit diesen Ballen eingefärbt.

Nach getaner Arbeit wurde der Satz auseinander genommen und die Letter und Zwischenstücke wieder in ihre Fächer zurückgelegt. Sie konnten so ständig wieder verwendet werden.
Um von diesem Satz drucken zu können, musste Gutenberg aber auch die Pressen umbauen, denn der Satz, der aus kleinsten Einzelteilen bestand, musste fest zusammengepresst werden damit er dem Druck standhalten konnte und so entstand eine Klemmvorrichtung, die den Satz fixierte.

Julius Waldkirch war also ein „Jünger Gutenbergs". Er erblickte als Sohn des Lehrers und Ehrenbürgers von Tingen bei Freiburg im Breisgau Johannes Jakob Waldkirch und seiner Ehefrau am 9. Mai 1840 das Licht dieser Welt.

Julius wollte, wie seine Altväter, ein „Jünger der Schwarzen Kunst“ werden und so begann er als junger Mann eine Lehre in der Buchdruckerei Friedrich Wagner in Freiburg.
Nach einer mehrjährigen Lehr- und Ausbildungszeit begab er sich auf die Walz, um weitere Aspekte der „Schwarzen Kunst“ kennenzulernen.

Seite 2, 3, 6 und 7 des Heimatscheins aus dem Großherzoglich Badischen Paßbuch („Preis mit Einband, Futteral und Stempel: 15 Kreuzer“) von Julius Waldkirch, Freiburg 1864, ausgestellt für Inland, Frankreich, Schweiz, England, Holland, Belgien und die Deutschen Bundesstaaten. „Inland“ ist Baden.

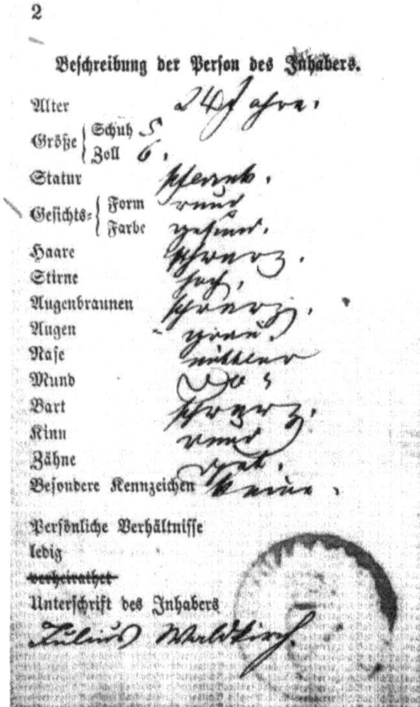

2

Beschreibung der Person des Inhabers.

Alter 24 Jahre
Größe Schuh 5 Zoll 6
Statur
Gesichts- Form
Farbe gesund
Haare schwarz
Stirne
Augenbraunen schwarz
Augen
Nase mittler
Mund
Bart schwarz
Kinn
Zähne
Besondere Kennzeichen keine

Persönliche Verhältnisse
ledig
~~verheirathet~~
Unterschrift des Inhabers
Julius Waldkirch

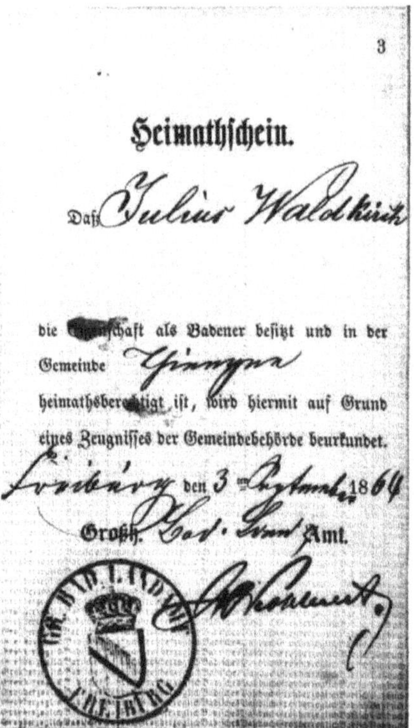

3

Heimathschein.

Daß Julius Waldkirch

die …schaft als Badener besitzt und in der Gemeinde [illegible] heimathsberechtigt ist, wird hiermit auf Grund eines Zeugnisses der Gemeindebehörde beurkundet.

Freiburg den 3 September 1864

Großh. Bad. Land Amt.

GR. BAD. LAND AMT FREIBURG

Seine Gesellenwanderungen führten ihn über Karlsruhe, Pforzheim, Stuttgart, Heilbronn und Mannheim nach Ludwighafen am Rhein, wo er 1865 ankommt und in der Buchdruckerei Baur am Ludwigsplatz Arbeit findet.
Hier in der jungen aufstrebenden Gemeinde mit erst 4.000 Einwohnern, die gerade mal vor sechs Jahren (1859) zur Stadt erhoben worden war, gefiel es Julius.
Hier herrschte echter Gründergeist. Bei seiner Ankunft wird die BASF (Badische Anilin und Sodafabrik), heute das größte chemische Unternehmen der Welt, ins Leben gerufen und die erste feste Rheinbrücke nach Mannheim in Angriff genommen.

Auch werden zum ersten Mal in Ludwigshafen Frühjahrs- und Herbstmessen abgehalten.
In dieser zukunftsträchtigen Stadt sieht Julius Waldkirch auch seine eigene Zukunft. Hier wollte er bleiben, seine Chance ergreifen und tatkräftig am Aufbau nun auch seiner Stadt, mitwirken.

Die Pfalz war das Ende seiner Walz.

Ludwigshafen war zu dieser Zeit noch eine Quadratestadt, ähnlich wie es Mannheim noch heute ist.
Denn durch den Bauinspektor „Denis“ war 1843 ein Alignementsplan erstellt worden, der die Entwicklung Ludwigshafens in geordnete Bahnen lenken sollte.
Er orientierte sich an den großen Quadraten der Residenzstadt München und wurde von allerhöchster Stelle sanktioniert. Die langgezogenen gro-

ßen Blocks wurden fortlaufend mit römischen Nummern gekennzeichnet, Straßenamen gab es nicht, nur der Volksmund erfand einige.
Die Orientierung in der Stadt war auf die Quadrate- und Viertelteilung angewiesen. Mit dem Wachsen der Stadt stellte sich dann heraus, dass diese unzulänglich waren und so beschloss der Stadtrat am 7. Oktober 1885: „die Quadrate- und Vierteleinteilung ist aufzuheben und an dieser Stelle sowohl für die Stadt als auch für den Hemshof und die Gräfenau Straßenbezeichnungen und Straßennamen eintreten zu lassen."
In der Stadtratssitzung am 27. November 1885 erfolgte einstimmig eine große Taufe mit 53 Namen von Straßen und Plätzen. Julius Waldkirch war als Stadtrat an diesen Beschlüssen beteiligt.
Der Übergang von der Quadrate-Einteilung zur Straßenbezeichnung war in Deutschland einmalig. Im Adressbuch 1887 stehen, wie der Ausschnitt zeigt, die Anschriften mit alter und neuer Bezeichnung.

— 20 —

Frühere Bezeichnung	Namen der Hauseigenthümer.	Neue Bezeichnung
ab. X. 8	Geörg Friedrich, Rentner.	
„ „ 9	Waibel Karl, Gasthofbesitzer.	28
XI. 11	Pfälzische Bank.	30
„ 12	Uhrig Theobald, Eisenbahnschaffner.	32
„ 13	Schleicher Josef, Kaufmann.	34
„ 14	Jos. Hoffmann u. Söhne.	36
„ 15	„ „ „ „	38
„ 15a	Waldkirch Julius, Buchdruckereibesitzer.	40
„ 15b	Geschw. Schönsiegel.	42
XIV. 2	Adler Karl, Fabrikant.	44
„ 11	Pecoroni Anton, Baumeister.	46
„ 12	„ „ „	48
„ 13	„ „ „	50
„ 2a	Detemple Jakob, Geschäftsagent.	52
„ 3	Herz Isaak, Kaufmann.	54
„ 4	Menges Wilhelm, Bäckermeister.	56
„ 5	Kiemle Jakob, Specereihändler.	
„ 6	Mannherz Philipp, Privatmann.	1
XVIII. 1	Kuhn u. Adler, Kunstwollfabrik.	3
„ 2	Schmitt Bernhard Wittwe.	5
„ 3	Merdian Christof, Schlossermeister.	7
„ 4	Kratz Valentin, Pflästerermeister.	9

— 21 —

Frühere Bezeichnung	Namen der Hauseigenthümer.
	24. Amtsstraße.
Quad V. 6	Keller Josef, Kaufmann u. Consumvereinsdirector.
„ „ 27	Simon Albert, prakt. Arzt.
„ „ 8	Kgl. Bayer. Justizärar. (kgl. Amtsgerichtsgeb.).
„ „ 9	Oster Jakob, Lehrer.
„ „ 10	Völker Joh. Phil, Bäckermeister und Wirth.
„ „ 11	Dilger Phil., Schreinermeister.
„ Va. 23	Becker Georg, Geschäftsagent (kgl. Bezirksamt).
	25. Oggersheimer Straße.
Quad. II. 15	Dr. Weiß Heinrich, Apotheker.
„ „ 16	Wolff Emil u. Ludwig.
„ „ 17	Dosz Christ., Fournierhandlung.
„ „ 18	Schlosser Christian, Restaurateur.
„ „ 19	Brilmayer Peter Wwe.
„ „ 20	Grünewald Heinrich Wwe.
„ „ 21	Kuhn Jakob Wwe.
„ „ 22	Steingrüber Karl, Buchbindermeister.
„ „ 23	Schmitt Josef Bernh Wwe.
„ „ 23a	„ „ „ „
„ Va. 9	Schneider Gustav, Kaufmann.
„ „ 10	Kanoffsky Johann, Tapezier.

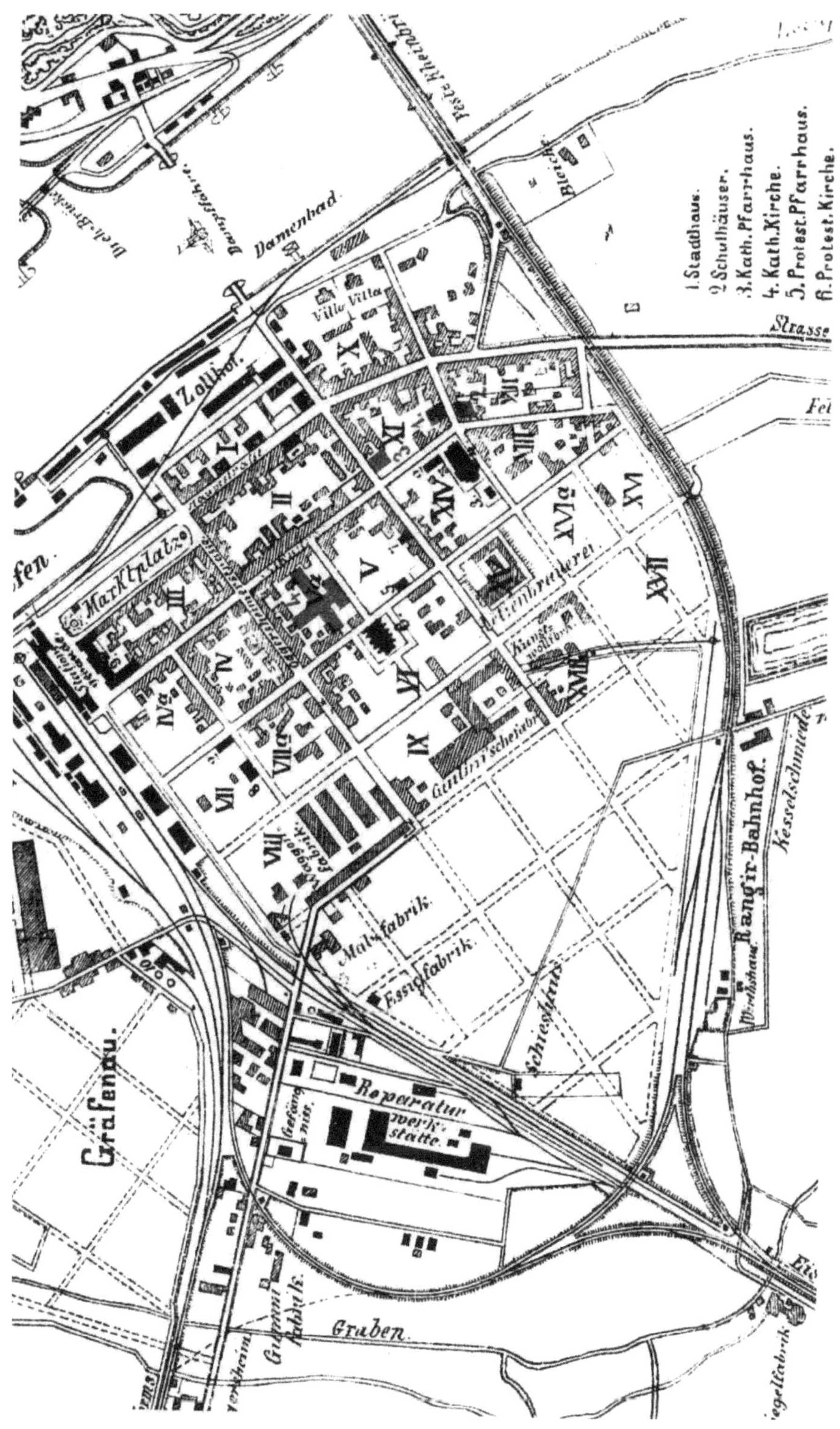

Julius Waldkirch fand Arbeit in der Druckerei Baur, bei der auch der „Pfälzische Kurier“ erschien. Nach zweijähriger Tätigkeit wechselt er seinen Arbeitsplatz und wird 1867 Geschäftsführer in der Druckerei August Lauterborn

Im gleichen Jahr heiratet Julius Waldkirch Magdalene Brehm, die Tochter eines Brauereibesitzers in Kirchheimbolanden. Magdalene bringt etwas Vermögen mit in die Ehe und so beschließen beide, einen eigenen Zeitungsverlag mit Druckerei zu gründen.

Die Abonnement-Einladung für die Probenummer erfolgte am Freitag, den 24. Juni 1870.

Ludwigshafener Tageblatt.

Das „Ludwigshafener Tageblatt“ erscheint täglich, mit Ausnahme des Montags; der Sonntagsnummer wird ein „Unterhaltungsblatt“ gratis beigegeben. Abonnementspreis, von der Expedition bezogen, vierteljährl. 45 kr., durch die Post 53 kr.

Anzeigeblatt für Ludwigshafen & Umgebung.

Anzeigen werden mit 2 kr., solche, wo die Expedition Auskunft ertheilt, mit 3 kr. die dreispaltige Zeile berechnet. Bei mehrmaligem Einrücken entsprechenden Rabatt. Die Expedition des „Tageblattes“ befindet sich im Hause des Hrn. Thierarzt Jahn.

Probenummer. Freitag, den 24. Juni 1870.

Abonnements-Einladung.

Der ganz ergebenst Unterzeichnete beehrt sich, Einem verehrlichen Publicum von Ludwigshafen und Umgebung hiermit die höfliche Anzeige zu machen, daß er vom 1. Juli d. J. ab vorliegendes Blatt 6 Mal wöchentlich mit einem Unterhaltungsblatte für die Sonntagsnummer herausgeben wird. Die Redaction, welche Herr Schriftsetzer **Albert Ley** übernommen hat, wird, unterstützt von tüchtigen Mitarbeitern, eifrigst bestrebt sein, in einer klaren, von jeder Fremdsüchtelei, Parteifärbung und Leidenschaft freien Sprache den geneigten Lesern des „Tageblatts“ die Tagesneuigkeiten von politischem und namentlich von localem und provinziellem Interesse vorzuführen.

Der Abonnementspreis des Blattes beträgt hier, von der Expedition bezogen, 45 kr., ins Haus geliefert 48 kr., auswärts mit Postaufschlag 53 kr. vierteljährlich. Die Ausgabe erfolgt, mit Ausnahme des Sonntags, täglich, Abends 5 Uhr; Inserate können bis Nachmittags 3 Uhr aufgegeben werden.

Mit der Bitte, sein Unternehmen durch Abonnements und Inseratenaufgabe gefälligst unterstützen zu wollen, empfiehlt sich

Hochachtungsvoll ergeben

Julius Waldkirch.

Am 1. Juli 1870 ist es soweit. Es erscheint zum ersten Male das „Ludwigshafener Tageblatt“.

Ludwigshafener Tageblatt.

Das „Ludwigshafener Tageblatt“ erscheint **täglich**, mit Ausnahme des Montags; der Sonntagsnummer wird ein „Unterhaltungsblatt“ gratis beigegeben. Abonnementspreis, von der Expedition bezogen, vierteljährl. 45 kr., durch die Post 53 kr.

Anzeigeblatt
für
Ludwigshafen & Umgebung.

Anzeigen werden mit 2 kr., solche, wo die Expedition Auskunft ertheilt, mit 3 kr. die dreispaltige Zeile berechnet. Bei mehrmaligem Einrücken entsprechenden Rabatt. Die Expedition des „Tageblattes“ befindet sich im Hause des Hrn. Thierarzt **Zahn**.

Nr. 1. **Freitag, den 1. Juli** **1870.**

An unsere Leser!

In der Abonnements-Einladung unserer Probenummer appellirten wir an die verehrlichen Bewohner Ludwigshafen's und Umgebung, diesem jungen Unternehmen ihre freundliche Unterstützung zu Theil werden zu lassen. Unser Programm, womit wir die Leser des „Tageblattes“ unterhalten wollen, glauben wir in den Worten ausgedrückt zu haben: alle Tagesneuigkeiten von politischem, localem und provinziellem Interesse klar und deutlich **ohne jede Parteifärbung** unseren Lesern vor Augen zu führen. Dieses Versprechen werden wir halten; wir werden uns von keiner Partei beirren lassen, der Wahrheit die Ehre zu geben, dabei aber auch stets bestrebt sein, den Inhalt unseres Blattes immer reichhaltiger und gediegener zu machen.

Indem wir nun für die wohlwollende Aufnahme, welche unser Blatt bereits in hiesigen und auswärtigen Kreisen gefunden, unseren innigsten Dank abstatten, bitten wir, dasselbe noch durch weitere Abonnements und Insertionen unterstützen zu wollen.

Hochachtungsvoll!

Redaction und Expedition.

Bemerkenswert ist; der Verleger Julius Waldkirch gibt in der ersten Nummer seiner Tageszeitung ein Versprechen ab, das in dem Motto gipfelt „Der Wahrheit die Ehre zu geben“.
Sein Sohn, der spätere Geheimrat, fügte in der von ihm gegründeten „Pfälzischen Rundschau“ ein weiteres Motto hinzu: „im Dienste am Gemeinwohl“.
Beide Zeitungsgründer sahen in der Presse ein Instrument, das die Wahrheit verkündet und objektiven Dienst für das Gemeinwesen leistet.
Zur gleichen Zeit erschien auch die erste Zeitung für die Stadt Oggersheim, das „Oggersheimer Wochenblatt“ und kurz darauf auch für die Gemeinde Mutterstadt das „Mutterstadter Wochenblatt“.

Oggersheimer Wochenblatt.

Erscheint täglich mit Ausnahme des Montags. Ein Unterhaltungsblatt wird gratis beigegeben.

Anzeiger

Abonnementspreis 48 kr., mit Postaufschlag 50 kr. vierteljährlich. Inserate die dreispaltige Zeile 2 kr.

für die Stadt Oggersheim, die Gemeinden Friesenheim, Fußgönheim, Maudach und Ruchheim.

Nr. 52. Mittwoch, den 12. October 1870.

Auf diese Blätter kann fortwährend abonnirt werden.

Müller vom 3. Regiment, verwundet Oberstlieutenant von Rhuon. Gefallen Lieutenant v. Stipplin, welcher sich vor Straßburg das eiserne Kreuz erworben; verwundet Haupt-

Krieg 1870

1870 zeigt der Krieg mit Frankreich trotz Hurra-Geschrei und siegreich für Deutschland bald und überall seine negativen Spuren. Und so stolperte auch die Wirtschaft und machte auch vor dem jungen Presseunternehmen keinen Halt.

Julius Waldkirch versuchte zwar seine Zeitung durch Ausweitung über das Lokale hinaus und einem neuen Namen „Rheinischer Telegraph“, der eine besondere Aktualität symbolisieren sollte, zu stabilisieren und damit der Misere zu entgehen. Er hatte aber keinen Erfolg, er musste die Tageszeitung einstellen.

Rheinischer Telegraph.

Dieses Blatt erscheint täglich, mit Ausnahme des Sonntags, und beträgt der Abonnementspreis, von der Expedition bezogen, vierteljährlich nur 48 kr., bei allen Postanstalten 50 kr.

Anzeigeblatt
für
Ludwigshafen, Mannheim und Rheinland.

Anzeigen werden mit 2 kr., solche, wo die Expedition Auskunft ertheilt, mit 3 kr. die dreispaltige Zeile berechnet. Bei öfterem Einrücken entsprechenden Rabatt. Die Expedition ist in Ludwigshafen im Hause des Hrn. Thierarzt Zahn.

Exemplare dieses Blattes sind in allen Wartsälen der Pfälzischen Eisenbahnen sowie der Hessischen Ludwigsbahn aufgelegt und finden Anzeigen hierdurch eine ausgedehnte Verbreitung.

Nr. 1. Sonntag, den 1. Januar **1871.**

An die Leser!

Mit dem 1. Januar 1871 tauscht das „Ludwigshafener Tagblatt“ seinen Titel gegen den etwas allgemeineren

„Rheinischer Telegraph“.

Das mit dem 1. k. M. **Vormittags** erscheinende Blatt wird durch diesen Namenwechsel in seiner Tendenz nicht im Mindesten alterirt. Dasselbe begrüßt die Wiedererstehung des deutschen Reiches mit seinem Kaiser ohne jedweden Hintergedanken mit Freuden, und beabsichtigt nur, soviel an ihm liegt, zur Herstellung eines freien deutschen Bürgerthums im neuerstandenen deutschen Reiche beizutragen. Die Tendenz des Blattes wird daher nach wie vor eine nationale aber durchaus freisinnige sein und demgemäß unbeirrt wie seither, so auch in Zukunft der Wahrheit, möge sie zu finden sein, wo sie wolle, Rechnung tragen.

Indem das Blatt in diesem Sinne die staatlichen sowohl wie die localen Fragen erörtern und die politischen wie localen Ereignisse so rasch wie jedes größere Blatt zur Kenntniß seiner Leser bringen wird, wird es keinen Augenblick die materiellen Interessen außer Augen lassen, vielmehr durch comerzielle und industrielle Berichte, sowie durch volkswirthschaftliche Briefe von geachteter Hand, durch Signale für die rheinische Industrie und durch landwirthschaftliche Rundschauen, in Verbindung mit seiner Geschäftszeitung, in welcher die Auctionen und Submissionen des gesammten Rheinlandes, **Elsaß** und **Lothringen** mit inbegriffen, mitgetheilt werden sollen, denselben in ihrem ganzen Umfange Rechnung tragen.

Schließlich wird ein ansprechendes Feuilleton mit einem spannenden historischen Roman, der das neue Jahr eröffnen soll, an welchen sich Novellen, Humoresken und Kunstberichte abwechselnd anschließen werden, das Blatt in belletristischer und artistischer Beziehung abrunden und so gewiß allen Anforderungen entsprechen, die ein gebildetes Publikum an ein Organ der Presse machen darf und kann.

An das Jahr 1871.

Du hast in stiller Abendstunde,
Dich eingestellt zur rechten Frist.
Kein Mensch noch weiß, ob Du im Bunde
Mit dem entschwund'nen Jahre bist.

Wir Menschen warten auf Dein Kommen
Bis in die Mitternacht so gern;
Doch diesmal thaten wir's beklommen,
Bis wir geschauet Deinen Stern.

Nicht ist es schnöder Aberglaube,
Der gerne in den Sternen liest,
Und dort im überird'schen Staube,
Auf Ursach' und auf Wirkung schließt.

Ach, nein! wir lesen auf der Erde,
Daß Du fürwahr kein Unstern bist,
Daß in dem zugeruf'nen „Werde“
Ein unsichtbarer Finger ist.

Wir rufen uns bei jedem Jahre:
„Glückselig Neujahr sei mit Dir!“
„Mit Dir auch, bis zur stillen Bahre!“
Grüßt's dann so gut gemeinet mir.

Nun bist Du auch in's Land gekommen,
Land'sart, Land'ssitte heißt es hier,
Hast unsern Gruß Du hingenommen,
Sag an, was wünschest Du denn mir?

Sag an, was wünschest Du uns Allen,
Was birgst Du in dem Zeitenschooß?
Ich bitte, sei ein Wohlgefallen
Und bringe uns ein heitres Loos.

Der schwarzen Loose sei ein Ende,
Der Wittwen und der Waisen Schmerz;
Den Schmerz der armen Mütter wende
Und Balsam gieße in ihr Herz.

Die theuren Namen ihrer Theuren,
Ach, präg es allen Zeiten ein,
Sie sollen in Walhalla feiern,
Sie sollen unvergeßlich sein.

Und wenn die tapferen Manen leben
Und halten mit uns Wacht am Rhein:
So sprich: „Ich will Euch Frieden geben,
Dein Vaterland kann ruhig sein!“

St.

Er stellte daraufhin seine Druckerei auf die Herstellung von Akzidenzen um. Als „Schweizer Degen“ hatte er umfangreiche Fachkenntnisse und durch seine langjährige Walz kannte er alle Situationen, die in der „Schwarzen Kunst“ auftreten können. So gelang es ihm die Krise zu meistern und sogar seine Buchdruckerei zu modernisieren und weiter auszubauen.
Sein Herz hing aber weiterhin am Verlagswesen und so gab er zusätzlich 1871 den Adresskalender für Ludwigshafen und Hemshof heraus.

Adreßkalender

der

Stadt Ludwigshafen mit Hemshof

für das Jahr 1871

nach eigenen und mitgetheilten Notizen zusammengestellt von

Heinrich Konrad Kißling,
Redacteur des „Rheinischer Telegraph".

Ludwigshafen a. Rh.
Druck und Verlag von Julius Waldkirch.

Avis

für

die verehrliche Geschäftswelt.

Mit der Drucklegung des „Ludwigshafener Adreßkalenders" ist begonnen, um nun den Herrn Inhabern von Gasthäusern, offenen Geschäften oder sonstigen industriellen Etablissements Gelegenheit zu geben in augenfälliger und bleibender Weise dem Publikum in empfehlende Erinnerung sich bringen zu können, werden wir demselben einen Anhang zur Aufnahme von Adressen mit beliebigen Raisonnements beifügen.

Wir berechnen für besagten Anhang die durchlaufende Petitzeile mit nur 6 kr. und bitten die Herren, welche sich hiefür interessiren ihre werthen Adressen bis spätestens Mittwoch, den 21. d. M. abgeben zu wollen auf der.

Expedition
des Ludwigshafener Adreßkalenders 11, 9.

Es folgte im gleichen Jahr die erste Zeitschrift in Ludwigshafen. Es war das kleine Fachblatt „Pfälzer Bienenzucht“, das als erstes einen Berufsstand umfasste.

Die

Pfälzer Bienenzucht.

Vereinsblatt.

№ 1. November. 1871.

In unserm Leben und Wirken tritt ein sehr oft sich wiederholender, natürlicher, scheinbarer Stillstand ein, eine Pause, die wir Ruhe, Schlaf nennen. Dies Stillestehen kann als Krankheit einen gefährlichen Charakter annehmen, z. B. im Starrkrampf. Es kann endlich in Folge der Krankheit ein Stillstand eintreten, in welchem jede Lebensthätigkeit, ja das Leben selbst aufhört. In welchem von diesen mag wohl unser pfälzer Bienenzuchtverein dermalen sich befinden? Die Pessimisten sagen: „Er ist todt“; die Optimisten: „nein er schläft nur“; die Mittelspartei meint, er liege in einem Starrkrampf. Was mich betrifft, so halte ich es nicht mit den Pessimisten, auch nicht mit der Mittelpartei, sondern ich gebe mich gern der Meinung hin, daß die meisten meiner lieben pfälzer Imkerfreunde mit mir darin übereinstimmen, daß unserm Verein allerdings das Uebel passirte, in einen langen und tiefen Schlaf gesunken zu sein. Allein man hat schon die Wahrnehmung gemacht, daß in einem großen Theil seiner Mitglieder er wieder erwacht ist. Wir, die wir erwacht sind, wecken wir die noch Schlafenden, damit er, dieweil er einige Zeit geruht hat, in seiner vollen Kraft wieder dastehe und rüstig ans Werk gehe.

Kurze Wiederholung der Geschichte unseres Vereins.

Wenn wir Morgens erwachen, besinnt man sich häufig, wo wir sind und in welchem Wochentage wir leben, ob es schon Sonntag sei,

Julius Waldkirch verfolgte zielstrebig seinen Lebenswunsch Zeitungsverleger zu sein.
1875 ist es dann wieder soweit. Mit dem Mannheimer Verleger Christian Walter wird der „General-Anzeiger" für Ludwigshafen und Mannheim herausgegeben.
Nach anfänglichen Erfolgen veranlassen verschiedene Umstände den Mannheimer Verleger auf eine weitere Herstellung der Zeitung in seiner Stadt zu verzichten.
Julius Waldkirch verlegt und druckt daraufhin den „General-Anzeiger" als Mittagsblatt für Ludwigshafen ab 1876 in eigener Regie.
1872 erwirbt die Firma das Haus in der Wredestraße 17, damals das Quadrat XII Nr. 31 und erweitert so ihre Möglichkeiten.
Die Buchdruckerei und der Verlag Julius Waldkirch wachsen weiter und so wird in der Kaiser-Wilhelm-Straße 15 ein Wohn- und Bürohaus mit Rückgebäude erworben. In ihm entsteht ein modernisierter Betrieb mit leistungsfähigen Schnellpressen, die es ermöglichen, neben den eigenen Verlagsprodukten auch andere Zeitungen herzustellen, wie das „Pfälzische Journal". An ihm ist Julius Waldkirch stiller Teilhaber.
1895 hat sich der „General-Anzeiger" zur größten Zeitung der Pfalz entwickelt. Er wird in allen Ludwigshafener Haushalten gelesen und hat eine Auflage von täglich 15.000 Exemplaren sowie ein tägliches Anzeigenvolumen von etwa 430 Inseraten, für die damalige Zeit eine horrende Zahl.

Erscheint täglich, Sonntags ausgenommen. Wird außer dem monatlichen Trägerlohn von 15 Pf. unentgeltlich in allen Häusern der Stadt u. deren Umgebung vertheilt.

Expedition: Quadrat XII Nr. 26.

General-Anzeiger

für die Stadt und den Bezirk

Ludwigshafen a. Rh.

Einrückungsgebühr für die viergespaltene Garmondzeile oder deren Raum 10 Pf. Bei mehrmaliger Wiederholung Rabatt nach Uebereinkunft.

Expedition: Quadrat XII Nr. 26.

Nr. 1. Samstag, den 22. Januar 187

An die geehrten Leser!

Der „General-Anzeiger für Mannheim und Ludwigshafen," dessen Herstellung im Druck der ergebenst Unterzeichnete bisher besorgte, hatte sich nur einer kurzen Lebensdauer zu erfreuen. Die Unternehmer sind zu der Ueberzeugung gelangt, daß sie ihren Kräften und Mitteln zu viel zugetraut und sehen sich deßhalb veranlaßt, von dem Unternehmen zurückzutreten.

Die günstige Aufnahme, welche das Unternehmen allseitig gefunden und die erzielten Resultate, trotz der kurzen Zeit seines Bestehens, beweisen, daß dasselbe einem allgemein gefühlten Bedürfniß entsprochen und deßhalb habe ich mich entschlossen, den „General-Anzeiger" in vorliegendem kleineren Format nur für die Stadt Ludwigshafen und deren Umgegend in der bisherigen Weise fortzuführen. Derselbe wird also nach wie vor in einer Auflage von 2000 Exemplaren täglich **gratis** in allen Häusern der hiesigen Stadt und Umgebung vertheilt, nur gegen die geringe Vergütung von 15 Pf. pro Monat für Trägerlohn. Bei Inseraten wird für die viergespaltene Garmondzeile oder deren Raum **10 Pf.** berechnet, während bei mehrmaliger Wiederholung entsprechender Rabatt gewährt wird.

An die bisherigen Leser des „General-Anzeigers" richte ich noch besonders die Bitte, demselben ihr Wohlwollen, wenn er auch in etwas bescheidenerem Umfange erscheint, ferner zu schenken. Die angefangene Erzählung wird in entsprechenden Fortsetzungen zu Ende geführt und soll nach Beendigung derselben eine größere spannende Novelle von einem sehr beliebten Schriftsteller folgen.

Achtungsvollst

Julius Waldkirch.

Samstag, den 22. Januar, Abends 7 Uhr

Schiffer-Ball

wozu höflichst einladet

Martin Fahlbusch,
zur Jägerlust.

10

Anzeige & Empfehlung.

Die Unterzeichneten beehren sich hiermit die ergebenste Anzeige zu machen daß sie ihre bisher getrennt bestehenden

Verputz- und Dekorationsgeschäfte

unter dem Heutigen vereinigt und nun für gemeinschaftliche Rechnung unter der Firma

Hilser & Berlinghoff

weiter betreiben werden. 1

Zu Allen in unser Fach einschlagenden Arbeiten empfehlen wir uns bestens, prompte und reelle Bedienung zusichernd.

Ludwigshafen, 20. Januar 1876.

A. Hilser. S. Berlinghoff.

Geschäftseröffnung & Empfehlung.

Der Unterzeichnete beehrt sich hiermit zur Anzeige zu bringen, daß er sein Geschäft als

Schlosser

eröffnet hat und bittet um geneigten Zuspruch. Meine Wohnung und Werkstätte befindet sich bei Hrn. Zahn neben Mechaniker Möller.

Ludwigshafen, 17. Januar 1876. 6

Karl Grimm,
Schlosser.

Bekanntmachung.

Die Gebrüder König von Ludwigshafen beabsichtigen auf dem Grundstücke Pl. Nr. 1629 und 1631 auf der sogenannten **„Mittagsweide"**, Oggersheimer Bannes, eine **Backsteinbrennerei** zu errichten.

Einwendungen gegen diese Anlagen sind binnen 14 Tagen bei unterfertigter Behörde schriftlich anzubringen. Der Plan liegt bis dahin auf dem Stadthause zu Oggersheim offen.

Speyer, den 18. Januar 1876.

K. Bezirksamt: **Römmich.**
Alwens.

Arbeiter-Verein Ludwigshafen.

Sonntag, den 23. Januar, Abends ½8 Uhr
im Saale des Hrn. L. Roth

Theatralische Abendunterhaltung

wozu Mitglieder nebst Angehörigen höflichst einladet

14

Der Vorstand.

Empfehlung.

Der Unterzeichnete erlaubt sich einem geehrten Publikum sein

Tapezier- und Polstergeschäft

in empfehlende Erinnerung zu bringen unter Zusicherung rascher, prompter und billiger Bedienung.

Heinrich Lichti, Tapezirer,
8 wohnhaft im Hause des † Schlossermeister Abel.

Eisenwaaren-Versteigerung.

Am 24., 25. und 26. Januar 1876, jedesmal Morgens 9 Uhr anfangend, zu **Speyer** in der Wohnung des allda verlebten Eisenhändlers Jacob Klebsch — Marxstraße Nro. 8 — lassen dessen Benefiziarerben mit gerichtlicher Ermächtigung nachverzeichnete zu dessen Nachlaß gehörige Waaren versteigern: 101

Verzinntes Kochgeschirr aller Art, Koch- und Waschhäfen, Pfannen, Schöpf- und Schaumlöffel, kupferne und blecherne Wasserschiffe, Theekannen, Petroleumheerde, eine große Parthie Strichel, Ofenrohre, Nieten, Schrauben, Schlösser und Werkzeuge, 1 Kiste Weißblech, 4 Eisschränke neuster Construction, 18 Trumsägen, 4 Waschmaschinen, 2 Weinklärmaschinen, 2 Ladentheken, 2 Handwägelchen, 1 Dezimalwaage, 1 große Parthie Blech-, Kupfer-, Draht- und Zink-Vorräthe, 4 verschiedene Kessel, sämmtliche zum Geschäft gehörige Werkzeuge, sowie ein Ambos, Blasbalg, Bohrmaschine, Rundmaschine, große und kleine Rundscheeren und 7 sonstige größere und kleinere Maschinen, 1 große Excenter-Presse mit Zubehör, 40 Centner neues und altes Gußeisen, Abfallblech, 4½ Ctr. Salzsäure und eine größere Parthie angefangene Blechwaaren und sonstige Gegenstände.

Minges k. Notär.

Zur Besorgung von

Leihhaus-Pfändern

empfiehlt sich bestens unter Zusicherung strengster Discretion

Anton Eswein,
Dienstmann Nr. 6

wohnhaft bei **Julius Waldkirch,** und ist zu sprechen Mittags von 12—1 Uhr oder Nachmittags von 4 Uhr an. 9

Am Dienstag wurde auf dem Marktplatze ein Pultschlüssel verloren. Der ehrliche Finder wird um Zurückgabe in der Expedition dss. Bl. gebeten. 5

Julius Waldkirch erkannte auf seiner Walz die sozialen und Bildungsprobleme der Bevölkerung. Er erkennt die drängenden Fragen, die durch die Industrialisierung entstanden waren und so wurde er ein Pionier für die Belange der Arbeitnehmerschaft. Ihm war klar geworden, dass nur ein Konsens zwischen Arbeiter und Unternehmer dieses Problem lösen könnte und dazu gehörte eine Weiterbildung der Arbeitenden und ihre soziale Absicherung.
Julius hatte ja selbst die Stationen der Arbeitnehmerschaft durchlaufen. Er fing als Lehrling an, wurde Geselle, Meister, Geschäftsführer. Dabei war er immer noch weisungsgebunden und trotzdem schon mit einem Bein der Arbeitgeberschaft zugehörig.
Aus diesem Spagat stammte sein Wissen um die Belange beider Seiten. Er wusste aber auch, dass es den „Jüngern Gutenbergs“ besser ging als ihren Handwerkskollegen von den anderen Berufen oder gar den Fabrikarbeitern. Die „Jünger waren eben Künstler der Schwarzen Kunst“.
Aber auch sie benötigten durch die rasante Weiterentwicklung ihres Berufszweiges ständig Weiterbildung.
Julius Waldkirch wollte aber für alle Arbeiter etwas tun, denn sein Motto lautete „Durch Bildung zur Freiheit“ und so gründete er folgerichtig 1868 den „Arbeiter-Verein“ und zu gleicher Zeit den „Allgemeinen Krankenunterstützungs-Verein“.
Er wusste von seiner Gesellenwanderzeit her, was es bedeuten konnte, wenn ein Familienernährer plötzlich erkrankte oder verunfallte und deshalb sein Arbeitslohn ausblieb. Die Not war dann schon in Sicht.
Der „Allgemeine Krankenunterstützungs-Verein“ hielt dem entgegen. Jedes Mitglied erhielt von Eintritt an bei Arbeitsunfähigkeit eine Unterstützung. Eine Karenzzeit gab es nicht und so war es verständlich, dass der Verein bei seiner Gründung schon 100 Mitglieder hatte.
Julius Waldkirch war in beiden Vereinen Präsident bzw. Vorstandsvorsitzender und führte sie neun Jahre lang.
Mit der Gründung dieser „Vereine“ hatte Julius seine Vorstellung von einer unpolitischen und unkonventionellen, ganz nach dem Sozialen und der Bildung hin ausgerichteten Vereinigung verwirklicht. Hier waren alle Volksschichten willkommen, denn auch die vermeintlich Begüterten und Bessergestellten mussten sich weiterbilden und bekamen Probleme, wenn sie erkrankten.
Julius Waldkirchs Pioniertat für die arbeitende Bevölkerung geschah lange bevor es Gewerkschaften und offizielle Krankenkassen gab.
Schon 1869, ein Jahr nach seiner Gründung, errichtete der „Arbeiter-Verein“ unter seiner Führung die erste „Fortbildungsschule“. Auch tritt der Verein in die Öffentlichkeit, indem er die Führung übernimmt, um

die seit zwanzig Jahren bestehende Konfessionsschule durch eine Kommunalschule zu ersetzen.
Der Sprecher des „Arbeiter-Vereins“ ist in dieser Hinsicht das Vorstandsmitglied, der Arzt Dr. Nathan David. Sein ihn unterstützende Kollege vom „Allgemeinen Krankenunterstützungs-Verein“ ist der Revisor Martin Schwager.
In einer Abstimmung entscheidet sich die Bevölkerung von Ludwigshafen, unter dessen etwa 7.000 an der Zahl, fast einstimmig für das kommunale Schulsystem.
Am 15. Mai 1870 schreibt Julius Waldkirch, der Gründer und Vorsitzende des „Arbeiter-Vereins“, an den Gemeinderat:

> *„Der „Arbeiter-Verein“ hat seit letztem Winter für seine Mitglieder eine Fortbildungsschule eingerichtet mit Unterricht im Lesen, Rechnen, Schreiben, Geschichte, Geografie und Zeichnen. Er will diese Fortbildungsschule auch für schulentlassene Knaben ausbauen und bittet den „hochlöblichen Stadtrat“ um Überlassung eines geeigneten Schullokales für die Abendstunden und um eine finanzielle Unterstützung.*
>
> *Julius Waldkirch“*

Auf diesen Brief hin erklärt sich der Stadtrat „die Fortbildungsschule zu Ludwigshafen“ betreffend bereit, das erbetene Lokal mit Heizung und Beleuchtung zur Verfügung zu stellen.
Der „Arbeiter-Verein“ nennt sich nun „Arbeiter-Fortbildungsverein“.
1872 ist Julius Waldkirch, unterdessen selbstständiger Buchdrucker, Verleger und Mitbegründer des „Gewerbe-Vereins“. Von Anfang an ist er 2. Vorsitzender und kurze Zeit darauf 1. Vorsitzender.
Der Gründungspräsident ist Carl Ludovici, Ziegeleibesitzer in Jockrim. (Der Stephansdom in Wien ist mit den von ihm hergestellten bunten Dachziegeln geschmückt.)
Julius Waldkirch ist gleichzeitig in zwei entgegengesetzten Vereinen Mitglied des Vorstandes. Und als er im „Gewerbe-Verein“ auch noch 1. Vorstand wird, entsteht ein „Novum“. Julius Waldkirch führt neun Jahre lang den „Arbeitgeber-Verein“ und gleichzeitig den „Arbeitnehmer-Verein“ sowie den „Krankenunterstüzungs-Verein“. Dies war nur durch seine absolut integre Persönlichkeit möglich. Durch diese Personenunion konnten Differenzen innerhalb der unterschiedlichen Vereinigungen geklärt werden, aber darüber hinaus halfen die Vereine sich gegenseitig und stellten so in Ludwigshafen eine komplexe Macht der ganzen arbeitenden Bevölkerung dar.

Ihr Sprachrohr war der „General-Anzeiger“, der ebenfalls von Julius Waldkirch geführt wurde. All dies unterstützte die rasante Entwicklung der Stadt Ludwigshafen.

Arbeiter-Verein.

Julius Waldkirch, Präsident.
Friedrich Günzel, Schriftführer.
Abraham Schuler, Rechner.
Thies, Bibliothekar.
Deppert, Fegert, Giel, Junium, Pöhlmann, Schick, Beisitzer.

Allgemeiner Krankenunterstützungs-Verein.

Julius Waldkirch, Vorstand.
Caspar Joa, Rechner.
F. W. Kindt, Schriftführer.
Johann Becker, Franz Hutter, Christian Kelchner, Georg Roth, Abraham Schuler und Martin Schwager, Obmänner.

Gewerbe-Verein.

Carl Ludovici, Vorstand.
Gottfried Krug, Schriftführer.
Heinrich Fasig, Rechner.
Phil. Scheuerer, Bibliothekar.
Jul. Waldkirch, Stellvertreter.

Die gegenseitige Hilfe zeigte sich, dass sich der „Gewerbe-Verein“ mit einem Ersuchen an den Gemeinderat wendet; *„er möge doch den Auf- und Ausbau der Fortbildungsschule des „Arbeiter-Vereins“ fördern“*. Andererseits erfüllte der „Arbeit-Fortbildungsverein“ den Wunsch des „Gewerbe-Vereins“ auf einen kaufmännischen „Cursus in gewerblicher Buchführung“ durchzuführen, wie ein Inserat öffentlich ankündigt. Bemerkenswert dabei ist, dass der Verein ankündigt, auch Diskussions- sowie Gesangsstunden abzuhalten. Auch gibt es einen Beschluss des „Gewerbe-Vereins“ vom 11. Dezember 1874 der lautet *„der hiesige Gewerbe-Verein hat gestern beschlossen, dem hiesigen Arbeiter-Fortbildungsverein für das Jahr 1875 100 Gulden für dessen Fortbil-*

dungsschule zuzuwenden. Das Geld ist sicher gut angelegt und wird sich einst wohl rentieren".

Arbeiter-Verein.

Wir bringen hiermit zur Kenntniß, daß am **Freitag, den 5. Januar** ein Cursus in der **gewerblichen Buchführung** beginnt und machen insbesondere noch darauf aufmerksam, daß auch Nichtmitgliedern die Theilnahme hieran gestattet ist.

Die Unterrichtsstunden finden von jetzt ab in nachstehender Reihenfolge statt:

Montag von 1/2 9 bis 1/2 10 Uhr Abends Gesang.

Dienstag von 8 bis 9 Uhr Abends Rechnen.

Donnerstag von 1/2 9 bis 1/2 10 Uhr Abends Gesang.

Freitag von 8 bis 9 Uhr Abends Buchführung.

Samstag von 1/2 9 bis 10 Uhr Abends Discussion.

Sonntag von 9 bis 11 Uhr Morgens Zeichnen.

Der Unterricht im Buchführen, Zeichnen und Rechnen wird im neuen Schulhaus (unteren Stock rechts) ertheilt, Gesangs- und Discussionsstunde finden im Vereinslokal (Restauration L. Roth) statt.

23[2] **Der Vorstand.**

Durch die Initiative von Julius Waldkirch ruft der „Arbeiter-Fortbildungsverein" für seine Mitglieder 1877 auch eine Sparkasse ins Leben.

Die Mindesteinlage beträgt sechs Mark. Damit ist es in Ludwigshafen erstmals möglich, auch kleine Geldbeträge, die verzinst werden, anzulegen.

Die Sparkasse entwickelt sich gut, verliert aber ab 1893 ihre Bedeutung und wird aufgelöst, da die „Pfälzische Bank“ nachzieht und ebenfalls eine Sparkasse eröffnet. Eine Bank, die über die Pfalz verstreut ist, hat eben einen weit größeren Einzugsbereich als ein nur städtisches und mitgliederbezogenes Geldinstitut.
1877 wird Julius Waldkirch als Vorstand des Ludwigshafener „Gewerbe-Vereins“ auch in die Pfälzische „Handels- und Gewerbekammer“ gewählt. Sie ist die Vorgängerin der heutigen „Industrie- und Handelskammer“ (IHK).
Auf Anregung des Verlegers Julius Waldkirch gibt die Kammer ab dem 25. Januar 1879 ihr erstes Mitteilungsblatt heraus, das im Waldkirch-Verlag hergestellt wird.

Julius Waldkirch
Gründer der Firma Waldkirch
Gründer des „General-Anzeigers“
(9. Mai 1840 – 5. August 1911

Mittheilungen

der

Pfälz. Handels- und Gewerbe-Kammer.

Nr. 1. Ludwigshafen a. Rh., den 25. Januar 1879. Erster Jahrgang.

An den Industrie-, Gewerbe- und Handelsstand der Pfalz!

Unter Berücksichtigung des Umstandes, daß nur eine rege Antheilnahme und Mithülfe der Angehörigen von Industrie, Gewerbe und Handel an den Arbeiten ihrer gesetzlich berufenen Vertretung es möglich machen, auf die Dauer und mit Erfolg die berechtigten Interessen dieser Berufskreise wahrzunehmen, wurde in der letzten Sitzung der Handels- und Gewerbekammer die Absicht kund gegeben, mit dem Beginne des Jahres 1879 in zwanglosen Nummern erscheinende Mittheilungen herauszugeben, in der Hoffnung, durch deren Inhalt das Interesse der Einzelnen am ehesten wachzurufen, und sie damit in nähere und häufigere Berührung zu den Aufgaben der Handels- und Gewerbekammer zu bringen. Diese Mittheilungen, deren erste Nummer hiermit der Oeffentlichkeit übergeben wird, sollen zu dem Ende in größerer Anzahl unter die Interessenten gelangen und hauptsächlich Material und Vorbesprechungen über wichtige Verhandlungsgegenstände, Begutachtungen der Kammer und Erlasse der königl. Staatsregierung auf ergangene Eingaben enthalten, dann Aenderungen und neue Bestimmungen auf dem Gebiete des Eisenbahn-, Post- und Telegraphen-Verkehrs und in den Zollverhältnissen des In- und Auslandes, endlich auch Anregungen über anzustrebende Verbesserungen und Neuerungen, soweit sie wirthschaftlicher Natur sind.

Möge nun ein sichtbarer Erfolg uns die Genugthuung nicht versagen, mit dem gewählten Mittel den rechten Weg eingeschlagen zu haben, zu Nutz und Frommen der wirthschaftlichen Entwicklung unserer Provinz.

Die Handels- und Gewerbe-Kammer.

Die Reform der Gewerbeordnung.

Auf der Tagesordnung der letzten Plenarversammlung der Handels- und Gewerbekammer vom 26. November v. J. hatte auch obige Frage gestanden und zwar veranlaßt durch eine Denkschrift der Hamburgischen Gewerbekammer, die s. Z. sämmtlichen Gremien zugegangen war, unter Beifügung eines kurzen Auszuges aus dem reichen Inhalte des Schriftchens, sowie einer Anzahl Fragen, von der Handels- und Gewerbekammer in Zittau formulirt. Die lebhaft geführte Debatte konnte jedoch zu einem endgiltigen Resultate nicht gelangen, vielmehr wurde beschlossen, unter Berücksichtigung des Umstandes, daß die Abhaltung eines Delegirtentages deutscher Gewerbekammern in München auf das Frühjahr 1879 verschoben worden, die Angelegenheit nochmals nach allen Seiten hin zu prüfen, zu diesem Behufe aber weiteres Material, das der Beurtheilung zur Unterlage und Richtschnur zu dienen geeigner sei, zu sammeln und den Interessenten zu unterbreiten. Die von dem Bezirks-Gremium Neustadt gegebene Beantwortung der Zittauer Fragen sollte gleichfalls als Antrag zur allgemeinen Kenntniß gebracht werden.

Nachdem wir nunmehr in der Lage sind, dem uns gewordenen Auftrage nachkommen zu können, geben wir in Nachstehendem den gewerblichen Kreisen verschiedene Anhaltspunkte gefälliger Erwägung anheim. Der Vollständigkeit halber geben wir zunächst die auf Grund der Denkschrift aufgestellten Fragen der Zittauer Kammer hier nochmals wieder und reihen daran in Kürze dasjenige, was die Denkschrift selbst in dieser Hinsicht äußert, sowie die Antworten des Neustadter Gremiums.

Frage 1. **Läßt sich der Wunsch rechtfertigen, daß bei der gesetzlichen Regelung der gewerblichen Verhältnisse dem Kleingewerbe eine eingehendere Berücksichtigung als bisher zu Theil werde?**

Die Denkschrift bejaht diese Frage, indem sie auf die numerische und gesellschaftliche Bedeutung des Kleinge-

In der Buchdruckerei Julius Waldkirch wird auch die Idee eines „Arbeitsnachweisbüros“ geboren.
1880 regt der „Arbeiter-Fortbildungsverein“, der unterdessen von Friedrich Günzel, dem Setzereileiter im Waldkirch-Betrieb, geleitet wird und der „Gewerbe-Verein“ unter Führung von Julius Waldkirch bei der Stadt Ludwigshafen diese Einrichtung an.
Noch im gleichen Jahr wird von der Stadt das „Arbeitsnachweisbüro“ verwirklicht und so konnte Ludwigshafen, als von Regierungsseite her 1894 erstmals die Gründung von Arbeitsnachweisstellen angeregt wird, daraufhin verweisen, dass es bereits seit vierzehn Jahren eine solche Stelle betreibt.
1902 geht aus dem „Arbeitsnachweisbüro“ das städtische „Arbeitsamt“ hervor.
Julius Waldkirch wird in der Wahlperiode 1880 bis 1884 als Ersatzmann in den Gemeinderat berufen. In den nächsten zwei Wahlperioden, 1885 bis 1889 und 1890 bis 1894, wird er in den Stadtrat gewählt, dem er bis 1895 angehört.
Im Rahmen seiner Tätigkeit als Stadtrat ist er Mitglied in der Branddirektion und dem Finanzausschuss sowie Vorsitzender des Ausschusses für ortspolizeiliche Vorschriften.
Julius Waldkirch hat aufgrund seiner Positionen und als Herausgeber der größten und bedeutendsten Tageszeitung von Ludwigshafen und der Pfalz eine gewichtige Stimme in der kommunalen Wirtschaft und Bildungspolitik sowie als Interessenvertreter der Pfalz beim Regierungssitz in München.

Das erste Extrablatt einer Ludwigshafener Zeitung druckte der „General-Anzeiger“. Es berichtet vom Tod des „Märchen-Königs“ Ludwig II. von Bayern.

Den Vorsatz, den Julius Waldkirch bei seiner Ankunft in Ludwigshafen im Jahre 1865 fasste, „tatkräftig an der Entwicklung von Ludwigshafen mitzuwirken und sich für das Wohl von Stadt und Land einzubringen“, hatte er vorbildlich erfüllt.

Extrablatt

zum

General-Anzeiger Nr. 136.

Montag, 14. Juni 1886

Telegramm.

München, 14. Juni 1886.

König Ludwig II. hat sich gestern Abend ½7 Uhr b
einem Spaziergang im Parke bei Schloß Berg in den Starnberg
See gestürzt. Professor **Gudden** ertrank gleichfalls beim Rettungs-
versuche. Um ½12 Uhr wurden beide in der Nähe der Unglücksste
todt aus dem Wasser gezogen. Prinz Otto wurde heute Vormitt
zum König ausgerufen unter der Regentschaft des Prinzen Luitpo
und findet gleichzeitig auch die Beeidigung der Truppen auf Kön
Otto statt.

Geheimer Komerzienrat Dr. h. c. Wilhelm Waldkirch, 1870-1942, Presse-Fürst, Kämpfer für die Pressefreiheit sowie für die Ethik und Wahrheit in der Berichterstattung. Kompromissloser Gegner einer internationalen Hasspolitik.

1894 erteilt Julius Waldkirch, der Senior, seinen Söhnen Wilhelm und Ernst Prokura. Wilhelm übernimmt im Jahre 1897 im Alter von 27 Jahren die Geschäftsführung der Buchdruckerei und des Verlags Julius Waldkirch und Cie. GmbH.
Ernst hat andere Interessen und wird sukzessiv von seinem Bruder ausbezahlt.

Wilhelm möchte den Presseverlag konsolidieren und der fortschreitenden Industrialisierung und dem sich ändernden Volksbewusstsein anpassen.
Er gedachte den „General-Anzeiger“ als reines Lokalblatt auf Ludwigshafen zu konzentrieren, das unterdessen zur größten Stadt der Pfalz geworden war. Für die Pfalz selbst wollte er eine eigenständige Zeitung gründen.
Um diesem Projekt technisch gewachsen zu sein, war die Erweiterung und Modernisierung des ganzen Zeitungsbetriebes Voraussetzung. Wilhelm Waldkirch erkannte als einer der ersten Unternehmer in Deutschland die Bedeutung der Bleisetzmaschine für die Zeitungsherstellung. So wurde bereits 1898 die erste Linotype-Setzmaschine in Ludwigshafen, und damit die zweite in Südwestdeutschland, bei Waldkirch aufgestellt. Schon vier Jahre später liefen hier fünf Setzmaschinen.
Sie bedeuteten eine Umwälzung im grafischen Gewerbe, denn sie waren nicht nur für die Zeitungs- und Zeitschriftenherstellung von Vorteil, sondern auch für den Mengensatz der Bücher.
Jetzt musste nicht mehr von Hand mühsam Buchstabe an Buchstabe gestellt werden. Jetzt konnte schnell, wie mit einer Schreibmaschine, der Bleisatz erstellt werden. Mit einer Tastatur wurden die jeweils benötigten Buchstabenmatrizen aus ihrer Halterung gelöst und reihten sich nebeneinander auf. Dann erfolgte automatisch der Gießvorgang.
Die nicht mehr benötigten Matrizen wurden dann ohne menschliches Zutun in ihre alte Halterung zurück zur weiteren Verwendung transportiert.
In Flachbettdruckmaschinen konnte der Satz direkt zum Einsatz kommen. Beim Rotationsdruck war noch eine weitere Bearbeitung nötig.
Auf den fertigen Satz wurde eine Pappe gelegt und mit hohem Druck die Konturen der Buchstaben eingepresst. Diese wurden dann gebogen und mit Blei ausgegossen. Die halbrunden Platten wurden sodann auf den Rotationswalzen befestigt und los ging’s. Durch das Rotationsprinzip und dem Druck auf Endlospapierbahnen konnten die Maschinen wesentlich schneller laufen als die Flachbettmaschinen. Die neuen Rotationsmaschinen lieferte MAN = Maschinenfabrik Augsburg Nürnberg.
1899 ist es dann soweit. Der Betrieb ist technisch auf die zu erwartenden Anforderungen vorbereitet und in den Ballungsgebieten sind Redaktionen entstanden. Die Lokalreporter sind erfahren, denn sie stammen meistens vom „General-Anzeiger“, der sich auf Ludwigshafen konzentrieren soll.
Wilhelm Waldkirch gründet nun das Provinzblatt „Pfälzische Rundschau“. Es erscheint ab dem 16. September 1899 für den Anfang zweimal täglich.

№ 1. Ludwigshafen a. Rh. Samstag, den 16. September 1899. Morgenausgabe.

Abonnementspreis: [illegible]
Inseratenpreis: [illegible]

Chefredacteur: **Richard Dietrich**, zugleich verantwortlich für den politischen Theil. — Verantwortlich für das Feuilleton Dr. phil. Ernst Dannheisser; für den localen Theil Maximilian Trapp.
Berliner Bureau: NW. Calvinstraße 26 (Dr. jur. E. Jungbans).

Druck und Verlag: **Jul. Waldkirch & Cie., G. m. b. H.** [illegible]
Nachdruck der Original-Berichte verboten, Abdruck des übrigen Inhaltes nur unter genauer Quellenangabe gestattet.

1. Probenummer.

Was wir wollen!

Als über den Trümmerhaufen des französischen Empire vor 29 Jahren das große Deutsche Reich erstand, ging ein Jubelschrei durch die heimathlichen Gaue. Endlich also war das erreicht, was seit einem Säkulum und länger die Besten und Erleuchtetsten der Nation mit allen Mitteln und Kräften zu erringen gestrebt. Endlich hatten wir ein „einiges" Deutschland, wie man es nannte, und Nord und Süd hatten sich brüderlich die Hand gereicht über Sedans rauchendem Leichenfelde.

Da war es kein Geringerer als Bismarck, der zu erst den schönen Traum von Deutschlands „Einigkeit" zerstörte und auf die unselige Spaltung der Stämme hinwies. „Geeinigt" — ja, „einig" — nein! Noch ein Menschenalter müsse darüber hingehen, so meinte er, ehe wir von einer Einheit füglich würden reden können. Dies Menschenalter ist nun vorübergegangen. Seht euch um im Lande, deutsche Männer, und sagt, was ihr von unserer Einheit haltet! Kennt ihr wirklich alle die Parteien mit Namen, die sich in grimmer Fehde mit den ärgsten und oft schmählichsten Mitteln bekämpfen? Mit jedem Tage wächst die Zahl dieser Parteien und Parteichen, dieser Fraktionen und Fraktiönchen, mit jedem Tage wird die Spaltung im nationalen Lager größer und der hehre Gedanke von Deutschlands „Einheit" mehr und mehr zur Phrase. Alle fühlen das, aber die Wenigsten suchen nach dem Grunde und nur Einzelne sinnen auf Besserung!

„Wenn jemand Deutschland einen kann, ist es die Presse, wenn sie treu zu Kaiser und Reich steht und bei Beurtheilung aller Fragen den großen nationalen Gedanken nicht aus dem Auge läßt." Auch dies Wort stammt aus erlauchtem Munde. — Wie nun hat sich Deutschlands Presse in dem großen friedlichen Kampfe nach 1870 benommen? Was hat sie beigetragen zur Einigung der deutschen Stämme, zur Hebung des nationalen Gedankens? — Sie hat sich — mit wenigen Ausnahmen — redlich bemüht, die vorhandene Spaltung zu vergrößern, die Gegensätze zu verschärfen und die „Parteien" zu verbittern!

Auch unsere engere Heimath bietet ein klägliches Bild dieses kleinlichen und gehässigen Kampfes. Ueberall wohin das Auge blickt, sieht man die Pamphlete in den kleinen Blättchen, die nur durch Sensation und Skandal ihr trübseliges Dasein fristen. Ueberall Gift und Geifer, nirgends ein befreiender Zug von idealer Größe.

Und mitten hinein in diese kläffende Meute, in dies Getriebe unseliger Parteileidenschaften tritt mit dem heutigen Tage unser Pathenkind.

Was wir wollen?

Mit allen Kräften wollen wir darnach streben, daß auch in unserem Heimathlande der große nationale Gedanke nicht verloren gehe, daß er eine Stütze finde in der Volksseele und daß er sich ausbreite zum Wohle unseres gemeinsamen Vaterlandes. Keiner Partei sind wir unterthan, von keiner in irgend einer Beziehung abhängig. Die Politik des gesunden Menschenverstandes ist auf unsere Fahne geschrieben, und wir sind überzeugt, daß wir in diesem Zeichen siegen werden.

Zu allen Fragen der großen Politik oder der Politik unseres engeren Heimathlandes werden wir entschieden Stellung nehmen, ohne uns beeinflussen zu lassen von rechts oder links. Die sociale und wirthschaftliche Hebung des Volkes soll uns besonders am Herzen liegen. Wir wollen die Interessen unseres Handels und unserer Industrie vertreten und auch der Landwirthschaft kräftig fördernde Worte reden. Energisch wollen wir eintreten für alle Fortschritte auf geistigem Gebiete, für die Freiheit des Gedankens, für die Freiheit in Kunst und Wissenschaft. Alles, was unserem Volke dient, wollen wir vertheidigen und beschützen. Und deshalb legen wir getrost dies Blatt in die Hände unserer Pfälzer. Sie werden am ehesten wissen, was ihnen noth thut und am besten beurtheilen können, ob wir ihr Vertrauen verdienen.

Die Pfalz verlangt schon seit langem nach einem führenden großen Organ, das ihre Interessen energisch vertritt draußen im Lande. Nun, wir sind entschlossen, mit unserer „Pfälzischen Rundschau" die Lücke auszufüllen, die immer fühlbarer wurde, entschlossen, in Farbe und Form an die Spitze der heimischen Presse zu treten. Die werkthätige Mitarbeiterschaft der ersten Männer unseres engeren und weiteren Vaterlandes ist uns freudig zugesagt worden und wir werden unserer Heimath draußen in der großen Welt Ehre machen.

Mit dem Volke — für das Volk!

Zur Lage.

Der Gang der Dinge in unserer inneren Politik war in der letzten Zeit ein unklarer. Vage Vermuthungen standen an der Tagesordnung, ohne daß sich eine derselben bisher bestätigt hätte. Da trifft uns heute ein Brief aus ausgezeichnet informirten, **hochpolitischen** Berliner Kreisen, der die augenblickliche Lage wie folgt charakterisirt:

§§ Berlin, 14. Sept. Der „stille Krieg", der *augenblicklich zwischen Krone und Regierung* des größten deutschen Bundesstaates auf der einen Seite, den Führern der conservativen Fronde auf der anderen Seite im Gange ist, dürfte sich noch lange hinziehen. Es kann als sicher gelten, daß die Regierung Alles daran setzen wird, den Widerstand der conservativen Opposition zu brechen. Was jetzt im preußischen Ministerium des Innern unter dem neuen Ressortchef in Angriff genommen ist, bedeutet nichts mehr und nichts weniger als eine völlige Reorganisation der Vertretung der Regierungspolitik im Lande. Diese Reorganisation soll sich von den höchsten Beamtenstellen bis herab zu den *Kreisblättern erstrecken* und für die Zukunft die Wiederkehr jener Verwirrung verhindern, die eine allzu schlaffe Zügelführung des Herrn v. d. Recke verursacht hat. Sein Nachfolger wird das nicht ruhig hinnehmen, was sich jener bieten ließ. Die Durchführung der geplanten Aenderungen erfordert Zeit; aus diesem Umstande resultiert die kräftige Widerlegung, die das Gerücht gefunden hat, daß der Landtag noch vor Weihnachten einberufen werden sollte. Nimmt man dazu, daß das Revirement sich aller Wahrscheinlichkeit nach nicht auf die unteren Kreise beschränken, sondern auch noch diesen und jenen Minister über kurz oder lang in Mitleidenschaft ziehen wird, so ist klar, daß die Regierung *dem Landtage im nächsten Jahre ganz anders* gerüstet gegenüberstehen wird, als in den vergangenen Wochen.

Auch im Reiche bereitet sich ein Kampf vor. Es handelt sich um die sogenannte Zuchthausvorlage. Wenn auch in der letzten Zeit die öffentliche Discussion sich verhältnißmäßig wenig mit derselben befaßt hat, so ist doch die Regierung nicht unthätig in der Angelegenheit geblieben; das vorhandene Material für die Vorlage ist ergänzt und vervollständigt worden. In den Kreisen der Reichsregierung täuscht man sich keineswegs darüber, daß die Chancen der Vorlage zur Zeit ungünstig sind. Aber man rechnet mit einem allmählichen Umschwung der Meinung in den bürgerlichen Wählerkreisen, und es ist heute schon sicher, daß eine völlige Ablehnung der Vorlage mit einem „Appell an die Wähler" würde beantwortet werden.

Was die auswärtige Politik angeht, so stehen die Dreyfusfrage und die Transvaalkrise im Vordergrund des Interesses. Die Loyalität der Reichsregierung in der Dreyfussache ist über jeden Zweifel erhaben. Deutschland und die Reichsregierung werden von dem Urtheil nicht im Mindesten tangirt; es ist eine Sache, die Frankreich allein angeht und die es mit seinem Gewissen abmachen muß. Aus diesem Grunde erscheint es auch inconsequent, Deutschland irgend einen Schritt gegen die Beschickung der nächstjährigen Pariser Weltausstellung zuzumuten. Die Reichsregierung denkt nicht an einen solchen Schritt. Daß die Entwicklung der südafrikanischen Krise hier mit großem Interesse verfolgt wird, liegt auf der Hand. Die Haltung Deutschlands kann aber keine andere sein als die der strikten Neutralität. Deutschland hat seit drei Jahrzehnten den Frieden mit den größten Opfern gewiß nicht darum zu sichern gesucht, um ihn für die Buren in die Schanze zu schlagen.

Deutscher Brief aus Oesterreich.

(Original-Bericht der „Pfälzischen Rundschau".)

Wien, 13. September.

„Die geordnetste Verwaltung, die musterhafteste Gerechtigkeitspflege, nichts, nichts entschädigt für die Mißachtung persönlicher Freiheit, für die Unterdrückung des unerschrockenen Wortes, für die Ablehnung derjenigen Institutionen, die jeder Individualität Gelegenheit geben, mit ihrer Meinung, mit ihren Interessen, mit ihren Ansprüchen sich gesund und mannhaft auszuleben." Es sind mehr als vierzig Jahre über Oesterreich hingegangen, seit Karl Gutzkow mit diesen Worten die damaligen Zustände in den Habsburgischen Landen verdammte, und wenn man die heutigen Zustände in Oesterreich zutreffend schildern will, braucht man die Worte Gutzkows nur einfach zu wiederholen mit dem Hinzufügen, daß die Verwaltung längst nicht mehr die geordnetste, die Gerechtigkeits-

Feuilleton.

Berliner Herbststimmungen.

(Originalbrief der Pfälzischen Rundschau.)

Seit etwa acht Tagen häufen sich die Merkmale des Herbstanfanges auch für den von der Natur losgelösten Großstädter. Der Schneider fordert zur Besichtigung seines Musterlagers von Winterstoffen auf, die Kohlenhändler bieten bei 25 Ctr. R. Briquets bester Qualität an und was der Anzeichen für den Wechsel der Jahreszeit so mehr sind. Meine Beziehungen zur Natur habe ich bisher auf dem Umwege über den Zoologischen und Botanischen Garten aufrecht erhalten. Sobald die exotischen Thiere, die es, wie jener Dizziersburscher behauptete, „gar nicht giebt", aus ihren Winterquartieren entlassen, im Freiheitsrausch Luftsprünge machten, die ebenfalls mehr als unwahrscheinlich waren, wußte ich, daß ich „mit der goldenen Leyer im Arm dem Lenz entgegen zu wallen hatte." und als letzte Rose ist mir immer die „Victoria Regia" erschienen, die zu blühen anfängt, wenn die übrigen Töchter der Flora damit aufhören, und in ihrem Glashause einer Temperatur bedarf, die ihren Besuchern bei naßkalter Witterung in dankenswerther Weise zu gute kommt. Meine Beziehungen zum Zoologischen Garten haben sich zu meinem Bedauern gelockert, seitdem die Herren Ende und Boeckmann den indogermanischen, von Holz in Stein übersetzten Buntdruckstil erfunden und ihre in wundersamer Farbenpracht gen Himmel schreienden Neubauten in einen stimmungsvollen Naturpark hineingesetzt haben. Ich kann das von knieenden Riesenelefanten getragene Portal nicht durchschreiten ohne das peinliche Gefühl, die ruhenden Unthiere könnten sich plötzlich von ihren klotzartigen [illegible] und ohne Rücksicht auf das von ihnen getragene leichte Dach einen Grotesktanz aufführen, wie wir sie nur im Wintergarten zu sehen gewohnt sind. Wo sich sonst natürliche Laubdachwölbungen spannten, in deren Blattgewirr geheimnißvolle Lieder spielten, reihen sich jetzt nüchterne Kandelaber und aufdringliche Bogenlampen, und es ist völlig unmöglich, in diesen schnurgeraden Lästeralleen dahinzu wandeln, am „Arme seine zitternde Liebe." Seitdem der Zoologische Garten zu einer bunten Theaterdecoration herabgewürdigt ist, kann der sich hier bemerkbar machende Herbstanfang auch nur als ein szenisches Effectstück erscheinen, das trotz der geschickten Regie der Herren Ende und Boeckmann im Verein mit dem Restaurateur Dressel keine Naturstimmung aufkommen läßt. So ist mir denn für die Beobachtung des Jahreszeitenwechsels als letzte Zuflucht der Botanische Garten geblieben. Ich hatte das Glück, kurz vor Thoresschluß zu kommen. Es war der letzte Sonntag, an dem es einem verehrlichen Publikum gestattet ist, von 2—7 Uhr Nachmittags ungestraft unter Palmen zu wandeln. Von den Ulmen, Platanen und Linden rieselten gelbe Blätter herab, und die in ihrem Schutze gedeihenden Pflanzen und Pflänzchen ließen die Köpfchen hängen in unstillbarer Sehnsucht nach dem Treibhause. Ich folgte dem Strome der Menge, die sich fröstelnd nach dem Palast der Victoria Regia zur Defiliercour vor der Königin der Blumen drängte. Sie war umgeben von einer Schaar zartblühender Hofdamen, alles Mimosen, die ihre Blüthen und Blätter verschämt züchtig zusammenzogen, sobald man sich ihnen zudringlich berührend näherte, was so oft und so energisch geschah, daß ich beinahe für eine Warnungstafel plädiert hätte mit der Inschrift: „Die Blumen mit Stöcken oder Schirmen zu necken ist verboten." Sie selbst aber hatte ihre fünfundzwanzigste Riesenblüthe erschlossen und sah majestätisch [illegible] aus. Da schoben plötzlich zwei Arbeiter ein paar Planken über den Rand des Bassins, in dem sie prankte, und legten sie quer über die gewaltigen Blätter. Mehrere Herren stellten sich auf die improvisierte Brücke, machten ein freundliches Gesicht und ließen sich so photographieren. Ich ahnte Schreckliches und wirklich, am folgenden Tage war im Depeschensaal des Lokalanzeigers unter den Linden ein Bildniß ausgestellt, das die Tragfähigkeit der Riesenblätter der Königsblume ad oculos demonstrirte. Mich aber packte loyales Entsetzen ob des Majestätsverbrechens, und ich schlich hinaus, als hätte ich selbst Antheil an solcher Blumenschändung. Wie ich unter dem Blättergeriesel dahinschritt, schwebte vor mir eine seltsame Frauengestalt. Eng umspannte der gelbliche Seidenrock die Hüften und den Unterkörper, sich nur um die Füße zu breiten Volants erweiternd. Von diesem Saum aber stiegen gemalte Ranken und Blumenstengel hinauf zur Taille, die sich in Tulpenform um die dürftige Büste schmiegte, und auf dem leise geneigten Köpfchen schwebte ein Seerosenhut, seitwärts von einer großen Libelle umwoben. Eine seltsame Märchenstimmung kam über mich. Verließ da vielleicht die beleidigte Blumenseele der Victoria Regia ihren Glaspalast? Da kicherte neben mir eine Mädchenstimme: „Sieh einmal, Lilly, das ist die neueste Mode, das Secessionscostüm!" Ach, es sind seltsame Wege, auf denen die Rückkehr zur Natur in den Großstädten wandelt, und es ist derzeit schwer zu entscheiden, ob es nicht Irrpfade sind, die auf Umwegen zur Unnatur zurückführen.

„Kunst und Natur sei eines nur", wie oft ist es gepredigt und auf die Fahnen literarischer und künstlerischer Secessionen geschrieben worden. Ja, wenn es so leicht wäre, Dinge zu vereinigen, die sich nun einmal wie Subject und Object zu einander verhalten. Die Pforten der academischen Jahresausstellung im Glaspalast und die der Secession am Theater des Westens schließen sich ungefähr gleichzeitig, und von beiden nimmt man mit derselben trüben Herbststimmung Abschied. Der lange erhoffte Kunstfrühling hat auch an der Stadtbahn auf Charlottenburger Terrain nicht emporblühen wollen. Der Schnellbau der Herren Griesebach und Dinklage ist nicht recht trocken geworden und hat zu gefährlichen Schimmelbildungen geführt. Schnellfertigkeit und Schimmelbildung sind symbolische Extreme, die sich in der Berliner Secession berühren und in den Zusammenhang von Ursache und Wirkung zu einander treten. Die Genossenschaft mit beschränkter Haftung, für die die Firma Liebermann-Leistikow künstlerisch zeichnet, während sie kaufmännisch durch Bruno und Paul Cassirer vertreten wird, trug von vornherein einen senilen Character an sich, und ihre Mitglieder werden sich früher oder später nach dem gelobten Lande der Medaillen und Professuren zurücksehnen. Dann bleibt alles beim Alten, und es will uns gar nicht so bedauerlich erscheinen, wenn der Künstler wieder auf eigene Faust zusieht, wie er sich und sein Können mit der Natur friedlich in Einklang bringt oder sie gewaltsam zu sich heranzwingt. Einen eigenartigen Weg zur Erreichung dieses aufs innigste zu wünschenden Zieles hat unser „Michel Angelo" Reinhold Begas eingeschlagen. Nachdem er den Meisterschaftsringer Tomm als Modell für seinen Atlas am Bismarckdenkmal benutzt, hat er einen Ehrenpreis für den besten Ringkämpfer ausgesetzt und zwar in Gestalt einer Athletenstatuette, die von seinem Sohn Werner Begas modellirt wird. Kann man die intime Wechselwirkung zwischen Kunst und Natur auf einem praktischeren Weg herstellen, als in dem die Erstere die Letztere mit einem ihrer Erzeugnisse prämiirt? Da wird sich die Natur schon Mühe geben, kunstgerecht zu produzieren, auch so dem Schaffenden vorbildlich entgegenzukommen.

Wenn der Zusammenhang der Dinge nur nicht Künstlern so schwer zu errathen wäre! Auch der zur

Die Gründung fiel in eine Zeit, in der mächtige Impulse die Entwicklung der Stadt und des Landes vorantrieben. Die „Pfälzische Rundschau“ und der „General-Anzeiger“ aus dem Waldkirch-Verlag gehörten zu den Schrittmachern in dieser Epoche.
1903 wird zusätzlich der „Neue Pfälzische Kurier“, die älteste Zeitung Ludwigshafens, übernommen. Abonnenten, Mitarbeiter und die Tradition werden in die „Pfälzische Rundschau“ integriert.
Die Auflagen der Zeitungen steigen und steigen und so wird eine neue Zwillingsrotation der Augsburger Maschinenfabrik MAN in Betrieb genommen. Sie ist die leistungsfähigste Druckmaschine auf dem damaligen Markt und kann in der Stunde 11.000 16seitige oder 22.000 8seitige Zeitungen herstellen.
Auch der Buchverlag prosperiert. Unterdessen wird beim Waldkirch-Verlag das „Blaue Buch“, die „Geschichte der Stadt Ludwigshafen am Rhein von 1853 bis 1903“ gedruckt.
Herausgeber ist das Bürgermeisteramt. Das „Blaue Buch“ dokumentiert die Entstehung und Entwicklung der Industrie- und Handelsstadt in 50 Jahren und ist eine der wichtigsten Quellen der Stadtgeschichte.

Geschichte
der Stadt
Ludwigshafen a.Rh.
Entstehung und Entwickelung
einer
Industrie- und Handelsstadt
in fünfzig Jahren
1853 · 1903

Im gleichen Jahr wird der Adresskalender in ein Adressbuch umgewandelt, denn Ludwigshafen, die Stadt am Rhein, wächst und wächst. Zwei Jahre später ist sie schon mit 72.000 Einwohnern die größte Stadt der Pfalz. Den Adressbüchern von 1904 und 1905 wird ein Übersichtsplan von Ludwigshafen bis Oggersheim, das damals noch eine selbstständige Stadt war, beigelegt.

Verzeichnis

der Einwohner der Stadt Ludwigshafen am Rhein

und der Stadtteile Friesenheim u. Mundenheim

sowie

Verzeichnis der eingetragenen Handelsfirmen

1903

[illegible]

Mit Benutzung des vom Polizei-Meldeamt zur Verfügung gestellten Materials

Herausgegeben von Jul. Waldkirch & Cie., G. m. b. H.
Buchdruckerei und Verlag, Ludwigshafen am Rhein

Preis: Mark [illegible]

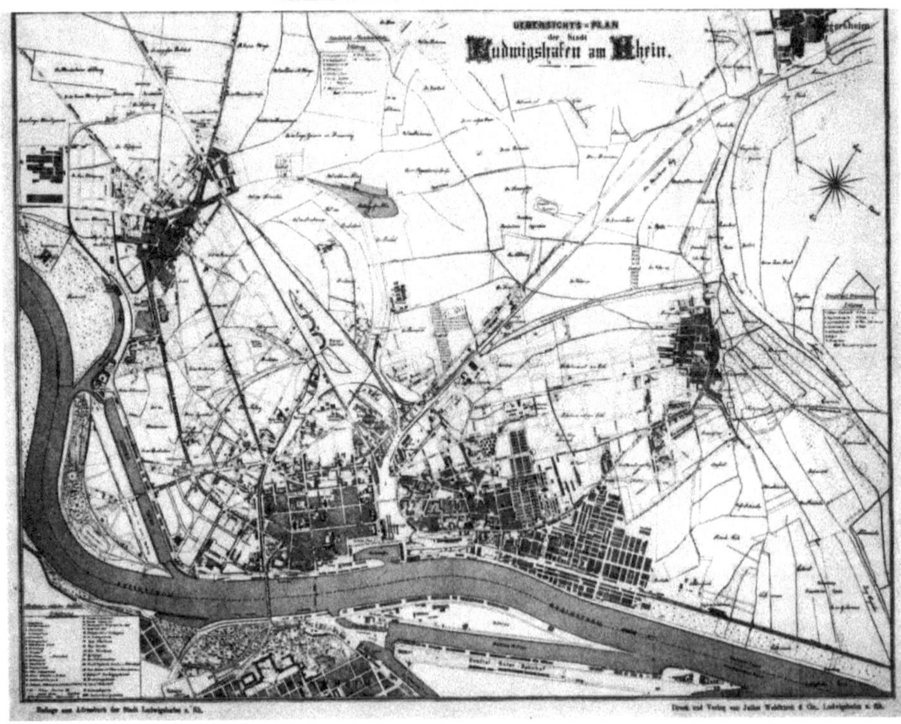

1904 gründet Albert Bäcker das Ludwigshafener Stadtmuseum und gibt über den Waldkirch-Verlag das Buch „Schiller und die Pfalz“ heraus. Ab 1905 erscheint im gleichen Verlag nach dem Adressbuch auch das „Gewerbe-Adreß-Buch“, das gleichzeitig ein „Bürgerhandbuch“ ist.

FAMILIE WALDKIRCH

UND IHRE BEZIEHUNGEN

ZUR

BUCHDRUCKERKUNST

1542 1905

Beilagen:

Stammhaus in Schaffhausen — Stammtafel der Familie

Druck von Julius Waldkirch & Cie. in Ludwigshafen a. Rh.

Zum 50. Berufsjubiläum von Julius Waldkirch, dem Gründer des „General-Anzeigers“ gibt der Verlag die Broschüre heraus „Familie Waldkirch und ihre Beziehungen zur BUCHDRUCKERKUNST von 1542 bis 1905“.

1905 ist Wilhelm Waldkirch. Mitbegründer des „Buchdruckervereins Mannheim-Ludwigshafen“ und ist von Anfang an Mitglied des Vorstandes. Von 1926 an ist sein Sohn Dr. Karl sein Nachfolger im Vorstand.
Der Autor Julius Waldkirch Junior ist in den 1970iger Jahren 1. Vorsitzender der Bezirksvereinigung der Druckindustrie Mannheim-Heidelberg und Nordbaden und Mitglied des Vorstandes von Baden-Württemberg.

Am 4. August 1908 findet ein besonderes Ereignis über Ludwigshafen statt. Denn da flog der Zeppelin bei Glockengeläut von den Kirchen das erste Mal über Ludwigshafen. Das weiße Haus im Vordergrund des Bildes, über dem der Zeppelin gerade schwebt, ist das Waldkirch-Druckereigebäude. Das Foto schoss im Auftrag des Verlages Gerd Wiche.

Der Luftschiffskapitän Ernst Lehmann war gebürtiger Ludwigshafener und drehte jedes Mal beim Überfliegen über seiner Heimatstadt eine Ehrenrunde.
Im März 1925 wurde er zum Ehrenmitglied und Ehrenpräsident des Ludwigshafener Verkehrsvereins ernannt.

Im Jahre 1909 erscheint eine Sammlung Pfälzer Mundartdichtungen unter dem Titel „Pälzer Ausles'". Mit diesem Buch wird eine neue Ära der Dialektdichtung eingeleitet.

Auch heute noch bekannte Namen wie Hans Glückstein, Ludwig Hartmann, Ernst Kiefer, Karl Räder, Lina Sommer und viele andere sind darin vertreten.
In den 20iger Jahren wird die „Pälzer Ausles'" von Ludwig Hartmann überarbeitet und zweibändigen und in mehreren Auflagen beim Waldkirch-Verlag verlegt und gedruckt.
Die Druckerei und der Verlag Waldkirch sind leidenschaftliche Anhänger der „Schwarzen Kunst" und so werden in speziellen Abteilungen hauseigene Versuche durchgeführt, die „Druck-Kunst" zu verfeinern. Mit Vierfarbendruck, Kohledruck, Heliografie, Lichtdruck sowie Gummi- und Steindruck werden Kunstbänden und künstlerischen Postkarten sehr oft mit den Fotos von Wilhelm Waldkirch, der auch Spezialeffekte beisteuert, hergestellt und verlegt.
Die Betriebsräume in der Kaiser-Wilhelm-Straße werden durch das ständige Wachstum zu eng und so wird ein großer Neubau geplant.
Wilhelm Waldkirch kann in der Amtsstraße im Zentrum von Ludwigshafen mehrere zusammenhängende Grundstücke im Quadrat Va erwerben. Es sind 4.500 m² und damit die größten Teile des Quadrates.
Wilhelm entwirft nach eigenen Erfahrungen und den neuesten technischen Möglichkeiten die Werksanlagen. Die Planung und Durchführung

überträgt er dem Architekten Karl Wiener, den er vom Ruderverein her kennt.
Der Bau beginnt im März 1911. Das Richtfest ist bereits im Sommer 1911.
Dieses Richtfest stellt auch die Krönung des beruflichen Lebens vom Senior Julius Waldkirch, dem Gründer dieses bedeutenden Unternehmens des grafischen Gewerbes und dem Verlagswesen dar. Er konnte stolz auf seinen Sohn Wilhelm sein, der sein Erbe so hervorragend weiterentwickelte.
Die Einweihung des neuen Betriebes kann Julius Waldkirch nicht mehr miterleben, er stirbt kurz vorher am 5. August 1911.

Straßenansicht

Hofansicht

Ein Nachruf für Julius Waldkirch

Julius Waldkirch war nicht nur ein bedeutender Verleger und Drucker, er war auch ein herausragender Sozial- und Bildungspionier für die Bevölkerung seiner Stadt Ludwigshafen.
Er hatte zwei Mottos. Eines für seine Zeitung, den „General-Anzeiger“ – „*Der Wahrheit die Ehre geben*“ und eines für seine Bildungsarbeit „*Durch Bildung zur Freiheit*“.
Folgerichtig gründete er den „Arbeiter-Verein“, den späteren „Arbeiter-Fortbildungsverein“. Mit ihm rief er dann die „Fortbildungsschule“ ins Leben.
Am Anfang erstellte er selbst die Lehrpläne und unterrichtete auch.
Die Fortbildungsschule stand allen offen und so entwickelte sich über die gewerbliche Fortbildungsschule die städtische gewerbliche Berufsschule zur heutigen staatlichen Berufsschule in der Bruchwiesenstraße.
Mit dem „Arbeiter-Verein“ gründete er auch den „Krankenunterstützungs-Verein“, der von Anfang an seinen Mitgliedern bei Krankheit und Berufsunfähigkeit finanziell half.
Beide Vereine führte er als 1. Vorsitzender einige Jahre lang.
Auch die erste Sparkasse, die kleine Beiträge ab sechs Mark verzinste, war Julius Waldkirchs Werk.

Mit seiner Idee ein „Arbeitsnachweisbüro“ zu errichten, hatte er bei der Stadt vollen Erfolg und so entstand der Vorgänger des heutigen Arbeitsamtes.
Julius Waldkirch war auch Mitbegründer des „Gewerbe-Vereins“. Er war zuerst 2. und kurze Zeit später 1. Vorsitzender.
Jetzt entstand ein *Novum*. Denn er war zur gleichen Zeit neun Jahre lang Vorsitzender und Präsident der Arbeitnehmer- und der Arbeitgebervereinigungen!
Er vertrat mit dieser Personenunion die arbeitenden Menschen in Ludwigshafen. Aufgrund seiner Persönlichkeit konnte er diesen Spagat mit Bravour bewältigen.
Diese geballte Kraft, unterstützt vom „General-Anzeiger“, konnte bei der Stadt viel erreichen und so ist zu verstehen, dass mit diesem Grundstock Ludwigshafen zu einer Stadt der Arbeiter wurde. Julius Waldkirch erhielt auch von der Bevölkerung einen großen Vertrauensbeweis, in dem sie ihn drei Wahlperioden lang in den Stadtrat wählten. Dort leitete er und war Mitglied in verschiedenen Arbeitsgruppen.
Auch privat wurde er vielfach geehrt. Er war zum Beispiel das erste Ehrenmitglied eines Ludwigshafener Vereins.
Die Berufsschule gedachte seiner Gründung mit einer Ehrenecke und der Aufstellung seiner Büste.
Nur die Stadt Ludwigshafen vergaß ihren so verdienstvollen Bürger und das ist kein gutes Beispiel für nachkommende parteilose Ehrenamtliche, obwohl zwei seiner Initiativen immer noch allgegenwärtig sind, die Berufsschule und das Arbeitsamt.
Der vergesslichen Stadt am Rhein muss zu Gute gehalten werden, dass die rasante Entwicklung und die vielen Schicksalsschläge, wie 1. Weltkrieg, französische Besatzung, Separatistenherrschaft, Naziregiment, 2. Weltkrieg, erneute französische Militärregierung und die Geburtswehen einer Demokratie nicht günstig für die Erinnerung an eine Privatperson war, auch wenn sie für ihre Stadt Außergewöhnliches geleistet hat.
Es sind die Parteien oder sonstige Gruppierungen, die ihren eigenen Leuten Ehren zukommen lassen, immer in der Hoffnung, dass sie dadurch bei der Bevölkerung selbst gut dastehen.

Das neue 1911 fertiggestellte Druck- und Verlagshaus Julius Waldkirch war im damaligen Deutschland eines der schönsten und funktionellsten. Viele auswärtige Kollegen reisten aus ganz Europa an, um es zu besichtigen und sich Anregungen zu holen. Auch so mancher Verlegersohn volontierte im Pressehaus Waldkirch.
– Heute ist das Stammhaus nach der Zerstörung im 2. Weltkrieg von Dr. Karl Waldkirch wieder original restauriert und ein Schmuckstück für die Stadt Ludwigshafen geworden. –
Das neue Betriebsgebäude bot alle Möglichkeiten der Weiterentwicklung. Bereits 1912 wird im Haus das Wolfsche Telegrafenbüro eingerichtet, für direkte Nachrichtenübermittlung zu den Zeitungsredaktionen ein großer Vorteil. Es ist die erste Einrichtung dieser Art in Ludwigshafen.
Zu gleicher Zeit wird im Haus eine Rohrpostanlage installiert, die eine schnelle Kommunikation von Nachrichten und Berichten in dem weitläufigen Gebäude gewährleistet. In einem Zeitungsbetrieb muss alles presto presto gehen. Die Pressemitteilungen und eventuelle Sonderdrucke sollten möglichst schnell zu den Lesern gelangen.
Dazu gehören natürlich auch leistungsfähige Druckmaschinen und so geht die erst neu entwickelte „Frontrapid zweitouren Druckmaschine“, die die Frankenthaler Druckmaschinenfabrik verlässt, zu Waldkirch. Auch wird hier von der Frankenthaler Druckmaschinenfabrik eine neue leistungsfähige Zeitungsrotationspresse installiert.
Von der Firma Th. Giesecke in Leipzig wird eine komplette Schriftgießerei erworben, die es ermöglicht, dass im eigenen Haus schnell eine eigene Schrift in all ihren Variationen hergestellt werden kann.
Aber nicht nur die Technik ist auf dem neuesten Stand, auch der Büro- und Verwaltungsablauf ist vorbildlich. Es gibt die Maschinenbuchhaltung, eigene Postfreistempler, Adrema-Anlagen, Vervielfältigungsmaschinen usw.
Die beiden Tageszeitungen aus dem Waldkirch-Presseverlag sind 1914 die beiden größten und bedeutendsten Publikationen in der Pfalz, wie der Notar Johann Däubel protokolliert. Sie sind aufeinander abgestimmt und ergänzen sich so.
Mit dem „General-Anzeiger“, der mittags erscheint, und der „Pfälzischen Rundschau“ als Abendblatt hat der Verlag immer ein aktuelles Blatt auf dem Markt und kann so ständig die neusten und aktuellsten Nachrichten sowie das Börsengeschehen seinen Lesern offerieren.
Die Ludwigshafener und Pfälzer sowie der Handel und die Industrie werden von beiden Zeitungen optimal vertreten sowie orientiert und so ist die Stadt und das Land auf oft verstellende Nachrichten und Berichte von auswärtigen Publikationen nicht mehr angewiesen.

Der Waldkirch-Verlag besaß nicht nur die modernste Druckerei, er hatte auch das erste Auto, ein Benz-Modell 1895 in Ludwigshafen und der Pfalz. Julius Waldkirch und seine Söhne Wilhelm und Ernst waren die ersten Automobilisten. Bereits im Sommer 1896 durchfährt Wilhelm mit seiner Braut Mathilde in einem Benz den Pfälzer Wald von Ludwigshafen über Johanniskreuz bis zur Bärenhütte bei Pirmasens. Dort wollte der Benz nicht mehr und so spannte ein Bauer sein Pferd vor und zog das Auto bis Zweibrücken zum Hotel Adler, das Mathildes Verwandten gehörte und das auch das Ziel der Fahrt gewesen war.
Als in Zweibrücken dieses erste Auto erschien, gab es einen Menschenauflauf und die Leute riefen *„ihr Leid, ihr Leid, do kummt ä Gummichaises*“. Mathilde Waldkirch, die später über diese Pionierfahrt berichtete, schilderte eine weitere Szene dieser Fahrt. *„Bei der Tour begegnete uns auch ein Priester, der, als er das fauchende und knatternde Gefährt wahrnahm, seine Soutane raffte, über das Feld flüchtete und dabei schrie „der Teufel kommt, der Teufel kommt“.* Der Benz wurde in Zweibrücken repariert und fuhr mit Wilhelm am Steuer und Mathilde als Beifahrerin wieder zurück nach Ludwigshafen.

Frau Hedwig Laudien berichtet in der Zeitschrift „Jugend am Rhein“ vom 1. August 1955 über den ersten Benz-Wagen der Firma Waldkirch, der 1897 die Steigung des Ludwigshafener Straßenviaduktes nicht schaffte. Die Straßensteigung des Viadukts war verhältnismäßig steil, denn sogar 1947 nach dem 2. Weltkrieg schaffte eine vollbesetzte Straßenbahn es nicht, sie zu erklimmen. Die Fahrgäste mussten dann aussteigen und hochlaufen. Oben konnten sie dann die Wagen wieder besteigen, die unterdessen leer die Steigung bezwungen hatte.

Ankunft des ersten elektrischen Strassenbahnwagens am Ludwigshafener Rheinbrückenportal am 28. Mai 1902.

Die beiden Schwesterstädte Ludwigshafen und Mannheim haben sich durch ein gemeinsames den Rhein überspannendes Stadtbahnnetz noch enger miteinander verbunden.
Am 31. Mai 1902 wurde es offiziell eingeweiht und in Betrieb genommen.

Das erste Auto in Ludwigshafen

Der älteste Benzwagen nicht nur in Ludwigshafen, sondern auch in der Pfalz gehörte, wenn ich mich recht entsinne, der Firma Waldkirch. Er stand im Jahre 1897 einmal am Viadukt und konnte die kleine Steigung nicht schaffen. Die Leute blieben stehen und grinsten; denn nur wenige erhofften sich etwas von der neuen Erfindung. Schließlich faßten doch einige an und schoben den Wagen die Anfahrt hinauf. Droben fand er dann wieder allein die Kraft, sich weiterzubewegen. Und doch sollte dieser Wagen schon bis nach Johanniskreuz gefahren sein.

Äußerlich glich er noch einem Viktoria-Wägelchen. Er war offen und hatte nur ein Verdeck zum Aufklappen, das über den Sitz für zwei Personen reichte. Bei Dunkelheit mußten die ersten Autofahrer daheim bleiben, oder sich mit einem Lichtstümpfchen in einer Flasche behelfen. Karbidlampen gab es erst viel später, und erst im Jahre 1913 bekamen die Wagen von einer elektrischen Batterie ihr Licht. Dabei waren die ersten Lampen noch wie bei den Kutschen verziert und außen an der Seite angebracht. Auch Hupen und Schaltung befanden sich noch 1913 an der Außenseite.

Lange mußte man die Wagen von außen ankurbeln und dies oft eine Stunde lang bei grimmiger Kälte! Die Reifen wurden mit der Hand aufgepumpt, und da die Straßen noch vielfach schlecht waren, platzten sie oft. Einen neuen Reif aufzumontieren war aber nicht einfach. Natürlich gab es auch noch keine Tankstellen. Das Benzin mußte man in einer Kanne mitnehmen oder unterwegs in einer Drogerie kaufen.

Weitere Fahrten gingen nie ohne Pannen ab und beeinträchtigten sehr die Freude an einem Wagen. In der ersten Zeit fielen Pferde oft ein Auto an oder andere Tiere jagten ihm nach und erschwerten die Weiterfahrt. Man hatte daher wie einstmals die Radfahrer stets eine Peitsche dabei. Oft bedurfte man aber auch der Pferde oder Kühe, um sich einen steilen Weg hinaufziehen zu lassen. In den Dörfern betrug die Höchstgeschwindigkeit etwa 20 Kilometer, bestimmt aber nie mehr als dreißig.

Die Jahre von 1904 an waren ungefähr die Zeit, in der sich in Ludwigshafen die Besitzer von Equipagen auf das Auto umstellten. Sie hielten sich damals einen Chauffeur wie zuvor den Kutscher. Das Herrenfahren kam erst auf, als es Auto-Reparaturwerkstätten gab und die größten Schwierigkeiten für den Autofahrer überwunden waren.

Hedwig Laudien

Der neue Reiseomnibus — das erste Auto
Zeichnung von Carl Durban

102

In Ludwigshafen werden von 1898 bis 1906 durch die Lux'schen Industriewerke AG in der Westendstraße „Lux-Autos" gebaut. Sie waren sehr fortschrittlich, sie hatten einen vorne liegenden Motor und Vorderradantrieb. England war ein guter Kunde und so wurden ganze Schiffsladungen „Lux-Autos" über den Rhein nach dort transportiert. Lux-Wagen wurden auch bei den Waldkirchs gefahren.

Die Autos die schon vor der Jahrhundertwende bei den Waldkirchs fuhren, waren offene Autos, die nur manches Mal mit einem einfachen Faltdach gegen den Regen versehen waren. Auch gab es keine Glasscheiben die schützten. Die Automobile mussten möglichst vor den Witterungsunbilden bewahrt werden und so entstanden bald die ersten Unterstände für sie, wenn sie nicht gebraucht wurden.
Die erste echte Pfälzer Autogarage vor der Jahrhundertwende befand sich in der Oggersheimer Straße 12 und gehörte Ernst Waldkirch.
In Ladenburg, bei der Besichtigung der Benz-Villa wird zwar erklärt, hier hätte Carl Benz 1905 die erste Autogarage der Welt errichtet. Das kann aber nicht stimmen, denn die Waldkirch-Garage existierte schon zehn Jahre früher.
Dr. Karl Waldkirch stifte 1971 der Stadt Ludwigshafen, da es sich zum fünfundsiebzigsten Mal jährte, dass das erste Auto durch ihre Straßen fuhr, ein Modell des ersten Benz-Wagen von 1884. Das Modell im Maß-

stab 1:5 wurde extra in der Lehrwerkstatt der Mannheimer Daimler Benz AG angefertigt.
Ernst Waldkirch war auch ein Pionier des Motorbootsports. Anfang des 19. Jahrhunderts besaß er bereits ein Sportboot, das er auch dem Ludwigshafener Ruder-Verein von 1878 als Begleitboot für Regatten und als Trainingsboot zur Verfügung stellte.

Die ganze Familie Waldkirch war ein aktiver Förderer des Sports in Ludwigshafen und der Pfalz.
Bereits 1879 ist Julius Waldkirch an einer grandiosen Idee beteiligt und verwirklicht sie durch den Entwurf und Druck der ersten Aktie in Ludwigshafen. Es ist die Aktie des Ludwigshafener Ruder-Vereins von 1878, durch die sich die Ruderer die Mittel für Boote und Bootsschuppen verschafften.

Ludwigshafener
Ruder-Verein.

Actie Nr.
über
25 Mark.

Herrn

Ludwigshafener Ruder-Verein.

Actie Nr.

Der Ludwigshafener Ruder-Verein schuldet dem Inhaber dieser Actie den Betrag von

Fünf und zwanzig Mark.

Die Tilgung dieses Anlehens geschieht durch Auslosung von jährlich 11 Actien laut Beschluß der Versammlung vom 25. März 1879.

Ludwigshafen a. Rh., den 1. April 1879.

Der Vorstand des Ludwigshafener Ruder-Verein:

Präsident: Schriftführer: Cassier:

J. Waldkirch, Ludwigshafen a. Rh.

1888 fand in Ludwigshafen die dritte überregionale Veranstaltung in der Festhalle statt – das Verbandsschießen. Zur Erinnerung ein Foto mit von links nach rechts Clemens Denhardt, Julius Waldkirch, Andreas Güntzel. Der „Pfälzer Wald-Verein“ wird 1902 gegründet. Julius Waldkirch und seine Söhne Wilhelm und Ernst sind Gründungsmitglieder. Bis heute ist immer ein Mitglied der Familie im „Pfälzer Wald-Verein“.
Wilhelm gehört auch dem Vorstand des Ludwigshafener Fußballvereins von 1903 an und wird 1908 Ehrenmitglied.

Er setzt sich besonders für den „Ludwigshafener Ruderverein von 1878“ ein, dem schon sein Vater angehört hatte. Von 1904 bis 1919 ist er 2., ab 1919 bis 1924 1. Vorsitzender.
Durch die großen Erfolge der Ruderer steigt in dieser Zeit die Mitgliederzahl von 285 auf 850.
Die erste Sternstunde des Vereins war die Erringung der Bronzemedaille bei der Olympiade in Paris 1900 durch den Vierer mit Steuermann und

der Mannschaft Otto Fickeisen, Hermann Wilker, Ernst Felle, Karl Lehle und Steuermann Franz Kroewerath.
Die zweite nun größte Sternstunde für den Verein und auch für Ludwigshafen erfolgt 1912 in Stockholm, als der Vierer mit Steuermann bei den dortigen Olympischen Spielen die Goldmedaille gewann.
Die Ruderer waren Otto Fickeisen, Hermann Wilker, Rudolf Fickeisen, Albert Arnheiter und Steuermann Otto Maier.

Das Kuriose bei dieser Mannschaft war, dass die Brüder Fickeisen sich spinnefeind waren und kein Wort miteinander wechselten. Nur die Autorität von Wilhelm Waldkirch zwang diese hervorragenden Ruderer zu den anderen Spitzensportlern in ein Boot. Nach der Triumphfahrt ruderten sie nie wieder gemeinsam.
Lästermäuler meinten „die Fickeisen-Brüder“ seien nur deshalb so schnell gerudert, weil sie möglichst schnell am Ziel sein wollten, um schnellstens ihre Gemeinsamkeit im Boot zu beenden“. Der Ludwigshafener Ruderverein von 1878 steht seit seinem Bestehen sehr oft in den Siegerlisten.
Zum 90jährigen Jubiläum des Vereins stifte Dr. Karl Waldkirch in Erinnerung an seinen Vater Wilhelm einen Rennzweier. Das Boot wird mit dem Namen Wilhelm Waldkirch von Karl Waldkirch Junior getauft. Es erringt zweimal die Deutsche Meisterschaft 1968 mit Bierl/Schäfer und 1971 mit Bierl/Ringwald. Heute ist es ein Oldtimer und wird immer noch gerudert.
Geheimrat Wilhelm Waldkirch und sein Sohn Karl erhielten vom Ruderverein jeweils zu ihrer Zeit die Ehrenmitgliedschaft. Wilhelm Waldkirchs Sportambitionen erschöpfen sich aber nicht nur in seinen Ämtern, die er in den verschiedensten Sportvereinen begleitet, er ist auch bestrebt, dem Sport im Allgemeinen ein Sprachrohr zu schaffen. Folgerichtig gründete er als Verleger die „Pfälzische Sportzeitung“, die als Beilage der „Pfälzischen Rundschau“ täglich mit erscheint.

Eine Sport-Zeitung für die Pfalz

Sehr geehrte Herren!

Von heute ab wird die „Pfälzische Sport-Zeitung" als Beilage der „Pfälzischen Rundschau" täglich erscheinen. Damit werden wir auf dem Wege weitergehen, den wir seit einiger Zeit betreten haben und dem Sport im Rahmen unseres Blattes den Raum geben, der seiner Bedeutung im modernen Leben und der ständig sich mehrenden Zahl seiner Freunde entspricht.

In der Pfalz wie überall im Reiche regen sich die tätigen Anhänger des Sports, um sich in den Leistungen gegenseitig zu überbieten, denn die Jahre 1914 und 1915 werden die Vorbereitungs- und Prüfungszeit sein für die

Berliner Olympiade

im Jahre 1916, zu der das deutsche Volk alle sporttreibenden Nationen der Welt einladen wird, um sich mit ihnen in friedlichen aber entscheidenden Kämpfen zu messen. An den sportlichen Ehrgeiz, an den sportlichen Stolz, vor allem aber an das Können der Deutschen ist bisher noch nie in so nachdrücklicher Weise appelliert worden. Wir wollen bei diesen Vorbereitungen nicht fehlen. In der schnellen Berichterstattung, in der sachkundigen Bewertung der sportlichen Ereignisse und in der Förderung jedweden Sports sehen wir die Aufgaben, die zu lösen sind. — Erhöhte Aufmerksamkeit verdienen das

Turnen und die Volksspiele.

Dieses Gebiet soll besondere Würdigung nach der nationalen Seite finden, welches in seiner gewaltigen Ausbreitung auf alle Volksschichten und in allen Teilen unseres Vaterlandes einen immer stärkeren Ausdruck findet. Dasselbe gilt vom

Fußballsport.

Eine unparteiische und eingehende Würdigung aller bedeutenden nationalen und internationalen Ereignisse unter besonderer Bevorzugung des pfälzischen Fußballsports werden wir uns besonders angelegen sein lassen. Die Freunde des Lederballes sollen am Montag bereits alle wichtigen Spiele des Sonntags, auch der auswärtigen und ausländischen Spiele finden. — Mehr und mehr wächst das Interesse am

Wassersport.

Rudern, sowohl wie Schwimmen befinden sich in aufsteigender Entwicklung. Der Wassersport aller Art soll daher in unserem Sportblatt berücksichtigt werden, seine Leistungen sollen verzeichnet und sein Interesse tatkräftig gefördert werden. Im besonderen ist ja gerade die Pfalz weit über die Grenzen Deutschlands hinaus durch die hervorragenden Leistungen des Ludwigshafener Rudervereins bekannt geworden und sie gilt daher mit Recht als eine Pflegestätte des Sports. Von allen deutschen Sportsleuten, die sich an den Stockholmer Olympischen Spielen beteiligten, haben die Ludwigshafener Ruderer weitaus am besten abgeschnitten. — Wie bisher werden wir dem

Pferderennsport

besondere Aufmerksamkeit widmen. Am Montag sollen bereits die Ergebnisse des Sonntags unseren Lesern vorliegen. Denjenigen aber, die wetten wollen, werden wir durch eingehende fachmännische Vorbesprechungen und Tips manchen wertvollen Wink geben können. — Auch der

Radrennsport

der an jedem Sonntag viele Tausende auf Zementbahn und Landstraße zieht, verdient eine sorgfältige Berichterstattung und wird dieselbe bei uns haben. — Die sich überstürzenden Ereignisse der

Luftfahrt

werden in unserem Sportblatt gleichfalls eine Stätte finden. Auch werden ab und zu Fragen der Luftfahrt, wie natürlich auch aller anderen Sportszweige, von sachverständiger Seite in besonderen Aufsätzen behandelt werden; ebenso sonstige Vorgänge, die weiteres Interesse beanspruchen dürfen. — Dasselbe gilt von den

vielen anderen Zweigen des Sports

die wir hier nicht alle aufführen können. Unser Sportblatt wird aber bestrebt sein, den Ansprüchen, die das vielköpfige Heer der Sportfreunde stellt, gerecht zu werden.

Dazu erbitten wir aber deren Unterstützung!

Vor allem müssen uns aus den Reihen der pfälzischen Sportsfreunde zahlreiche Mitarbeiter erstehen, damit wir die Interessen auch tatkräftig zu fördern in der Lage sind. Besonders erwünscht sind uns die Behandlung solcher Anregungen und Fragen der pfälzischen Sportvereine, die weitergehendes Interesse beanspruchen dürfen; natürlich unter Ausschluß alltäglicher Vereinsfragen.

Wir bitten Sie hierdurch höflichst, diesen Prospekt in Ihrem Verein gefl. zirkulieren zu lassen und — soviel in Ihren Kräften liegt — darauf hinzuwirken, daß wir in Ihrem Verein auch eifrige und zahlreiche Leser gewinnen; der Inhalt der „Pfälzischen Rundschau" ist ja so außerordentlich reichhaltig und interessant. Mit der täglichen Sportbeilage ist die Pfälzische Rundschau neben ihrem sonstigen anerkannt gediegenen Inhalt auf der Höhe.

Wir bitten also nochmals im Interesse Ihres Vereins um tatkräftige Mitwirkung zum Besten und zur Förderung der sportlichen Bestrebungen in unserem Vaterland und in unserer pfälzischen Heimat.

Mit sportlicher Hochachtung

Die Redaktion der Pfälzischen Rundschau

Abteilung: Sport.

Der 1. Weltkrieg von 1914 bis 1918

Die Schüsse vom 28. Juni 1914 in Sarajevo/Serbien, die den österreichischen Thronfolger Franz Ferdinand und seine Gattin Sofie töteten, waren die Auslöser für den 1. Weltkrieg.
Die Historiker des 20. Jahrhunderts sind sich gar nicht mehr so sicher, wie die Schuldfrage am Krieg verteilt werden soll. Dass Deutschland mit 100% der Hauptschuldige wäre, ist längst vom Tisch. Nur einige Uneinsichtige und Unwissende behaupten dies noch aufgrund des Versailler Vertrages, in dem die Siegermächte Deutschland die Alleinschuld zugeschoben hatten.
Die Großwetterlage war damals doch so; Deutschland wollte keinen Krieg, es konnte keinen gebrauchen. Denn es war auf dem Weg zur Großmacht.
Es unterstützte lediglich seinen Bündnispartner Österreich/Ungern in seinen Bemühungen von Serbien eine lückenlose Aufdeckung der Hintergründe des Mordes an seinem Thronfolger zu erhalten.
England gefiel der Aufbruch Deutschlands zur imperialen Großmacht gar nicht. Es fürchtete um seine Weltgeltung, vor allem, da der deutsche Kaiser die Flotte massiv ausbaute. Frankreich, die große Nation, litt noch unter der Schmach des verlorenen Krieges 1870/71 und dachte an Revanche. Russland war mit Serbien in der christlich-orthodoxen Religion und gemeinsamen Interessen auf dem Balkan liiert. Auch wollte es mit der Ausrichtung auf einen ausländischen Feind die inneren Querelen überwinden und die österreichische/ungarische Monarchie durch innere Unruhen im Vielvölkerstaat verunsichern. Der Vielvölkerstaat war verunsichert und fühlte sich durch den Mord an seinem Thronfolger herausgefordert. Deutschland war in seiner Bündnistreue gefangen und unterstützte die Donau-Monarchie in ihrem Rechtsanspruch auf Aufklärung.
„Maiers Enzyklopädisches Lexikon“ schreibt schon 1979 hierzu:

> *„Die Vorgeschichte des 1. Weltkrieges ist außerordentlich kompliziert. Elementare Voraussetzung war das System des europäischen Imperialismus mit Spannungen und Rivalitäten zwischen den imperialistischen Großmächten, die die Hauptträger des Krieges waren. Auslösendes Moment seinerseits mit einer komplizierten Vorgeschichte (Balkanfrage?) war die südslawische Nationalbewegung auf dem Balkan. Sie war im 19. Jahrhundert im Konflikt mit dem osmanischen Reich geraten nach dessen Verdrängung aus Europa am 1. Balkankrieg dann mit Österreich/Ungarn. Der Konflikt spitzte sich zu im Attentat von Sarajevo, das über die Juli-Krise zum Ausbruch des*

1. Weltkrieges führte. ... Der Grad der deutschen Verantwortung für den Ausbruch des 1. Weltkrieges ist in der deutschen Gesichtswissenschaft bis heute umstritten. Dabei werden auch die Aktionen der anderen Mächte während der Juli-Krise, besonders die frühzeitige Mobilmachung Russlands am 27. Juli einbezogen."

Die „Pfälzische Rundschau" berichtet in ihrer Ausgabe vom Samstag, den 1. August 1914 unter anderem:

*„**Deutschland im Zustand der drohenden Kriegsgefahr. Allgemeine Mobilmachung in Rußland!***
Berlin, 31. Juli. Aus Petersburg ist heute die Nachricht eingetroffen, daß die allgemeine Mobilmachung der rußischen Armee und Flotte befohlen worden ist. Daraufhin hat seine Majestät der Kaiser den Zustand der drohenden Kriegsgefahr befohlen. Seine Majestät wird heute nach Berlin übersiedeln.

In ernster Stunde.
Ruhig Blut! Diese Meldung gilt vor allem für die deutschen Bürger, in erster Linie auch für unsere Pfälzer Mitbürger. Zeiten wie die heutigen gehen mit den abenteuerlichsten Gerüchten schwanger und ein Beispiel dafür wie sie in die Öffentlichkeit gelangen, zeigt der gestrige Vorgang in Berlin. Daß auch bei uns die Mobilmachungsorder in der Luft liegt, ist heute nach den Nachrichten, daß Rußland offenkundig zum Krieg rüstet für keinen Menschen ein Geheimnis mehr. Dieser Möglichkeit müssen wir in aller Ruhe ins Auge sehen. Um einen Rekord in der Fixigkeit zu erzielen, hat eine Berliner Zeitung Sonderausgabe für den Fall der Mobilmachung vorbereitet; sie waren aber aus ihrem Offizin gestohlen und auf den Straßen verbreitet worden und erst als die Polizei einschritt und die Blätter konfiszierte und als amtliche Stellen die Nachricht als unwahr bezeichneten, trat wieder Beruhigung ein. Inzwischen verbreitet sich das falsche Gerücht über ganz Deutschland und auch hier in Ludwigshafen hat eine Zeitung sie als Tatsache verbreitet. Wir haben durch Ausgaben wiederholte Meldungen, die uns von amtlicher Seite aus Berlin zugingen, das unsrige getan, um ihr entgegenzuwirken.

Was will Rußland eigentlich?
Der Nachrichten über rußische Kriegsvorbereitung sind in den letzten 24 Stunden so viele eingelaufen, daß keine Vogel Strauß-Politik mehr getrieben werden kann. Man erinnere sich der Vorgänge von 1912.

Auch damals erfocht Rußland seinen Sieg mit der bloßen Geste einer Truppenversammlung an der österreichischen Grenze, die diese Macht wahrscheinlich gehindert hat, den ausbrechenden Balkanbrand im Keime zu ersticken. Der Schaden ist vielleicht niemals wieder gutzumachen, daß man damals in Wien um Rußland nicht zu reizen, auf eine rechtzeitige Wiederbesetzung des Sandschaks verzichtet hat. Und man hätte doch mit dieser einfachen Maßregel welche sich auf dem Boden des Berliner Vertrages bewegte von vornherein alle jene Weiterungen abgeschnitten, welche Serbiens Vordringen zur Adria in der Folgezeit hervorriefen! Die rußische Geste aber zu parieren, mußte Österreich eine Drittelmilliarde um nichts und wieder nichts opfern. Kein Wunder, daß nunmehr die Geduld zu Ende ist, da die Petersburger Staatskunde es zum zweiten Male mit einer solchen Geste versucht, ihre deutsch/österreichischen Gegenspieler in eine Zwangslage zu versetzen!
Was will Rußland eigentlich: Wir setzen voraus, daß es Österreichs gutes Recht nicht streitig zu machen gedenkt für den Mord seines Thronfolgers von den Hintermännern der Verschwörung Rechenschaft zu fordern. ....“

Die „Pfälzische Rundschau“ zitiert einige Presseberichte.

Die Kölner Zeitung:
„Köln, 31. Juli: Gegenüber den in Köln verbreiteten Meinungen, daß morgen die Mobilmachung von Heer und Flotte erfolgen werde, sei im Anschluß an unsere heutige Mitteilung noch einmal darauf hingewiesen, daß Deutschland selbstverständlich diese rußischen militärischen Vorbereitungen nicht ohne deutschen Gegenzug lassen kann. Dass aber für eine allerdings nur kurze Frist von Gegenmaßregeln noch abgesehen werden kann, um den letzten diplomatischen Bemühungen Zeit zu lassen zu einem immerhin noch nicht ganz ausgeschlossenen Erfolg zu kommen.

Die Fossische (Berliner Zeitung):
„Berlin, 31. Juli: Deutschland will den Krieg nicht und fordert ihn nicht heraus. Alle Bürger würden sich glücklich schätzen, wenn die Kriegswolken an uns vorüber gingen ohne sich zu entladen. Muss es aber sein, dann um Himmels Namen, dann soll und wird sich Bismarcks unvergessliches Wort bewahrheiten, daß ganz Deutschland auffliegen wird wie eine Pulvermine, daß das nicht geschieht liegt bei Rußland. Nur wenn Rußland den Krieg ebenso wenig will wie

Deutschland, nur wenn Rußland sich in 12. Stunde besinnt, ob der Einsatz des furchtbaren Spieles wert ist, ist das Verhängnis aufzuhalten, das uns alle bedroht, die wir in Europa wohnen.“

Nr. 178 Ludwigshafen a. Rh. Samstag, den 1. August 1914 15. Jahrgang

Deutschland im Kriegszustand.

Berlin, 31. Juli. Se. Majestät d. Kaiser hat auf Grund des Art. 68 der Reichsverfassung das Reichsgebiet mit Ausnahme von Bayern in den Kriegszustand erklärt. Für Bayern ergeht die gleiche Anordnung.

Präsident Dr. v. Orterer über die Lage.

Deutschland im Zustand der drohenden Kriegsgefahr.

Allgemeine Mobilmachung in Rußland!

In Deutschland der Zustand drohender Kriegsgefahr befohlen!

Berlin, 31. Juli. Aus Petersburg ist heute die Nachricht eingetroffen, daß die allgemeine Mobilmachung der russischen Armee und Flotte befohlen worden ist. Darauf hat Se. Majestät der Kaiser den Zustand der drohenden Kriegsgefahr befohlen. Se. Majestät wird heute nach Berlin übersiedeln.

In ernster Stunde.

Ruhig Blut! Diese Mahnung gilt vor allem für die deutschen Bürger, ...

Deutsches Ausfuhrverbot.

Berlin, 31. Juli.

Der Bundesrat stimmte heute dem Erlaß von 3 kaiserlichen Verordnungen betr. das Verbot der Ausfuhr von Verpflegungs-, Streu- und Futtermitteln von Tieren und tierischen Erzeugnissen und Kraftfahrzeugen, d. h. Motorwagen und Motor-Fahrrädern und Teilen davon, sowie Mineral-Oelen, Steinkohlenteer und daraus hergestellten Oelen zu. Die Verordnungen treten sofort in Kraft.

* * *

Ein letzter deutscher Vermittlungsversuch.

Köln, 31. Juli. In einem Berliner Telegramm vom 30. Juli schreibt die „Köln. Ztg.“ in ihrem heutigen ersten Morgenblatt: ...

Pariser Optimismus.

Was will Rußland eigentlich?

Die **„Deutsche Tageszeitung“** äußert sich zu dem Erlass des deutschen Ausfuhrverbotes.

> *„Dieser Erlaß des deutschen Ausfuhrverbotes zeigt wie ernst die Lage in Deutschland aufgefaßt wird. Man ist sich eben der Tatsache bewußt, daß eine unbefriedigende, ja schon unklare Antwort aus Petersburg die sofortige Mobilmachung in Deutschland zur Folge haben muß. Hoffen wir, daß Rußland sich in letzter Stunde seiner schweren Verantwortung bewußt wird.“*

Die Daten der Krise bis zum Ausbruch des 1. Weltkrieges

Am 28. Juni 1914 wird Österreichs Thronfolger Franz Ferdinand und seine Gattin Sofie bei einem Besuch in Sarajevo von Serbischen Extremisten ermordet. Österreich fordert von Serbien lückenlose Aufklärung des Verbrechens – vergebens.

Am 23. Juli stellt Österreich/Ungarn Serbien ein Ultimatum. Deutschland steht hinter der Forderung für Aufklärung.

Am 27. Juli macht Russland frühzeitig teilmobil.

Am 28. Juli erklärt die Donau-Monarchie Serbien den Krieg, da diese nicht bereit waren, den Mord an Österreichs Thronfolger aufzuklären.

Am 29. Juli versucht Deutschland Österreich/Ungarn zum Einlenken zu bewegen – vergebens.

Am 31. Juli wird in Russland die allgemeine Mobilmachung für Heer und Flotte befohlen.

Daraufhin verkündet der deutsche Kaiser Wilhelm II. den Zustand drohender Kriegsgefahr und stellt Russland ein Ultimatum, seine Mobilmachung zurückzunehmen – vergebens.

Am 1. August 1914 erklärt Österreich/Deutschland Russland den Krieg, da diese nicht bereit waren, ihre allgemeine Mobilmachung rückgängig zu machen.

Am 2. August geht auch die Kriegserklärung an Frankreich, den Verbündeten von Russland und Serbien.

Frankreich beginnt als erstes Land, noch am gleichen Tag, mit den Kriegshandlungen. Denn schon am 2. August, so berichtet die „Illustrierte Weltschau“, werfen französische Luftschiffe Bomben auf die offenen Städte Nürnberg und Düsseldorf. Auch der elsässische/deutsche Ort Schlettstadt wird bombardiert, wo es in einem Lehrerinnenseminar drei Tote und zehn verletzte Kinder gibt.

Auch Ludwigshafen wurde gleich zu Anfang des Krieges von französischen Flugzeugen angegriffen. Es gab Menschen die behaupteten, auch

dieser Angriff sei noch vor den ersten deutschen Kampfhandlungen erfolgt. Nachvollziehbare Beweise über dieses Datum fehlen dem Autor. Aber Fakt ist, dass, als die seltenen Luftfahrzeuge über Ludwigshafen erschienen, die Menschen, die nichts von offiziellen Kampfhandlungen wussten, auf die Straße liefen um sie zu bestaunen. Die Piloten warfen daraufhin eiserne Pfeile bündelweise auf die sie fasziniert betrachtenden Menschen, wobei etliche getötet und verletzt wurden.
Die Mutter des Autors, die als Mädchen diese Attacken erlebte, war ein Leben lang empört über diesen aus heiterem Himmel erfolgten hinterhältigen Angriff. Der Autor besaß von seiner Mutter her solch einen Pfeil, der aber während des 2. Weltkrieges der Ausbombung seiner Wohnung zum Opfer fiel.

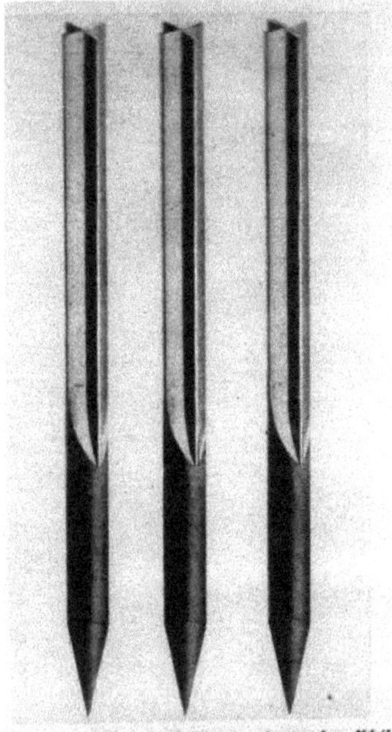

Aus französischen Luftschiffen herabgeworfene Pfeile.

Am 4. August erklärte Großbritannien und damit das ganze Commonwealth Österreich/Deutschland den Krieg.
Damit befinden sich die Imperiumstaaten miteinander im Clinch und Österreich/Deutschland sind eingekeilt. Sie waren damit abgeschlossen von Rohstoffen und der Lebensmittelzufuhr.
Am gleichen Tag beginnt Deutschland mit einem Befreiungsschlag, der über das neutrale Belgien (was nicht rechtens war) nach Frankreich zielte.

Die Bevölkerung aller Kriegsländer waren am Anfang gar nicht auf Kampf eingestellt und so mussten sie von ihren Regierungen erst kriegsfreudig gemacht werden.
Seit Menschengedenken ist es immer wieder die gleiche Methode, mit der eine Staatsführung ihre Untertanen motiviert und seit Menschengedenken merkt die Bevölkerung nicht, wie und dass sie manipuliert wird.
Seit der Antike hat sich lediglich die Form der Beeinflussung durch die moderneren Medienmöglichkeiten der Zeit angepasst.
Im 19. und 20. Jahrhundert ist es hauptsächlich die Presse, die als Sprachrohr der „Meinungsmacher" favorisiert ist, denn sie kann durch Text und Bild die wirkungsvollsten Effekte erzielen.
So ist es auch verständlich, dass die Regierenden vor allem in Krisenzeiten ihr eigenes Sprachrohr betrieben und alle anderen Publikationen, die nicht ins gleiche Horn bliesen, versuchten mundtot zu machen. Eine Opposition, die die Bevölkerung erreicht, durfte es nicht geben.
Im deutschen Kaiserreich war es während des Krieges die „Illustrierte Weltschau", die als das offizielle „Sprachrohr" der Regierung fungierte. Sie übernahm die Kriegsberichterstattung und Auswertung der internationalen Nachrichten.
Alle in der „Illustrierten Weltschau" erschienen Bilder und Texte wurden von dem Generalkommando des 9. Armeekorps mit einem Stempel gekennzeichnet, dass sie für die Veröffentlichung freigegeben waren.
Der Verlag Broschek & Co. gab die Zeitschrift heraus und verantwortlich für die Redaktion war F. R. Kadel, Hamburg.
Die „Illustrierte Weltschau" war als Wochenblatt konzipiert und erreichte eine sehr hohe Auflage, denn alle normalen Zeitungen mussten, wenn sie über den „vaterländischen Krieg" berichten wollten und dem Wunsch ihrer Leser nachkamen, sie als Beilage beziehen.
Das Interessante war, dass bei der „Illustrierten Weltschau" im Kopf immer groß die jeweilige Bezieherzeitung eingedruckt war, wie zum Beispiel „Sonntagsbeilage zum „General-Anzeiger", Ludwigshafen a. Rh.", oder „Sonderbeilage zum Neuen Görlitzer Anzeiger", oder „Beilage zum Erfurter Allgemeinen Anzeiger", oder „Kunstbeilage zum Hanoveranischen Tageblatt", oder der „Europäsiche Krieg im Bilde" usw.

Nr. 31 ◆ 2. August

Illustrierte

Jahrgang 1914

Weltschau

Wochenschrift im neuen Kupferdruckverfahren

Unter Mitarbeit führender Persönlichkeiten auf literarischem und künstlerischem Gebiet

Sonntagsbeilage zum „General-Anzeiger", Ludwigshafen a. Rh.

Demonstrationen einer begeisterten Menge vor dem Berliner Dom.

Nr. 41 ◆ 11. Oktober

Illustrierte Weltschau

Jahrgang 1914

Wochenschrift im neuen Kupferdruckverfahren

Unter Mitarbeit führender Persönlichkeiten auf literarischem und künstlerischem Gebiet

Kunstbeilage zu den Flensburger Nachrichten

Nr. 32 ◆ 9. August

Illustrierte Weltschau

Jahrgang 1914

Wochenschrift im neuen Kupferdruckverfahren

Unter Mitarbeit führender Persönlichkeiten auf literarischem und künstlerischem Gebiet

Sonderbeilage zum Neuen Görlitzer Anzeiger.

Kosaken.

Nr. 50 ◆ 13. Dezember

Illustrierte Weltschau

Jahrgang 1914

Wochenschrift im neuen Kupferdruckverfahren

Unter Mitarbeit führender Persönlichkeiten auf literarischem und künstlerischem Gebiet

Beilage zur Zeitung „Die Post“

Nr. 4 ◆ 24. Januar

Illustrierte

Jahrgang 1915

Weltschau

Wochenschrift im neuen Kupferdruckverfahren

Kunstbeilage der Westfälischen Zeitung

Nr. 6 ◆ 7. Februar

Illustrierte

Jahrgang 1915

Weltschau

Wochenschrift im neuen Kupferdruckverfahren

Unter Mitarbeit führender Persönlichkeiten auf literarischem und künstlerischem Gebiet

Sonntagsbeilage zum „Schwäbischen Merkur".

Nr. 11 ◆ 14. März

Illustrierte

Jahrgang 1915

Weltschau

Wochenschrift im neuen Kupferdruckverfahren

Unter Mitarbeit führender Persönlichkeiten auf literarischem und künstlerischem Gebiet

Sonntags-Beilage zum Heidelberger Tageblatt.

Dieser jeweilige Eindruck sollte dem Leser signalisieren, dass die Beilage ein Produkt der genannten Zeitung sei und nicht von oben gesteuert wird.
Die noch unabhängigen deutschen Pressen konnten keine eigenen Recherchen durchführen. Sie waren auf zensierte Nachrichten und Bilder sowie Berichte der Staatsführung angewiesen und diese taten alles, um den Krieg zu heroisieren und positiv darzustellen.
Der normalen Presse blieb nur übrig, für die von der Regierung ins Leben gerufenen „Kriegsanleihen" zu werben. Diese Finanzierung von 1914-18 brachte 93 Milliarden Mark ein.
Auch der Eintausch von Gold-Ketten, Armbänder und Ringen usw. gegen Eisen florierte. Es gab dafür ein schönes Motto. „Gold gab ich zur Wehr – Eisen nahm ich zu Ehr". Für Goldschmuck gab es Eisenschmuck mit der Eingravierung „Gold gab ich für Eisen".
Die „Illustrierte Weltschau" als Meinungsmacher half mit, dass aus den eher skeptischen Deutschen anscheinend glühende Befürworter des Krieges wurden.
Sie berichtet von der Ansprache des Kaisers, die dieser vom Balkon seines Berliner Schlosses aus hielt, und in der er den drohenden Kriegszustand verkündete. Er sprach dabei den bedeutenden Satz „Ich kenne keine Parteien mehr, ich kenne nur noch Deutsche."
Etwa 30.000 Menschen lauschten seinen Worten und brachen in Hochrufe aus.
Die „Illustrierte Weltschau" kommentiert;

> *„Der furchtbare Druck banger Ungewissheit ist von uns genommen. Wir stehen vor schweren Opferheischenden Wirklichkeiten, aber wir atmen auf in der befreienden Gewissheit, daß uns allen unsere ersten Aufgaben klar vorschreibt. Der Deutsche Kaiser hat sein Volk bereit gefunden und diese Bereitwilligkeit bringt es dem Vaterlande nicht dar wie eine lästige erfüllte Pflicht. In hoffnungstarker Begeisterung im selbstverständlichen Einsgefühl, daß alle Parteiunterschiede urplötzlich überbrückt, alle sozialen Gegensätze aufzuheben scheint, stellen sich alle Altersstufen in hingegebener Liebe und in der Erkenntnis der Bedeutung jeder Einzelleistung in seinen Dienst.*
> *Es gibt heute kein Nord und Süd, es gilt nicht mehr Preuße, Bayer, Mecklenburger, Badänzer, Sachse usw. es gibt nur noch Deutschland und Deutsche. Was haben wir empfunden, das sich in allen Städten genau die gleichen spontanen Demonstrationen vollzogen, da überall die Lieder erklangen; „Lieb Vaterland, magst ruhig sein" und „Das ganze Deutschland soll es sein". Als jeden Landesfürsten Treuebe-*

kenntnisse entgegenklangen, die immer auf dem Hoch auf das ganze Vaterland ertönten.

Noch war die Antwort Russlands auf das Ultimatum nicht eingelaufen, da begannen in den Familien bereits die Beratungen darüber, was der Einzelne im Ernstfall zu leisten vermöchte und kaum war die Mobilmachungsorder ergangen, da hob ein Sturm an auf das Generalkommando und auf die Kasernen der einzelnen Regimenter von Jünglingen, von reifen Männern, die sich freiwillig zum Kriegsdienst meldeten und beim Roten Kreuz bei den verschiedenen Frauenvereinigungen, in den Krankenhäusern liefen viele tausende Meldungen von jungen Mädchen und Frauen ein, die ihre Kraft und ihre Begeisterung in den Dienst der sozialen Arbeit stellen wollten. Nein wahrlich, die Generation von heute hat sich nicht des Geschlechtes von 1819 zu schämen.“

Die „Illustrierte Weltschau“ erwähnt aber nicht, dass am 28. Juli 1914 trotz Verbots rund 100.000 Menschen in Berlin gegen einen Krieg demonstriert hatten. Am 4. August, dem Tag an dem England und das Commonwealth Deutschland den Krieg erklärte, beginnt das eingekreiste Land mit einem Befreiungsschlag, der über das neutrale Belgien gegen Frankreich gerichtet ist. Er hat aber nicht den gewünschten Erfolg.
Das naive Deutschland ist nämlich überrascht, dass das unabhängige Belgien sich gegen den Durchmarsch einer fremden Nation wehrt und so kann der deutsche Vorstoß schon an der Festung Lüttich ins Stocken.
Außer den offiziellen Truppen sitzen dem deutschen Heer auch Freischärler im Nacken und verbreiten unter den Soldaten mit ihren speziellen Mordwaffen Angst und Schrecken. Dies wiederum veranlasst die Soldaten, mit besonderer Härte gegen die sogenannten Franktireurs und ihrer vermeintlichen Helfershelfer vorzugehen.
Die „Illustrierte Weltschau“ berichtet darüber:

„Die belgische Regierung hat sich schwerwiegender Vergehen schuldig gemacht, als sie ihren Truppen und der Bevölkerung verschwieg, daß die deutsche Regierung die vollständige Wahrung der Unabhängigkeit Belgiens und den ruhigen Durchzug der Truppen gewährleistet hatte. Ihr paßte es besser in die Abmachungen mit den Verbündeten in dem Volk den Glauben zu erhalten, daß der Einmarsch unseres Militärs ein Überfall bedeute und ein Eroberungsfeldzug einleite. Liese sich mit diesem Glauben doch der Fanatismus und die Rachsucht am leichtesten aufpeitschen. Die schriftlichen und mündlichen Schilde-

rungen der deutschen Soldaten tragen den Stempel der Wahrheit. Aber sie werden auch noch erhärtet durch die Zerstümmelung der Kämpfer. Diese Zerstümmelung hatte der Kaiser sehr richtig als Mord und Schandtaten genannt.
Es ist ein furchtbarer Gedanke, daß unsere braven Soldaten den heimtückischen Angriffen dieses blutgierigen Gesindels ausgesetzt gewesen sind, aber ihre schnelle und gründliche Vergeltung wird sicher als abschreckendes Beispiel wirken und es ihnen für den weiteren Verlauf des Krieges ermöglichen, in ehrlichem Kampf ehrlichen Kämpfern gegenüberzustehen."

Generalstabschef Moltke hatte den Befehl erteilt, dass jeder Franktireurs, der auf frischer Tat ertappt wird, standrechtlich zu erschießen sei, sowie Verdächtige nach Deutschland zur Untersuchung und eventueller Aburteilung zu bringen seien. Moltkes Freibrief wurde weidlich ausgenutzt und es gab sicher, wie man heute sagen würde, Kollateralschäden.
Der deutsche Kaiser sandte ein Telegramm an den amerikanischen Präsidenten Wilson, der zu dieser Zeit noch nicht im Kriege mit Deutschland war und beschwerte sich über die barbarische Kampfweise unserer Gegner. Die „Illustriete Weltschau" kommentiert:

„In erfrischender Deutlichkeit kennzeichnet das Kaiser-Telegramm an den Präsidenten Wilson die Kampfesmethode unserer Gegner als die barbarischste die man in der Geschichte kennt. Ohne Zweifel wird diese kaiserliche Darstellung unwiderleglicher Tatsachen das Urteil aller zivilisierten Völker, die sich heute noch durch die englischen und französischen Lügengerüchte in ihren Sympathien bestimmen lassen, sehr stark beeinflussen. Die Entrüstung der Holländer über die Beschießung der Stadt Löwen muß noch einer gerechten Beurteilung dieser Zwangsnahme, welche wenn sie erfahren, daß die Behörden die Bevölkerung mit Mordwaffen ausgerüstet haben, wie sie kein anständiger Kampf kennt. Sie tragen alle den Stempel der Fabrik National genau wie die bei den gefangenen französischen und englischen Soldaten aufgefundenen Dumm-Dumm-Geschoße, die fabrikmäßige Herstellung und die gleichen Lieferungsquelle verraten."

Illustrierte Weltschau

Die belgische Kampfesweise.

Die Mordwaffe in geschlossenem Zustand.

Als Schuß- und Stichwaffe.

Als Hieb- und Stichwaffe.

Wilhelm Waldkirch war unterdessen „Kommerzienrat" und „Geheimer Kommerzienrat" geworden. Unter diesen „Ehrentiteln" erblindete er aber nicht. Im Gegenteil, denn durch seine vielen Engagements in Berufsverbänden, Vereinen und der Zeitungsverlegertätigkeit wurde sein Blick geschärft und er konnte hinter die Kulissen schauen.
Auch war er Freimaurer und damit Angehöriger einer toleranten humanitären Richtung, die nicht die Konfrontation und den Kampf um jeden Preis bevorzugte, sondern die die Meinung anderer respektierte und nach friedlichen und allen gerecht werdenden Lösungen suchte.
So merkte er bald, wie alle kriegsführenden Nationen ihre Bevölkerung in ihren Interessen beeinflussten. Den Führern kam es dabei nicht auf die Wahrheit an, sie handelten nach dem Spruch „der Zweck heiligt die Mittel".
Die Täuschungen der eigenen Menschen und die Verleumdungen des Gegners waren manches Mal naiv, aber oft auch sehr schwer als solche zu erkennen und oftmals, wenn die Aspekte der Wahrheit nicht zur Verfügung standen, gar nicht auszumachen.
Einen Gegner zu diskriminieren, ihn lächerlich zu machen, als unfähig hinzustellen, ihn zu verleumden, als gemein, hinterhältig und verbrecherisch zu bezeichnen, war seit Urzeiten gängige Kriegspraktik. Es sollte so die Hemmschwellen der eigenen Seite herabgesetzt werden, den Gegner als asoziales, barbarisches und unmenschliches Wesen zu bekämpfen und auszulöschen.
Der Krieg wird dadurch für die Getäuschten eine edle heroische hilfs- und friedensstiftende Angelegenheit, die nur der eigenen Verteidigung und dem eigenen Recht und Anspruch dient. Allenfalls noch eine Hilfeleistung für einen unrechtmäßig bedrängten Bundesgenossen.
Um die eigenen Truppen zu motivieren, den einzelnen Soldaten anzustacheln, sein Bestes zu geben, sowie sein Leben für die „gute" Sache einzusetzen, entstand der Heldenkult. Es wurden diejenigen belobigt und als Beispiel präsentiert, die dem Feind den größtmöglichen Schaden an Menschen, Waffen und Material zugefügt hatten oder sonst wie ihren Oberen gedient hatten, Macht auszuüben.
Im Altertum waren es zum Beispiel der Lorbeerkranz, der die Helden zierte oder Lehn- und Adelstitel, die ihnen verliehen wurden.
In späteren Zeiten wurden Orden und Ehrenzeichen in den verschiedensten Graden bevorzugt. Sogar bei einer Verwundung wurden die Krieger noch als Heroen gefeiert und mit Abzeichen bedacht, da sie ihr Blut und ihre Gesundheit für Kaiser, Fürst, Volk und Vaterland gegeben hatten.
Die „Illustrierte Weltschau" berichtet über das „Eiserne Kreuz";

„Zum dritten Mal ist durch den Willen des Kaisers das „Eiserne Kreuz“, das Kriegssymbol der Tapferkeit, dieses schlichte Zeichen das so eng verbunden ist mit der Zeit da das Wort geprägt wurde „Gold gab ich für Eisen“, als Auszeichnung für besondere Leistung im Krieg erkoren. Und mehr als Gold, mehr als prunkende Ordensterne bedeutet dieses einfache Kreuz von dem Schenkendorf dichtete; „denn nur Eisen kann uns retten, uns erlösen kann nur Blut, von der Sünde schwerer Ketten, von des Bösen Übermut.“
Wie in den Jahren 1813 und 1870 kann uns auch dieses Mal (1914) nur Eisen retten, Blut erlösen und darum war es ein feiner Zug des Verstehens, dass der Kaiser auch für diesen fürchterlichen Kampf dem „Eisernen Kreuz“ seine alte Bedeutung verliehen, daß er diesen Krieg gleichsam von Anbeginn an in sein Zeichen gestellt hat.“

Ein Beispiel aus dem 2. Weltkrieg.
Eine Bekannte des Autors fragte ihren Bruder, warum er Jagdflieger werden wolle? Die Antwort: „Weil ich da schneller und sicherer das „Ritterkreuz“ bekomme.“
Als er es hatte wollte er auch noch das Eichenlaub dazu. Diesen Wunsch bezahlte er mit dem Leben.

Sicher, es gibt auch die stillen und ehrenamtlichen Helden, die uneigennützig und aufopfernd ihre Hilfe dem Einzelnen oder dem Gemeinwohl auch in Friedenszeit zur Verfügung stellen.
Sie fragen nicht nach Rasse, sozialer oder ethnischer Zugehörigkeit und Lohn. Da ihr Engagement meist unspektakulär ist und von vielen gerne als selbstverständlich hingenommen wird, werden auch nur die wenigsten von ihnen öffentlich geehrt und diese Anerkennung steht meistens für die Tat und nicht die Person.

Der Krieg eskalierte immer mehr und die Pressen aller Nationen übertrumpften sich gegenseitig mit Berichten über Gräueltaten der jeweils anderen Seite und dem wahren edlen Heldentum der eigenen Soldaten.
Die Dokumentation zeigt einige Beispiele, sie will aber nicht werten, hier geht es um die „Meinungsmacher", wie sie Keile zwischen die Völker trieben und Hass erzeugten und schürten.
Wie diese Pressen ganz im Sinne ihrer Regierungen versuchten, den Gegner zu diskriminieren und als barbarisch zu verunglimpfen, um die eigenen Leute zu noch mehr Opfern, Willigkeit und Kampfesmut zu stimulieren.
In diese Rubrik gehört auch die Torpedierung und Versenkung des englischen „Passagierschiffes Lusitania" durch ein deutsches U-Boot.
Die „Lusitania" war laut einem Bericht der „Illustrierten Weltschau" seit Kriegsbeginn in den Listen der englischen Marine offiziell als Transportschiff für Munition, Material und Mannschaften eingetragen und war für Angriff- und Verteidigungszwecken mit Schnellfeuerkanonen bestückt. Bei ihrer Versenkung hatte sie 5.400 Kisten Munition an Bord.
Die Passagiere, hauptsächlich Amerikaner, die mit an Bord waren, reisten somit auf einem offiziellen Kriegsschiff.
Es sollte nicht unterschlagen werden, dass die deutsche Regierung in amerikanischen Zeitungen mit Anzeigen auf die Gefahr dieser illegalen Atlantiküberquerungen hingewiesen hatte.
Die Engländer dagegen behaupteten, die „Lusitania" sei ein reines Passagierschiff gewesen und brachten so die Amerikaner dazu, auf ihrer Seite in den 1. Weltkrieg einzutreten.

Im Gegenzug zu dem harten Vorgehen der deutschen Soldaten gegen die belgischen Franktireurs bringt die „Illustrierte Weltschau" das Bild der Speisung armer Belgier durch deutsche Soldaten.

Die russische Zeitung „Wetschernaya Wremya“ veröffentlicht eine Zeichnung, wie Deutsche Rote Kreuz-Schwestern verwundete Russen mit Bajonetten töten.

Нѣмецкія сестры „милосердія“ добиваютъ раненыхъ.

Какъ ужаснулись-бы Гете, Шиллеръ и другіе, корифеи нѣмецкой классической литературы, если-бы могли видѣть ужасныя звѣрства, творимыя нынѣшними нѣмцами на войнѣ.

Можно подумать, что всей Германіей, начиная съ ея императора, овладѣлъ какой-то кровавый кошмаръ.

Къ сожалѣнію, женщины не только не отстаютъ, но иногда превосходятъ мужчинъ въ ожесточеніи и фанатизмѣ.

Изъ Франціи приходятъ извѣстія о томъ, что на поляхъ сраженій были замѣчены какія-то фуріи, не достойныя носить названіе сестеръ милосердія, которыя съ ожесточеніемъ добивали раненыхъ.

Эти нѣмецкія санитарки, съ изображеніемъ Краснаго Креста на рукавахъ, от[...]чивали штыки отъ ружей и закалывали ими раненыхъ.

Die englische Presse bringt eine Bildfolge, wie die deutschen Soldaten sich das „Eiserne Kreuz“ verdienen.

During the war hundreds of iron crosses, which are decorations for good service and valour, have been distributed by the Kaiser to his soldiers in France and Belgium. This is the sort of thing those soldiers have been doing to earn their crosses.—(By Mr. W. K. Haselden.)

Wie die deutschen Soldaten das Eiserne Kreuz verdienen.

Während des Krieges sind Hunderte von Eisernen Kreuzen, die Auszeichnung für hervorragendes Verdienst und Tapferkeit, vom Kaiser an seine Soldaten in Frankreich und Belgien verliehen worden. Dies ist die Art und Weise, wie jene Soldaten sich ihre Kreuze verdienen.

Die Russen stellen deutsche Reiter, die beim Armee-Jagdrennen gewonnen haben, in ihren Siegestrophäen dar, behaupten aber, sie seien Plünderer vom Silbergeschirr.

Gewinner des Kaiserpreises bei dem großen Armee-Jagdrennen im Grunewald am 9. Juni 1914.

Die „Illustrierte Weltschau" veröffentlicht eine Geschichte von G. von Prockdorf „Das Kind". In ihr wird die Ermordung eines Kindes von einem russischen Soldaten geschildert.

> *„Inzwischen kamen die Rußen immer näher. Bis Insterburg wären sie schon hieß es. Aber es konnte auch alles nur Gerüchte sein. Die Leute in der Stadt freilich, die erfuhren mehr. Da hatte der Magistrat schon die Stadtkasse fortbringen lassen. Und viele von den Wohlhabenderen waren abgereist. An uns dachte niemand. Wohin hätten wir auch fliehen sollen? Ich war fast den ganzen Tag bei der Nachbarin drüben. An Arbeiten dachte jetzt doch niemand. Wer konnte wissen, ob es überhaupt lohnte, den Acker noch zu bestellen? Und wenn so eine Frau alleine ist, das ist schlimm wenn die Rußen kommen. „Wenn sie nur dem Kind nichts tun", sagte sie oft. Ich wußte auch keinen Rat.*

Fortbringen konnte man's nicht. Es ist ein rechtes Elend mit so einem kleinen Kind.
Eines Nachts, ich lag schon im Bett, ich schlief natürlich nicht, hörte ich Pferde auf der Chaussee „die Rußen" ist mein erster Gedanke. „Die Nachbarin" mein zweiter. Ich fahre in die Kleider und stürzte über den Acker auf das Haus zu. Auf der Chaussee sehe ich, halten Soldaten mit Fackeln. Wie ich in das Haus komme, steht die Frau da mit zwei baumlangen Kerlen, die ihr etwas verdolmetschen wollen. Sie versteht's nicht. Der eine Kerl redet ihr zuerst zu, dann wird er wütend, stößt und trampelt mit den Füßen auf den Fußboden und brüllt, das die Wände wackeln.
Da fängt nebenan das Kind an zu schreien, das man sein eigenes Wort nicht versteht. Ich sehe wie die Frau blass wird bis an die Lippen. Der Ruße tobt immer lauter. Draußen rumoren die anderen mit ihren Gewehren an der Haustür herum.
„Ich verstehe ja nichts, ich verstehe ja nichts" jammert die Paluschek in ihrer Herzensangst.
Da geht die Stubentür auf. Das Kind steht auf der Schwelle und schreit wie im Krampfe auf, als es die Soldaten sieht und will sich hinter der Mutter verstecken. Da packt den Kerl die Wut – wieviel er vorher getrunken hat, weiß ich ja nicht – er reist das Kind vor, schüttelt es und würgt es am Halse mit beiden Händen.
Es ist ganz still geworden, wie er das tat. Die Mutter hat kein Wort geredet, auch nachher nicht, als die Kerle längst auf dem Weg zur Stadt waren. Sie hat immer nur gesessen und vor sich hin gestarrt.
Noch in der selben Nacht sind ein paar Bauern aus dem Dorf gekommen, die aus ihren brennenden Häusern flüchteten. Die haben mir geholfen die Frau auf einen Leiterwagen zu laden und bis Königsberg zu schaffen. Da haben sie sie untergebracht. Der deutsche Stabsarzt sagte, sie hat den Verstand verloren.
Der alte Mann schwieg. Die Dämmerung war auf die hohen schlanken Stämme des Parkes niedergesunken. Wie ein Frösteln ging es durch die herbstlichen Blätter."

Der geschürte Hass nimmt hauptsächlich bei den Schützengrabenkämpfen unmenschliche Formen an. Vor diesem Szenario, wo Mann gegen Mann wütet, sie sich gegenseitig Bajonette in den Bauch stechen und die Spaten auf die Schädel hauen, wo die Angst und Verzweiflung Zuhause ist, wo Menschen Menschen mit den schrecklichsten Mitteln der Technik verheizen, wirken die Kriegsverherrlichten und aufmunternde Berichte der Obersten Heeresleitung wie makabre Inszenierungen.

In der „Illustrierten Weltschau", dem Sprachrohr der offiziellen Kriegsberichterstattung, wurde ein diesbezüglicher Artikel publiziert.

> *Man könnte sich vorstellen, daß der Krieg mit seinen die Seelen aufrüttelnden Eindrücken abschreckend wirke. Daß Freiwillige, die in flammender Begeisterung für des Vaterlandes Ehre hinausgezogen sind dem Feind entgegen unter dem Schrecken der Schlachtfelder, dem Jammern der Verwundeten, dem Ächzen der Sterbenden, herabgestimmt werden zu verzweiflungsvollem Grauen. Es wäre menschlich begreiflich. Wenn man jedoch die vielen Feldpost-Nachrichten liest, wenn man sich von den Verwundeten in den Lazaretten erzählen läßt, wo von ihnen immer nur hört, daß es sie drängt wieder dabei zu sein, wo um Deutschlands Ehre gekämpft wird, dann erfaßt man erst den Geist aus dem heraus in wenigen Wochen Heldentaten vollbracht und Erfolge errungen sind, die erst eine ruhigere Zeit richtig eingeschätzen wird und mit welcher Ungeduld warten die Mannschaften, die für die Anforderungen des Krieges noch vorgebildet werden auf den Tag, da auch sie zum Kriegsschauplatz ausrücken. Jede Siegesnachricht erweckt in ihnen die Besorgnis, daß die da draußen ihnen nicht mehr genug zu tun übrig lassen. Die Verlustlisten schrecken sie nicht, sie wußten ja, als sie sich meldeten, daß der Krieg ihnen ein jähes Sterben und schmerzhafte und lebenumgestaltende Verwundungen bringen kann. Das bewegt sie nicht. Viel wichtiger ist es ihnen, daß sie teilhaben dürfen an der Vernichtung neidischer hinterlistiger Feinde, daß sie mitschaffen dürfen am neuen Waffenruhm und an der Gestaltung der Weltmachtstellung Deutschlands. Mit lachenden Augen und laut gejubeltem Hurra ziehen sie hinein in diesen Abwehrkrieg. Stehen sie dem Feind aber erst gegenüber, dann packt sie der heilige Zorn über die Verwegenheit der Angreifer und läßt sie furchtbar über sie herfallen.*
>
> *Mit Stolz und Dankbarkeit vernehmen wir jede Kunde von deutscher Tapferkeit. Und wie wenig ist es im Grunde, was wir zurück Verbliebene zu tun vermögen. Für Liebesgaben sorgen, die ihnen im Felde fern von der Heimat unserer Fürsorge beweisen. Es ist sicherlich kein Ausgleich, aber sie zeigen ihnen doch, daß unsere Liebe ihnen folgt."*

Auch viele der veröffentlichten Kriegsbilder sind für das Foto gestellt worden. Auf einem wird gezeigt, wie deutsche Soldaten über offenes Feld einen Sturmangriff starten. Der Hauptmann rennt mit gezücktem Säbel voraus, seine Mannen laufen mit Gewehren und aufgepflanzten Bajonetten hinterher. Alle Köpfe sind in die Richtung des Fotografen gedreht. Sie schauen nicht voraus zum Feind. Ist ja auch keiner da. Ihre Gedanken sind lesbar. „Machen wir es so richtig?“

Fast jeder Deutsche, egal ob er gegen oder für den Krieg ist, ob er hungert oder sonst wie einen Verlust zu tragen hat, hilft doch irgendwie den Soldaten ihr aufopferndes und gefährliches Los zu erleichtern.
So auch Ernst Waldkirch, der sich mit seinem Privatauto dem Roten Kreuz und der freiwilligen Sanitätskolonne für den Verwundeten-, Kranken- und Verbandsmaterialtransport zur Verfügung stellte.

Julius Waldkirch, der älteste Sohn des Geheimrates, wurde 1916 als 18jähriger Soldat. Er wurde zum Leichten bayerischen Feldartillerie-Regiment eingezogen und hatte bei Kriegsende den Rang eines Hauptwachtmeisters.

Bis kurz vor Kriegsende werden die Deutschen noch von ihrer Obrigkeit mit Siegesmeldungen beglückt. Dann ist urplötzlich der Krieg verloren. Keiner kann das recht verstehen und es entsteht so die „Dolchstoß-Legende".

Die Deutschen sind frustriert. Zwar freuen sie sich alle, dass die Menschenschlachterei ein Ende hat und die übrig gebliebenen Soldaten zurückkommen. Aber sie können auch über die verschiedensten Medien lesen, dass Deutschland und viele deutsche Soldaten barbarische Kriegsverbrechen begangen hätten. Unsicherheit über die geglaubte Ehrenhaftigkeit des Verteidigungskrieges breitet sich aus und gipfelt oft in gewalttätigen Meinungsauseinandersetzungen.

Das Volk will aber seine Soldaten nicht vergessen und so stehen etwa 100.000 Gefallenendenkmäler in ganz Deutschland. Und das war gut so.

Aber auch nach dem Krieg hörten die hetzerischen Verleumdungen deutscher Soldaten nicht auf. Sieger haben immer Recht und können darum die Geschichtsschreibung für lange Zeit bestimmen. Deutschland als Verlierer des 1. Weltkrieges wurde so die alleinige Schuld des Aggressors in dieser weltweiten Konfrontation zugeschoben.

Viele der heutigen Historiker bezweifeln diese Behauptung und meinen, „ein Krieg hat immer viele Ursachen und Auslöser".

Um die Deutschen moralisch am Boden zu halten und sie damit zu demütigen, wird von den Siegern gerne auf Kriegsverbrechen und Gräueltaten verwiesen, die von der Bevölkerung nicht auf den Wahrheitsgehalt überprüfbar sind. Auch hier ein Beispiel, wie ein Gremium von französischen Besatzungsoffizieren versuchte, die Version von „hässlichen Deutschen" über die Presse unter die Leute zu bringen.

Geheimrat Wilhelm Waldkirch war damals Vorsitzender der Pfälzischen Zeitungsverleger. Aufgrund dieser Position wurde er nach Landau zur Militärregierung befohlen.

Es wurde ihm eröffnet, dass die Zeitungen sich darauf einzurichten hätten, in Zukunft ihr Papier und Material aus Frankreich zu beziehen. Auch müssten sie gewärtig sein, angesichts der Unterbrechung der Nachrichtenübermittlung aus Deutschland ihre Nachrichten über Frankreich zu empfangen.

Dann legten ihm die fünf Offiziere einen Zeitungsausschnitt vor, in dem über die Rede berichtet wird, die ein französischer Deportierter vor der Kammer gehalten hat und in der er in abfälliger Weise über das Verhalten deutscher Soldaten während des Krieges gesprochen hatte.

Die Offiziere verlangten, dass die Pfälzische Presse diesen Artikel veröffentlichte.

Der Geheimrat Wilhelm Waldkirch lehnte ab, da die Verunglimpfungen der deutschen Soldanten nicht der Wahrheit entsprechen. Nach einem großen Tumult wurde der Geheimrat scharf gefragt, ob der damit sagen wolle, dass der Deportierte die Unwahrheit gesagt habe?
Wilhelm Waldkirch erklärte „dass es ihm nicht zukäme, an dem guten Glauben des Deportierten zu zweifeln, dass aber seine Informationen unrichtig seien".
Diese Erwiderung steigerte die Erregung der Offiziere und sie forderten eine endgültige Erklärung.
Wilhelm Waldkirch war sich klar, dass er in diesem Moment das Ansehen der deutschen Zeitungen zu wahren hatte. Er stand auf und sagte betont „Ich habe eine außerordentliche große Anzahl von Freunden und Bekannten im Felde, die als Offiziere und Soldaten draußen ihre Pflicht getan haben und wenn ich an all diese Freunde und Bekannten jetzt denke, so kann ich Ihnen die Versicherung geben, dass kein einziger von all diesen etwas getan hat, das irgendwie eine Kritik zu scheuen hätte. Das ist meine Überzeugung und deshalb halte ich den Artikel in seinem Inhalt für unwahr."
Er fügte hinzu „dass ebenso wie er tausende von Deutschen aus gleicher Überzeugung für ihre Freunde und Bekannten einstehen würden und dass jeder von ihnen das in diesem Artikel abgegebene Urteil für falsch erklären würde."
Die fünf Offiziere gingen auf das Thema nicht mehr ein, der Artikel wurde nicht veröffentlicht. Wilhelm Waldkirch hatte die Pressefreiheit mit großem Risiko verteidigt, in dem er zu einer Zustimmung „nein" sagte. Dafür wurde er aber an die Spitze der Geiselliste gesetzt.

Wilhelm Waldkirch erlebte, wie das Motto seines Vaters Julius, das dieser dem „General-Anzeiger" zu dessen Gründung gewidmet hatte **„Der Wahrheit die Ehre zu geben"** und sein eigenes Motto, das er der „Pfälzischen Rundschau" auf ihren Lebensweg mitgab **„Im Dienste am Gemeinwohl"** von der weltweiten Presse oft mit Füßen getreten wurde.
Sein Einsatz für die Pressefreiheit lief noch ins Leere, denn auch dort wo die Presse frei von staatlicher Bevormundung war, gab sie nicht immer „der Wahrheit die Ehre" und „diente nicht immer dem Gemeinwohl".
Die Pressefreiheit bedeutete also nicht auch gleichzeitig Ehrenhaftigkeit.
In Kriegszeiten gab es Gleichschaltung und Zensur, in Friedensperioden

gab es die einzelnen Interessengruppen, die über die Presse versuchten „Meinung“ zu bilden und Beeinflussung auszuüben.
Die einzelnen Parteien gaben ihre eigenen Mitteilungsblätter heraus, in denen sie ihr politisches Programm lobten und das des Gegners zerrissen.
Religionen und Kirchen hoben ihren Glauben hervor und behaupteten von den anderen, sie wären unwissend und ungläubig.
Pressetruste kochten ihr eigenes Süppchen und ließen durch gezielte Mitteilungen Aktien steigen oder fallen, Personen in einer Hierarchie aufsteigen oder stürzen, ja ganze Völker sich lieben oder hassen, einzelne Reporter ließen ihrem privaten Frust oder Animositäten freien Lauf.
Vor dem 1. Weltkrieg, so schrieb die „Rheinpfalz“ in ihrem Artikel über die Menagerie der Melange vom 12. Oktober 2014, skizzierte – Karl Kraus, der Herausgeber der Wiener Satirischen Zeitschrift „Die Fackel“, solche Journalisten als „Pressköter, die ihre Spalten mit dünnflüssiger Jauche füllen“.
Der Geheimrat hatte die Erfahrung gemacht, dass Pressefreiheit auch die Gefahr der Konzentration und des Egoismus beinhaltete sowie ein Instrument für Machtausübung darstellte.
Zur Pressefreiheit gehörte also auch die Pressevielfalt, verschiedene Publikationen, die sich gegenseitig kontrollierten und Unwahrheiten bei der Berichterstattung durch ihr Konkurrenzverhalten aufdecken (oder eine freiwillige Selbstkontrolle).
Wilhelm Waldkirch überlegte und besprach sich mit Kollegen, wie am besten eine Ethik in das Pressewesen zu bringen. Er kam schließlich auf die Idee, dies schon bei der Ausbildung zum Journalismus zu tun.
Er versicherte sich der Unterstützung des Deutschen Zeitungsverlegerverbandes und gründete 1926 an der „Ruprecht-Karls-Universität Heidelberg“ das „Institut für Zeitungswesen“.
Hier sollte den Studierenden eine „erhöhte Verantwortung der Presse“ vermittelt werden sowie sie befähigen, „der Wahrheit die Ehre zu geben“ und „im Dienste am Gemeinwohl zu wirken“.
Geheimrat Waldkirch gewann bekannte Professoren für die Vorlesungen und dozierte selbst. Für diese wegweisende Gründung des Instituts erhielt er den Titel und die Würde eines Doktors ehrenhalber verliehen – Dr. honoris causa – Dr. h. c.

II. Dokumentation über die Französische Besetzung und die Separatisten-Herrschaft in der Pfalz vom 1. Dezember 1918 – 1. Juli 1930

Aus der Sicht und den Erkenntnissen eines liberalen
Pfälzer Presse Verlages.

Am Ende von 12 Jahren französischer Besetzung und Separatisten-Herrschaft in der Pfalz brachte die Redaktion der „Pfälzischen Rundschau“ aus dem Julius Waldkirch-Verlag die Broschüre „Niemals“ heraus. In ihr berichten verschiedene Persönlichkeiten über die Drangsale der Fremdherrschaft und dem Befreiungskampf der Pfalz. Die Texte der Dokumentation „Niemals“ sind dieses Mal so angeordnet, dass der Ablauf der Geschichte von der Pfalzbesetzung gut nachvollzogen werden kann.

ZUM GELEIT!

Die Pfalz ist geräumt. Ein neues Kapitel in dem an Leiden so reichen Buch der pfälzischen Geschichte beginnt. Noch einmal lenkt der Pfälzer seinen Blick zurück.

Die großen Ereignisse stehen geschichtlich fest; aber je mehr wir uns zeitlich von ihnen entfernen, desto mehr will es scheinen, als ob schon jetzt die Beurteilung schwankte, Einzelheiten sich verwischten. Sie festzuhalten und aus der Feder berufener Männer der Nachwelt zu überliefern, ist der Zweck unserer Veröffentlichung. Ihr leitender Gedanke ist, eine große Anzahl von Männern, die ihr Teil zum Gelingen des pfälzischen Befreiungskampfes beigetragen haben, über ihre Erlebnisse und Beobachtungen sprechen zu lassen, Beiträge zu liefern zu der geschichtlichen Erforschung der Besatzungszeit.

Nicht alle Berufenen konnten zu Wort kommen; es hätte dies den Rahmen dieser Broschüre weit überschritten. Wir mußten uns auf die Festlegung der markantesten Ereignisse beschränken. Trotzdem glauben wir ein anschauliches Bild der Besatzungsjahre entwickelt zu haben.

Ein Dokument pfälzischer Treue soll dies Buch sein, das Zeugnis ablegt von dem Kampf der Pfälzer um ihre Heimat, ein Dokument, der Mitwelt zur Erinnerung, der jungen Generation zur Mahnung, daß nur in der Einigkeit die Stärke unseres Volkes liegt.

1. Juli 1930

VERLAG UND REDAKTION DER

„PFÄLZISCHEN RUNDSCHAU“

Niemals!
von Dill
Dokumente
aus dem Befreiungskampf der Pfalz

Sonderblatt des General-Anzeigers

Ludwigshafen a. Rh., den 9. November 1918, mittags 2 Uhr.

Der Kaiser entsagt dem Throne.

Thronverzicht des Kronprinzen. Eine Vorlage für eine deutsche Nationalversammlung.

WTB. Berlin, 9. November. (Amtlich.) Der Kaiser und König hat sich entschlossen, dem Thron zu entsagen. Der Reichskanzler bleibt noch so lange im Amte, bis die mit der Abdankung des Kaisers, dem Thronverzicht des Kronprinzen des Deutschen Reiches und von Preußen und dem Einsatz der Regentschaft verbundenen Fragen geregelt sind. Er beabsichtigt, dem Regenten die Ernennung des Abg. Ebert zum Reichskanzler und die Vorlage eines Gesetzentwurfes wegen der sofortigen Ausschreibung allgemeiner Wahlen für eine verfassungsgebende deutsche Nationalversammlung vorzuschlagen, der es obliegen würde, die künftige Staatsform des deutschen Volkes einschließlich der Volksteile, die ihren Eintritt in die Reichsgrenzen wünschen sollten, endgiltig festzustellen.

Berlin, den 9. November 1918.

Der Reichskanzler: Prinz Max von Baden.

Frankreich hatte sein Kriegsziel, das eigene Territorium bis an den Rhein auszudehnen, nicht erreicht.
Seine Verbündeten, die Interalliierten, hatten der Pfalz-Annexion nicht zugestimmt.
Am 11. November 1918 wird der Waffenstillstandsvertrag abgeschlossen. Er beendet einen grausamen Krieg und sieht die Räumung des linken Rheinufers von der deutschen Armee vor.
Am 1. Dezember 1918 besetzen französische Truppen die Pfalz um sicherzustellen, dass die von Deutschland geforderten Reparationen auch beglichen werden.
Es wird sofort versucht, die Pfalz vom übrigen Deutschland zu isolieren und herauszuschälen.
Die Kontakte werden gekappt und die wirtschaftlichen Beziehungen auch durch Sperrungen der Rheinbrücken unterbrochen.
Der ganzen Presse wird befohlen, nur noch Berichte der französischen Nachrichtenagenturen zu veröffentlichen und alle Zeitungen werden zensiert.
Der Waldkirch-Verlag als Herausgeber der „Pfälzischen Rundschau“ und des Ludwigshafener „General-Anzeigers“, den beiden auflagenstärksten und verbreitetsten Zeitungen der Pfalz lässt in seiner Weihnachtsausgabe von 1918 die Zensurlücken offen, damit jeder die Zensur der Militärbehörden bemerkt.

Nr. 337. Ludwigshafen a. Rh. Mittwoch, den 25. Dezember 1918. 19. Jahrgang.

Drahtmeldungen

Gegen die beabsichtigte Sozialisierung der Versicherungsgesellschaften.

Die dänische Presse über Brockdorff-Rantzau.

Regelmäßiger Zugverkehr Straßburg-Paris.

Die ernste wirtschaftliche Lage.

Die Versorgung der britischen Armee-Verbände auf dem Wege über die Schelde und holländisches Gebiet.

Die deutschen Diplomaten in Südamerika sollen abgeölt werden.

Zugzusammenstoß.

Ausstand der Kleinbahn-Angestellten in Oberschlesien.

Weihnachten 1918.

Die Lage im Reiche.

Schlimme Zustände im Ruhrkohlengebiet.

Zeitgemäße Gedanken.

Weihnachten im Gebirg.

Theater, Kunst, Wissenschaft.

Mannheimer Kunstleben.

Dem Verlag wird sofort von den Franzosen verboten, seine Zeitungen mit den Lücken der unterdrückten Nachrichten erscheinen zu lassen. Die Seiten müssen neu umbrochen werden, damit kein Leser eine Zensur bemerkt.
Der Verleger Kommerzienrat Dr. h. c. Wilhelm Waldkirch war Vorsitzender der Pfälzischen Zeitungsverleger und Vorstandsmitglied in dem Deutschen Zeitungsverleger Verband. Die Waldkirch-Presse kam dadurch und wegen der Provokation mit den Zensurlücken unter die besondere Beobachtung der Besatzungsmacht und so richtete diese zwecks besserer Kontrolle direkt im Betriebsgebäude Waldkirch eine Sicherheitszelle ein.
Da den Franzosen die Annexion der Pfalz von ihren Interalliierten-Verbündeten verwehrt worden war, versuchten sie die Pfälzer mit den verschiedensten Verlockungen wie kulturelle und gesellschaftliche Veranstaltungen sowie Versprechungen mannigfaltiger Art zu ködern, sich freiwillig Frankreich anzuschließen.
Im ganzen Land ergingen hierzu Aufrufe, aber die Pfälzer zeigten nur die kalte Schulter und verschmähten das Zuckerbrot.
Aber auch mit der Peitsche wollten die Franzosen die Pfälzer kirre machen.
Einige ihrer Offiziere trugen als Statussymbol, auch wenn sie zu Fuß unterwegs waren, Reitpeitschen mit sich herum. Mit ihnen hieben sie auf deutsche Passanten ein, wenn diese nicht schnell genug das Trottoir für sie freimachten.
Des Weiteren wurde die Pfalz systematisch ausgebeutet. Maschinen, Betriebe und Wohnungen wurden beschlagnahmt und alles Brauchbare nach Frankreich abtransportiert.

von Wilhelm Waldkirch

Aufruf!

An die Bürger Bergzaberns!

Angesichts der **bolschewistischen Gefahr,** die in Bayern und ganz Deutschland herrscht, und der von der bayer. Regierung bereits beschlossenen

Vermögenskonfiskation

wird für uns Bergzaberner die Frage, was mit uns werden soll, immer dringender. —

Bei Beurteilung dieser Frage ist in erster Linie zu berücksichtigen, daß wir beim Verbleib im bayer. Staatsverband mit einer gänzlichen

Verarmung

zu rechnen haben werden, während uns beim

Anschluß an Frankreich

neben geordneten Verhältnissen ein großer wirtschaftlicher Aufschwung und, wenn nicht ganz, so doch wenigstens ein teilweiser Erlaß der **Kriegsentschädigungen** winken.

Darum Bürger von Bergzabern

urteilt selbst

und gebt Euere Unterschrift für den

Anschluß an Frankreich!

NB. Auf dem Stimmzettel ist „ja" oder „nein" mit Unterschrift zu vermerken.

(Eltern können für ihre Kinder unterzeichnen.)

Das Ergebnis eines jeden Einzelnen wird nicht veröffentlicht

Unterschrift: ....

(Flugblatt, das in Bergzabern verbreitet wurde.)

Die Wälder wurden radikal abgeholzt, so dass sie aussahen wie Glatzköpfe. Druckpapier gab es nur sporadisch und nur wenn die Franzosen der Bevölkerung etwas mitteilen wollten. So wurden fast über die gesamte Besatzungszeit von der Druckerei Waldkirch die schweren Zeitungspapierrollen oft genug im geheimen und bei Nacht vom rechtsrheinischen Gebiet mit Ruderbooten über den Fluss in die Druckerei transportiert.

All dies verstärkte nur noch den Widerstand der Pfälzer gegen die Besatzung ihres Landes und den Anschluss an Frankreich.
Diese anti-französische Stimmung veranlasste General Gérard, den Chef der Besatzungsarmee, einen anderen Weg einzuschlagen.
Er versuchte aus der Pfalz eine neutrale Republik zu machen und sie politisch und militärisch unter französischen Schutz zu stellen.
Mit der Hilfe von abtrünnigen Deutschen wurde der Bund „Freie Pfalz" gegründet, dessen Ziel es war, die Pfalz zu neutralisieren. Mit Flugblättern ließ General Gérard verkünden „Die Mehrzahl der Pfälzer wolle von Deutschland nichts mehr wissen und wolle die Selbständigkeit ihres Landes."

Das Schicksal unserer Pfalz!

Tiefgreifende politische Umwälzungen haben sich seit dem 9. November vorigen Jahres in unserm Vaterland vollzogen. Die großen Leiden des Krieges werden durch die undurchsichtige, trübe politische Lage verlängert. Mit dem Trost, daß es doch einmal anders werden muß, haben wir einen um den andern Tag die schweren Sorgen und Lasten entgegengenommen. Die Besatzungstruppen haben unsere Bewegungsfreiheit wohl gehemmt, als Gegenleistung wurden uns aber viele Annehmlichkeiten zuteil. **In letzter Zeit wurde wiederholt versucht, unsere geliebte Heimat, unsere herrliche Pfalz, einem anderen Staate in die Hände zu spielen.** Gegen diese Treibereien müssen wir energischen Protest erheben. **Wir Pfälzer wollen für alle Zukunft frei und selbständig bleiben, unsere Sprache und unsere Sitten gewahrt sehen.**

Am 2. Juni d. J. versuchte man, den Gedanken der Freiheit und Unabhängigkeit in die Tat umzusetzen. Teilweise ist dies bereits gelungen.

Wir Pfälzer wollen nicht zurückstehen, wir verlangen vollständige Unabhängigkeit und die Vereinigung der von unserm schönen Land gewählten Vertreter den Verhältnissen entsprechend.

Wir verlangen an Stelle einer bayerischen Regierung eine pfälzische Republik!

Es wird dies die Auferstehung eines neuen Staates mit seiner Sprache und seinen jetzigen Sitten sein, aber frei und unabhängig. Es wird die Aufgabe unserer, nach dem freiesten Wahlrecht gewählten Vertreter sein, dem Staate seine endgültige Verfassung zu geben.

Eine Friedensrepublik muß aus unserm Heimatland geschaffen werden, unabhängig von den Ost- und Westmächten.

In dem neuen Staatswesen soll nicht das Kapital, sondern die breiten Volksmassen, besonders die Arbeiter, die 70% der männlichen Bevölkerung ausmachen, den Haupteinfluß ausüben.

Arbeiter, Ihr verliert nichts von Euren Rechten, die Ihr Euch durch die Revolution errungen habt, **Eure Unabhängigkeit und Freiheit wird durch den Völkerbund garantiert.**

Aus politischen, wirtschaftlichen und sozialen Gründen wünschen wir Pfälzer die Gründung einer neuen, in jeder Hinsicht lebensfähigen Republik, unabhängig von jedem andern Staate, frei wie die Schweiz.

Wir reklamieren von den alliierten Mächten die Sicherstellung unserer Freiheit und unserer Unabhängigkeit, denn dann erst kann der neu gegründete Staat bestehen.

Ein Verbleiben unserer Pfalz bei dem geographisch getrennten und finanziell ruiniertem Bayern, mit welchem wir bisher nur durch dynastische Banden verknüpft waren, würde den wirtschaftlichen Ruin unserer geliebten pfälzischen Heimat bedeuten.

Pfälzer, Mitbürger, gleich welchen Standes, Geschlechtes oder Konfession, ob arm oder reich, **an Euch wenden wir uns!**

Laßt Euch weder durch parteipolitische noch durch parteitaktische Erwägungen in Euren Entschlüssen beirren.

Wir müssen die Republik schaffen! Die Mehrzahl unserer Mitbürger ist einverstanden!

Unsere Valuta (Geldwert) wird sich heben. Durch Bezug von leicht zu beschaffenden Rohstoffen insbesondere durch ausreichende Versorgung unserer Industrie mit Kohle und elektrischer Energie, werden Handel und Gewerbe gedeihen und dem Arbeiter ist seine Existenz gesichert. Das drohende Gespenst der Arbeitslosigkeit und der damit zusammenhängenden Folgen, insbesondere auf finanziellem Wege, bezüglich der Steuerkraft, wird verschwinden.

Die nach Angabe des bayer. Ministerpräsidenten gefährdete Alters-, Invaliditäts- und Unfallversicherung wird den pfälzischen Arbeitern erhalten bleiben, denn die neue Republik Dein Werk – wird dafür aufkommen. Die Anteilbeträge in den rechtsrheinischen Kassen werden mit Unterstützung des Völkerbunds neuerrichteten pfälzischen Kassen zugeführt.

Auf dem sozialdemokratischen Parteitag zu Nürnberg hat derselbe Ministerpräsident erklärt, dass Bayern kaum die Mittel aufbringen kann, um unsere bedauernswerten Kriegsinvaliden finanziell zu entschädigen.

Die freie Pfalz wird es als ihre Ehrenpflicht ansehen, den Kriegsverletzten und Hinterbliebenen ein sorgenfreies Leben zu schaffen.

Den staatlichen und städtischen Beamten werden ihre Gehalts- und Pensionsbezüge im neuen Staate nicht geschmälert werden, denn die neue Republik meint es ehrlich.

Wenn hierdurch für alle Stände eine ausreichende Existenz gewährleistet, wird man jedenfalls für die Hebung des Bauernstandes bemüht sein, damit dessen Erzeugnisse, unentbehrlich für die Allgemeinheit, sichergestellt sind.

Die auf 15 Jahre festgesetzte Besetzung der Pfalz durch Ententetruppen wird auf ein Minimum beschränkt.

Pfälzer Mitbürger! Warum zögerst Du noch? Laß Deinem Willen freie Bahn und laß Dich nicht von der Kurzsichtigkeit anderer beirren. **Auf zur Tat!**

Es lebe die freie unabhängige neutrale pfälzische Republik!

Bund „Freie Pfalz".

Um dem entgegenzuwirken und ein offenes Bekenntnis für die Zugehörigkeit der Pfalz zum Deutschen Vaterland zu erhalten, berief Regierungspräsident Dr. von Winterstein am 18. Mai 1919, etwa fünfeinhalb Monate nach dem Beginn der Besetzung der Pfalz durch die Franzosen, eine von der Besatzungsmacht genehmigte Versammlung der Volksvertreter ein.
Es waren 70 Delegierte, sie repräsentierten alle Volksschichten wie Arbeitnehmer und Arbeitgeber, gewählte Abgeordnete und Vertreter der Beamten sowie Parteien usw.
Sie sollten einwandfrei und zutreffend in freier Aussprache ermitteln, welche Gedanken sich die pfälzische Bevölkerung über ihr künftiges Schicksal mache.
Einen Tag vor der Volksvertreterversammlung begaben sich einige Abgeordnete des Bundes „Freie Pfalz" zum Regierungspräsidenten, um ihn in ihrem Sinne zu beeinflussen.
Dabei hielt ihr Sprecher Dr. Haas folgende Ansprache:

Herr Präsident!

„Vertreter der verschiedenen Berufsstände, der Landwirtschaft, des Weinbaues, des Weinhandels, der Industrie, des Handels, der Gewerbe, des Arbeiterstandes geben sich die Ehre bei Ihnen, Herr Präsident, vorstellig zu werden in einer dringenden Frage, welche die Zukunft der Pfalz betrifft.

Durch die von den alliierten Großmächten festgesetzten schweren Friedensbedingungen wird Deutschland nicht nur politisch und militärisch dauernd ohnmächtig gemacht werden, sondern auch wirtschaftlich in eine unerträgliche Lage geraten. Daß durch die Änderung der Friedensbedingungen hierin eine wesentliche Besserung erreicht werden kann, ist nicht zu erhoffen. Die Lage der Pfalz in wirtschaftlicher Beziehung wird im Vergleiche zu den jenseits des Rheins liegenden Gebieten noch schlimmer werden. Abgeschnitten von dem ganzen Kohlen- und Industriegebiet der Saar, der eigenen Bergwerke beraubt, verkleinert um fast 3 Bezirksämter mit ihrem blühenden Handel und ihrer Industrie, von beinahe allen Seiten abgeschlossen und isoliert, wird die Pfalz einer tieftraurigen Zukunft entgegensehen. Außerdem behält die Pfalz 15 Jahre militärische Besatzung, woraus sich zweifellos auch Schwierigkeiten bezüglich des Verkehrs über den Rhein ergeben werden. Aus dieser verzweifelten Lage gibt es für die Pfalz nur eine Rettung: Bildung eines selbständigen neutralen Staates ohne Abtrennung irgend welcher Gebietsteile und wirtschaftlichen Anschluß an das Saargebiet.

Wir wollen vollkommen deutsch bleiben, deutsche Einrichtungen, deutsche Sitten, unsere eigene deutsche Verwaltung behalten, aber uns die Vorteile eines wirtschaftlichen Zusammenarbeitens mit dem Saargebiet sichern, die allein in der Lage sind, die Pfalz vor dem unabwendbaren Ruin zu bewahren. Dies ist die Ansicht der großen Mehrzahl der pfälzischen Bevölkerung, als deren Vertreter wir heute bei Ihnen, Herr Präsident, vorstellig werden. Wir zweifeln nicht Herr Präsident, daß Sie voll und ganz sich für das Wohl der Pfalz und deren wirtschaftliches Gedeihen einsetzen werden, deren berufener Vertreter Sie sind, dem Willen des Volkes Rechnung tragen und uns auf dem Weg unterstützen, der allein unserer geliebten Heimat eine erträgliche Zukunft bringen kann. Nur so wird es möglich sein, die Zerstörung der Pfalz durch die alliierten Mächte zu verhindern.

In diesem Sinne bitten wir Sie, Herr Präsident, zusammen mit der Regierung unverzüglich die Proklamation der Pfalz als selbständigen neutralen Staat zu veranlassen und Sie werden der Zustimmung und des Dankes des ganzen Pfälzer Volkes sicher sein."

Diese Ansprache von Dr. Haas an Dr. von Winterstein wurde per Flugblatt unter die Bevölkerung gebracht.
Dr. von Winterstein legte sich nicht fest. Er verwies auf die kommende Aussprache der Volksvertreter.

Der Präsident Herr Dr. von Winterstein erwiderte, *daß er als Regierungsbeamter vorerst persönlich keine Stellung zu dieser Frage nehmen könne. Er habe auf Sonntag, den 18. Mai eine Versammlung einberufen, bestehend aus den Landräteen der Pfalz, den Reichs- und Landtagsabgeordneten, den Bezirksamtmännern, Vertretern des Beamten- und Lehrerverbandes, den Vertretern der drei landwirtschaftlichen Genossenschaften, einzelnen Partei- und Wirtschaftsführern, einigen maßgebenden Großindustriellen, zwei Vertretern des Weinbaues, im ganzen 70 Personen, welche in dieser wichtigen Angelegenheit entscheiden sollen.*

Man wird mit Interesse dem Resultate der Beratung dieser Herren entgegensehen. Daß die hochwichtige Frage, an der die Allgemeinheit des Pfälzer Volkes im höchsten Maße interessiert ist, durch den Beschluß dieser Herren definitiv entschieden wird, ist ausgeschlossen.

Die Franzosen hofften, es käme durch die Volksvertreter ein Votum für Frankreich und eine neutrale Pfalz zustande. Während Dr. von Winter-

stein sich sicher war, dass das Pendel zugunsten des alten Vaterlandes, zugunsten von Deutschland ausschlagen würde.
Die Versammlung beschloss einstimmig die unlösliche Zugehörigkeit der Pfalz zu Deutschland.
Die Franzosen waren maßlos enttäuscht und verboten die Veröffentlichung dieses Beschlusses. Sie legten Dr. von Winterstein nahe, das Land freiwillig zu verlassen und da er nicht ging, wurde er des Landes verwiesen.
Der Regierungspräsident Dr. von Winterstein begab sich nach Mannheim, das unbesetzt war und installierte dort dann seinen pfälzischen Regierungssitz, der später nach Heidelberg verlegt wurde.
Insgeheim wurde dann ein Flugblatt verteilt, das den Beschluss der Volksvertreter bekannt machte. Er geißelte die Haupträdelsführer Dr. Haas, Schenk, Müller und Hofer als Hochverräter, die die Pfalz vom deutschen Vaterland losreisen wollten.
Diese vier Rädelsführer des Bundes „Freie Pfalz“ wurden durch die deutschen Behörden verhaftet, aber schon am nächsten Tag durch die Franzosen wieder befreit.
Dafür nahmen die Besatzungsbehörden den ersten Staatsanwalt Heuk, den ersten Amtsrichter Kammerer und den ersten Bürgermeister Mahler fest.
Sie wurden beschuldigt des Missbrauchs ihrer Amtsbefugnisse und der Unkorrektheit gegenüber dem siegreichen und wohlwollenden Frankreich und wurden aus der Pfalz ausgewiesen.
Nach dieser Rückenstärkung durch die Franzosen trat der Vertreter des Bundes „Freie Pfalz“ Dr. Haas noch mehr in der Öffentlichkeit in Erscheinung.

Lest!

Die Zukunft der Pfalz!

Am 17. Mai begab sich eine zahlreiche Abordnung vaterländisch gesinnter Männer zum Regierungspräsidenten der Pfalz, Herrn von Winterstein in Speyer, um zu der so wichtigen Frage der zukünftigen Gestaltung der Pfalz in politischer und wirtschaftlicher Hinsicht Stellung zu nehmen. Es wurde nachstehende Ansprache gehalten

Herr Präsident!

„Vertreter der verschiedenen Berufsstände, der Landwirtschaft, des Weinbaues, des Weinhandels, der Industrie, des Handels, der Gewerbe, des Arbeiterstandes geben sich die Ehre bei Ihnen, Herr Präsident, vorstellig zu werden in einer dringenden Frage, welche die Zukunft der Pfalz betrifft.

Durch die von den alliierten Großmächten festgesetzten schweren Friedensbedingungen wird Deutschland nicht nur politisch und militärisch dauernd ohnmächtig gemacht werden, sondern auch wirtschaftlich in eine unerträgliche Lage geraten. Daß durch die Änderung der Friedensbedingungen hierin eine wesentliche Besserung erreicht werden kann, ist nicht zu erhoffen. Die Lage der Pfalz in wirtschaftlicher Beziehung wird im Vergleiche zu den jenseits des Rheins liegenden Gebieten noch schlimmer werden. Abgeschnitten von dem ganzen Kohlen- und Industriegebiet der Saar, der eigenen Bergwerke beraubt, verkleinert um fast 3 Bezirksämter mit ihrem blühenden Handel und ihrer Industrie, von beinahe allen Seiten abgeschlossen und isoliert, wird die Pfalz einer tieftraurigen Zukunft entgegengehen. Außerdem behält die Pfalz 15 Jahre militärische Besatzung, woraus sich zweifellos auch Schwierigkeiten bezüglich des Verkehrs über den Rhein ergeben werden. Aus dieser verzweifelten Lage gibt es für die Pfalz nur eine Rettung: Bildung eines selbständigen neutralen Staates ohne Abtrennung irgend welcher Gebietsteile und wirtschaftlichen Anschluß an das Saargebiet.

Wir wollen vollkommen deutsch bleiben, deutsche Einrichtungen, deutsche Sitten, unsere eigene deutsche Verwaltung behalten, aber uns die Vorteile eines wirtschaftlichen Zusammenarbeitens mit dem Saargebiet sichern, die allein in der Lage sind, die Pfalz vor dem unabwendbaren Ruin zu bewahren. Dies ist die Ansicht der großen Mehrzahl der pfälzischen Bevölkerung, als deren Vertreter wir heute bei Ihnen, Herr Präsident, vorstellig werden. Wir zweifeln nicht Herr Präsident, daß Sie voll und ganz sich für das Wohl der Pfalz und deren wirtschaftliches Gedeihen einsetzen werden, deren berufener Vertreter Sie sind, dem Willen des Volkes Rechnung tragen und uns auf dem Weg unterstützen, der allein unserer geliebten Heimat eine erträgliche Zukunft bringen kann. Nur so wird es möglich sein, die Zerstörung der Pfalz durch die alliierten Mächte zu verhindern.

In diesem Sinne bitten wir Sie, Herr Präsident, zusammen mit der Regierung unverzüglich die Proklamation der Pfalz als selbständigen neutralen Staat zu veranlassen und Sie werden der Zustimmung und des Dankes des ganzen Pfälzer Volkes sicher sein."

Der Präsident Herr von Winterstein erwiderte, daß er als Regierungsbeamter vorerst persönlich keine Stellung zu dieser Frage nehmen könne. Er habe auf Sonntag, den 18. Mai eine Versammlung einberufen, bestehend aus dem Landrate der Pfalz, den Reichs- und Landtagsabgeordneten, den Bezirksamtmännern, Vertretern des Beamten- und Lehrerverbandes, den Vertretern der drei Landwirtschaftlichen Genossenschaften, einzelnen Partei- und Wirtschaftsführern, einigen maßgebenden Großindustriellen, zwei Vertretern des Weinbaues, im ganzen 70 Personen, welche in dieser wichtigen Angelegenheit entscheiden sollen.

Man wird mit Interesse dem Resultate der Beratung dieser Herren entgegensehen. Daß die hochwichtige Frage, an der die Allgemeinheit des Pfälzer Volkes im höchsten Maße interessiert ist, durch den Beschluß dieser Herren definitiv entschieden wird, ist ausgeschlossen.

(Wiedergabe eines von den „Freien Pfälzern" herausgegebenen Flugblattes, das die Rede Dr. Haas vor dem Regierungs-Präsidenten von Winterstein enthielt).

Auf jede mögliche Weise zu verbreiten.

Wie denkt das pfälzische Volk über seine Zukunft?

Sonntag, den 18. Mai sind die Vertreter der Pfalz auf Berufung des Regierungspräsidenten in Speyer zusammengetreten und haben den nachfolgenden Beschluß gefaßt:

„Auf Einladung des Herrn Regierungspräsidenten der Pfalz haben sich heute im Sitzungssaale der Regierung in Speyer versammelt: Die Vorstände der politischen Parteien, die vom pfälzischen Volke auf Grund des Gesetzes gewählten Abgeordneten zur deutschen Nationalversammlung, zum bayerischen Landtag und zum pfälzischen Landrate, somit die Personen, welche im Staatsleben des Deutschen Reiches, des Volksstaates Bayern und des Regierungsbezirkes der Pfalz die Interessen des pfälzischen Volkes zu wahren, dessen Anschauungen zu bekunden und zu vertreten berufen sind.

Mit diesen Herren sind zugegen: Vertreter aller Berufsstände und Volksschichten, und es darf deshalb festgestellt werden, daß die Anwesenden, teils kraft der ihnen vom Volke zuerkannten Mandate, teils auf Grund ihrer führenden Stellung in den politischen Organisationen, teils im Hinblick auf ihre weitverzweigten Kenntnisse auf dem Gebiete des Erwerbslebens der Pfalz und als gründliche Kenner der pfälzischen Volksseele allein berechtigt sind, im Namen des pfälzischen Volkes zu sprechen.

1. Mit größter Entschiedenheit betont die Versammlung die unlösliche Zugehörigkeit der Pfalz zu Deutschland. Die Pfälzer werden gerade in dieser schwersten Stunde der deutschen Geschichte ihrem geliebten deutschen Vaterlande unverbrüchliche Treue halten.

2. Die Versammlung spricht die zuversichtliche Hoffnung aus, daß die für Deutschland unerträglichen und unerfüllbaren Friedensbedingungen grundsätzlich wesentlich gemildert werden und besonders die Bildung eines neutralen, das Saargebiet und lebenswichtige Teile der Pfalz umfassenden Staates vermieden wird, zumal die von Frankreich gestellten Ansprüche auf privilegierten Kohlenbezug ohne Abtrennung deutschen Landes befriedigt werden könnten.

3. Die Frage, ob die Pfalz mit Bayern vereinigt bleiben soll oder nicht, ist eine rein innerdeutsche Angelegenheit; sie kann und darf deshalb erst nach Abschluß des Friedensvertrages und nur auf Grund der künftigen Reichs- und Landesverfassungen entschieden werden".

Damit hat die pfälzische Bevölkerung durch ihre berufenen Vertreter in unzweideutiger Weise zu erkennen gegeben, wie sie denkt und fühlt Jene 21, welche durch einen Putsch versuchen wollten, die Pfalz vom deutschen Vaterlande loszureißen, sind Hochverräter. Daß auch die Staatsbehörden zu dieser Auffassung gekommen sind, ist dadurch erwiesen, daß am 21. Mai die vier Haupträdelsführer, nämlich

Nahrungsmittelchemiker Dr. Haas
Holzhändler Ferdinand Schenk
Architekt Müller
Teppichhändler Hofer,

sämtliche von Landau, durch die dortige Staatsanwaltschaft verhaftet worden sind. Daß sie inzwischen durch Einflüsse, die zur Zeit mächtiger sind als unsere heimischen Behörden, wieder auf freien Fuß gesetzt wurden, ändert natürlich nicht im geringsten die Auffassung jedes anständigen Deutschen in der Beurteilung ihrer Handlungsweise.

(Deutsches Flugblatt gegen Freie Pfalz-Bewegung).

Der Regierungspräsident Dr. von Winterstein berichtet in „Niemals“ über diese Pfälzer Geschichte.

Der 18. Mai 1919, ein Gedenktag der pfälzischen Geschichte.

Von Regierungs-Präsident a. D. Dr. von Winterstein.

Für die Einschätzung dieses Tages ist es erforderlich, die überaus schwierige Lage sich zu vergegenwärtigen, in die die Pfalz alsbald nach Eintritt des Waffenstillstandes (11. November 1918) geraten war. Mit einem Schlag von Elsaß-Lothringen und dem Saarland, den bisherigen wichtigen Absatzgebieten für Industrie und Landwirtschaft, abgeschnitten und durch den Rhein als Blockadelinie vom rechtsrheinischen Deutschland getrennt, wurde die Pfalz zum Grenz- und Notland und auf sich allein angewiesen. Diese Lage, das fürchterliche Chaos im Mutterland, das das vaterländische Empfinden der Pfälzer aufs schwerste traf, das Verbot von Versammlungen, die Unterdrückung der unter Vorzensur gestellten Presse, Schikanen und Bedrängungen jeder Art durch die Besatzung, deren Anordnungen die gewohnte freiheitliche Bewegung völlig unterbunden hatten, und die Widerwärtigkeiten sowie die schweren Lasten, die aus der Bequartierung einer 80 000 Mann starken kriegsmäßig ausgerüsteten feindlichen Besatzung erwuchsen, nicht zum wenigsten auch die ungeheuerliche Bespitzelung der Bevölkerung durch die französische Sûreté, hatten in der Pfalz eine tiefernste Stimmung erzeugt.

Kein Wunder, daß die Besatzungsarmee in der Pfalz und vor allem ihr Führer, General Gérard, in Landau alsbald den Plan aufgriffen, den Dingen eine Wendung zu geben, die zur Schaffung einer unter französischem politischen und militärischen Schutz stehenden neutralen Republik der Pfalz führen sollten. Eine solche Politik der Neutralisierung betrachtete jeder hohe französische Offizier als seine Pflicht, zumal, da die militärischen Kreise Frankreichs die Festlegung der deutschen Grenze am Rhein als Frucht ihres Sieges erwartet hatten und nun mit Erbitterung sehen mußten, daß England und Amerika auf eine solche Grenzziehung nicht eingehen wollten.

Im Bund mit einer von ihm gesammelten Gesellschaft von Landesverrätern, den Männern der sog. Freien Pfalz, ging Gérard daran, die von seiner Autorität getragenen dreisten Versicherungen propagieren zu lassen, daß der Rhein in Zukunft die politische und militärische Grenze nach Osten bilden werde und daß demnach eine Umgestaltung der staatsrechtlichen Verhältnisse auf dem linken Rheinufer notwendig werde; die Pfalz müsse sich schleunigst ein selbständiges Staatswesen einrichten, dann werde sich ihre poli-

Regierungspräsident Dr. v. Winterstein

tische und wirtschaftliche Lage mit einem Schlag ändern; Ruhe, Ordnung und Wohlstand, die sie bei dem zerrütteten Deutschland nie finden würde, solle der Lohn ihrer westlichen Orientierung sein; Kriegsentschädigungen würden in diesem Fall die Pfälzer nicht zu zahlen brauchen. Landauf landab ließ er die Behauptung verbreiten, die Ueberzahl der Pfälzer wolle von dem revolutionären Deutschen Reich und von dem Wirrwarr in Bayern nichts mehr wissen; sie sehe in der Anwesenheit der französischen Armee eine Versicherung gegen die Anarchie und ein Unterpfand besserer Zukunft, die sie nach den Gesichtspunkten „ihrer Rassenverwandtschaft, geschichtlichen Entwicklung und wirtschaftlichen Interessen" wählen werde.

Für mich konnte kein Zweifel bestehen, daß die treue Verbundenheit der besetzten Pfalz mit Land und Reich auch durch die gefährlichen Machenschaften Gérards und seiner landesverräterischen Bundesgenossen nicht erschüttert werden konnte. Notwendig war es aber, diese Treue alsbald durch ein offenes, deutliches und weithin wirkendes Zeugnis der berufenen Vertreter des pfälzischen Volkes gegen die französischen Umdeutungsversuche bediese Loslösung herbeiführen. Und so gelang es mir, ihn davon zu überzeugen, daß die Gedanken, die sich die pfälzische Bevölkerung über ihr künftiges politisches Schicksal mache, nur einwandfrei und zutreffend ermittelt werden könnten, wenn man die im öffentlichen Leben stehenden maßgebenden Männer, also die Mitglieder des Pfälzischen Landrates, die eben erst zur Deutschen Nationalversammlung und zum Bayerischen Landtag gewählten pfälzischen Abgeordneten, die führenden Männer der Wirtschaft und Arbeit, der politischen Parteien, der größeren Städte und der Geistlichkeit zusammenrufe und in freier Aussprache sich äußern lasse. De Metz erwirkte beim französischen Armeekommando die Genehmigung zur Ab-

Der mißglückte Haas-Putsch in Speyer am 1. Juni 1919. Volksversammlung vor dem Regierungsgebäude

stätigen zu lassen. Ein solches Zeugnis wurde um so dringender, als es in den Monaten März und April 1919 immer klarer zutage trat, daß Gérard nicht davor zurückschrecken würde, den von ihm angetriebenen Separatisten seine militärische Macht zur Verfügung zu stellen. Ich wußte, daß Oberst de Metz, der als Kreisdelegierter die Zivilverwaltung in der Pfalz zu kontrollieren hatte, seinem Vorgesetzten Gérard aus irgend welchen Gründen immer innerlich ablehnend gegenüberstand und ihm den Ruhm der Loslösung der Pfalz vom Reich nicht gönnen wollte; er selbst wollte mit anderen Methoden, vor allem mit der Kunst der Ueberredung, haltung einer solchen Versammlung am 18. Mai 1919 in Speyer. Er behielt sich vor, die von mir einzuberufende Versammlung zu überwachen und in ihr das Wort zu ergreifen; auch wünschte er, daß ich im Interesse der Objektivität nicht selbst den Vorsitz führe; ich konnte ihm die Erfüllung dieses Wunsches leicht zusagen; wußte ich doch, daß mein Freund und Kampfgenosse, der vortreffliche damalige Landratspräsident Friedrich Mahla-Landau, den ihm anzubietenden Vorsitz so führen werde, wie es das deutsche Interesse verlangte. Eines hat mir bei jenen kritischen Verhandlungen de Metz verschwiegen, nämlich, daß er am Vorabend des 18. Mai den Versuch machen wollte, im Sinne der Annahme einer von ihm verfaßten **Resolution**, deren Ziel die Proklamierung der Pfalz als Republik war, auf Mahla — natürlich vergebens — einzuwirken.

In der Versammlung, zu der von 75 Eingeladenen 70 erschienen waren, traten **Vertreter aller Gruppen** — etwa 20 — als Redner auf, um ein offenes und nachdrückliches **Bekenntnis** ihrer unwandelbaren Treue zum Vaterland abzulegen. Erster Redner war der kluge und tapfere damalige Sekretär der Sozialdemokratischen Partei in der Pfalz, Friedrich **Profit**-Ludwigshafen; seine Ausführungen, die im 6. Heft der Zeitschrift „Volk und Reich" Jahrgang 1928 nachgelesen werden können, machten auf alle Anwesenden und vor allem auf de **Metz** den stärksten Eindruck. Die vom Ernst der Lage tief durchdrungene Versammlung beschloß einstimmig die folgende Entschließung, die wegen ihrer hohen Bedeutung, die sie auch für die gegenwärtige Zeit hat, nochmals im **Wortlaut** wiedergegeben werden soll:

1. „Mit größter Entschiedenheit betont die Versammlung die unlösliche Zugehörigkeit der Pfalz zu Deutschland. Die Pfälzer werden gerade in dieser schwersten Stunde der deutschen Geschichte, ihrem geliebten Vaterland unverbrüchliche Treue halten.
2. Die Versammlung spricht die zuversichtliche Hoffnung aus, daß die für Deutschland unerträglichen und unerfüllbaren Friedensbedingungen grundsätzlich geändert, wesentlich gemildert werden und besonders die Bildung eines **neutralen**, das Saargebiet und lebenswichtige Teile der Pfalz umfassenden Staates **vermieden** wird, zumal die von Frankreich auf privilegierten Kohlenbezug erhobenen Ansprüche ohne Abtrennung deutschen Landes befriedigt werden können.
3. Die Frage, ob die Pfalz mit **Bayern** vereinigt bleiben soll oder nicht, ist eine rein **innerdeutsche** Angelegenheit; sie kann und darf erst **nach Abschluß** des Friedensvertrages und nur auf Grund der künftigen Reichs- und Landesverfassungen entschieden werden."

De **Metz**, der bis zum Schluß der Versammlung anwesend war, ergriff nicht mehr das Wort, konnte aber in Miene und Haltung nicht die schwere **Enttäuschung** verbergen, die er durch die Versammlung erfahren hatte; war ihm doch der politische Sieg, auf den er gehofft hatte, entglitten. Die Wirkung auf **Gérard** aber, dessen Pläne zunächst gleichfalls durchkreuzt waren, ergibt sich daraus, daß er die von mir erbetene **Veröffentlichung** der Entschließung in der Presse **untersagte** und mir nahelegen ließ, die **Pfalz freiwillig zu verlassen**. Welche Betrachtungen sonst in seinem Hauptquartier über den Fehlschlag der französischen Erwartungen angestellt worden sind, kann man in dem bekannten Buch des Majors im Generalstab der 8. Armee Paul **Jacquot**, „General Gérard und die Pfalz", übersetzt und herausgegeben von Dr. Ritter-Mannheim (Dr. von Eberlein), S. 112 ff. unterhaltlich nachlesen.

Der spätere General de **Metz** als Oberst

Mit dankbarer Freude erinnere ich mich des ungezwungenen Zusammenseins nach Schluß der Versammlung: Mit einem kräftigen **Händedruck** verbanden sich der stille Schwur, allen kommenden Gefahren zu trotzen, und die Ueberzeugung, daß die **Verklammerung** der besetzten Pfalz mit Land und Reich unter keinen Umständen gelockert werden dürfe. Trotz des Publikationsverbots ist die Entschließung der Versammlung in der Pfalz sofort **von Mund zu Mund** gegangen, die geschlossene Phalanx gegen die feindlichen Umtriebe war hergestellt und führte durch Kampf und Not zum Sieg über alle Versuche fremden und einheimischen Ursprungs, die Pfalz von Bayern und Reich abzusprengen.

Die Presse hatte im Abwehrkampf der Pfälzer gegen ihre Besatzer eine ganz besondere Bedeutung. Denn gleich nach der Besetzung der Pfalz versuchten die Franzosen sofort Einfluss auf die öffentliche Meinung zu nehmen, indem sie die Pressefreiheit durch Zensur und Vorschriften was zu veröffentlichen sei, massiv einschränkten.
Den verantwortlichen Zeitungsmachern war bald klar, dass eine einzelne Zeitung kaum Chancen hatte, sich dieser Bevormundung zu widersetzen.
Zu den ersten Einschränkungen, die die Besatzungsmacht den Pfälzern aufbürdete, gehörte das Versammlungsverbot. Dieses wurde durch Spitzel überwacht und bei Verstößen mit schweren Strafen geahndet.
Trotzdem trafen sich die pfälzischen Verleger und ihre Redakteure im geheimen, um über die Situation der Presse zu sprechen.
Es wurde zwar kein Beschluss gefasst, jedoch die Überzeugung bekräftigt, dass die einzelnen Zeitungen in ihrem Kampf um die Freiheit der Presse und dem Verbleib beim Deutschen Vaterland überparteilich zusammenarbeiten müssen.
Der damalige Vorsitzende der pfälzischen Zeitungsverleger Kommerzienrat Wilhelm Waldkirch, Herausgeber der „Pfälzischen Rundschau“ und des Ludwigshafener „General-Anzeigers“, den beiden größten und bedeutendsten Blättern dieser Region, wurde einer der exponiertesten Vertreter des Freiheitskampfes der Presse und damit auch Sprachrohr der pfälzischen Bevölkerung.
Sein Engagement war den Franzosen und später den Separatisten ein Dorn im Auge und so wurde er oft gemaßregelt. Seine Zeitungen erhielten Erscheinungsverbote, hohe Geldstrafen wurden verhängt und er wurde an die Spitze der Geiselliste gestellt. Auch wurde ihm der Pass entzogen, so dass seine Bewegungsmöglichkeiten stark eingeschränkt waren und er wurde für alle Presseveröffentlichungen, auch für die, welche nicht in besetztem Gebiet erschienen, haftbar gemacht.
Hier sein Bericht in „Niemals“ über die ersten Wochen und Monate der Besatzung.

Im Kampf um die Freiheit der Presse.

Von Geh. Kommerzienrat Dr. h. c. Wilhelm Waldkirch, Ludwigshafen a. Rh.

Kriegsende. — Welche Hoffnungen hatten wir alle an den Zeitpunkt geknüpft, da das Völkerringen zu Ende ging und Deutschland, das seine letzte Kraft für die Verteidigung der Grenzen gegeben hatte, sich im Frieden einrichten konnte, die schweren Wunden, die dieser Krieg allen Völkern geschlagen hatte, zu heilen. — Statt dessen begann das fürchterliche Elend jener ersten Nachkriegszeit, in der französische Truppen einmarschierten, die Rheinbrücke willkürlich auf Tage und Wochen gesperrt, der Telephon- und Postverkehr unterbunden, und wenn nicht unterbunden, so doch überwacht wurde; jene Zeit, in der alle Versammlungen verboten waren, in der man sich beim Gespräch im Lokal oder in der Eisenbahn hüten mußte, weil überall Agenten und Spitzel der Besatzungsbehörden umgingen und Unvorsichtige denunzierten; die Zeit, in der sich die fremden Gewalthaber in unserem Lande breitmachten und gewissermaßen als Auftakt zu den späteren Massen-Ausweisungen viele treue Pfälzer durch Beschlagnahme ihrer Wohnungen in größte Sorge gerieten. Aber wenn die Not auch groß und die Bedrohung schwer war, so rüsteten sich doch in dieser Zeit heimlich alle Kräfte zum Widerstand, und wenn es auch nicht möglich war, dem Feinde offen entgegenzutreten, so wurde der Abwehrkampf, der Kampf um die deutsche Heimat und um die Zugehörigkeit zum Reich, im Stillen doch organisiert und erbittert durchgeführt.

Für die Zeitungen waren mit der Besatzung besonders kritische Verhältnisse gekommen; ihre verantwortlichen Leiter waren sich rasch darüber klar geworden, daß die einzelne Zeitung, auf sich selbst gestellt, sehr bald in die bedenklichste Situation geraten würde. Denn es war vorauszusehen, daß die Besatzungsbehörde nichts unversucht lassen würde, um auf die öffentliche Meinung im besetzten Gebiet Einfluß zu nehmen. Eine der ersten feindlichen Maßnahmen, das Verbot jeder Zusammenkunft, wurde sofort und streng durchgeführt, und für jede Uebertretung schwere Strafe angekündigt. Aber stärker als jede Bedrohung erwies sich das Gefühl bewußter Verantwortlichkeit, und so kam trotzdem eine Versammlung der Verleger und Redakteure der pfälzischen Zeitungen zustande; sie fanden sich zu einer ernsten Beratung hinter verschlossenen Türen. Gegenseitige ehrenwörtliche Verpflichtung gab die Sicherung zu freier Aussprache, welche Stellung die Zeitungen unter den gegebenen Verhältnissen einnehmen müßten. Man hatte sich über alle wirtschaftlichen und politischen Gegensätze hinweg zusammengefunden und damit war zum erstenmal der Versuch unternommen, in schwerster Zeit die Idee einer überparteilichen Arbeitsgemeinschaft zwischen Verlegern und Redakteuren zu verwirklichen.

Wenn auch diese erste heimliche Zusammenkunft keine greifbaren Resultate zeitigen konnte, so hatte die Aussprache doch bei allen Beteiligten die Ueberzeugung bekräftigt, daß es nur bei einem einheitlichen Zusammengehen der Zeitungen möglich sein würde, den kommenden Schwierigkeiten erfolgreich zu begegnen.

Nicht lange nach dieser Zusammenkunft wurde ich als damaliger Vorsitzender der pfälzischen Verleger nach Landau befohlen, wo mir vor einem Gremium von 5 Offizieren eröffnet wurde, daß das besetzte Gebiet mehr und mehr vom Reich abgeschlossen würde, denn die Brücke werde voraussichtlich dauernd gesperrt bleiben. Die Zeitungen der Pfalz hätten sich den neuen Verhältnissen anzupassen und müßten sich insbesondere darauf einstellen, das von ihnen benötigte Papier und die sonstigen Materialien aus Frankreich zu beziehen, wie sie sich ferner angesichts der Unterbindung der Nachrichten-Uebermittlung aus dem deutschen Gebiet darauf einzurichten hätten, ihr Nachrichtenmaterial über Paris, Metz und Straßburg zu empfangen.

Im Laufe dieser Verhandlungen legte mir der leitende Offizier einen Zeitungs-Ausschnitt vor und forderte mich auf, den Artikel zu lesen, wobei er zugleich die Frage stellte, ob die Zeitungen des besetzten Gebietes bereit sein würden, derartige Artikel auf Verlangen der Besatzungsbehörde zu veröffentlichen.

Ich las den Artikel mit aller Umständlichkeit um Zeit zur Antwort zu gewinnen. Es war ein Bericht über die Rede eines französischen Deputierten, der in der Kammer in abfälliger Weise über das Verhalten der deutschen Soldaten im Kriege gesprochen hatte.

Es handelte sich um eine der üblichen maßlosen und hetzerischen Verleumdungen, mit denen die Presse der Welt während des ganzen Krieges versorgt wurde, um die Stimmung gegen Deutschland zu schüren. Während ich las, überlegte ich, was ich antworten sollte, bis schließlich der Offizier zu drängen begann:

„Haben Sie den Artikel endlich gelesen? Was haben Sie dazu zu sagen?"

Ich erklärte darauf, daß der Artikel nicht der Wahrheit entspräche und daß

Ich war inzwischen innerlich ruhig geworden, war mir auch des Ernstes der Situation vollkommen bewußt. Insbesondere war mir klar, daß meine Antwort das Verhalten der Besatzungsbehörde gegen die Zeitungen des besetzten Gebietes wesentlich bestimmen würde, und daß ich in diesem Moment das Ansehen der Gesamtheit der deutschen Zeitungen zu wahren hatte.

So stand ich denn langsam auf und sagte ruhig: „Ich habe eine außerordentlich große

Cercle
de
Ludwigshafen

Ludwigshafen, le 10 Decembre 1919

Recommandé!

No.

4289

Le Capitaine CHABET, Officier des affaires civiles du cercle,
à Monsieur le Directeur de la Pfälzische Rundschau,
LUDWIGSHAFEN

Le journal " PFAELZISCHE RUNDSCHAU "
est interdit pendant une période de 10 jours, du 10 Décembre
inclus au 19 Décembre inclus.

E. Laber

10 DEC 19..

Verbot der Pfälzischen Rundschau auf 10 Tage.

daher die deutschen Zeitungen es ablehnen würden, ihn abzudrucken.

In großer Erregung sprang der leitende Offizier auf — auch die übrigen Offiziere erhoben sich — dann wurde mir in scharfem Tone die Frage gestellt:

„Wollen Sie damit sagen, daß der Deputierte die Unwahrheit gesagt hat?"

Ich erwiderte, daß es mir nicht zukäme, an dem guten Glauben des Deputierten zu zweifeln, daß aber seine Informationen unrichtig seien, und daß ich daher an meiner Anschauung festhalten müßte.

Diese Erwiderung steigerte die Erregung der Offiziere, die nunmehr eine endgültige Erklärung darüber forderten, wo ich hinauswollte.

Anzahl von Freunden und Bekannten im Felde, die als Offiziere und Soldaten draußen ihre Pflicht getan haben; und wenn ich an alle diese Freunde und Bekannte jetzt denke, so kann ich Ihnen die Versicherung geben, daß kein einziger von all diesen etwas getan hat, was irgendwie eine Kritik zu scheuen hätte. Das ist meine Ueberzeugung und deshalb halte ich den Artikel in seinem Inhalt für unwahr."

Diese einfache Erklärung machte sichtlich Eindruck, denn der Offizier ließ mir durch den Dolmetscher die Erklärung geben, es habe ihm ferngelegen, meinen Bekanntenkreis beleidigen zu wollen.

Ich erwiderte, daß ich ihm für die Anerkennung meines Freundeskreises dankbar sei und fügte gleich hinzu, daß ebenso wie ich Tausende von Deutschen aus gleicher Ueberzeugung für ihre Freunde und Bekannten einstehen könnten, und daß jeder von ihnen das in dem Artikel abgegebene Urteil für falsch erklären würde. Darauf ging der Offizier jedoch nicht mehr ein. Er nahm wieder seinen Platz ein und neuerdings wurde mir nochmals die Eröffnung gemacht, daß die Pfalz und folglich auch die pfälzischen Zeitungen von allem Verkehr mit der Außenwelt abgeschnitten würden, und ich wurde beauftragt, der pfälzischen Verlegerschaft von diesem Stand der Dinge Kenntnis zu geben.

Damit war die Unterredung im wesentlichen beendet, doch ist mir noch eine kleine Episode im Gedächtnis haften geblieben, über die ich hier noch berichten möchte. Auf dem Tisch lag ein Buch von dem sattsam bekannten F. W. Förster und einer der jungen Offiziere fragte mich, ob mir dieses Buch bekannt sei. Ich erwiderte: „Ich kenne es wohl, aber ich habe es mir erspart, es zu lesen, und ich glaube, im umgekehrten Falle würden Sie nicht anders gehandelt haben."

Das war die erste Unterredung, die ich in meiner Eigenschaft als Vorsitzender der pfälzischen Verleger mit der Besatzungsbehörde hatte.

Ich zog daraus die Konsequenzen und fuhr nach Berlin, um mit der Berliner Zentrale des Verleger-Vereins die Sachlage zu besprechen. Damals stand die Beschaffung von Zeitungspapier noch unter dem Zeichen der Kriegswirtschaft. Es gelang mir jedoch unter Hinweis auf die eben wiedergegebene Unterredung zu erreichen, daß den pfälzischen Zeitungen große Mengen Druckpapier zur Verfügung gestellt wurden, um es ihnen zu ermöglichen, trotz der Absperrung längere Zeit durchzuhalten.

Bezüglich der Nachrichten-Uebermittlung ergaben sich durch die eingangs bereits erwähnte Sperrung des Telephon- und Postverkehrs mit dem unbesetzten Gebiet sehr große Schwierigkeiten. Es mußten alle möglichen Maßnahmen getroffen werden, um wenigstens die wichtigsten Nachrichten hereinzubekommen. So hatten wir während einiger Wochen Mittel und Wege gefunden, um täglich einige Zeitungen aus dem unbesetzten Gebiet herüberzubekommen, denen wir die Nachrichten entnahmen und unverzüglich an pfälzische Zeitungen weitergaben.

Cercle
de
Ludwigshafen

Ludwigshafen, le 9 Décembre 1919

No. 4286 Le Capitaine CHABET, Officier des affaires civiles du cercle,
----

A Monsieur le Directeur de la Pfälzische Rundschau,

LUDWIGSHAFEN

La vente du No. 289 du 10.XII.1919 de votre journal est interdite.

Der Verkauf der Pfälzischen Rundschau zum 10. XII. 1919 wird verboten.

Selbstverständlich mußte diese Weitergabe in aller Heimlichkeit geschehen, wie alle Maßnahmen, die sich gegen die Anordnungen der Besatzungsbehörde richteten. Zu welchen Mitteln dabei gelegentlich gegriffen werden mußte, zeigt die Tatsache, daß zu späterer Zeit, als wieder einmal Schwierigkeiten in der Nachrichten-Uebermittlung zu überwinden waren, von unserem Betrieb aus Motorrad-Fahrer bei Nacht und Nebel pfälzischen Zeitungen Nachrichtenmaterial überbrachten, wobei sich sowohl die Uebermittler wie die Verbreiter der Nachrichten nicht geringen Gefahren aussetzten.

Zu einer direkten Beeinflussung der Zeitungen durch die Besatzungsmacht kam es in der ersten Zeit nicht. Die Verhältnisse spitzten sich erst nach und nach zu und zwar begannen die Franzosen zunächst in der Westpfalz auf die Zeitungen Druck auszuüben und sie zur Veröffentlichung von gewissen Nachrichten zu zwingen. Allmählich verschärfte sich dieser Druck und bald gingen die Besatzungsbehörden auch in der Nordpfalz dazu über, die Presse nach ihrem Willen zu beeinflussen. Sie verfuhren dabei in recht eigentümlicher Weise. Den Zeitungen wurde nämlich bekanntgegeben, daß die seitens der Franzosen den Redaktionen zugeleiteten Nachrichten, sofern sie die Chiffre A trügen, unbedingt aufzunehmen seien, während es bei den mit B gekennzeichneten Nachrichten in das Belieben der Redaktion gestellt bleiben sollte, ob sie diese Artikel aufnehmen wollte oder nicht. Wirklich freigestellt war damit der Abdruck dieser Nachrichten freilich nicht, denn in einer Fußnote war der eben zitierten Bestimmung hinzugefügt, daß jede Ablehnung auch der mit B bezeichneten Nachrichten als feindliche Haltung betrachtet würde.

Praktisch mußten derartige Bestimmungen natürlich zu unerträglichen Zuständen führen, und da dadurch die Lage immer schwieriger wurde, fühlte ich mich in meiner Eigenschaft als Vorsitzender der pfälzischen Verleger veranlaßt, den Versuch zu machen, bei der Besatzungsbehörde eine Erleichterung für die pfälzischen Zeitungen zu erreichen. Ich schrieb zu diesem Zwecke an den General Gérard einen Brief, dessen Zweck und Inhalt nach vorausgegangener Aussprache von den deutschen Behörden gebilligt worden war.

Etwa 14 Tage später wurde ich daraufhin von Landau aus angerufen und ein Offizier ersuchte mich in höflicher Weise, mich am folgenden Tage in Landau in der und der Straße, in dem und dem Hause einzufinden. Zunächst mußte ich annehmen, daß bei General Gérard eine Aussprache stattfinden sollte. Als ich aber nach Landau kam, wurde ich mir bald darüber klar, daß die Adresse, die mir angegeben worden war, dieselbe wie bei der ersten Unterredung war, ja, daß ich sogar auf dasselbe Büro bestellt war.

Ich wußte daher im Voraus, daß es nicht zu einer ruhigen Aussprache kommen würde, sondern daß man meinen Brief als unbequeme Auflehnung empfunden hatte und daher sehr wahrscheinlich gegen mich persönlich vorgehen wollte.

Ich trat also in dasselbe Zimmer wie damals ein und wieder waren es fünf Offiziere, wie bei der ersten Unterredung. Ehe irgendein Wort gewechselt war, trat der verhandlungsleitende Offizier mit energischen Schritten auf mich zu und fragte:

„Haben Sie den Vorsitz der pfälzischen Verleger?" Ich bejahte.

„Haben Sie an den General Gérard einen Brief geschrieben?"

„Jawohl!"

„Sind Ihnen die Anordnungen bekannt, die für die Zeitungen ausgegeben worden sind?" (Gemeint sind jene Bestimmungen über die mit A und B bezeichneten Nachrichten.)

„Jawohl!"

Darauf erwiderte der Offizier brüsk: „Sie sind demnach ein Lügner".

Man wird sich meine Situation bei diesem mir ganz unverständlichen und beleidigenden Ausfall vorstellen können.

Empört erwiderte ich in scharfem Ton: „Ich bin kein Lügner", erhielt aber zur Antwort: „Wir haben keine Zeit zur persönlichen Unterhaltung!"

Gleichzeitig las er aus einem Exemplar der „Frankfurter Zeitung", das er in der Hand gehalten hatte, einen Artikel vor, der in seinem Inhalt gegen die Besatzungsmächte gerichtet war. Er schloß dabei mit den Worten: „Das haben Sie geschrieben". Ich wies auch diese Behauptung zurück, bekam jedoch nochmals zu hören, daß jetzt keine Zeit zur Unterhaltung sei, worauf er mir sofort die folgende Eröffnung machte:

„Wir kennen Sie als einen uns feindlich gesinnten Einwohner und werden deshalb Ihren Namen an die Spitze der Geisel-Liste stellen; wir werden Ihnen und den Redakteuren Ihrer Zeitung die Pässe entziehen. Wir werden uns überlegen, ob wir Sie ausweisen. Außerdem machen wir Sie darauf aufmerksam, daß wir Sie persönlich für alles haftbar machen, was im nicht-besetzten Gebiet gedruckt wird."

Er schwieg, und ich erwiderte sofort: „Darf ich jetzt endlich etwas zur Erwiderung sagen?" Darauf wurde mir zum drittenmale erklärt, daß jetzt keine Zeit zur Unterhaltung sei.

Ich weiß heute nicht mehr, wie ich den Raum verließ. Meine Verfassung kann ich unmöglich schildern. Ich weiß nur noch, daß ich meinen Kollegen, Herrn Kaußler, den Verleger des „Landauer Anzeiger" aufsuchte und ihm das Vorgefallene erzählte; auch er war entrüstet über diese unwürdige Behandlungsweise.

Erst nachträglich wurde mir klar, worauf sich die Beschimpfung als Lügner allein beziehen konnte. Jene Verfügung, die ich vorhin erwähnt habe, und derzufolge die mit B gekennzeichneten Nachrichten abgedruckt oder auch beiseite gelassen werden konnten, während der Nichtabdruck für eine feindselige Handlung erklärt wurde, war schriftlich nur drei oder hafener französische Ortsbehörde, die damals unter der Leitung des Obersten Henry stand, weigerte sich, den Brief weiterzugeben, nicht weil inhaltlich etwas daran auszusetzen gewesen wäre, sondern weil die Tatsache, daß drei Unterschriften unter diesem Brief standen, ein Verfahren des französischen Kriegsgerichtes wegen Komplotts zur Folge gehabt hätte.

Unter diesen Umständen mußte ich mir leider die Weiterführung der Beschwerde versagen.

Inzwischen waren gemäß der bereits erwähnten Androhung unseren Redakteuren und

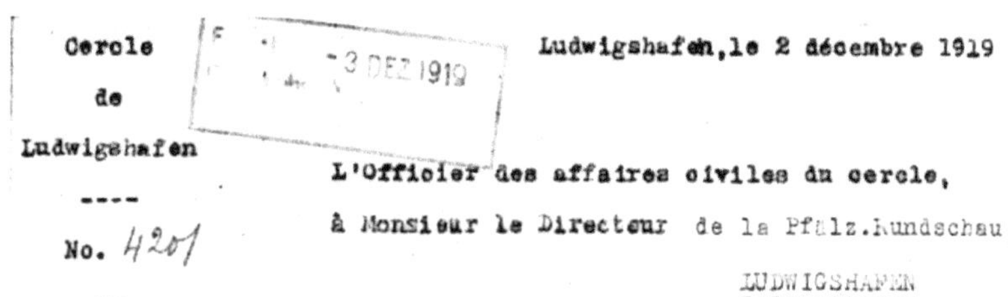

Cercle de Ludwigshafen

No. 4201

Ludwigshafen, le 2 décembre 1919

L'Officier des affaires civiles du cercle,

à Monsieur le Directeur de la Pfälz.Rundschau,

LUDWIGSHAFEN

Von jetzt ab haben die Ihnen zum Einrücken überreichten Artikel auf der ersten Seite Ihres Blattes zu erscheinen.

Es bleibt Ihnen anheim gestellt, diese Mitteilung unter der Ueberschrift

" Veröffentlichung der französischen Militärbehörde "

erscheinen zu lassen.

E. Laber

vier Zeitungen zugegangen. Bei den meisten Zeitungen hatten die Franzosen es vorgezogen, mündliche Anordnungen zu treffen. Offenbar war es dem Offizier nicht bekannt, daß wir selbst eine schriftliche Anordnung des zitierten Wortlautes erhalten hatten.

Als mir das klar geworden war, entschloß ich mich, in einem Brief Beschwerde zu führen wegen beleidigender Behandlung. Ich schrieb nur kurz den Sachverhalt nieder und bat, um die Richtigkeit meiner Behauptung durch Zeugen zu erhärten, zwei Redakteure, nämlich die Herren Steffen und Zehfuß, diesen Brief mitzuunterschreiben. Beide Herren kamen dieser Aufforderung bereitwilligst nach, wofür ich ihnen noch heute dankbar bin. Der Brief erreichte aber sein Ziel nicht, denn die Ludwigs- mir persönlich die Pässe entzogen worden, und wir waren monatelang dem direkten Zugriff der Militärbehörde ausgesetzt, weil wir keinerlei Gelegenheit hatten, über die Grenzen des Ludwigshafener Stadtgebietes hinauszukommen.

Das sind ein paar persönliche Erinnerungen aus den ersten Wochen und Monaten jener bewegten Zeit, die deshalb so schwer auf unserem Lande lasteten, weil das Volk der Besatzung noch ungewohnt war und die Abwehrkräfte sich erst einspielen mußten. Aber größer als alle Not und Bedrohung war damals wie späterhin der feste Wille unseres Pfälzer Volkes in allen seinen Ständen und Schichten, sich gegen Gewalt und Bedrückung zur Wehr zu setzen und sich das Recht auf Deutschtum und Heimat niemals nehmen zu lassen.

Eine Besatzungsmacht, die sich für Jahre einrichtet im besetzten Land zu bleiben, legt sofort großen Wert auf die Beherrschung der Presse wegen der Meinungsbildung, der Post wegen der Kommunikation und der Eisenbahn wegen des Transportes von Gütern, Truppen und Nachschub. Hier ein Artikel vom Reichsbahndirektionspräsidenten Wilhelm Lieberich über die unglaublichen Übergriffe und Vorkommnisse rund um die Eisenbahn und Eisenbahner.

Besatzung und Eisenbahn.

Von Wilhelm Lieberich, Reichsbahndirektionspräsident a. D.

Wenn ich heute, nach fast 12 Jahren, zurückblicke auf die Besatzungszeit, so will sie mir erscheinen wie ein *wüster Traum*. Nur Einzelheiten heben sich ab aus dem Grau der allgemeinen Trostlosigkeit, die ich zu schildern versuchen will, ohne aber dafür einstehen zu können, ob mir nicht hie und da Irrtümer und Verwechslungen unterlaufen werden.

Bei der den Gegnern wohl bekannten Wichtigkeit der Eisenbahn für die Beförderung und Verpflegung der Truppen mußte man damit rechnen, daß wir in besonders strenge *Ueberwachung* genommen werden würden. Diese Empfindung wurde noch verstärkt durch die *Verhandlung von Abgeordneten der Eisenbahndirektionen* des Rheinlandes — Köln, Mainz, Ludwigshafen und Saarbrücken — vor dem Einmarsch mit Vertretern der Entente, wobei unsere Abgeordneten in einem Fort von *Nancy* als *Gefangene* behandelt wurden.

Am 6. Dezember 1918 trafen unter Führung des damaligen Vorstandes der CICFC (Commission interalliée des Chemins de Fer de Campagne) Oberstleutnant Guitry in Begleitung des deutschen Delegierten der Eisenbahnverwaltung (Deleis) Geheimen Oberregierungsrates Dr. Stapff vom Preußischen Eisenbahnministerium eine Anzahl von Offizieren der Entente (Franzosen, Belgier, Engländer, Amerikaner, Italiener) in Ludwigshafen ein. Im Sitzungssaal der Eisenbahndirektion saßen wir am langen Verhandlungstisch einander gegenüber. Jeder der Offiziere hatte vor sich eine *Reitpeitsche* quer über den Tisch gelegt, ein treffendes Bild des Geistes, in dem die „Verhandlung" geführt werden sollte. Es wurde uns mitgeteilt, wir seien *requiriert* für den Dienst der Besatzung. Eine Entfernung vom Dienste bedeute *Kriegsgericht*. Der Verkehr nach Osten sei gesperrt (Vous êtes barrés) im Innern und im besetzten Gebiet frei. Es werde sofort im Direktionsgebäude eine *Unterkommission* der CICFC errichtet etc. Alle Mitteilungen erfolgten in brutalem, wegwerfendem Tone. Auch die späteren Besprechungen in Trier, dem damaligen Sitze der CICFC, wozu die Präsidenten der Eisenbahndirektionen des besetzten Gebietes entboten wurden, waren auf das gallische „Vae victis" gestimmt, solange der genannte Herr an der Spitze stand.

Dagegen muß ich feststellen, daß die drei *Vorstände der Unterkommission in Ludwigshafen*, mit denen ich zu arbeiten hatte, bestrebt waren, ihr Amt in humaner, rücksichtsvoller Weise zu führen. Mit keinem dieser Herren hatte ich einen persönlich unangenehmen Zusammenstoß.

Die Unterkommission mit ihrem zahlreichen Personal nahm einen großen Teil der Diensträume im Erdgeschoße des Direktionsgebäudes in Anspruch. Die zugeteilten Ordonnanzen und Wachen machten Toilette im Hausgang.

Neben der Unterkommission waren weitere, technische *Sektionen* gebildet, die alle Meldungen der verschiedensten Art namentlich statistische Angaben, verlangten über alle möglichen und unmöglichen Dinge, die eine schwere Belastung aller Referate bedeuteten. Auf eine Frage, was denn eine neuerliche Meldung eigentlich bezwecke, erwiderte der betreffende Offizier achselzuckend „Du papier".

Aber abgesehen von diesen Belästigungen und dem seelischen Druck, den die ständige Anwesenheit zahlreichen französischen Personals bedeutete, konnte man in der Direktion ruhig und ungestört arbeiten. Allerdings führte die Anordnung, daß *alle Versetzungen und Ernennungen* von der Rheinlandkommission *genehmigt* werden müßten, bei dem stets regen Mißtrauen der Franzosen zu endlosen *Schreibereien*. Störend war auch die Bestimmung, daß die Präsidenten und ihre Stellvertreter den Dienstsitz nur mit Genehmigung der Unterkommission *verlassen* durften, weil damit alle Dienstreisen, selbst im eigenen Bezirk, naturgemäß aufhören mußten.

Aber der äußere Dienst unterlag weit größeren Störungen.

Nach den Bestimmungen des Waffenstillstandes und des Friedensvertrages mußten mehr als 3000 *Lokomotiven* und mehr als 60000 *Wagen* ausgeliefert werden. Dies traf das *pfälzische Netz* deshalb besonders schwer, weil unsere an sich knappen Bestände an schweren Lokomotiven durch die überaus starken Anforderungen während des Krieges — vier Etappenlinien — sehr stark mitgenommen waren. Die Franzosen übernahmen nur tadelloses Material und wiesen alles, was irgendwie zu beanstanden war, schonungslos zurück. Unsere schönen Maschinen standen dann großen Teils auf französischen Stationen und verrosteten. Für den französischen Oberbau waren sie zu schwer. Aber uns fehlten sie und das war beabsichtigt. Als später der Verkehr sich wieder belebte und die Anforderung der Besatzung an Militär- und Urlauberzügen sich immer mehr steigerte, mußte man uns eine traf namentlich das Zugpersonal auf dem Wege vom und zum Dienst. Die Leute wurden von den Patrouillen angehalten, belästigt, bedroht und auch mißhandelt. Es wurden dann gestempelte Armbinden, später auch Personalausweise für das Eisenbahnpersonal eingeführt.

Was Uniform, wenn auch nur Dienstmütze, trug, mußte die französischen Offiziere und Flaggen grüßen. Versäumnisse oder Verlust der Ausweise wurden streng bestraft.

Personal der Regiebahn

Reihe dieser Maschinen leihweise wieder zur Verfügung stellen, weil wir einfach nicht nachkamen. Wir zahlten dann Leihgeld für unsere Maschinen.

Schlimm sah es auf den Stationen aus. Ueberall erschienen französische Feldeisenbahner in militärischer Begleitung, beschlagnahmten Diensträume und Wartesäle und machten sich namentlich auf den Stellwerken zu schaffen. Viel hatten sie hierbei nicht gelernt, wie sich später herausstellte.

Die am Anfang der Besatzungszeit verfügte Sperre des Straßenverkehrs in den Stunden der Nachtzeit — 9 Uhr bis 5 oder 6 Uhr —

In allen Zügen fuhren französische Begleiter mit, selbst auf den Lokomotiven war französisches Personal zugeteilt, das sich Streckenkenntnis verschaffen wollte. Dabei kümmerten die Franzosen sich durchaus nicht um die Ordnungsvorschriften und das deutsche Personal durfte niemand beanstanden, nicht einmal einen Namen feststellen. Zuwiderhandelnde sollten nur möglichst genau beschrieben werden. Die Züge kamen auf den Bestimmungsstationen oft in einem unglaublichen Zustand der Beschmutzung an, was zu neuen Vorwürfen führte gegen das machtlose deutsche Personal.

Das Streckenpersonal vollends war vogelfrei. Aus den Zügen wurden die Leute mit leeren Flaschen, Konservenbüchsen etc. beworfen, gelegentlich auch einmal angeschossen. Namentlich auch von wildernden Soldaten, die auf den Bahnkörpern Schlingen legten.

Die französischen Soldaten überstiegen die Abschrankung, liefen durch die Bahnhöfe und über die Gleise, öffneten die Schlagbäume auch an Wegeüberführungen, um ihren Autos Durchfahrt zu geben. Natürlich ging das nicht immer ab ohne Unfälle, wobei dann ein deutscher Sündenbock gefunden werden mußte. Bei den vielfachen Ausschreitungen gegen unser Personal aber war fast nie der Schuldige festzustellen.

Für in den Bahnhöfen befindliche Weinsendungen zeigten die Soldaten, auch die Wachmannschaften, großes Interesse, nicht zu deren Vorteil.

Die Beflaggung der Bahnhöfe mit deutschen Fahnen war verboten. Dagegen wurden wir gezwungen, anläßlich des Besuches des Marschalls Foch in Landau, binnen 24 Stunden aus vorhandenen deutschen Flaggen solche in französischen Farben herzustellen und den Bahnhof damit zu schmücken. Die Eisenbahnbeamten mußten dem Empfang beiwohnen, wurden in einem Büro gesammelt, geschlossen vorgeführt und vor der Front der Ehrenkompagnie aufgestellt und photographiert. Es wurde dann in Frankreich ein Film verbreitet „Die deutschen Beamten beim Empfang des Marschalls Foch".

Besonders beschäftigte die Besatzungsbehörden die Besorgnis vor Arbeitsniederlegung des Eisenbahnpersonals. Wiederholt wurde bekannt gegeben, daß im Streikfalle nicht nur die Streikenden vor das Kriegsgericht gestellt werden würden, sondern daß auch alle Vorgesetzten bei eigener Verantwortung verpflichtet seien, mit allen Mitteln Streik zu verhüten und von drohenden Arbeitsstörungen sofort und persönlich Anzeige zu machen. Das war keine leere Drohung. Der Präsident der Eisenbahndirektion Saarbrücken wurde aus solchem Anlaß mit längerem Zimmerarrest bestraft und ein Referent meiner Direktion, der in Abwesenheit des Präsidenten und seines Stellvertreters als dienstältester höherer Beamter von einem Streik in den Werkstätten schriftlich Anzeige machte, anstatt persönlich bei der Unterkommission zu erscheinen, wurde mit viertägigem strengen Arrest belegt, der dann aber in strengen Verweis umgewandelt wurde.

Tatsächlich traten auch namentlich die Arbeiter der Haupt- und Betriebswerkstätten wiederholt in Streik. Die Anlässe waren teils politischer Natur — Aufhebung des Achtstundentages, grobe Ausschreitung der Besatzung, Verhaftung von Arbeitervertretern oder Betriebsratsmitgliedern — teils hatten sie wirtschaftliche Gründe — zunehmende Teuerung, bezw. Geldentwertung, Ausverkauf im Westen —, daß es einmal zu einer Kriegsgerichtsverhandlung deshalb gekommen wäre, kann ich mich aber nicht entsinnen.

Mit dem Inkrafttreten des Friedensvertrages traten Erleichterungen ein. Das Personal galt nicht mehr als requiriert, die Armbinden verschwanden und damit die Grußpflicht. Die Meldungen wurden in ein bestimmtes System gebracht, machten aber noch überflüssige Arbeit genug.

Infolge Bildung eines besonderen Saargebiets wurde die bisherige Bau- und Betriebsinspektion Homburg von der pfälzischen Eisenbahndirektion abgetrennt. Für die Einrichtung einer besonderen Eisenbahndirektion für dieses Gebiet wurden unerquickliche Verhandlungen mit der CICFC geführt, da nach deutscher Meinung unangemessene Personalanforderungen gestellt wurden. Doch traten auch zur Wahrung des deutschen Charakters dieser Stelle einige höhere Beamte meiner Direktion freiwillig über. Später wollte man dann eine große Anzahl von Beamten und Arbeitern wieder abstoßen.

Im Juni 1920 entstand, als ich eben in Urlaub gegangen war, wieder ein politischer Streik des Werkstättepersonals in Ludwigshafen, wobei die Unterkommission plötzlich die Requisition des gesamten Personals verfügte. Mein Stellvertreter, Herr Oberregierungsrat Staby, erhob Protest gegen die nach Friedensvertrag und Rheinlandabkommen nicht begründete Requisition. Darauf wurde eine Untersuchung gegen diesen Herrn eingeleitet und, obwohl er die Anklagepunkte zu widerlegen im Stande war, seine Versetzung aus dem Bereich der pfälzischen Eisenbahndirektion verfügt. Herr Staby wurde dann als Ministerialrat nach München berufen.

Im Jahre 1921 oder 1922 begann man Minenkammern in den Tunnels auszusprengen, was zur Störung des Verkehrs und Beunruhigung des Personals und des Publikums führte. Auch die Minenkammern in den festen Rheinbrücken erhielten Sprengstoffladung.

Mit Zuspitzung der politischen Lage im Herbst 1922 trafen immer größere Abteilungen französischer Eisenbahnbeamten, in Uniform gesteckt in der Pfalz ein, deren Unterbringung in Diensträumen große Schwierigkeit machte. Sie besetzten Bahnhöfe und Stellwerke, fuhren auf Lokomotiven mit etc. Es handelte sich augenscheinlich darum, die Leute für bestimmte Zwecke in den Dienst einzuführen.

Am 11. Januar 1923 erfolgt der Ruhreinbruch.

Die Reichsregierung stellte sofort die Wiedergutmachungskohlenzüge ein und verbot dem Personal des besetzten Gebietes Weisungen der Besatzungsbehörden Folge zu leisten, die im Widerspruch stünden mit dem Rheinlandabkommen.

Ende Januar kamen neue große Transporte von französischen Eisenbahnern in die Pfalz und auf die Stationen, was trotz gegenteiliger Zusicherungen zu erheblichen Dienststörungen führte.

In der Frühe des 30. Januar 1923 verlangte der Vorstand der Unterkommission, Oberst de Prémare, meinen Besuch. Er begann mit allerhand Lobsprüchen über meine Person und Dienstführung und fuhr fort, ich müsse ihm einen Gefallen erweisen, ihm nämlich Kohlenwagen stellen behufs Entladung von Kohlenschiffen. Auf meine Frage, wohin die Kohlen bestimmt seien, gab er ausweichende Antworten. Ich erklärte hierauf, die Kohlen seien jedenfalls für Frankreich bestimmt und für solche Sendungen würde ich ihm keinen Wagen stellen, da mir dies von meiner Regierung verboten sei. Er erwiderte, die Bahnen seien beschlagnahmt, die deutsche Regierung habe nichts zu befehlen und machte mich aufmerksam auf die Folgen meiner Weigerung.

Deutsche Propaganda-Postkarte, verbreitet während des passiven Widerstandes

Deutschland werde nichts für mich tun, ich wäre sur le pave, dagegen sei Frankreich dankbar für ihm geleistete Dienste. Er frug, ob ich gleichwohl auf meiner Weigerung beharre, und als ich dies selbstverständlich bejahte, erwiderte er, dann habe er mir nichts mehr zu sagen, ich möge im Nebenzimmer das weitere abwarten. Ich war verhaftet.

Im Nebenzimmer saß der Adjutant, ein Major. Er war sehr nett, frug, ob ich etwas zum Lesen wünsche und gab mir eine französische Uebersetzung Shakespeare-Dramen. Aufs Geratewohl aufschlagend, traf ich auf: „Bien de bruit pour rien" (Viel Lärm um nichts). Ich versuchte zu lesen, soweit ich meine Gedanken zwingen konnte. Bald erschien der Oberst in Begleitung eines französischen Feldgendarmen. Ich wiederholte meine Weigerung, die zu Protokoll genommen wurde. Oberst de Prémare sagte dann, ich sei nicht mehr Präsident, ich könne in meine Wohnung gehen, müsse mich dort aber zu seiner Verfügung halten und dürfe mit den Herren meiner Direktion nicht sprechen. Ich mußte ihm das Recht zu dieser Maßregel bestreiten, der Gewalt konnte ich nicht widerstehen. Als ich das Direktionsgebäude verlassen wollte, standen Posten mit aufgepflanztem Seitengewehr an allen Ausgängen und der Adjutant mußte mich bis zur Tür begleiten.

Ich ging nach Hause, packte meinen Koffer und war erstaunt, daß zunächst nichts weiter geschah und noch mehr, als nachmittags um 3 Uhr der Oberst meinen Besuch wünschte. Nach einigen ziemlich belanglosen Bemerkungen überreichte er mir den Schlüssel zu meinem Arbeitszimmer mit dem Beifügen, ich könne auf mein Büro gehen und arbeiten, auch mit meinen Herren in Verbindung treten. Ich versuchte mit einigen meiner Referenten telephonisch zu sprechen, erhielt aber keine Antwort und erfuhr nun erst, was sich nach meiner Verhaftung ereignet hatte. Die Unterkommission hatte allen Herren den Entwurf einer schriftlichen Erklärung zustellen lassen, daß sie bereit seien, den Befehlen der Militärbehörde zu gehorchen. Alle Herren mit Ausnahme eines der Direktion s. Zt. überwiesenen höheren Beamten der vormaligen Generaldirektion in Straßburg hatten die Unterschrift natürlich verweigert und waren aus dem Direktionsgebäude ausgewiesen worden. Weiter erfuhr ich, daß die Herren im Stadthause Nord zur Beratung versammelt waren. Ich traf dort — die Posten waren inzwischen verschwunden — eine Abordnung aus höheren und mittleren Beamten, Arbeiter- und Organisationsvertretern im Begriffe, bei Oberst de Prémare Protest einzulegen gegen sein Vorgehen. Nach kurzer Zeit kam die Abordnung zurück mit dem Bescheid, es sei alles widerrufen und als nicht geschehen — „comme non avenu" — zu betrachten. Die Herren könnten die Arbeit wieder aufnehmen.

Es war in der Tat viel Lärm um nichts gewesen.

Am nächsten Tage hatte ich die Vorstände aller Inspektionen zu einer Sitzung berufen. Ich bemerkte hierbei: „Das war die Hauptprobe, sie hat nicht geklappt, aber das Stück wird gespielt."

Das Reichsverkehrsministerium hatte für das Verhalten des Eisenbahnpersonals Richtlinien herausgegeben, die darin gipfelten: Jede Zusammenarbeit mit fremdem Personal auf deutschen Strecken ist verboten. Züge, die von solchem Personal auf deutschen Strecken zu befördern versucht werden sollten, sind mit allen ordnungsmäßigen Mitteln zum Halten zu bringen. Der Betrieb ist aber im Interesse der Bevölkerung und der Industrie möglichst lange in der Hand zu behalten.

Auf die Kunde meiner Verhaftung hatte man im Bezirk der Eisenbahndirektion Mainz — der Präsident dieser Direktion sollte, gleich mir, am 1. April 1923 in Pension gehen und hatte deshalb ab 1. Januar Urlaub genommen — die Arbeit niedergelegt. Damit hörte der direkte Verkehr nach diesem Bezirke auf, was nicht in der Absicht der Reichsregierung gelegen hatte, die den passiven Widerstand nicht starr, sondern elastisch haben wollte. Wir fuhren nur noch Pendelzüge ab Ludwigshafen bis Bobenheim. Der Verkehr im übrigen Gebiet lief regelmäßig. Dagegen richteten nun die Franzosen einen „wilden" Betrieb ein, ohne Signale, ohne Weichenstellung etc. Das auf Posten befindliche deutsche Personal griff doch manchmal ein, um Unglück zu verhüten.

Die Arbeit in der Direktion beschränkte sich nun in der Hauptsache auf Dauersitzungen mit Vertretern des mittleren Personals, der Arbeiter und Organisationen. Die Anforderungen der Unterkommission wegen Beförderung von Zügen oder einzelnen Wagen nach dem Bezirke Mainz wurden besprochen und der Unterkommission Bescheid gegeben. Am 6. Februar wurde ein neuer Requisitionsbefehl des Generals Degoutte angeschlagen. Ich erklärte der Unterkommission, daß wir nur nach dem deutschen Befehl weiterarbeiteten und daß dies nicht als Unterwerfung unter die Requisition angesehen werden dürfe und gab dem Personal gleiche Weisung.

Am 7. Februar, vormittags ½6 Uhr, erschienen vier französische Polizisten in Zivil in meiner Wohnung und verlangten mich zu sprechen. Ich sei ausgewiesen und habe ihnen zu folgen. Zu frühstücken erlaubte man mir doch.

Auf dem Polizeibüro im Gesellschaftshause hatte ich noch eine Stunde zu warten, bis man ein Auto besorgt hatte. Dann ging es über die Rheinbrücke und drüben, jenseits des Brückenpostens, stand ich mit meinem Handkoffer auf der offenen Straße. „Vous êtes libre —".

So hatte meine Tätigkeit in Ludwigshafen nach 36½ Jahren ihr Ende gefunden.

Am gleichen Tage folgte mir noch mein Stellvertreter. Wir fanden notdürftige Unterkunft in der Betriebsinspektion Mannheim und durch tägliche weitere Ausweisungen erhöhte sich unser Bestand, wie sich der Bestand der Rumpfdirektion in Ludwigshafen verringerte. Wir suchten die Verbindung mit den noch nicht ausgewiesenen Mitgliedern der Direktion und durch diese mit dem Personal, das auf dem Posten geblieben war, aufrecht zu erhalten und traten später wegen etwaiger amtlicher Verlegung der Direktion nach Mannheim mit der Zweigstelle des Reichsverkehrsministeriums in München ins Benehmen.

Der wilde Betrieb dauerte derweilen fort. Namentlich war den Franzosen darum zu tun, einen direkten Verkehr von Worms nach Weißenburg und Saarbrücken durchzuführen. Das Personal weigerte natürlich die Mitarbeit und die Franzosen suchten behufs Herstellung der Weichenstraßen mit dem Hebeeisen zu erreichen, was sie auf dem Stellwerk nicht fertig brachten. Der übrige Verkehr war ungestört.

Nachdem auch der Vorstand der Betriebsinspektion Ludwigshafen ausgewiesen war, hatte Oberinspektor Gottfried die Geschäfte zu führen. Am 2. März befahlen ihm die Franzosen behufs Durchführungen der Schnellzüge von Worms nach Weißenburg und Saarbrücken nach Paris ein Diensttelegramm zu geben. Gottfried weigerte sich, die Züge gingen wild ab und der letztgenannte geriet in der Station Einsiedlerhof in ein Stumpfgeleis. Dies wurde als Akt der Sabotage erklärt und Oberinspektor Gottfried vom Kriegsgericht zu 20jähriger Zwangsarbeit verurteilt. Der Beamte wurde nach Frankreich, zuletzt nach St. Martin de Ré bei La Rochelle gebracht. Die Behandlung der Gefangenen unter der Bewachung von Marokkanern war niederträchtig, wie es über das Auftreten der Franzosen Wehrlosen gegenüber auch anderswo beobachtet und berichtet wurde und erinnerte an das Mittelalter oder die Zustände in russischen Gefängnissen. Erst am 24. September 1924 wurde Oberinspektor Gottfried entlassen. — Vorher waren seit Beginn der Besatzung schon über 100 Eisenbahnbedienstete zu Gefängnisstrafen von einigen zwanzig Jahren Gesamtdauer verurteilt worden.

Am 2. März besetzten die Franzosen den Hafen in Mannheim. Um nicht etwa verhaftet zu werden, verließen wir in einem schon bereit gehaltenen mit Arbeitsgelegenheiten und Akten ausgestatteten Zuge Mannheim und gingen nach Heidelberg. Zuletzt waren nur noch drei mit der Bearbeitung von Personalangelegenheiten befaßte Referenten im Direktionsgebäude zu Ludwigshafen geduldet worden.

Am 3. März wurde der gesamte Eisenbahnbetrieb in der Pfalz von den Franzosen stillgelegt.

Wir hatten auch in Mannheim ebenso wie zuletzt in Ludwigshafen nur noch in gemeinsamen Sitzungen gearbeitet, wozu schon der uns überlassene ganz unzulängliche Raum zwang. Aber unsere Arbeit verlief in völliger Einigkeit und ich möchte feststellen, daß mir gerade von Seite der Arbeiter hierbei wiederholt Beweise nationalen Empfindens und persönlicher Opferwilligkeit entgegengetragen wurden. Mit dieser erfreulichen und tröstlichen Erinnerung bringe ich meine Ausführungen zum Abschluß.

Ein deutsches Flugblatt, das natürlich illegal während des passiven Widerstandes an die Eisenbahner verteilt wurde.

Eisenbahner der Pfalz!

Auf Eurer Arbeitsstelle steht der französische Kolonialsoldat mit aufgepflanztem Seitengewehr. Das Fahren „wilder Züge" durch militarisierte französische Eisenbahner — mit den Hindernissen für einen geordneten Verkehr, sowie mit den Gefahren für Euer Leben selbst — wird fortgesetzt. — Die Reichsbahndirektion Ludwigshafen hat man geköpft. — **Die Vollstrecker des militärischen, imperialistischen Frankreichs haben die Reichsbahndirektion für aufgelöst erklärt, die leitenden Beamten ausgewiesen.**

Mit größter Rücksichtslosigkeit — unter der Maske der bekannten „Menschenfreundlichkeit" — **soll ein Zustand größter Verwirrung bei den Eisenbahnern geschaffen werden, eine Verwirrung, die der französische Imperialist benötigt um sein Ziel** — nicht die Erlangung der Ruhrkohle, die hatte er ja geliefert bekommen — **sondern die Verelendung des deutschen Volkes zu erreichen.**

Der französische Imperialist will seine Pläne **mit Hilfe des deutschen Bergmanns und Eisenbahners durchsetzen.** Die Mittel, deren die Vollstrecker sich bedienen, um die Träger des Bergbaus und des Verkehrs, also **die Bergleute und Eisenbahner für den mörderischen Zweck zu gewinnen,** sind: **Lockungen, Drohungen, Strafen und Vergewaltigungen.**

Wir sehen diese Schwindler, wie sie mit den höchsten Löhnen dem Personal Versprechungen machen,

während die Arbeitnehmer Frankreichs vom Hunger getrieben selbst in Streiks um auskömmliche Löhne kämpfen müssen.

Siehe Lothringen, Nordfrankreich und die in Franken entlohnten Saarbergleute!

Die **Imperialisten verbieten Versammlungen und drohen mit Kriegsgerichtsstrafen gegen alle, die die Wahrheit reden. —**

Sie weisen die aus,

die ihre gesetzlichen und moralischen Pflichten erfüllen gegenüber Staat und Volk.

Beamte und Arbeiter!

Der Anfang der Eisenbahnerausweisungen in der Pfalz ist gemacht und die Namen der Ausgewiesenen sind uns bekannt. Hart und schwer ist das Los der Verjagten.

Doch ist es ein uns aufgezwungener Kampf, den wir moralisch verpflichtet sind zu führen. Es geht um das Sein des deutschen Volkes, es geht um die sozialen Errungenschaften der deutschen Republik. Es geht um die Ehre des Arbeitnehmers, der sich elementar wehrt, um seine Freiheit gegenüber der Bajonettenherrschaft zu verteidigen. Zeigen wir pfälzischen Eisenbahner, daß wir unsern Mann stehen in diesem uns aufgezwungenen Abwehrkampf. Zeigen wir, daß wir gewillt sind mit wirtschaftlichen Kampfmitteln Widerstand zu leisten, allen Opfern zum Trotz für unser Volk und für die Menschlichkeit.

Der Bund „Freie Pfalz“ versuchte den Pfälzern immer deutlicher eine neutrale pfälzische Republik schmackhaft zu machen.
In der vorliegenden Werbung steht etwas Interessantes „... in letzter Zeit wurde wiederholt versucht, unsere geliebte Heimat, unsere herrliche Pfalz, einem anderen Staat in die Hände zu spielen. Gegen diese Trabereien müssen wir energisch Protest einlegen.“ (mit dem anderen Staat ist Bayern gemeint). „Wir verlangen anstelle einer bayrischen Regierung eine pfälzische Republik.“ (Der pfälzische Kurfürst Carl Theodor war 1777 durch Erbfolge auch Kurfürst von Bayern geworden. Es wurden so beide Länder vereint, die dann von München aus, weil Carl Theodor laut Erbvertrag dorthin umsiedeln musste, regiert wurden.)

Französisches Kanonenboot mit General Gérard im Ludwigshafener Winterhafen

Der von den Franzosen unterstützte Bund „Freie Pfalz“ wurde mit Dr. Haas immer aktiver. Im eigenen Presseorgan erschien am 21. Juni 1919 ein Aufruf, in dem mit Versprechungen, Schreckensszenarien und Drohungen jongliert wurde, um Mitglieder zu gewinnen.

AUFRUF!

Der Bund „Freie Pfalz", dessen Programm der Leser auf Seite 1 lesen kann, bittet alle ehrlichen Pfälzer, den Mut zu fassen und sich frei und offen zu uns zu bekennen. Der Ernst der Zeit erfordert ganze Männer, denn jetzt wird Weltgeschichte ersten Ranges gemacht. Wollen wir Pfälzer diese grausigen Zeiten, die uns bevorstehen, über uns hereinbrechen lassen, ohne uns zu rühren?

Wollen die Männer des Krieges grausigste Zeiten über sich ergehen lassen und in Kriegsgefangenschaft gehen; fort von Weib und Kind, Haus und Hof?

Wollen die Pfälzer Frauen ansehen, dass ihr Liebstes fortgeführt wird und dass ihre Kinder und sie selbst langsam dem Hungertode entgegengehen?

Nein, nein und nochmals nein! Ehrliche Pfälzer wollen das Beste für ihre Heimat. Die Zeit drängt Der Bund „Freie Pfalz" wird alles tun, damit seine Mitglieder vor dem schwersten bewahrt bleiben.

Darum alle Männer und Frauen vom 20. Lebensjahre an, bekundet Euern festen Willen zur „Freien Pfalz" durch schnellsten Beitritt. **Bund „Freie Pfalz".**

Kriegszustand?

Was bedeutet der für Montag abend drohende Kriegszustand? Jeder, der in Frankreich, Belgien, Russland etc. während des Krieges war, kennt diesen Zustand. Es braucht kein Kampf stattzufinden, aber die Kriegsgesetze geben dem Feinde das Recht, alle waffenfähigen Männer in die Gefangenschaft zu führen, alle Gegenstände, deren er bedarf kann er ohne Entschädigung nehmen (Pferde, Kühe, Fahrräder, Autos etc.) alles dieses kann der Feind für seinen Bedarf nehmen. Stilliegen jeglichen Verkehrs, insbesondere ruht für die Zivilbevölkerung jeglicher Eisenbahnverkehr, Requierierung von Lebens- und Futtermitteln. Geld-Kontributionen, die Städten und Dörfern auferlegt werden; alles dieses haben wir in der Pfalz bei eintretendem Kriegszustand zu erwarten.

Wollen wir dieses grosse Unglück über unsere Pfalz kommen lassen? Gibt es einen Weg, der uns davor bewahrt? Ja es gibt einen Weg! Schnellmöglichste Selbständigkeitserklärung der Pfalz kann uns noch retten.

Landau (Eig. Ber.). In Landau wird ein Flugblatt verbreitet, dass soviel Lügen als Gemeinheiten enthält. Unsere Freunde sind ja erhaben, dass sie sich durch so grobe Angriffe nicht beeinflussen lassen, aber der Bildungsgrad und das geistige Niveau dieser Flugblatt-Verfasser und Verbreiter kann nicht besonders hoch sein, denn gerade in politischen Fragen erkennt man am anständigen Ton, wem es heilig um seine Sache ist. Schon das alte Sprichwort sagt: Wer schimpft, hat unrecht!

Der Bund „Freie Pfalz" hat nicht nötig zu schimpfen und unsere Mitglieder besitzen genügend Herzensbildung und Takt, dass ihnen solche Gemeinheiten verpönt sind. Aber unsere Argumente sind so schlagend und treffend, das unseren Gegnern im Kampfe um Wahrheit und Recht der Atem ausgeht; daher greifen sie zu den gemeinsten Mitteln und stellen sich damit mit dem Abschaum der Menschheit auf die gleiche Stufe.

Insbesondere sei aber bemerkt: Auch den Komitee-Mitgliedern der „Freien Pfalz" reißt eines Tages die Geduld und wir kennen diese „Herren" und dann könnten sie Bekanntschaft mit dem Strafrichter machen. **Dies zur Warnung!**

Letzte Nachrichten.

Landau, (WTB.) Wie wir aus bester Quelle erfahren, werden bei Eintritt des Kriegszustandes alle 17- bis 45-jährigen Wehrfähigen interniert und zu Wiederaufbau-Arbeiten nach Frankreich und Belgien abtransportiert. Zu vermeiden wäre dies nur durch Neutralitätserklärung der Republik Pfalz.

Berlin, (WTB.) Nach reichsstatistischen Angaben sind in Deutschland während des Krieges 763000 Menschen an Hunger gestorben. Alle an Grippe und sonstigen Krankheiten Gestorbenen sind nicht mitgerechnet. (Will man durch neuen Krieg diese Zahl verdoppeln).

Weimar. Nach uns zugegangenen Berichten unseres Vertrauensmannes steht die Friedensdelegation sowie die Mehrheit des Kabinetts und der Nationalversammlung auf dem Standpunkt, den veränderten Friedensvertrag nicht annehmen zu können (Wenn diese Nachricht zutreffen sollte, würde am Montag abend 7 Uhr der Kriegszustand beginnen).

Herxheim. (Eig. Bericht). Am Dienstag fand in Herxheim eine öffentliche Volksversammlung statt. Nach Referaten der Herren Eggersdorff und Dr. Haas, welche stürmischen Beifall fanden, konnte man feststellen, daß außer einigen Jünglingen die ganze Versammlung für die Selbständigkeitserklärung der Pfalz war, welche im Anschluß durch Beitritt zum Bunde „Freie Pfalz" bekundet wurde. Ganz besonders erfreulich ist, daß auch fast sämtliche Arbeiter ihren Beitritt vollzogen.

Wir erklären unsern Beitritt zum Bunde „Freie Pfalz":

Name	Stand	Wohnung

Ausfüllen, ausschneiden und an Herrn **Dr. Haas, Landau-Pfalz,** Ostbahnstrasse senden.

(Wiedergabe einer Seite aus dem Organ „Freie Pfalz" vom 21. Juni 1919.)

Am 11. Januar 1923 wurden durch die Franzosen und Separatisten sowie einer Einheit von Belgiern das Ruhrgebiet und das Rheinland besetzt. Der Grund angeblich nicht erfüllte Reparationsleistungen laut dem Versailler Vertrag.
Am 9./10. Februar 1923 wird die „Pfälzische Rundschau" durch die Franzosen auf die Dauer von drei Tagen verboten, weil sie über den Versailler Vertrag berichtet hatte.

Die „Pfälzische Rundschau" durch die Franzosen verboten

Pfälzische Rundschau

Ludwigshafen a. Rh., den 19. Februar 1923.

An die Bezieher der Pfälzischen Rundschau.

Wir teilen unseren Lesern mit, daß die Pfälzische Rundschau durch die Besatzungsbehörde ab 19. Februar auf die Dauer von 3 Tagen verboten worden ist wegen der Veröffentlichung eines Artikels: „Versailles, Entstehung und Inhalt des Vertrages" in der Ausgabe vom 16. Februar.

Verlag und Schriftleitung der „Pfälzischen Rundschau".

Die Franzosen versuchten auch im neu besetzten Ruhrgebiet und Rheinland die Transportmittel unter ihre Kontrolle zu bringen.
Auch hier waren die Eisenbahner nicht bereit, sich der Besatzungsmacht zu beugen und ihre Aufgabe, die Bevölkerung mit Gütern zu versorgen, aufzugeben. Sie waren nicht bereit, unter der Knechtschaft der Militärmacht zu arbeiten.
Ein nicht funktionierender Eisenbahnbetrieb hat für ein Land verheerende Auswirkungen. Es droht Hungersnot, Wirtschaftskollaps, Einbruch der medizinischen Versorgung und Verelendung der Menschen.
Die ganze Situation war so brisant, dass der deutsche Reichspräsident Ebert sich durch eine diesbezügliche Kundgebung direkt an die deutschen Eisenbahner wandte.

EISENBAHNER
IM
ABWEHRKAMPF

Eine Schilderung des passiven Widerstandes der pfälzischen Eisenbahner im Jahre 1923

„Eisenbahner im Abwehrkampf"
von Eduard Keilhauer, der bei der Ludwigshafener Reichsbahndirektion tätig ist, erscheint im Verlag Waldkirch 1931.

Kundgebung des Reichspräsidenten.

An die deutschen Eisenbahner im besetzten und im Einbruchsgebiet.

Der Abwehrkampf, den Deutschland um Freiheit und Leben im Ruhrgebiet zu führen gezwungen ist, hat die deutschen Eisenbahner an Ruhr und Rhein, in Pfalz, Hessen und Baden in die vorderste Kampflinie gestellt. Unsere Gegner wissen, daß sie ohne die Mithilfe der Angehörigen der Deutschen Reichsbahn ihr Ziel nicht erreichen. Durch harte Bedrückung, brutale Verfolgung und arglistige Drohung und Verlockung suchen sie mit aller Macht deutsche Eisenbahnbeamte und Arbeiter auf ihre Seite zu ziehen, Eid und Pflicht, Recht und Gesetz, Völkerrecht und Vertrag mit Füßen tretend. All dem haben die deutschen Eisenbahner ihr stummes, unbezwingliches „Nein" entgegengestellt. Trotzend allen Drohungen, trotzend den sich von Woche zu Woche steigernden Quälereien und unangefochten von verführerischen Versprechungen bleiben sie standhaft, bleiben sie treu ihrer beschworenen Pflicht, ihrem Vaterlande und ihrem Volke. Mag landfremde Gewalt sie aus Heimat und Eigentum vertreiben, mag brutales Faustrecht sie mißhandeln und ins Gefängnis schleppen, sie wollen und werden keine Dienste in der Knechtschaft tun.

Mit tiefem Mitgefühl und stolzer Bewunderung sieht ganz Deutschland dieses stille Heldentum, das uns allen als Vorbild den Mut des Ausharrens täglich neu stärkt und uns anfeuert, in den Hilfeleistungen bis an die Grenzen unserer Kraft zu gehen. Es wird eine Ehrenpflicht des ganzen Reiches sein, nach besten Kräften alle Schäden wieder zu heilen, die fremdes Unrecht dem einzelnen zugefügt hat. Es muß unsere allererste Sorge sein, unseren Volksgenossen, die militärischer Terror gefangen hält, die Freiheit wieder zu gewinnen. Das deutsche Volk weiß, daß die Eisenbahner im Westen für eine bessere Zukunft des Vaterlandes Schweres und Bitteres tragen und weiter zu dulden bereit sind. Der Dank des ganzen deutschen Volkes für ihr Ausharren sei ihnen erneut versichert. Dieser Dank und unsere Bewunderung sollen sie begleiten in die Zeiten hinaus, in denen wir wieder frei sind von fremder Gewalt und auf unserer Väter Erde freier Arbeit leben.

Berlin, den 8. April 1923.

Der Reichspräsident:
Ebert.

Gegengezeichnet:
Groener,
Reichsverkehrsminister.

Über 20.000 linksrheinische Eisenbahner, einschließlich ihrer Familien, wurden von der Besatzungsmacht ausgewiesen und mussten im übrigen Deutschland untergebracht und versorgt werden.

Es waren ausgewiesen:

Höhere Beamte (Präsident, Direktoren, Reichsbahnräte usw.)	35
Mittlere Beamte (Amtmänner, Oberinspektoren, Inspektoren, Obersekretäre, Diätare)	626
Untere Beamte (Sekretäre, Assistenten, Lokomotivführer, Zugführer, Schaffner, Rangierer usw.)	2014
Nichtangestelltes Personal und Arbeiter	2576
Sonstige (Vertragsangestellte, Bahnärzte usw.)	28
Insgesamt	5279
Hiezu kamen die Familienangehörigen des Personals in Höhe von ungefähr	14800

so daß sich die Anzahl der Ausgewiesenen Eisenbahner einschließlich ihrer ausgewiesenen Familienangehörigen auf über

20000 Köpfe

bezifferte.

Der allgemeine passive Widerstand der ganzen Bevölkerung hatte aber auch gravierende Einschnitte zur Folge.
Die von den Franzosen betriebene Regiebahn wurde von den Deutschen gemieden. Die „Pfälzer Rundschau“ zum Beispiel wollte ihre Zeitungen mit Kraftwagen befördern, was aber von den französischen Behörden verboten wurde. Die Abonnenten konnten so nicht beliefert werden, die Auflage ging um die Hälfte zurück. Ein großer finanzieller Verlust.
In der Pfalz wurde das Geld knapp, denn die französische Währung wurde allgemein abgelehnt. Auch galoppierte die Inflation bereits. Einige Großfirmen gingen dazu über, ihre eigenen Geldscheine herauszugeben. Auch die Firma Waldkirch ist darunter. Sie ist die einzige private Druckerei, die sich selbst ihr eigenes Geld druckt, das als Zahlungsmittel angenommen wird.

Am Freitag, den 24. Oktober 1923 waren die Vertreter der pfälzischen Bevölkerung bei General de Metz, dem Oberdelegierten der Rheinlandkommission, um ihm endgültig zu erklären, dass die Pfälzer auf keine Absplitterungsbestrebungen eingehen werden.
Seine Antwort lautete übersetzt „Ich bin nicht mehr der Wachmann der Bürgerlichen und der Funktionäre“.

Die Delegierten wussten, was er damit meinte. Er als Militär sprach von den bürgerlichen Separatisten und ihren Funktionären und dass er sie nicht mehr beaufsichtige.
Unterschwellig hieß dies, dass diese jetzt selbstständig tätig und aktiv würden.
Die Vertreter der bürgerlichen Parteien der Pfalz trafen sich am 25. Oktober 1923 in Neustadt. Sie kamen einstimmig zu folgendem Beschluss: „Wir stehen auf dem Boden der Reichsverfassung und lehnen jeden Verfassungsbruch ab.“ Also kein autonomer Staat Pfalz!

Sonderblatt der „Pfälz. Rundschau“.

Ludwigshafen a. Rh., Donnerstag, 25. Oktober 1923, abends 6 Uhr.

Preis 200 Mill. Mk.

Die bürgerlichen Parteien der Pfalz gegen jeden Verfassungsbruch.

Neustadt, 25. Okt. 1923, abends 6 Uhr.
(Eigener Drahtbericht der „Pfälzischen Rundschau“.)

Die Vertreter der bürgerlichen Parteien der Pfalz waren heute nachmittag hier versammelt, um zur Frage eines autonomen Staates Pfalz Stellung zu nehmen. Die bürgerlichen Parteien kamen einstimmig zu folgendem Beschluß:

Wir stehen auf dem Boden der Reichsverfassung und lehnen jeden Verfassungsbruch ab.

Der Beschluß wurde von der Versammlung mit stürmischem Beifall aufgenommen.

Die durch die Separatisten selbst ernannte Regierung der Autonomen Pfalz verkündete am 5. November 1923 durch eine Proklamation die Pfälzische Republik im Verband der Rheinischen Republik.
Gleichzeitig verhängte sie das Standrecht.

Aufruf der separatistischen Regierung

Proklamation.

Beginnend am 5. November 1923 in Kaiserslautern und folgend in den Städten Neustadt, Landau, Kirchheimbolanden, Bergzabern, Germersheim, sowie in Herxheim, Hochspeyer und in vielen andern Landgemeinden hat die Regierung der autonomen Pfalz

die Pfälzische Republik

im Verbande der Rheinischen Republik

ausgerufen.

Nachdem diese Regierung seit dem 11. November 1923 in dem Regierungsgebäude zu Speyer ihren Sitz hat, ist die

pfälzische Republik von nun an für die ganze Pfalz proklamiert.

Um Mißverständnisse und Zwischenfälle, wodurch die öffentliche Ordnung und Sicherheit gestört werden könnte, zu vermeiden, wird verordnet, daß die Einsetzung der neuen Regierung in den öffentlichen Gebäuden der Industriestädte Frankenthal, Kusel, Ludwigshafen, Pirmasens und Zweibrücken erst nach einigen Tagen vollzogen werden wird, wenn die mit den verschiedenen Vertretern der Bevölkerung dieser Städte aufgenommenen Verhandlungen beendigt sind.

Indem die Regierung hiermit

das Standrecht verkündet

verpflichtet sie sich, **jegliche Attentate und sonstigen Angriffe** in der Pfalz gegen das gemeine Recht, sowie gegen Personen und deren Eigentum mit aller Strenge zu **unterdrücken.** Gegen Personen, welche sich in dieser Hinsicht strafbar machen, wird unnachsichtlich vorgegangen werden.

Zugleich ergeht seitens der Regierung der autonomen Pfalz der Aufruf an alle ordnungsliebenden Mitbürger, gleichgültig welcher Parteirichtung sie angehören mögen, zur

Mitarbeit und Unterstützung des begonnenen Werkes.

Die Regierung der Autonomen Pfalz.

Jetzt wurde es bitterernst.
In vielen Gemeinden der Pfalz regte sich nun ein handfester Widerstand gegen die bewaffneten Separatisten, die unter dem Schutz der Franzosen die Herrschaft übernehmen wollten.
Die Bevölkerung versuchte oft, ihre Rathäuser vor den anrückenden Freischärlern zu schützen. Obwohl die deutschen Behörden nur den passiven Widerstand duldeten, gab es doch auch blutige Handgemenge. Die Separatisten machten von ihren Schusswaffen Gebrauch und es gab Verwundete und Tote.
Letztendlich siegte doch die Militärmacht gegen die unbewaffneten Pfälzer, die dann reihenweise verhaftet und vor ein französisches Militärgericht gestellt wurden.
Viele wurden misshandelt und gefoltert, indem ihnen ein Draht um den Kopf gelegt wurde, der dann mit einem Knebel immer enger zusammengezogen wurde, um Geständnisse zu erpressen.
Die Faust des Siegers erwürgte jeden Widerstand, wie die Situation damals geschildert wurde.
Die Separatisten hatten mit französischer Hilfe die Macht übernommen und eine Regierung der Autonomen Pfalz installiert. Mit einem Aufruf wandte sie sich an die Bevölkerung.

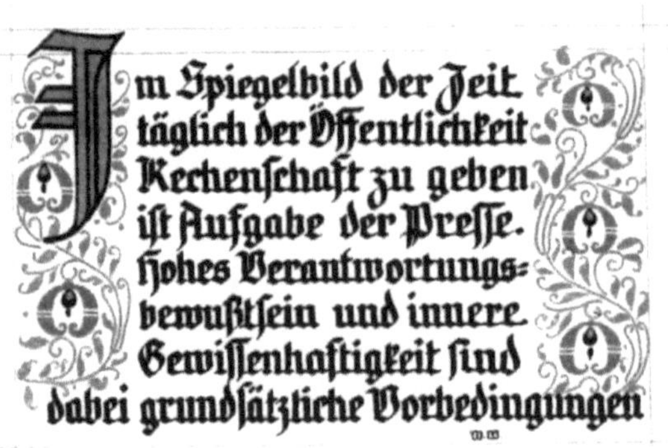

An die Bevölkerung der Pfalz!

Die Regierung der Autonomen Pfalz ist fest gefügt. Die Vertreter der Städte und Gemeinden haben sich zu loyaler Zusammenarbeit mit der Regierung bereit erklärt.

Nur ein Tor kann noch der Meinung sein, daß die Regierung der Autonomen Pfalz eine vorübergehende Erscheinung sei und in sich selbst zusammenbrechen werde.

Geradezu wahnsinnig aber wäre es, die Regierung durch einen gewaltsamen Putsch beseitigen zu wollen.

Jeder denkfähige Pfälzer muß sich sagen, daß ein solches Beginnen aussichtslos ist

Wir **warnen** deshalb nachdrücklich vor jedem derartigen Versuch. Es ist ebenso töricht wie gefährlich, auf falsche Worte Wahnsinniger zu hören, die, mögen sie diesseits oder jenseits des Rheines ihre Pläne spinnen den Sturz der Regierung etwa beabsichtigen. Denn es besteht nicht nur keine Aussicht auf Verwirklichung solcher Pläne, sondern die Betörten setzen sich dadurch obendrein der schwersten Strafe aus.

Mit rücksichtsloser Strenge wird gegen alle Feinde der Autonomen Pfalz vorgegangen.

Und zwar nicht nur gegen die Anstifter solcher Putsche und Putschversuche, sondern auch gegen jene, die sich betören ließen

Schwere Freiheitsstrafe, ja Todesstrafe

droht ihnen, ebenso Einziehung ihres gesamten Vermögens. Die Gegner der Regierung werden deshalb ernstlich gewarnt.

Andrerseits erklärt die Regierung, daß sie jene Bürger und Behörden in jeder Weise unterstützen wird, die sich ihr gegenüber loyal verhalten und die mit ihr eines Sinnes sind, daß die

Aufrechterhaltung der Ordnung

jetzt das höchste Gebot ist. Werden Ruhe und Ordnung nicht gestört, so kann die Regierung ihre ganze Kraft auf die Erfüllung der jetzt notwendigsten Aufgaben konzentrieren, nämlich

die Wirtschaft wieder aufzurichten, geordnete Währungsverhältnisse zu schaffen

und damit die Grundlage, daß die soziale Fürsorge für alle jene Schichten des Volkes gesichert wird, die durch die verhängnisvolle Politik der früheren Regierung in Not und Elend geraten sind

Jeder helfe an diesem Ziele mit.

Die beste Mitarbeit ist die loyale Unterstützung der Regierung, die das bezeichnete Ziel rasch durchzuführen bestrebt ist.

Die Regierung der Autonomen Pfalz.

Heinz.

Bald darauf erfolgte auch ein Rekrutierungsaufruf zur Gründung einer eigenen Armee.

Rekrutierungs-Aufruf.

Werbung zur Wehr der Rheinischen Republik

Autonome Pfalz.

Männliche Personen im Alter von 20 bis 35 Jahren, welche in die republikanische Wehr eintreten wollen, können sich

in den Polizei-Revieren

und bei der Armeeleitung der republikanischen Wehr melden.

Die republikanische Wehr erhält bei bester Verpflegung eine Entlohnung von

Frs. 2.— pro Tag.

Bei Auflösung der republikanischen Wehr, welche die Entlassung der Wehrleute bedingt, ist jeder Wehrmann zum Empfang

eines kompletten Anzuges
eines Paar Stiefel
zwei Paar Socken
Unterkleidung

sowie eines Geldbetrages von **100 Goldmark** berechtigt.

Verheiratete und solche, die Familien unterstützen müssen, erhalten eine Familien-Unterstützung von 5.— Fr. täglich extra.

Die Armeeleitung der Rheinischen Republik

Autonome Pfalz

Kommerzienrat Wilhelm Waldkirch, ein Verfechter und Aktiver des passiven Widerstandes, wurde als Vorsitzender der pfälzischen Zeitungsverleger nach Landau befohlen, wo ihm eröffnet wurde „er müsse dafür sorgen, dass sich die Zeitungen der Pfalz den neuen Verhältnissen anpassen".
Wilhelm Waldkirch hielt sich aber nicht daran. Im Gegenteil, der passive Widerstand wurde verschärft und so wurde am 17. Dezember 1923 von dem Bezirksamt Ludwigshafen der Autonomen Pfalz die Vorzensur für alle Tageszeitungen angeordnet.

Rheinische Republik — Ludwigshafen a/Rh., den 17. Dezember 23.
Autonome Pfalz
ezirksamt Ludwigshafen a/Rh.
n An die Redaktion des „General-Anzeiger"

Hier.

Ab heute steht die gesamte Ludwigshafener Tagespresse unter Vorzensur. Sie haben jeden Tag Bürstenabzüge Ihrer Zeitung hier vorzulegen.

Es wird der Redaktion verboten, irgendwelche Mitteilung über die heutige Demonstration zu veröffentlichen.

Bezirksamt
Bezirksamtmann.

Immer wieder wird den Bezirkskommissariaten von der „Regierung der Autonomen Pfalz" mitgeteilt, dass weitere Pfälzer ausgewiesen worden sind.
Jedes Mal, wenn unterdessen die im Heidelberger Exil amtierende gesetzmäßige deutsche Pfalzregierung bei der Hohen Interalliierten Rheinkommission in Koblenz vorstellig wurden, und erklärte, dass die pfälzische Bevölkerung nichts von dem hergelaufenen und zugezogenen Gesindel wissen wolle, das sich anmaße die Regierung der Autonomen Pfalz zu sein, wurden sie stets abgewiesen. Die Begründung war immer

der Hinweis auf die wachsende Anzahl von Loyalitätserklärungen einzelner Gemeinden für die autonome Pfalzregierung.
Von den Franzosen als Schutzherren der Separatisten wurde dabei darauf hingewiesen, die Angaben der deutschen Pfalzregierung seien nicht korrekt, denn sie seien bestochen.
Einige der sogenannten Loyalitätserklärungen kamen zustande, weil die Bürgermeister verhaftet oder ausgewiesen worden waren und es keine offiziellen Ortsvorsteher mehr gab.
Es wurde schon erwähnt, dass auch die Erklärung der Volksvertreter bei General de Metz „sie würden keinen Abspaltungsbestrebungen von Deutschland zustimmen“, ohne Erfolg war.
Die Separatistenregierung hatte von den beiden Ludwigshafener Bürgermeistern Müller und Butscher am 10. Dezember 1923 eine Loyalitätserklärung gefordert, die die Bestätigung enthalten musste „dass Ludwigshafen den Forderungen und Anweisungen der Regierung der Autonomen Pfalz Folge leisten würde“.
Der Stadtrat trat zusammen und fasste den einstimmigen Beschluss „jede Kontrollmaßnahme und Weisungen dieser Pseudoregierung abzulehnen“.
Aufgrund dieses Beschlusses wurden die beiden Bürgermeister und diverse Stadträte von den Separatisten verhaftet und ausgewiesen.
Man verbot dem Bezirksamt die Bekanntgabe und Veröffentlichung dieser Stadtratsbeschlüsse.
Statt dem Bezirksamt veröffentlichte die „Pfälzische Rundschau“ diese Stadtratsbeschlüsse und wurde dafür mit 1.500 Goldmark von der „Regierung der Autonomen Pfalz“ in Speyer bestraft.

REGIERUNG der Autonomen Pfalz SPEYER A/RH.

den 19. Dezember 1923.

20 XII 1923

S t r a f b e f e h l.

Dem Verlag der Pfälzischen Rundschau in Ludwigshafen

wird eine binnen drei Tagen beim Standgericht der Regierung der Autonomen Pfalz in Speyer wertbeständig zu zahlende Geldstrafe von

F ü n f z e h n h u n d e r t - G o l d m a r k

auferlegt, weil er in seiner Zeitung die Bevölkerung in eine den öffentlichen Frieden gefährdenden Weise gegen die Regierung der Autonomen Pfalz aufgehetzt hat.

Der Verlag ist ausserdem verpflichtet 10 000 Flugblätter mit einem von der Regierung der Autonomen Pfalz noch näher zu bestimmenden Inhalt auf deren Antrag zu drucken und zur Verfügung zu stellen.

Dr. Julius Waldkirch, der älteste Sohn des Kommerzienrats, war nach Kriegsende und Jurastudium, das er mit summa cum laude abschloss, als Hauptschriftleiter in die Firma eingetreten.
Genauso mutig wie sein Vater stellte er sich bewaffneten Separatisten in den Weg, die in den Betrieb eingedrungen waren und verhinderte so ihre Forderung, die Druckerei solle für sie Geldscheine herstellen.
Die von den Separatisten durchgeführte Ausweisung der Bürgermeister Müller und Butscher, die Verhaftung der Stadträte Fischer und Gelbert und weiterer Beamten sowie die versuchte Unterdrückung der Stadtrats-beschlüsse brachte das Fass zum Überlaufen.

den 20. Dezember 1923.

An das

Bezirkskommissariat,

Ludwigshafen a.Rh.

Gestern wurde der Gewerkschaftsführer Karl F i s c h e r, Ludwigshafen a.Rh. Schillerstr. 17 ausgewiesen. Der Familie wurde ein Ausweisungstermin bis 5. Januar 1924 bestimmt. Da die Möbel beschlagnahmt sind, bitten wir Sie eine Bestandsaufnahme derselben sofort vorzunehmen. Am Tage der Abreise der Familie möchten Sie sich bitte über den vollen Bestand der Möbel überzeugen und die Wohnung versiegeln.

Ein Duplikat der Bestandsaufnahme bitten wir hierher senden zu wollen.

Gestern wurde ausgewiesen der Bäckermeister Ludwig G e l b e r t, Ludwigshafen Ludwigstr. 71. Von einer Beschlagnahmung der Möbel, ebenso eine Ausweisung der Familie wird abgesehen.

Sämtliche Gewerkschaften, Arbeitgeber-, Wirtschafts- und Berufsverbände trafen sich und beschlossen eine Proklamation an die Bevölkerung herauszugeben.
Die Proklamation musste schnell veröffentlicht werden, damit sie nicht durch bewaffnete Separatisten noch mit Gewalt verhindert werden konnte.
Flugblätter herzustellen und unter die Leute zu bringen, hätte zu lange gedauert und so erklärte sich die Ludwigshafener Presse trotz des hohen Risikos, die Proklamation in einem Leitartikel sofort zu bringen.
Auch die Kirchen schlossen sich diesem Prozess an und verkündeten von den Kanzeln ihren Standpunkt.
Die „Pfälzische Rundschau“ des Waldkirch-Verlages brachte am Mittwoch, den 16. Januar 1924 unter dem Haupttitel „Die Pfalz will keine Autonomie“ einige Artikel von renommierten Persönlichkeiten und Stellen.

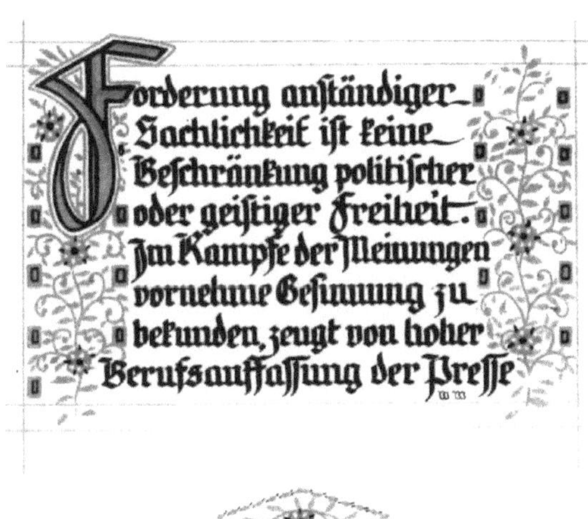

Nr. 13 Ludwigshafen a. Rh., Mittwoch, den 16. Januar 1924. 25. Jahrgang.

Einzelverkaufspreis 15 Goldpfennig = 150 Milliarden Papiermark.

Die Pfalz will keine Autonomie.

Wir stellen fest und fordern:

Franz Joseph Heinz.

In Orbis, seiner Heimat, wurde gestern der erschossene Führer und Gründer der pfälzischen Autonomisten, Franz Joseph Heinz, zu Grabe getragen. Ein altes Wort sagt, daß von den Toten nur Gutes geredet werden solle. In der Tat ist es sonst bei der Würdigung der Persönlichkeit und des Wirkens eines politischen Gegners, der durch den Tod abberufen wurde, üblich, die Schattenseiten zurücktreten zu lassen. Von der Voraussetzung ausgehend, daß auch er, wenn auch von einem anderen politischen Standpunkt aus, nur das Beste für sein Vaterland wollte, bemüht man sich, sich in seine Gedankengänge einzufühlen und versucht, auch einer anders gerichteten Auffassung gerecht zu werden. Bei Franz Joseph Heinz können wir das nicht. Wir können uns in sein Denken und Fühlen nicht hineinfinden. Der Abstand ist zu groß, als daß er überbrückt werden könnte. Zu sehr hat sich dieser Mann mit dem Wollen seines Volkes in Gegensatz gestellt. Wir können, wenn wir heute das Fazit seiner politischen Wirksamkeit ziehen, nur zu dem Ergebnis gelangen, daß er ein Unheil und ein Verhängnis für die Pfalz war. Mit dieser Feststellung möchten wir in keiner Weise etwa den politischen Mord rechtfertigen, im Gegenteil. Wenn politische Fragen mit der Waffe in der Hand ausgetragen werden, so ist und bleibt dies bedauerlich. Aber, mußte nicht ein Mann, der sich so sehr mit der Heimat in Widerspruch setzt, mit allen Möglichkeiten rechnen? In der Todesanzeige, die seine Angehörigen erlassen haben, wird vermerkt, daß Heinz „plötzlich, aber nicht unerwartet" aus dem Leben geschieden sei. Er scheint somit eine Vorahnung seines Schicksals gehabt zu haben. Hat er doch selbst den politischen Kampf mit der Waffe in der Hand in der Pfalz eingeführt. Er hätte dieses Schicksal vermeiden können, wenn er sich nicht von seiner eigenen politischen Vergangenheit in so schroffer Weise losgesagt hätte. Warum hat er dies getan? Welches war die Triebfeder seines Handelns?

*

Wir finden im politischen Leben Leute, die man am besten als Doktrinäre, als politische Fanatiker, bezeichnen könnte. Sie haben sich irgend ein Programm zurecht konstruiert, mit dem sie das Volk beglücken wollen, gleich ob dieses damit einverstanden ist oder nicht. Sie halten eben ihre Idee für richtig und suchen sie mit Gewalt zu verwirklichen, wenn sie sonst keinen Anklang finden. Das gegenwärtige Rußland bietet solche Männer genug. Kann man aber auch Heinz zu solchen Leuten zählen, die da mit den besten Absichten, eine Besserung der Verhältnisse herbeizuführen, eine Neuordnung auch gegen den Willen der Bevölkerung durchführen wollen? Es mag vielleicht unter den früheren Angehörigen von Heinz, auch heute noch vereinzelte geben, die das nicht ohne weiteres von der Hand weisen. Der überwiegende Teil der pfälzischen Bevölkerung glaubt es indes nicht. Sie hat sich im Gegenteil daran gewöhnt, Heinz nicht mehr als einen der Ihrigen zu betrachten. So ist denn Heinz auch gestorben und so hat ihm auch die Kirche das letzte Geleit versagt. Er war kein Deutscher mehr.

*

Es gab einmal ein Zeit, in der dies anders war. Da galt Heinz als einer der Vorkämpfer seiner Berufsgenossen, die in ihm den unermüdlichen Führer erblickten. Von Natur aus leicht erregbar, vertrat er die wirtschaftlichen Belange der Gruppe, deren Vertrauen er genoß, überall mit größter Heftigkeit. Wann die innere Wandlung erfolgte, die ihn von seinem Volke wegführte, ist schwer zu sagen. Nach außen hin erschien seine Haltung zum ersten Mal im Herbst vorigen Jahres in unsicherem Lichte. Sie führte zunächst das Ausscheiden aus seiner politischen Partei herbei. Als schließlich die Autonomiebewegung aus dem Rheinland auch auf die Pfalz verpflanzt wurde, da fand man, — der größeren Oeffentlichkeit überraschend, — Heinz an der Spitze. Er hat die Führung innegehabt, bis die Kugel seinem Leben ein Ende machte. Mit Gewalt hat sich Heinz in den Besitz der Macht gesetzt, mit Gewalt hat er sich darin gehalten, mit Gewalt ist er daraus entfernt worden. Wir können seiner nicht anders gedenken als eines verlorenen Sohnes der pfälzischen Heimat.

Wir stellen fest: Die Autonomisten sind ungesetzlich in unser Land gekommen, sie haben sich mit Waffengewalt in den Besitz der Macht gesetzt und sie können ihre Herrschaft gegenüber dem entwaffneten pfälzischen Volke nur ausüben, weil sie im Besitz der Waffen sind.

Wir stellen weiter fest, daß die gesamte pfälzische Bevölkerung von ihnen nichts wissen will; daß sie vielmehr verlangt, daß ihr im Zeitalter des Selbstbestimmungsrechtes des Volkes die freie Entscheidung über ihr Schicksal erhält.

Wir sehen uns heute zu dieser Feststellung, der wir schon früher Ausdruck gegeben haben, aus folgenden Gründen veranlaßt:

1. Es ist zunächst die Aufgabe der Presse, die politische Ueberzeugung der Bevölkerung klar zum Ausdruck zu bringen; damit die ganze Welt erkennen kann, wie man in der Pfalz über die Autonomiebewegung denkt und was man von ihr hält. Die Regierung der Autonomen Pfalz scheint zwar über die Aufgabe der Presse eine andere Meinung zu haben; wenn es ihr nachginge, so wären die Zeitungen nur dazu da, um Artikel in ihrem Sinne zu bringen und auf diese Weise die pfälzische Bevölkerung zu „bearbeiten". Sie hat zwar den Zeitungen das Recht der freien Meinungsäußerung zugesichert, wie es aber in Wirklichkeit damit steht, beweist die Tatsache, daß jeder Artikel, welcher die Existenzberechtigung der Autonomie in Frage stellt, die schärfsten Strafen auslöst. Ja man scheut sogar, um die Presse mundtot zu machen, und die gegenseitige Meinung der pfälzischen Bevölkerung zu unterdrücken, nicht einmal, wie das Verfahren gegen die „Neue Pfälz. Landeszeitung" zeigt, vor der Beschlagnahme und Stillegung der Zeitungsbetriebe nicht zurück. Die Regierung der Autonomen Pfalz geht sogar soweit, daß sie schon mit Verhaftungen und Zeitungsbesetzung droht, wenn einer ihrer Tendenzartikel telephonisch nicht schnell genug abgenommen wird. So sieht es mit der Freiheit der Presse in der Pfalz aus, was uns selbstverständlich nicht abhalten kann, unsere Meinung so zu äußern, wie sie unserer Ueberzeugung entspricht.

2. Wir sehen uns zu der obigen Feststellung auch deswegen veranlaßt, weil in diesen Tagen die Entscheidung über die Autonome Pfalz fallen wird. Die englische Regierung hat bekanntlich eine Untersuchungskommission nach der Pfalz gesandt, um sich zu überzeugen, ob der Existenzanspruch, den die Autonomisten erheben, begründet ist. Und da hätten wir als Zeitung folgendes zu sagen: Die Behauptung, welche die Regierung der autonomen Pfalz aufstellt, daß sie hier sei nach Wunsch und Wille der pfälzischen Bevölkerung — ist null und nichtig. Die gesamte pfälzische Bevölkerung lehnt diese Autonomie grundsätzlich ab; sie ist gegen ihren Willen aufgezwungen worden und in keiner Weise etwa aus der Bevölkerung selbst herausgewachsen. Die ganze Bewegung ist überhaupt keine pfälzische. Die Autonomisten sind, sowohl was die Führer als die Geführten anbelangt, überwiegend keine Pfälzer; sie sind vielmehr Landfremde, die mit der pfälz. Bevölkerung keine Gemeinschaft haben. Wohl aber haben sie Familien, die seit Generationen in der Pfalz ansässig sind, in rücksichtslosester Weise ausgewiesen, weil diese sich als Deutsche und Pfälzer weigerten, eine zu Unrecht bestehende Regierung anzuerkennen.

3. Die Autonomisten regieren nur durch Gewalt. Nur durch Anwendung schärfsten Druckes auf die Bürgermeister der Landgemeinden war es ihnen möglich, eine Anzahl Erklärungen abzupressen, um sie hinterher als die „freiwillige Anerkennung durch die pfälzische Bevölkerung" auszugeben. Nicht anders verfährt sie mit der Beamtenschaft; wer sie nicht anerkennt, wird ausgewiesen und die Aemter durch Nichtfachleute besetzt. Ebenso ist das wirtschaftliche Leben durch die Zerstörung des behördlichen Apparates aufs schwerste bedroht. Und da sucht man noch glaubhaft zu machen, daß die Autonomiebewegung aus der pfälzischen Bevölkerung „spontan" hervorgegangen sei.

So kann es nicht mehr weiter gehen!

Wir fordern daher: Wiederherstellung des Zustandes, wie er durch das Rheinlandabkommen und durch den Versailler Vertrag garantiert ist; wir appellieren insbesondere an die heute in der Pfalz weilenden ausländischen Pressevertreter, daß sie sich selbst überzeugen mögen, wie es mit der von der autonomen Regierung zugesicherten Freiheit der Presse bestellt ist. Sie mögen dann selbst urteilen, ob eine Sache gut ist die man nur durch Unterbindung der Meinungsfreiheit schützen zu können glaubt.

Die Pfalz gegen die Autonomisten

Die Unterzeichneten schließen sich rückhaltlos dem Protest der pfälzischen Bevölkerung gegen die Separatisten, der der Hohen Interalliierten Rheinlandkommission überreicht wurde, an. Insbesondere machen sie sich die in diesem Protest erhobenen Forderungen zu eigen:

1. **Wiederherstellung der deutschen Verwaltungsrechte und Garantien dafür, daß die rechtmäßigen staatlichen und gemeindlichen Behörden ihre Funktionen ordnungsgemäß verrichten und die Gerichtspflege unabhängig übernehmen können.**
2. **Versammlungs- und Pressefreiheit im Rahmen des Rheinlandabkommens.**
3. **Unantastbarkeit der persönlichen Freiheit und des Privateigentums im Rahmen des deutschen Rechtes und des Rheinlandabkommens.**
4. **Rückgängigmachung aller durch die Separatisten vorgenommenen Strafen, Verhaftungen, Ausweisungen und Beschlagnahmen.**
5. **Entwaffnung der Separatisten und Wiederbewaffnung der deutschen Gendarmen und Polizei.**

Sie verlangen ferner, daß die H. I. Rheinlandkommission Einspruch erhebt gegen die bisher auf Antrag der autonomen Pfalz bei ihr amtlich eingetragenen Verordnungen.

Verband pfälzischer Industrieller. — Landesverband pfälzischer Arbeitgeber und sämtlicher ihr angeschlossenen Arbeitgeberverbände und Kartelle. — Handelskammer der Pfalz. — Handelsschutzverband der Pfalz. — Handwerkskammer der Pfalz. — Verein f. den rheinpfälzischen Weinhandel. — Pfälzische Bankenvereinigung. — Landesverband Pfalz im Reichsverband der deutschen Presse. — Vereinigung pfälzischer Zeitungsverleger. — Aerzteverband der Pfalz und Apothekerkammer der Pfalz. — Anwaltskammer der Pfalz. — Bischöfliches Ordinariat der Pfalz. — Protestantischer Landeskirchenrat der Pfalz. — Israelitische Kultusgemeinde der Pfalz.

Die pfälz. Geistlichkeit protestiert.

In ähnlich scharfer Weise haben sich die Kultusgemeinden der Pfalz, der prot. Landeskirchenrat und die Dekane, als die berufenen Vertreter der pfälzischen Gesamtgeistlichkeit, in Protesten ausgesprochen, die von der Kanzel verlesen werden sollten und allgemein bekannt sind. In diesen Protesten sind besonders die Grundlagen der Autonomen Regierung abgelehnt und der Gewissenskonflikt dargestellt, in den jeder Gläubige, Protestant und Katholik, durch die politische Entwicklung in der Pfalz gebracht wird.

Der Landauer Stadtrat protestiert

„Am Freitag, den 11. Januar 1924 abends 6 Uhr wurden die Herren Verwaltungsinspektor Mayer und Hilfsbeamter Jager auf dem Stadthaus in ihren Diensträumen durch drei unbekannte bewaffnete Personen, nach ihrer Angabe Soldaten des Rheinlandschutzes festgenommen. Die Verhaftungsbefehle waren ohne jede Unterschrift nur mit einem Stempel versehen. In den Befehlen selbst war kein Grund für dieses Vorgehen angegeben. Dagegen erhebt der Stadtrat schärfsten Einspruch. Derartige unbegründete Verhaftungen sind gegen jedes Rechtsempfinden. In dieser unbegründeten Wegführung von Beamten erblickt der Stadtrat einen willkürlichen Eingriff in die geordnete Führung der Verwaltungsgeschäfte. Der Stadtrat fordert dringend die Freilassung der verhafteten Beamten. Sollte sich dieser Vorgang wiederholen, so ist der Stadtrat gezwungen, seine Tätigkeit einzustellen.

Stadtrat der Stadt Landau.

*

Die Gemeindebeamten-Gewerkschaft Landau faßte die nachstehende Erklärung:

Die städtische Beamtenschaft Landau erhebt gegen die am Freitag, den 11. Januar 1924 abends 6 Uhr in den städtischen Amtsräumen erfolgte Verhaftung von zwei städtischen Beamten durch uniformierte und bewaffnete Personen, angeblich Angehörige des Rheinlandschutzes, schärfsten Einspruch. Sie fordert die sofortige Freilassung der Verhafteten.

Sollten derartige Vorfälle sich wiederholen, wird die Beamtenschaft wie der Stadtrat gezwungen sein, entsprechende Maßnahmen zu ergreifen.

Landau, den 14. Januar 1924.

Gemeindebeamten-Gewerkschaft Landau, Pf.

Macht vor Recht?

Angedrohte Maßnahmen der Autonomen Regierung.

Die Autonome Regierung der Pfalz gibt eine Bekanntmachung heraus, in der sie erklärt, daß seit dem Tode Heinz' „eine wahre Mordhetz gegen die Mitglieder der Autonomen Regierung der Pfalz, ihre Bezirkskommissare und ihre anderen Beamten eingesetzt hat". In Drohbriefen werde ihnen das gleiche Schicksal angedroht, das Heinz Orbis erreicht hat. Deshalb sieht sich die Autonome Regierung zu folgenden Maßnahmen veranlaßt:

„Für jeden an einem Mitgliede oder Beamten der Regierung der Autonomen Pfalz verübten oder versuchten Anschlag haften die fünf angesehensten Bürger der Pfalz aus dem Gegenlager mit ihrem Leben und ihrem gesamten Vermögen.

Für jeden gegen einen Bezirkskommissar der Autonomen Pfalz oder einen Beamten des Bezirkskommissariats verübten oder versuchten Anschlag haften fünf der angesehensten Bürger des Bezirks aus dem Gegenlager mit ihrem Leben und ihrem gesamten Vermögen."

Man muß sich angesichts solch drakonischer Strafen fragen, wohin diese Fahrt denn überhaupt gehen soll. Wenn, wie die Autonome Regierung behauptet, die Täter von Speyer wirklich in rechtsrheinischen Kreisen zu suchen sein sollten, so wäre es wider alles Recht und Gesetz, Pfälzer dafür verantwortlich zu machen, die auf die Tat und ihre Verhütung nicht den geringsten Einfluß haben und haben können. Es ist ein, selbst in Kriegszeiten nicht oft angewandtes Mittel, Geiseln für Vorkommnisse verantwortlich zu machen, denen sie fernstehen. In Zeiten des Friedens aber sind derartige Maßnahmen einfach undenkbar, stehen sie doch jenseits aller Kultur und Menschlichkeit. Wenn aber, um auch die andere Seite des Problems zu beleuchten, Pfälzer als Täter in Frage kommen sollten, so muß doch allen Ernstes die Frage aufgeworfen werden, ob eine Regierung vom Willen der ganzen Bevölkerung getragen sein kann, die nur mit derartigen Gewaltmaßnahmen ihre Position halten kann. Von einer Autorität dieser Autonomen Regierung zu sprechen, ist dann aber gewagt. Macht ohne Autorität jedoch? Von ihr sagte, das sei unsere Antwort auf diese Maßnahmen, der belgische Kardinal Mercier 1920 in seiner großen Rede zu Paris: „Was wird sie, die Bevölkerung eines widerrechtlich besetzten Gebietes, tun bei einer Macht ohne Autorität und einer Autorität ohne Macht? Nicht einen Augenblick wird sie zögern und ihrer legitimen Staatsgewalt den Vorrang geben. Sie wird das Recht höher stellen, als die brutalen Tatsachen, denn Tatsachen schaffen kein Recht!"

„Pressefreiheit."

Neustadt, 11. Jan. Der „Pfälz. Kurier" ist heute auf drei Tage verboten und unter Vorzensur gestellt worden, weil er in einem Artikel gegen die pfälzischen Autonomisten Stellung genommen hat. Sämtliche noch vorliegenden Exemplare wurden beschlagnahmt und weitere Maßnahmen von den Autonomisten angekündigt.

Die engl. Enquete in der Pfalz.

Paris, 11. Jan. Havas meldet: Der französische Oberkommissar in den Rheinlanden, Tirard hat seinen Kabinettschef Filliol zum Begleiter des englischen Konsuls in München, Clive bei seiner Enquete in der Pfalz bestimmt. Außerdem hat Tirard den Oberleutnant Richier ersucht, in Köln Erkundigungen über die angeblichen Geheimverbände einzuziehen, auf deren Umtriebe die englische Behörde bereits aufmerksam gemacht worden sei und deren Tätigkeit in der französischen Zone, namentlich in Düren und Bonn

Noch während des Druckes erschienen bewaffnete Separatisten, besetzten mit vorgehaltenen Revolvern den Betrieb und verlangten die Einstellung der Zeitung.
Sowie die Kunde von dem Eindringen der Separatisten zum Betriebspersonal gelangt war, schafften diese soweit es möglich war, alle bereits gedruckten Zeitungen beiseite oder warfen diese in die angrenzenden Gärten, wo sie von den Bewohnern aufgegriffen und weitergegeben wurden.
Nur ein Teil der Auflage gelangte so in die Hände der Separatisten, die sie mit einem Auto abtransportierten. Außerdem wurden die Druckplatten zerstört.
Die Separatisten hatten, da sie keine Fachleute waren, vergessen, auch die Matern zu vernichten, so dass am Abend, als die Separatisten den Betrieb wieder verlassen hatten, die Zeitungen nachgedruckt und mit den übrigen noch vorhandenen Exemplaren teils mit Autos, Radfahrern oder zu Fuß an die Abonnenten in der Pfalz verteilt wurden.
Sofort nach dem Erscheinen der Zeitungen bekam der Waldkirch-Verlag wegen seiner Artikelseite die „Die Pfalz will keine Autonomie" einen Strafbefehl über 10.000 Goldmark und es wurde eine Vorzensur verhängt.
Gleichzeitig verhängte das Bezirksamt Ludwigshafen ein Erscheinungsverbot bis die 10.000 Goldmark bezahlt worden sind.

S t r a f b e f e h l .

Der. »Pfälzische Zeitungsverlag G.m.b.H. in Ludwigshafen wird hiermit wegen Publikation von Artikeln, die dazu bestimmt und geeignet waren, das Ansehen der Autonomen Pfalz herabzuwürdigen, in nachfolgende Strafe genommen Der Bestrafung liegen die vollkommen unwahren und schwer beleidigenden Ausführungen in Nummer 11 des »generalanzeiger» vom Dienstag, den 15.ds.Mts. zu Grunde. Die Strafe beträgt

10 000 -Zehtausend Goldmark-

Die Einzahlung dieses Strafbetrages in wertbeständigem Gelde muss bis spätestens Montag, den 21.ds.Mts. einschliesslich auf unser Konto bei der Speyerer Volksbank in Speyer erfolgt sein. Die Vorzensur wird gleichzeitig über d~~ie~~en. General Anzeiger ~~Pfälzische Rundschau~~ verhängt. Die Bürstenabzüge sind dem Herrn Bezirksamtmann Müller in Ludwigshafen zur Zensur vorzulegen.

RHEINISCHE REPUBLIK Regierung Speyer AUTONOME PFALZ

Nun ein Bericht in „Niemals“ von Dr. Georg Trump, dem politischen Redakteur der „Pfälzischen Rundschau“, über den Abwehrkampf der „Pfälzischen Rundschau“ und den pfälzischen Zeitungen im Allgemeinen.

Die „Pfälzische Rundschau" im Abwehrkampf.

Von Dr. Georg Trump, politischer Redakteur der Pfälzischen Rundschau

Wenn im Rahmen dieser Artikelserie auch der Abwehrkampf der „Pfälzischen Rundschau" gegenüber Franzosen und Separatisten dargestellt wird, so deshalb, weil diese Vorgänge geeignet erscheinen, einen Einblick in die Kämpfe zu geben, welche die pfälzischen Zeitungen überhaupt in jener Zeit zu führen hatten.

Am 23. November 1923 rückten die Separatisten in Ludwigshafen ein. Die Besetzung der Stadt Ludwigshafen bedeutete den Abschluß der Besetzung der Pfalz. Damit rückte auch der Abwehrkampf, den die pfälzischen Zeitungen seit Beginn der Besatzungszeit überhaupt führten, in das letzte und entscheidende Stadium.

Vor dem Einzug der Separatisten war die Polizei auch in Ludwigshafen entwaffnet worden, die letzten staatlichen Organe, die den Schutz des Bürgers verbürgten, waren außer Kraft gesetzt, die Bevölkerung damit wehrlos und rechtlos den Separatisten ausgeliefert. Die Erinnerung an diese Tatsache ist wichtig, um die Schwierigkeiten würdigen zu können, unter denen die pfälzischen Zeitungen ihre Aufgabe als Hüter deutschen Kulturgutes zu lösen hatten.

Bereits gegen Ende des passiven Widerstandes hatten die Franzosen die Ueberwachung der Zeitungen verschärft. Verbote und Bestrafungen waren an der Tagesordnung. Eine Reihe von Redakteuren und Verlegern, darunter der Vorsitzende des pfälzischen Verlegerverbandes Grosser-Frankenthal, wurden ausgewiesen. Auch die belanglosesten Meldungen konnten, wenn sie nicht ganz den Tatsachen entsprachen, zu einem Einschreiten der Besatzungsbehörden führen. Und wie schwer war es, die einlaufenden Nachrichten auf ihre Richtigkeit zu prüfen, nachdem die Nachrichtenverbindung mit dem Rechtsrheinischen mit der zunehmenden Verschärfung des passiven Widerstandes auf alle erdenkliche Weise erschwert worden war. War doch selbst zeitweise das Herüberbringen von Zeitungen über die Rheinbrücke unter Strafe gestellt. Die Zeitungen waren wochenlang auf das telephonische Hereinholen von Nachrichten angewiesen, ausgerechnet in einer Zeit, wo ohnehin die Leitung nach Mannheim aufs äußerste überlastet war. Der sich überstürzende Zerfall der deutschen Währung stellte auch an den Telephonverkehr die größten Anforderungen, da die ganze Wirtschaft dringend der neuesten Kurs- und Devisenmeldungen bedurfte. Immer wieder stand man da in der Zeitung vor der Frage, auf welche Weise man die Leser informieren sollte, wenn, wie es so oft vorkam, die telephonische Verbindung stundenlang gesperrt war. Aber auch so ergaben sich Schwierigkeiten, da auch der Telephonverkehr von den Franzosen überwacht wurde. So war man denn gezwungen, einen verbotenen Nachrichtendienst zu organisieren, in dem man heimlich Zeitungen herüberschmuggeln oder Depeschenbriefe bei Nacht über den Rhein schaffen ließ.

Die Kontrolle der Besatzungsbehörde erstreckte sich aber nicht nur auf Nachrichten, sondern vor allem auch auf die politische Stellungnahme. Man kann es heute fast nicht mehr glauben, daß damals beispielsweise jede Kritik am Versailler Vertrag, auch in durchaus sachlicher Form, verboten war.

Ebenso war es verboten etwas gegen die Fremdenlegion zu schreiben oder offensichtliche Uebergriffe oder Untaten der Besatzungstruppen zu verzeichnen. Jede Notiz in dieser Hinsicht wurde als eine Verletzung des Ansehens der Besatzungsbehörde betrachtet und hatte sofortiges Einschreiten zur Folge. Ein mehrmaliges Verbot konnte schließlich zu einer mehrmonatigen Stillegung der betreffenden Zeitung führen, die damit ihrer publizistischen Aufgabe entzogen war. Bedenkt man, wie stark damals die Pfalz mit französischen Nachrichtenblättern mit gefälschten Nachrichten und deutsch-feindlichem Inhalt überschwemmt wurde, so vermag man daraus den Schaden zu ermessen, welcher der deutschen Sache unter Umständen entstehen konnte.

Die Separatisten erwiesen sich in dieser Beziehung als gelehrige Schüler ihrer Auftraggeber. Es war jedesmal eine ihrer ersten Handlungen, wenn sie dank der französischen Hilfe sich in einer Stadt festgesetzt hatten, sich zu den Zeitungen des betreffenden Ortes zu begeben und ihnen zu erklären, daß nunmehr das Standrecht verkündet sei und jede Stellungnahme gegen die neue Gewalt entsprechende Folgen nach sich ziehen würde. Welche Bedeutung die Separatisten gerade der Presse beimaßen, bezeugt auch die Tatsache, daß sie eigens einen „Pressechef" mitbrachten, dem die Aufgabe gestellt war, auf die Zeitungen einzuwirken und sie zu überwachen.

So fand sich denn am 23. November vormittags kurz nach der Besetzung des Postamtes auch der Pressechef der pfälzischen Separatisten Schmitz-Epper mit einem Trupp bewaffneter Leute bei der „Pfälzischen Rundschau" ein. Er verlangte den Verlagsdirektor Dr. Volz zu sprechen. Schmitz-Epper stammte, wenn ich mich recht erinnere, aus dem Hessischen. Die Art, wie er sich gab, ließ einen Mann erkennen, der um jeden Preis eine Rolle spielen wollte. Dauernd mit dem Revolver herumfuchtelnd, gab er die neue Lage bekannt und glaubte auch zugleich die bisher erschienenen Pressedarstellungen, die von den Separatisten als Gesindel sprachen, berichtigen zu sollen, indem er das „klassische" Wort aussprach: „Revolutionen werden eben nicht mit Glacehandschuhen gemacht."

Daß die Separatisten verstanden, rücksichtslos vorzugehen, davon sollten wir uns recht bald überzeugen können. Zunächst wurde die Rheinbrücke gesperrt. Außerdem durfte sich nach 7 Uhr abends niemand mehr auf der Straße zeigen; Ansammlungen von mehr als fünf Personen waren verboten; der telephonische Verkehr mit dem Rechtsrheinischen wurde unterbrochen. Die Zeitungen mußten Bekanntmachungen an der Spitze des Blattes veröffentlichen, daß die „Pfälzische Republik im Verbande der Rheinischen Republik" proklamiert sei. Der Aufruf endete mit der schamlosen Zumutung „an alle ordnungsliebenden Mitbürger zur Mitarbeit und Unterstützung des begonnenen Werkes". In einem weiteren Aufruf wurde die Schaffung einer stabilen Währung versprochen; „wir wollen deutsch bleiben," hieß es u. a. „in Sprache, Eigenart und Lebensgewohnheiten. Die Rheinlande würden künftig die „Brücke bilden zwischen Ost und West zu gegenseitiger Verständigung und dauernder Festigung des Friedens". „Der ist", so hieß es am Schluß, „in tiefster Seele treu, der die Heimat liebt."

Es handelte sich bei all diesen Aufrufen um Inserate, die aber am Kopf der Zeitung gebracht werden mußten. Daneben wurden den Zeitungen noch eine ganze Reihe sonstiger Notizen von der Separatistenpressestelle zugesandt, für deren Aufnahme zwar kein Zwang bestand, deren Ablehnung aber als feindselige Haltung angesehen wurde. Derartige Notizen, welche die Bevölkerung gegen die rechtmäßigen Behörden aufs schärfste aufhetzen sollten, wurden selbstverständlich von der „Pfälzischen Rundschau" abgelehnt. Wie diese Notizen ausgesehen haben, dafür aus unserem Archiv einige Proben.

Speyer, den 3. Dezember 1923.

Bei der Regierung der Autonomen Pfalz mehren sich die Gesuche von Ausgewiesenen und deren Angehörigen um Zurücknahme von Ausweisungen. Hierin zeigt sich die mangelnde Fürsorge des Reiches und des bayerischen Staates für jene Leute, die geglaubt hatten, für die Belange der alten Regierung alle Lasten und Beschwernisse auf sich nehmen zu müssen und die jetzt mit Betrübnis die Feststellung machen, daß der Dank des Vaterlandes ausbleibt. Die Regierung der Autonomen Pfalz hat dagegen von dem Mittel der Ausweisung nur gegen solche Personen Gebrauch gemacht, die entweder einen Angriff auf ihren Bestand unternommen oder sich geweigert hatten, als Beamte ihren Dienst in der früheren Weise unter Abgabe einer Loyalitätserklärung weiter zu verrichten.

Orbis, den 4. Dezember 1923.

Ein gemeiner Anschlag wurde gegen das Eigentum des hier seßhaften Präsidenten der Autonomen Pfalz, Franz Josef Heinz verübt. Anscheinend von einer Verbrecherorganisation dazu beauftragt, erschien bei der Schwester von Heinz am Samstag nachmittag ½6 Uhr ein etwa 20jähriger junger Mann, dessen Kopf bis auf die vordere Gesichtspartie mit einem weißen Gazeverband umwickelt war und erklärte, er sei auf dem Wege von Kaiserslautern nach Kriegsfeld von jungen Leuten in Dreisen überfallen und seiner Papiere beraubt worden. Er bitte, sich in der Wohnung ausruhen zu dürfen. Nachdem er verköstigt war, begab er sich in die Scheune, wo er scheinbar sein fast neues Fahrrad Marke „Mars" unterbringen wollte, zündete die große Scheune an und flüchtete dann in der Richtung nach Morschheim. Der Täter, der den Gazeverband nur als Maske trug, sprach reines Deutsch, zeigte im Gesicht Hautunreinlichkeiten und hatte sehr zarte, wohlgepflegte Hände. Er gab an, er stamme von Reipoltskirchen. Der feldgraue Anzug mit grünem Rockkragen schien viel zu groß. Durch den Brand, der so rasch um sich griff, daß man die Anwendung besonderer Brandmittel vermuten darf, wurde eine große Scheune nebst Stallungen von Heinz sowie eine große Nachbarscheune des Landwirts Jakob Decker in Schutt gelegt. Letzterer ist im letzten Jahre vom Unglück mehrfach getroffen worden und auch durch diesen Brandfall ist er nun schwerstens geschädigt worden.

Kirchheimbolanden, 4. Dez.
In Sachen der Brandstiftung von Orbis ist eine regelrechte Brandorganisation aufgedeckt worden. Der Sitz dieser Geheimorganisation scheint in Kaiserslautern zu sein. Spuren führen nach Kirchheimbolanden und Oberwiesen. Es steht eine Reihe

Versailler Vertrages sowie an alle zivilisierten Völker appellierte. Die Erbitterung der Separatisten über diesen Beschluß war außerordentlich. Unter keinen Umständen sollte die Presse darüber etwas veröffentlichen. Der separatistische „Bezirksamtmann" Müller sandte daher den Zeitungen folgende Erklärung zu:

Rheinische Republik
Autonome Pfalz
Bezirksamt Ludwigshafen a/Rh.

Ludwigshafen a/Rh., den 17. Dezember 23.

An die Redaktion der „Pfälzischen Rundschau"

Hier.

Ab heute steht die gesamte Ludwigshafener Tagespresse unter Vorzensur. Sie haben jeden Tag Bürstenabzüge Ihrer Zeitung hier vorzulegen.

Es wird der Redaktion verboten, irgendwelche Mitteilung über die heutige Demonstration zu veröffentlichen.

Bezirksamt

Bezirksamtmann.

Müller

von Verhaftungen bevor. In diesem Zusammenhange wurden von der Regierung der Autonomen Pfalz verhaftet der Bürgermeister von Oberwiesen, Lehrer Euler sowie der Aushilfslehrer vom Progymnasium von Kirchheimbolanden, Korell. Letzterer ist Ehrenvorsitzender einer Studentenverbindung.

Die Separatistenregierung hatte am 10. Dezember an die damaligen Bürgermeister Müller und Butscher die Aufforderung gerichtet, eine Loyalitätserklärung des Inhalts abzugeben, daß sie bereit seien, den Forderungen der neuen Regierung Folge zu leisten. Der Stadtrat Ludwigshafen faßte dazu einstimmig den Beschluß, jede Kontrollmaßnahmen und Weisungen dieser Regierung abzulehnen. In Verfolg dieses Beschlusses wurden am 15. Dezember die beiden Bürgermeister verhaftet und ausgewiesen. Dazu faßte der Stadtrat Ludwigshafen eine Protestentschließung, in der er an die Signatarmächte des

Aber die Zeitungen waren schneller gewesen, der Beschluß war bereits veröffentlicht.

Die Verhaftung und Ausweisung der beiden Bürgermeister, denen weitere Stadträte folgten, führte im Verlauf zu einer Gegenaktion der deutschen politischen Parteien, bei deren Durchführung auch der Presse eine wesentliche Aufgabe zuteil wurde. Es tauchte der Gedanke auf, gegen die zunehmende separatistische Willkür eine Massendemonstration in die Wege zu leiten, durch die der ganzen Welt deutlich der Wille der Bevölkerung kundgetan werden sollte. Durch Mitglieder der Polizei wurden am Abend des 15. Dezember vertraulich die Führer des politischen, wirtschaftlichen und öffentlichen Lebens zu einer Beratung in das Rathaus nach Mannheim eingeladen. Der Gedanke fand einmütigen Widerhall. Es fanden sich eine stattliche Anzahl von Personen ein; die Verhandlungen, zu deren Geheimhaltung jeder verpflichtet wurde, verliefen außerordentlich harmonisch.

Den Vorsitz führte Stadtrat Jakob Schmitt, Protokollführer war Stadtrat Bertram. Der Vorschlag einer Massendemonstration fand einstimmige Aufnahme, besonders bemerkenswert erschien es mir dabei, wie damals auch die anwesenden kommunistischen Vertreter mit Eifer bei der Sache waren. Ja der eine oder andere ließ sogar durchblicken, daß sie die Separatisten in den Rhein werfen wollten. Gleichzeitig wurde folgende Proklamation an die Bevölkerung beschlossen:

An die Bevölkerung der Stadt

Ludwigshafen a. Rh.

Seit Wochen sind die Separatisten in Ludwigshafen eingedrungen. Das Vorgehen der Separatisten in der Pfalz, insbesondere in Ludwigshafen, führt zur Untergrabung der ordnungsmäßigen Erledigung aller Verwaltungsgeschäfte. Die Verhaftung und Ausweisung unserer beiden Bürgermeister Müller und Butscher und der hiesigen Bezirksbeamten, die Verhaftung der Stadträte Fischer und Gelbert sowie sonstiger Beamten und Privatpersonen, ferner die willkürlich vorgenommenen Requirierungen, zeigen uns mit erschreckender Deutlichkeit, welche Gefahren der an sich so notgeplagten Ludwigshafener und pfälzischen Bevölkerung von separatistischer Seite im besonderen drohen.

Die Sicherheit der gesamten wirtschaftlichen und politischen Einrichtungen steht infolge dieser separatistischen Maßnahmen in Frage. Die Gefahren für die Bevölkerung in Bezug auf die Ernährung und Beschaffung des Lebensnotwendigsten sind außerordentlich groß und führen zu katastrophalen Verhältnissen, heraufbeschworen von der sogenannten Autonomen Regierung, welche von der pfälzischen Bevölkerung weder gerufen noch anerkannt wurde. Wir verwahren uns gegen diese wider Recht und Gesetz angemaßte Gewalt aufs entschiedenste. Die unterzeichneten Körperschaften erkennen nur in der Reichs- und Landesverfassung den Rechtsboden für ihr öffentliches Handeln und fühlen sich für die besonderen Verhältnisse im besetzten Gebiete nur durch die entsprechenden Festlegungen des Versailler Vertrages und durch das Rheinlandabkommen verpflichtet und gebunden.

Wir lehnen daher in unserer Gesamtheit jede separatistische Bestrebung ab und verbitten uns ganz entschieden jedwede Einmischung in unsere staatsbürgerlichen Rechte und Freiheiten.

Ueber das Schicksal unserer deutschen Pfalz entscheidet heute und immer nur die pfälzische Bevölkerung nach freiem Willen selbst.

Der Stadtrat;
Sämtliche Gewerkschaften der Beamten, Angestellten und Arbeiter;
Sämtliche Arbeitgeberverbände;
Sämtliche Berufs- und Wirtschaftsverbände der Stadt Ludwigshafen.

Nachdem man über den Wortlaut der Proklamation einig war, war vor allem die Frage zu erledigen, wie man den Inhalt der Proklamation nun auch der Bevölkerung zur Kenntnis bringen könne. Die Kürze der Zeit gestattete den Druck von Flugblättern nicht mehr. So mußte man das Hauptgewicht auf die Veröffentlichung in der Tagespresse legen. Die anwesenden Vertreter der Ludwigshafener Zeitungen, die an den Beratungen mitgewirkt hatten, wurden gefragt, ob sie sich für die Aufnahme der Proklamation einsetzen könnten. Für die beiden in unserem Verlage erscheinenden Zeitungen konnte ich eine diesbezügliche Erklärung, vorbehaltlich der späteren Zustimmung des Verlags, an der ich nicht zweifeln würde, abgeben. Dasselbe taten die anderen Zeitungen. Die Presse war sich natürlich über die Tragweite der beschlossenen Veröffentlichung, nach den bisherigen Erfahrungen mit den Separatisten im klaren; es war vorauszusehen, daß wenn die Demonstration, an die man auch sonst weitgehende Hoffnungen geknüpft hatte, nicht die Erwartungen erfüllen würde, alle Art von Repressalien angewandt würden. Am Abend des gleichen Tages wurde Geheimrat Waldkirch über die Ereignisse des Tages informiert, er billigte den Standpunkt der Redaktion uneingeschränkt und traf sofort die nötigen Maßnahmen zur Durchführung. Es wurde außerdem vereinbart, daß zu dieser Kundgebung auch von der Zeitung aus in einem Leitartikel unterstützend Stellung genommen werden sollte. „Wir Pfälzer lehnen", so schrieb damals die „Pfälzische Rundschau", „mit aller Entschiedenheit jede staatsrechtliche Veränderung in unserer Heimat ab und weisen die Regierung der Autonomen Pfalz als nicht berufen und nicht von uns gerufen zurück. Wir Pfälzer sind deutsch und wollen deutsch bleiben. Dieses unser Bekenntnis unverrückbar, unbestechlich."

Zu gleicher Zeit, als die Verhandlungen in Mannheim stattfanden, wurde in Schwetzingen eine andere Pressebesprechung abgehalten, die nicht minder bedeutungsvoll werden sollte. Es wurde dort vereinbart, an den Verein der auswärtigen Presse in Berlin heranzutreten und die auswärtigen Journalisten zu bitten, sich durch einen Besuch in der Pfalz von den Zuständen in unserer Heimat zu informieren. Die auswärtigen Journalisten sind später dieser Einladung gefolgt, ihre Berichte, die durchaus

den 19. Dezember 1923.

Strafbefehl.

Dem Verlag der Pfälzischen Rundschau in Ludwigshafen.

wird eine binnen drei Tagen beim Standgericht der Regierung der Autonomen Pfalz in Speyer wertbeständig zu zahlende Geldstrafe von

Fünfzehnhundert-Goldmark

auferlegt, weil er in seiner Zeitung die Bevölkerung in einer den öffentlichen Frieden gefährdenden Weise gegen die Regierung der Autonomen Pfalz aufgehetzt hat.

Der Verlag ist ausserdem verpflichtet 10 000 Flugblätter mit einem von der Regierung der Autonomen Pfalz noch näher zu bestimmenden Inhalt auf deren Antrag zu drucken und zur Verfügung zu stellen.

ungünstig für Franzosen und Separatisten ausfielen, erregten in der ganzen Welt außerordentliche Aufmerksamkeit.

Die Demonstration am 17. Dezember in Ludwigshafen war wohl eine der überwältigendsten Kundgebungen gemeinsamen Willens zum Festhalten an Deutschland. Stundenlang dauerte der Vorbeimarsch; aber als der Zug am unteren Rheinufer entlang in die Wredestraße einbiegen wollte, wo sich im Bezirksamt die Separatisten eingenistet hatten, war der Zugang durch französisches Militär gesperrt. Die Hoffnungen, die von mancher Seite gehegt wurden, scheiterten an der entscheidenden Stelle. Im weiteren Verlauf der Demonstration griff schließlich französisches Militär ein, um in rücksichtsloser Weise die Straßen zu säubern.

Was war erreicht? Der Zweck, die wahre Stimmung der Bevölkerung zu demonstrieren, war wohl erfüllt, aber die Separatisten saßen nach wie vor im Bezirksamt. Es galt nun vor allem zu erreichen, daß der moralische Eindruck der Demonstration auch auf das Ausland übertragen wurde, und es galt weiter zu verhindern, daß das Ausland einseitig aus französischer Quelle informiert wurde. So wurden denn am gleichen Abend von der Ludwigshafener Presse die Mannheimer Zeitungen und Nachrichtenbüros zu einer informatorischen Besprechung eingeladen. Das Ergebnis dieser Besprechung war insofern gut, als dadurch französischen Darstellungen, die von mißglückten nationalistischen Machenschaften sprachen, entgegengearbeitet wurde. Soweit sich übersehen ließ, hat sich ein großer Teil der ausländischen Zeitungen auf unsere Darstellung gestützt.

Am nächsten Tage begann die Gegenaktion der Separatisten gegen die Presse. Die beiden im Verlag Waldkirch erscheinenden Zeitungen wurden zu je 1500 Goldmark verurteilt und die gesamte Ludwigshafener Presse wurde unter Vorzensur gestellt, die vorher nicht bestanden hatte. Die Zeitungen sollten ferner jeden Tag Bürstenabzüge an den inzwischen zum Bezirkskommissar bestellten „Bezirksamtmann Müller" liefern. Ferner wurde es den Redaktionen verboten, irgendwelche Mitteilungen über die Demonstration zu bringen. Nach Verlag und Redaktion wurde gesucht, sie mußten gewärtig sein, jederzeit abgefaßt zu werden.

In dieser Zeit folgten die Ludwigshafener Redakteure einem freundlichen Anerbieten des Dekans Walzer und verlegten die Redaktion in das katholische Pfarrhaus St. Ludwig, an einen Platz, wo die Separatisten sicher nicht die Redaktion einer Zeitung vermutet hätten. Wir konnten hier ungestört unsere redaktionellen Arbeiten für die nächste Nummer vorbereiten. Die Verbindung zwischen der Pfarrhausredaktion und der Zeitung wurde durch zuverlässige Boten hergestellt, jedenfalls konnten die Separatisten den Aufenthalt nicht ermitteln. Wie aus einem erst dieser Tage in den Besitz der „Pfälzischen Rundschau" gelangten Schreiben hervorgeht, nahm Bezirkskommissar Müller an, daß sich die Redaktionen in Mannheim aufhalten würden. Dieses Schreiben, das Müller an die Autonome Regierung nach Speyer richtete, ist auch insofern interessant, als sich Müller darin über das Gegeneinanderregieren von Ludwigshafen und Speyer beschwert. Müller weist auf einige Beispiele hin und kommt zu folgenden Schlußfolgerungen: „Das ist natürlich ein Nonsens; so kann nicht regiert werden, wenn man sich nicht lächerlich machen will." Das Durcheinander scheint jedenfalls nach diesem Schreiben ganz außerordentlich gewesen zu sein. Müller bat außerdem um „Uebersendung von Text", um den Inhalt der Flugblätter zu füllen, deren Lieferung als Strafe den Zeitungen in Aussicht gestellt wurde.

Am Tage nach der Ludwigshafener Demonstration hatten Verleger und Schriftleiter der pfälzischen Zeitungen Einladung zu einer Besprechung in Neustadt (Bezirksamt) erhalten „zur Klärung des Verhältnisses zwischen der Presse und der Regierung der Autonomen Pfalz", wie es in dem Schreiben Bleys hieß. Die Ludwigshafener Presse beteiligte sich an dieser Besprechung nicht. Als Antwort darauf erhielt sie die Mitteilung, daß die Vorzensur in der ganzen Pfalz aufgehoben sei, mit Ausnahme von Ludwigshafen. Den pfälzischen Zeitungen wurden Richtlinien zugesandt, die für die Veröffentlichung politischer Artikel maßgebend sein sollten. „Nicht gestattet", so heißt es u. a. darin, „sind Veröffentlichungen, die den Stempel der Unwahrheit tragen, oder als unwahr erkenntlich sind, und die, wie die am 17. Dezember 1923 veröffentlichte Kundgebung des Ludwigshafener Stadtrats und der Gewerkschaften und anderer Verbände in wahrheitswidriger Weise der Regierung der Autonomen Pfalz eine Verantwortung aufzubürden suchen."

Am 21. Dezember entschloß sich die „Pfälzische Rundschau", wieder zu erscheinen, ohne indessen die verlangten Bürstenabzüge vorzulegen. Die Vorzensur wurde nicht anerkannt. Dasselbe taten die übrigen Ludwigshafener Zeitungen. Außerdem war inzwischen eine Erwiderung der Separatistenregierung auf den Stadtratsbeschluß zugegangen, die in der ersten erscheinenden Nummer veröffentlicht werden sollte. Auch das war unterblieben. Verlagsdirektor Dr. Volz wurde deswegen nach dem Erscheinen der Zeitung zu Müller beordert und als er zugab, bewußt gegen die Anordnungen der Separatistenregierung verstoßen zu haben, verhaftet.

Dr. Volz wurde noch am Abend nach Speyer gebracht. Nach seiner Verhaftung fand in der „Pfälzischen Rundschau" eine Redaktionskonferenz statt, an der auch Dr. Fink von der „Neuen Pfälzischen Landeszeitung" teilnahm. Man war sich darüber klar, daß man im Interesse der deutschen Presse diesen Uebergriff und Eingriff der Separatisten nicht ohne Gegenwehr passieren lassen dürfe. Es wurde beschlossen, am nächsten Tage bei der Rheinlandkommission vorstellig zu werden. Dr. Fink und ich begaben uns zu dem Pressereferenten der Rheinlandkommission, rem Anliegen beginnen. Wir berichteten über die Vorfälle vom gestrigen Tag und protestierten dagegen als einer Verletzung des Rheinlandabkommens. Fehner schien über alles bereits unterrichtet zu sein. Er meinte, wir sollten unsern Protest doch auch „da drüben" anbringen und auf unsere Frage, ob man von da auch wieder unversehrt zurückkäme, meinte er, er würde schon dafür Sorge tragen. Er kündigte sofort telephonisch unseren Besuch an und gab damit einen sichtbaren Beweis der engen

Nr. ...... Ludwigshafen a. Rh., den 25. Januar 1924.

Bezirksamt.

Postscheckkonto des Bezirksamtes 3828.
Postscheckkonto des Kommunalverbandes 3101.
Fernsprecher Nr. 2107, 2108, 2109.

An den Verlag der Pfälzischen Rundschau
und des General - Anzeiger
Ludwigshafen.

Zu ...... vom ......

Betreff:

Im Auftrage der Regierung habe ich Ihnen zu eröffnen, dass die Zeitungen :

General - Anzeiger u. Pfälzische Rundschau

erst wieder erscheinen dürfen, nachdem die fällige Strafe von je 10 000 Goldmark bezahlt worden ist.

Bezirksamt

Bezirksamt

Fehner, der mir zunächst einige Vorhaltungen machte, daß ich bei der Uebermittlung der französischen Erklärung in der historischen Kreistagssitzung in Speyer vom 24. Oktober, der ich als Vertreter der „Pfälzischen Rundschau" beiwohnte, einen Fehler gemacht hätte, der für die Rheinlandkommission sehr unangenehm gewesen sei. Ich hätte in meinem Bericht in der Zeitung erklärt, daß Major Louis eine offizielle Erklärung abgegeben habe, in Wirklichkeit habe es sich um eine offiziöse Erklärung gehandelt. Ich erklärte, wenn das wirklich der Fall gewesen sei, habe es sich um einen Hörfehler gehandelt, da die Erklärung sehr hastig verlesen worden sei; im übrigen sei der Unterschied doch wohl nicht so gewichtig. Fehner ließ sich schließlich bald beschwichtigen und wir konnten mit unse- Zusammenarbeit zwischen Separatisten und Franzosen. Im Regierungsgebäude bei den Separatisten wiederholten wir unseren Protest. Schmitz-Epper wurde beauftragt, unsere Beschwerde entgegenzunehmen; er schien ursprünglich den Aufgeblasenen spielen zu wollen, als er aber hörte, daß wir unseren Protest bereits bei der Rheinlandkommission angebracht hatten, lenkte er sehr schnell ein. Die verhängte Vorzensur wurde zurückgezogen und Dr. Volz freigelassen. Wir erstatteten am nächsten Tage über unsere Eindrücke in Mannheim vor einem Gremium von Personen, darunter Bürgermeister Butscher, Bericht und man freute sich allgemein, daß es gelungen war, dem „Bezirkskommissar" Müller, der natürlich vor Wut schäumte, eines auszuwischen.

Die nächsten Tage brachten politisch keine Entlastung. Die Separatisten ließen, wie bereits erwähnt, als Antwort auf die Proklamation eine Gegenerklärung los, in der behauptet wurde, daß die Arbeiter von ihren Führern betrogen worden seien und diesen Betrug inzwischen auch eingesehen hätten. „Ein zweites Mal", so hieß es am Schluß, „wird ein solches Manöver, so kläglich es auch verlaufen ist, nicht mehr gelingen". Die Rheinlandkommission, d. h. der belgische und französische Vertreter hatten sich am 2. Januar dazu entschieden, die Verordnungen der Separatisten amtlich zu registrieren. Es hätte das die Anerkennung der Separatistenregierung bedeutet. Noch fehlte die Zustimmung Englands, das einige Tage später die Registrierung verweigerte.

Ein interessantes Intermezzo fällt in diese Zeit. Der Bezirksdelegierte der Rheinlandkommission in Zweibrücken, der in einer Erklärung an die lokale Presse am 4. Januar die Verordnungen der Separatisten als nicht gültig erklärt hatte, mußte sich in einer Erklärung, deren Abdruck allen pfälzischen Zeitungen zur Pflicht gemacht wurde, selbst berichtigen, „da die Rheinlandkommission, die von der Autonomen Regierung zur Genehmigung vorgelegten Verordnungen amtlich eingetragen hätte".

Einen neuen Zusammenstoß mit den Separatisten hatte die „Pfälzische Rundschau" durch die Weihnachtsnummer, die eine Reihe wertvoller Beiträge führender Politiker und Gelehrter, darunter des Jenenser Philosophen Eucken, enthielt und die alle in vaterländisch-aufmunterndem Sinne gehalten waren. Bezirkskommissar Müller verlangte die Entfernung dieser Artikel; die Zeitungen, so erklärte einer seiner Gehilfen, „sollten doch den Unsinn weglassen". Müller verlangte gleichzeitig auch, daß die Zeitung nicht etwa mit „weißen Stellen" erscheine. So wurde denn beschlossen, die Zeitung an diesem Tage überhaupt nicht erscheinen zu lassen.

Wir protestierten erneut in Speyer. Aber das Ergebnis war diesmal das, daß mitgeteilt wurde, man überlege, ob man nicht den Verleger der „Pfälzischen Rundschau", Dr. W. Waldkirch, verhaften sollte, weil auch die Weihnachtsnummer nicht die verlangte Gegenerklärung enthalten hätte, die der Presse zur Veröffentlichung zugegangen war.

Noch ein anderer Zwischenfall fällt in jene Zeit. Eines Tages erschienen Separatisten und verlangten von der Geschäftsleitung, daß sie für die Autonome Regierung Geld drucke. Dr. Julius Waldkirch, der die Verhandlungen führte, lehnte das Ansinnen ab. Die Separatisten ergingen sich in verschiedenen Drohungen, insbesondere stellten sie die Verhaftung Dr. Waldkirchs in Aussicht und verließen darauf das Gebäude. Bald darauf kamen dieselben Separatisten, begleitet von einem Trupp Bewaffneter wieder und besetzten den Betrieb. Die Wortführer wurden nochmals vorstellig, bekamen aber abermals eine ablehnende Antwort. In der Zwischenzeit hatte die Geschäftsleitung die Belegschaft von dem Vorhaben der Separatisten verständigt, worauf der Betriebsrat der Firma erklärte, daß er unter allen Umständen die Geschäftsleitung in ihrem Vorhaben unterstützen werde und daß sie sich von diesem Standpunkt auch nicht durch eine etwaige Verhaftung abbringen ließe. Der Betrieb blieb längere Zeit besetzt, schließlich entschlossen sich aber die Separatisten doch wieder abzuziehen. Es verlautete später, daß die Franzosen den Separatisten die Genehmigung zur Herstellung von Papiergeld versagt hätten.

Für die pfälzischen Zeitungen wurde die Lage immer kritischer. Verleger und Redakteure kamen damals in regelmäßigen Abständen in Mannheim zusammen, um sich zu beraten und Gegenmaßnahmen zu beschließen. Man war sich darüber klar, daß die unter Zwang erfolgten Veröffentlichungen der Separatisten auf die Dauer geeignet waren, Verwirrung anzurichten. Als daher, als Folge des Protestes der Pfälzer in Koblenz, die englische Regierung den Münchner Generalkonsul Clive gegen den Widerstand Frankreichs mit der Untersuchung der Lage in der Pfalz betraute, beschloß man, diesem nicht nur mündlich die Beschwerden der Presse vorzutragen, was bei einem Empfang der Pfälzer in Mannheim ausgiebig geschah, sondern auch in den Zeitungen selbst noch einmal mit aller Deutlichkeit den Standpunkt der Pfalz zum Ausdruck zu bringen. Den äußeren Anlaß hierzu bot eine scharfe Protesterklärung der pfälzischen Geistlichkeit beider Konfessionen.

Die Veröffentlichung erfolgte in den pfälzischen Zeitungen aus Gründen, die mir heute nicht mehr genau erinnerlich sind, nicht gleichzeitig. Als die „Neue Pfälzische Landeszeitung" mit einem Leitartikel, aus der Feder von Dr. Fink, „Schluß mit der Autonomie!" erschien, wurde die Zeitung nach dem Erscheinen besetzt, Redakteur Dörflinger verhaftet und in der Gefangenschaft schwer mißhandelt. Am 15. Januar erschien die „Pfälzische Rundschau" mit einem vom Verfasser dieser Zeilen geschriebenen Artikel: „Die Pfalz will keine Autonomie", worin der Standpunkt der „Pfälzischen Rundschau" eindeutig klargelegt und verlangt wurde, daß endgültig Schluß mit der Separatistenherrschaft gemacht würde. (Siehe Beilage.)

Noch während des Drucks dieser Nummer erschienen bewaffnete Separatisten, besetzten mit vorgehaltenem Revolver den Betrieb und verlangten die Einstellung des Drucks. Sowie die Kunde von dem Eindringen der Separatisten

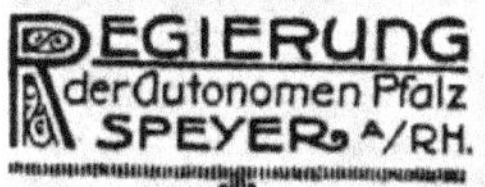

den 16.Januar 1924.

S t r a f b e f e h l .

Der »Pfälzische Zeitungsverlag G.m.b.H.» in Ludwigs=hafen wird hiermit wegen Publikation von Artikeln, die dazu bestimmt und geeignet waren, das Ansehen der Auto=nomen Pfalz herabzuwürdigen, in nachfolgende Strafe ge=nommen. Der Bestrafung liegen die vollkommen unwahren und schwer beleidigenden Ausführungen in Nummer 13 der »Pfäl=zischen Rundschau» vom Mittwoch, den 16.ds.Mts. zu Grunde. Die Strafe beträgt

10 000 -Zehntausend Goldmark-.

Die Einzahlung dieses Strafbetrages in wertbeständigem Gelde muss bis spätestens Montag, den 21.ds.Mts. einschlies=lich auf unser Konto bei der Speyerer Volksbank in Speyer erfolgt sein. Die Vorzensur wird gleichzeitig über die Pfälzische Rundschau verhängt. Die Bürstenabzüge sind dem Herrn Bezirksamtmann Müller in Ludwigshafen zur Zensur vorzulegen.

Pfälzische Republik – Regierung Speyer – Autonome Pfalz

zum Betriebspersonal gelangt war, schaffte dieses soweit es möglich war, alle bereits gedruckte Nummern beiseite oder warf sie in die angrenzenden Gärten, wo sie von den Bewohnern aufgegriffen und weitergegeben wurden. Nur ein Teil der Auflage gelangte so in die Hände der Separatisten, die sie mit einem Auto fortfuhren. Außerdem wurden die Platten zertrümmert. Die Separatisten hatten indessen vergessen, auch die Matern zu vernichten, so daß am Abend, als die Separatisten den Betrieb wieder verlassen hatten, die Zeitungen nachgedruckt und mit den übrigen noch vorhandenen Exemplaren teils in der Stadt verteilt, teils mit Autos und Radfahrern an die Abonnenten in der Pfalz verteilt wurden. Die Separatisten beantworteten das Vorgehen der „Pfälzischen Rundschau" damit, daß sie über die beiden im Verlag erschienenen Zeitungen eine Geldstrafe von je 10 000 Mark verhängten.

In ähnlicher Weise gingen die Separatisten auch gegen andere pfälzische Zeitungen vor, was dazu führte, daß die gesamte pfälzische Presse ihr Erscheinen einstellte und in einer Protesterklärung die Wiederherstellung der Pressefreiheit im Rahmen des Rheinlandabkommens forderte. Der Proteststreik dauerte bis zum 11. Februar. Die pfälzischen Zeitungen waren in der Zwischenzeit wiederholt bei General de Metz vorstellig gewesen, allerdings ohne Erfolg. Im Laufe der nächsten Wochen hatte sich indes die Situation für die Separatisten nach dem Besuche des englischen Generalkonsuls Clive in der Pfalz erheblich verschlechtert. Ihre Herrschaft war im Niedergang. So entschlossen sich am 12. Februar die pfälzischen Zeitungen, wieder zu erscheinen, ohne die Geldstrafen bezahlt zu haben. In einer Erklärung an die Leser wurde mitgeteilt, daß der Zeitungsstreik die ganze Welt wirksam auf die Schwierigkeiten aufmerksam gemacht habe, mit denen die Presse zu kämpfen hatte und daß unter diesen Umständen die pfälzischen Zeitungen glaubten, jetzt wieder erscheinen zu sollen.

Noch ein letztes Mal versuchten die Separatisten in die „Pfälzische Rundschau" einzudringen. Sie hatten Kenntnis von dem Wiedererscheinen der Zeitung erhalten und wollten, wie sie erklärten, eine „Revision" vornehmen Aber die Lage hatte sich inzwischen geändert. Als sie das Verlagsgebäude betreten wollten, stießen sie, zu ihrer Ueberraschung, auf eine Abteilung Ludwigshafener Schutzleute, die ihnen den Eintritt verwehrte, so daß sie unverrichteter Dinge wieder abziehen mußten. Am nächsten Tage kam dann der Sturm in Pirmasens, der den Ludwigshafener Separatisten derartig in die Knochen fuhr, daß sie es nicht mehr wagten, das Bezirksamt zu verlassen.

Die Separatistenherrschaft war damit gebrochen. Die Kämpfe der pfälzischen Zeitungen mit den Franzosen gingen allerdings noch jahrelang weiter, wenn auch seit den Verhandlungen von Locarno eine gewisse Erleichterung auch für die Presse eingetreten war. Wenn heute die pfälzischen Zeitungen auf diese Zeiten zurückblicken, so können sie mit Stolz behaupten, zu ihrem Teile die Wege die zur Befreiung führten, gebahnt zu haben.

Kommerzienrat Wilhelm Waldkirch, als Vorsitzender der pfälzischen Zeitungsverleger und Herausgeber der beiden größten pfälzischen Presseorgane, hatte damit eine Schlüsselposition und so besprach er mit seinen Kollegen das weitere Verhalten der Verlage.
Einstimmig kam man zu dem Entschluss, den Protest gegen die Autonomisten wesentlich zu verschärfen.
Ein Protestschreiben der pfälzischen Zeitungen ging an den Oberdelegierten der Hohen Interalliierten Rheinlandkommission General de Metz in Speyer.

Protest der Pfälzischen Zeitungen.

An

den Oberdelegierten der Hohen Interalliierten Rheinlandkommission

Herrn General de Metz

Speyer.

Betr.:

Protest der Verleger und Redakteure.

Im Nachgange zu unserer Eingabe vom 24. Jan. 1924 und mit Bezugnahme auf das dortige Schreiben Nr. 758 vom 25. Jan. 1924 und unsere Zuschrift vom [illegible]8. Januar 1924 beehren wir uns folgendes zu unterbreiten.

Zunächst sei allgemein bemerkt.

Verleger und Redakteure pfälzischer Blätter sind nach dem Einmarsch der Autonomisten Anfang Mitte November 192[illegible] zu Loyalitätserklärungen gezwungen worden.

Unter dem Zwang der Verhältnisse sicherten die Pressevertreter loyales Verhalten zu. Es sollte speziell darin bestehen, daß man „Bekanntmachungen" der autonomen Regierung auf der ersten Seite der Zeitungen veröffentlichte. Im allgemeinen sollte dieselbe Loyalität wie gegenüber den französischen Behörden bestehen.

Kurz danach wurde die Presse nicht nur mit zahllosen ausgedehnten Verordnungen, sondern auch mit Auslassungen polemischer Art in großem Umfange bedacht. Häufig wurden diese Auslassungen der autonomen Pressestelle vormittags kurz vor Schluß der Zeitungen telephonisch, unter Drohungen für den Fall der Nichtaufnahme, übermittelt. Bei dem geringen Umfang der pfälzischen Zeitungen füllten diese Verordnungen häufig mehrere Spalten. Vergütung erfolgte trotz Antrags in den allerwenigsten Fällen, entgegen der bisherigen Gepflogenheit der deutschen und französischen Behörden, die ihre Bekanntmachungen — von einzelnen Informationen abgesehen — restlos bezahlen.

In schwere Gewissenskonflikte brachte die Zeitungsverleger und Redakteure der Zwang zur Aufnahme von scharfen Polemiken und schweren Angriffen auf die bayerische und die Reichsregierung. Mit Mühe und Not ist es der Presse gelungen, diese Auslassungen als von der autonomen Pressestelle herrührend zu kennzeichnen. In dem bekannten Neujahrsaufruf der autonomen Regierung „Zur Jahreswende" wird ihre Proklamierung und Existenz als etwas Unabänderliches hingestellt, obwohl sie von keiner Regierung und auch nicht von der Hohen Interalliierten Rheinlandkommission anerkannt wurde. Demnach entbehrte die autonome Regierung der staats- und völkerrechtlichen Sanktion und die Presse mußte die erzwungene Veröffentlichung des Neujahrsaufrufs, der die Bevölkerung irrezuführen drohte, als eine schwere Belastung ihres Gewissens und ihrer journalistischen Standesehre empfinden.

Verschiedene Mitteilungen tatsächlichen Inhalts der autonomen Regierung erwiesen sich als unwahr. Z. B. mußte Ende Dezember veröffentlicht werden, die Gemeinde Edenkoben habe ihre Einverleibung in den Bezirk Neustadt beantragt und der Gemeinderat von Maikammer habe die autonome Regierung anerkannt. Wie die Bürgermeisterämter mitteilen, ist beides unzutreffend. Am 22. Dezember 1923 mußten die Landauer Blätter eine Notiz des Inhalts veröffentlichen, die Beamten des Bezirksamtes und des Finanzamtes seien ihres Dienstes enthoben worden, „weil sie den Anordnungen der autonomen Regierung nicht Folge geleistet hätten". In Wirklichkeit haben die Beamten sich geweigert, weil sie ihren Diensteid nicht verletzen wollten.

Bei einer Besprechung der Presse mit Vertretern der autonomen Regierung in Neustadt am 18. Dez. 1923 wurde mitgeteilt, daß das Recht der Kritik durch die Presse nach wie vor nicht beschränkt sei; diese Erklärung wurde mit Zuschrift der autonomen Regierung bestätigt. Wie nun das Recht der freien Meinungsäußerung durch die Aut. Reg. gehandhabt wurde, möge durch nachstehende Tatsachen beleuchtet werden:

1. Der „Pfälzische Kurier in Neustadt a. H. wurde wegen eines Artikels „Pfälzer Wille" vom 15. Januar 1924 laut Verfügung der autonomen Regierung drei Tage verboten und mit 5000 Goldmark bestraft. Dasselbe Blatt wurde telephonisch verboten wegen Veröffentlichung eines Beschlusses des Stadtrats von Ludwigshafen betr. Anerkennung der autonomen Regierung sowie der Proteste der katholischen und evangelischen Geistlichkeit. Endlich wurde dem Blatt mit weiteren Verboten gedroht, weil es Gemeinderatsbeschlüsse aus verschiedenen Orten, die sich gegen die Anerkennung der autonomen Regierung aussprachen, veröffentlichte.

2. Dem „Pfälzer Volksboten" in Kaiserslautern wurde im November und Dezember 1923 die Veröffentlichung von Artikeln der autonomen Regierung ohne Quellenangabe aufgezwungen und zwar, je nach Bedarf, im redaktionellen oder im Anzeigenteil. Wegen eines Artikels „Aus der pfälzischen Sozialdemokratie", der wörtlich der „Pfälzischen Post" entnommen war, ist der „Volksbote" 3 Tage verboten worden, während die „Post" nicht bestraft wurde. Laut Verfügung der autonomen Regierung gez. [illegible] vom [illegible] Januar 1924 dürfen Verordnungen von rechtsrheinischen Behörden nur mit Genehmigung der A. R. veröffentlicht werden. — Laut Verfügung vom 21. Januar 1924, gez. Schwab, wurde unter Androhung von Vor- und Nachzensur sowie des dauernden Verbots und der Ausweisung des Hauptschriftleiters und Geschäftsführers ange-

ordnet, daß alle Bekanntmachungen der A. R. auf der ersten Seite erste Spalte links veröffentlicht werden müssen. — Laut Schreiben vom 22. 1. 24, gez. Schwab, wurde zeitliches oder dauerndes Verbot angedroht für den Fall, daß Bezugsgebühren im Voraus erhoben werden. — Am 22. 1. 24 wurde das Blatt auf drei Tage und am 25. 1. 24 „bis auf weiteres" verboten.

3. Die „Neue pfälzische Landeszeitung" wurde am 15. Dez. 23 mit Frcs. 2000.— bestraft, weil sie einen Beschluß des Stadtrats von Ludwigshafen betr. Nichtanerkennung der Aut. Regierung veröffentlichte; ferner am 19. Dez. 23 mit 1500 Goldmark wegen Veröffentlichung eines Aufrufs der politischen Parteien betr. Nichtanerkennung der Aut. Regierung; ferner am 29. Dez. 23 mit 1000 Goldmark wegen einer Kritik der Neujahrskundgebung der Aut. Regierung; ferner Druck von 10 000 Flugblättern am 27. Dez. 23. Am 12. Januar 1924 erfolgte die Beschlagnahme und Schließung des gesamten Betriebes wegen der Kundgebung „Schluß mit der Autonomie". Der Redakteur Dörflinger wurde verhaftet und im Gefängnis schwer mißhandelt.

4. Die „Frankenthaler Zeitung" wurde Anf. Dez. 23 mit 500 Goldmark bestraft, weil sie einen Aufruf der politischen Parteien der Pfalz veröffentlichte, ferner mit 1000 Goldmark wegen eines Artikels betr. den Besuch des Generalkonsuls Clive.

5. Die „Pfälzische Rundschau" und der „General-Anzeiger" wurden mit je 10 000 Goldmark bestraft und die Betriebe vorläufig besetzt wegen eines Artikels betr. den Besuch des Generalkonsuls Clive. Die Zeitungen können erst nach Bezahlung der Geldstrafen wieder erscheinen. Ferner wurden sie wegen der Veröffentlichung eines Berichts über die Kundgebung der wirtschaftlichen und gewerkschaftlichen Verbände zu je 1500 Goldmark und Stellung unter Vorzensur verurteilt. Der Verlagsdirektor Dr. Pelz wurde vorübergehend verhaftet und nach Speyer gebracht.

6. Die „Zweibrücker Zeitung" und „Pirmasenser Morgenzeitung" wurden am 19. Januar 1924 mit je 2000 Goldmark bestraft, weil sie am 5. Januar 24 einen Bericht des Herrn Oberstleutnants Defoort veröffentlichten, wonach die Regierung der autonomen Pfalz nicht anerkannt und keine ihrer Verordnungen von der Rheinlandkommission offiziell genehmigt sei. — Am 24. Jan. 1924 wurden 10 000 Kg. Druckpapier beschlagnahmt, weil die Strafe nicht bezahlt werden konnte.

7. Der „Pfälzische Merkur" in Zweibrücken wurde Anfang Jan. 1924 wegen Beleidigung der grün-weiß-roten Fahne und Veröffentlichung des Berichts des Herrn Oberstleutnants Defoort betr. Nichtanerkennung der autonomen Regierung mit 2000 Goldmark bestraft; ferner wurde ein Angestellter von zwei Autonomisten mit vor die Stirne gehaltenem Revolver und den Worten bedroht: „Die Tage des Pfälzischen Merkur sind gezählt". Am 28. Jan. 1924 wurden 16 Rollen und 19 Ballen Druckpapier beschlagnahmt und Versteigerung angedroht für den Fall, daß die Geldstrafe nicht bezahlt würde.

8. Die „Pfälzische Tageszeitung" in Alsenz wurde wegen Bekanntgabe eines Haftbefehls der Staatsanwaltschaft in Würzburg gegen die Führer der autonomen Bewegung mit 500 Goldmark bestraft.

9. Der „Mutterstadter Anzeiger" wurde mit Verfügung vom 23. 1. 24 unter Strafandrohung zur Vorlage eines Zensurexemplars gezwungen.

10. Das „Dürkheimer Tagblatt" wurde am 31. Dez. 23 wegen der „Tendenz der Weihnachtsnummer" mit 1000 Goldmark, zahlbar am 2. Januar 1924 bestraft. Das Geld mußte, da die Banken am 31. Dez. 23 und 1. Januar 24 geschlossen waren, innerhalb 5 Stunden beigeschafft werden, da sonst die Verlagsleiter vor ein Standgericht nach Speyer gebracht würden. 500 Mark wurden am 2. Januar, der Rest am 5. Jan. 24 bezahlt. — Die Veröffentlichung des Protestes der kathol. Geistlichen wurde dem Blatt verboten, ebenso eine Mitteilung des Blattes an seine Leser betr. die Protestaktion der Presse; die beiden Verlagsleiter wurden verhaftet und unter Strafandrohung mit der Auflage entlassen, die bereits verbreiteten Mitteilungen wieder einzuziehen.

11. Der Verleger des „Schifferstadter Anzeigers", Herr Geyer, wurde in der Nacht vom 16. zum 17. Jan. 1924 in seiner Wohnung verhaftet, gröblich beschimpft und so schwer mißhandelt, daß er 8 Tage im Krankenhaus liegen mußte. Am 19. Jan. 1924 wurde die Zeitung beschlagnahmt wegen einer Notiz aus Pariser Blättern, die nach Aussage des autonomen Pressechefs harmlos war.

12. Der „Landauer Anzeiger" wurde wegen eines Berichts über den Besuch des Generalkonsuls Clive mit 10 000 Goldmark bestraft unter Androhung des Verbots, bis die Strafe bezahlt ist.

13. „Der Rheinpfälzer" in Landau darf solange nicht erscheinen, bis der „Landauer Anzeiger" die Strafe von 10 000 Goldmark bezahlt hat. Demselben Blatte ist ein Motorrad im Werte von 1500 Goldmark beschlagnahmt worden; die in Aussicht gestellte Vergütung ist bis heute nicht erfolgt. Beide Landauer Zeitungen waren acht Tage unter Vorzensur. „Der Rheinpfälzer" weiß heute noch nicht, aus welchem Grunde.

Diese Aufzählung der schwersten Eingriffe in die Freiheit der Presse will keinen Anspruch auf Vollständigkeit erheben. Es war der Vereinsleitung nicht möglich, im Rahmen eines kurzen Berichts, der nach Lage der Dinge sich möglichster Knappheit befleißigen muß, eine erschöpfende Darstellung aller in Betracht kommenden Einzelheiten zu geben. Die Vereinigung pfälzischer Zeitungsverleger glaubt jedoch, daß diese Tatsachen, die sie zu beweisen jederzeit bereit und in der Lage ist, genügen, um den Protest der pfälzischen Zeitungen zu rechtfertigen.

Die unterfertigten Vereinigungen, als die legitimen Organisationen der gesamten pfälzischen Presse, wiederholen das Ersuchen um Wiederherstellung des Rechtszustandes vor dem 9. November 1923 im Rahmen der Verordnung Nr. 97 des Rheinlandabkommens.

Die Unterzeichneten bitten dringend um eine tunlichst baldige Stellungnahme an die Adresse des mitunterzeichneten Beauftragten der Zeitungsverleger.

Hochachtungsvoll

Die Vereinigung pfälzischer Zeitungsverleger.
I. A.: gez. Faude.

Landesverband Pfalz im Reichsverband der deutschen Presse:
I. A.: gez. Hartmann.

Pressestreik

Wilhelm Waldkirch hatte aufgrund seiner Persönlichkeit und Stellung all seine Kollegen von den verschiedensten und unterschiedlichsten Presserichtungen unter einen Hut gebracht und sie auf einen Pressestreik eingeschworen. Ja, sie waren sogar bereit, betriebliche Verlust hinzunehmen, die aufgrund des Zeitungsstreikes und das damit brachliegende Anzeigengeschäft entstehen würden. Drei Wochen lang erschienen in der durch die Besatzung isolierten Pfalz keine Zeitungen. Es gab keine Nachrichten, keine Mitteilungen, keine Anzeigen, keine Todes- oder Lebensnachweise, nichts.

Es war ein einmaliger Protest in der Pressegeschichte und er verfehlte seinen Zweck nicht.

Die Weltpresse wurde aufmerksam und schickt ihre Berichterstatter in die Pfalz. Diese bestätigen zum Schrecken der Franzosen in ihren Organen die pfälzer Zustände.

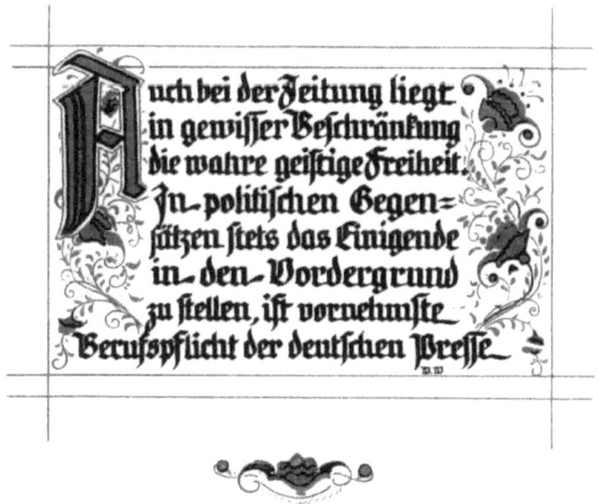

General-Anzeiger

Ludwigshafen a. Rh., den 22. Januar 1924.

Zum Protest

gegen die Unterdrückung der Presse durch die Autonomisten stellen wir, wie die anderen pfälz. Zeitungen, heute unser Erscheinen ein und fordern die Wiederherstellung der Pressefreiheit im Rahmen des Rheinlandabkommens.

Verlag und Redaktion:

General-Anzeiger **Neue Pfälz. Landeszeitung**
Pfälzische Post **Pfälzische Rundschau**

In Ludwigshafen wurden von den Autonomisten folgende Strafen ausgesprochen:

„General-Anzeiger"
10000 Goldmark und Stellung unter Vorzensur,

„Neue Pfälzische Landeszeitung"
Schließung des Betriebes und vorläufiges Verbot,

„Pfälzische Rundschau"
10000 Goldmark und Stellung unter Vorzensur.

Pfälzische Presse

Zeitung für Südwestdeutschland.

Kaiserslautern. Donnerstag, den 24. Januar 1924.

Der Protest

gegen die Beschränkung der freien Meinungsäußerung durch ... ungen fortgesetzt. ... ische Bevölkerung

„Kuseler Anzeiger"

Pfälzer Volksbote

Pirmasenser Tageblatt (Amtsblatt für den Amtsgerichtsbezirk Dahn.) Pfälzer Tageblatt

Der Protest

der pfälzischen Presse gegen die Beschränkung der freien Meinu... durch die Autonomisten wird auf einmütigen Beschluß der pfälzisch...

fort

Wir sind überzeugt, daß unsere ... völkerung, diesen ernsten Schritt gutheißen ...

Zweibrücker Zeitung

Der Protest

Kuseler Zeitung

Publikationsorgan für Aemter und Behörden.

Der Protest

...älzischen Zeitungen

...ungsäußerung durch die Autono... ...älzischen Zeitungen fortgesetzt. ... wie die gesamte pfälzische Be...

pfälzischen Zeitungen.

Pfälzische Volkszeitung

Der Protest

Pfälzische Tages-Zeitung

Der Protest

Die pfälzischen Zeitungen.

Pfälzische Rundschau

Zum Protest

gegen die Unterdrückung der Presse durch die Autonomisten stellen wir, wie die anderen pfälz. Zeitungen, heute unser Erscheinen ein und fordern die Wiederherstellung der Pressefreiheit im Rahmen des Rheinlandabkommens.

General-Anzeiger

Ludwigshafen a. Rh.

Auch die Hohe Interalliierte Rheinlandkommission wurde aufgeschreckt und bildete sofort einen Untersuchungsausschuss unter Leitung des englischen Generalkonsuls Clive.
Die von den Franzosen und Separatisten versuchten Täuschungen des Konsuls konnte durch den Waldkirch-Presseverlag wirkungsvoll durchkreuzt werden.
Die Untersuchung führte schließlich zum Ende der „Autonomen Pfalz" Bestrebungen.
Für die Rheinlandkommission tat sich die Frage auf „Wie geht es mit der Pfalz weiter?", nachdem die autonomen Bestrebungen gescheitert waren.
Drei Offiziere, ein Franzose, ein Engländer und ein Belgier, wurden in die Pfalz delegiert, um die Normalität wieder herzustellen.
Obwohl die Interalliierten aufgrund des Berichtes von Konsul Clive beschlossen hatten, die separatistische Herrschaft zu beenden, kam es zu blutigen und brutalen Racheakten an den Separatisten.
Die französische Militärmacht griff wahrscheinlich wegen des sowieso anstehenden Abzuges der Separatisten und weil sie die Brisanz verkannte, nicht rechtzeitig ein.
Vor allem der Sturm am 12. Februar auf das von den Separatisten besetzte Bezirksamt in Primasens wurde zum Symbol eines Massakers, ausgeführt von einer aufgepeitschten Volksmenge.
Wie Gerhard Gräber und Matthias Spindler in ihrem Buch „Die Pfalzbefreier" aus dem Message Verlag in Ludwigshafen berichten, sickerte die Mehrheit der Agitatoren, die an den blutigen Auseinandersetzungen beteiligt waren, jeweils aus Bayern und den rechtsrheinischen Gebieten ein.
Viele davon waren NSDAP-Mitglieder oder standen dieser Ideologie nahe oder kamen später hinzu.
Berichte über die Grausamkeit der Lynchjustiz von Primasens wurde am Anfang unterdrückt und nur das Geschehen als Volksbefreiungstat verherrlicht.
Nachdem die drei delegierten Offiziere der Rheinkommission eine allgemeine Amnestie anstrebten, wollten viele sich diese Tat an die Fahne heften.
Im Buch „Die Pfalzbefreier" steht hierzu wörtlich:

Heldenkult
„Die Toten vom 12. Februar waren noch nicht unter der Ende, schon begann der Streit darüber, wer sich das Verdienst der Separatistenbekämpfung anheften durfte. Am 15. Februar meldete sich die saarländische KPD in ihrer „Arbeiter-Zeitung": „Es waren die

Arbeiter, gerufen von der KPD." Energisch wurden die französischen Pressemeldungen über nationalistische Geheimbünde und die Darstellung der bürgerlichen deutschen Presse über die Pirmasenser Bürger als Täter zurückgewiesen. Pirmasens sei eine Hochburg der kommunistischen Bewegung. Das Ultimatum sei von der organisierten Arbeiterschaft an die Separatisten gerichtet worden. Sie allein habe mit dem Separatistenschwindel aufgeräumt. Hinterher würde natürlich die Bourgeoisie ihren Anteil daran haben wollen."

Am lautesten meldeten allerdings die Nationalsozialisten ihre Ansprüche auf das Erbe des 12. Februar an. 1933 hatten sie auch in dieser Frage den Kampf gewonnen. Hitlers Gauleiter der Pfalz, Josef Bürckel, musste im Vorfeld der Wahlen am 5. März 1933 ein letztes Mal eine sogenannte Schmutzkampagne der bürgerlichen und linken Presse zurückweisen. Danach wurden die Feinde, die an seinem Nimbus als Held des Separatistenabwehrkampfes kratzen konnten, aus dem Weg geräumt.

In der „NSZ-Rheinfront" ließ Bürckel verschiedene eidesstattliche Erklärungen veröffentlichen, „die ihn ein für allemal als Kämpfer des 12. Februar ausweisen sollten." Ein Zeuge wollte mit Bürckel gemeinsam in der Gendarmarie-Station von einem Wachtmeister je eine Armeepistole 08 ausgehändigt bekommen haben.

Die Nationalsozialisten machten aus den Vorkommnissen des 12. Februar in Pirmasens eine vaterländische Heldenverehrung, die bis heute anhält.
So ist es nicht verwunderlich, dass der von der deutschen Regierung favorisierte passive Widerstand, den auch die Waldkirch-Presse und viele Zeitungen vertraten, und der letztendlich durch den allgemeinen Pressestreik Erfolg hatte, nicht im Geschichtsbewusstsein ist.

Die drei delegierten Spezialkommissare hatten Erfolg und so konnte „Die Pfalzbefreier" notieren:

Staatsrat Schmelzle befürchtet, dass England und Frankreich ein abgekartetes Spiel betrieben und eine internationale Verwaltung in der Pfalz einsetzen wollten wie im Saarland.

Diese Befürchtungen waren grundlos. Die Spezialkommission ließ den Kreisausschussvorsitzenden schließlich eine Erklärung unterzeichnen, in der die Formel „Übergangszeit" und „ohne Änderung der staatsrechtlichen Verhältnisse" auftauchten. Damit war am 16. Februar 1924 das so genannte Speyerer Abkommen zwischen Spezialkommission und Kreisausschuss vereinbart, das im Kern den Abzug der Separatisten, die Wiederherstellung der bayerischen Verwaltung und das Verbot jeglicher Repressalien gegen irgendwelche an den zurückliegenden Auseinandersetzungen beteiligten Parteien enthielt, was vor allem die Separatisten schützte, aber auch Abwehrkämpfer vor der französischen Besatzungsmacht. Am 18 März 1924 war dann die Mission des Kreisausschusses beendet und einer vollständigen Rückkehr der Pfalzregierung aus Heidelberg stand nichts mehr im Wege.

1924 feierten die beiden Tageszeitungen des Julius Waldkirch-Verlages Jubiläum.
Der damalige Oberbürgermeister von Ludwigshafen, Dr. Dr. Weiß, schrieb nach dem Ende der Besetzung in „Niemals“ einen umfassenden Bericht über diese Zeit und ihre Hintergründe.

Ludwigshafen während der Besetzung.

Von Oberbürgermeister Dr. Dr. Weiß.

Der Besitz des deutschen Rheines ist seit tausend Jahren eines der Hauptziele unserer westlichen Nachbarn. Am 12. Januar 1917 gab der damalige französische Ministerpräsident Briand — es ist der heutige Außenminister Frankreichs — dem französischen Botschafter in London — Paul Cambon — folgende vertrauliche Instruktion: „Es gibt eine Frage, die notwendigerweise auftauchen wird, das ist die des linken Rheinufers. Angesehene Männer in Frankreich, die sich auf die älteste Ueberlieferung unserer nationalen Politik stützen, fordern es als eine verlorene Erbschaft der französischen Revolution, die notwendig ist, um das zu bilden was Richelieu unser „abgerundetes Land" nennt. Es ist jedoch zu befürchten, daß die Rücknahme der rheinischen Provinzen, die uns vor einem Jahrhundert abgenommen worden sind, als eine Eroberung angesehen wird und daß sie nur geeignet ist, uns große Schwierigkeiten zu bereiten. Nach unserer Auffassung darf Deutschland nicht mehr mit einem Fuß diesseits des Rheins stehen. Die Organisation dieses Gebietes, seine Neutralität, seine vorläufige Besetzung, müssen bei dem Gedankenaustausch unter den Alliierten erörtert werden. Frankreich, das an den Gebietsverhältnissen dieses Landes am meisten beteiligt ist, muß aber bei der Prüfung dieser ernsten Frage eine bevorrechtete Stimme haben."

Diese Weisung enthüllt mit aller Deutlichkeit die französischen Pläne; Briand leitet aus der Tatsache, daß das linke Rheinufer während seiner mehr als tausendjährigen Zugehörigkeit zu Deutschland infolge der Raubzüge Napoleons I. und seiner Generäle einige Jahre zwangsweise dem französischen Staatsverband einverleibt war, Rechte her; für den Franzosen hört die Geschichte mit der französischen Revolution auf.

Schon wiederholt war die Pfalz in den vergangenen Jahrhunderten Grenzland und Grenzlandnöte hat sie mannigfach zu erdulden gehabt. Oft war sie Kriegsschauplatz und alle Leiden des Krieges, Verwüstung, Zerstörung, Brandschatzung und Plünderung haben sich in kaum zu ertragendem Maße über sie ergossen.

Der 30jährige Krieg machte aus dem blühenden Land eine öde Wüste; aber noch viel größeres Elend brachte der Sonnenkönig Ludwig XIV. Es kamen dann die Raub- und Plünderungszüge der französischen Revolution, welche die Pfälzer Bevölkerung gründlich von der Freundschaft mit dem Westen heilten.

Und wiederum hatten wir in den letzten 11 Jahren französische Truppen, diesmal sogar auch farbige Franzosen auf Pfälzer Boden!; wiederum brach eine neue Leidenszeit für die Pfalz und ihre treuen Bewohner an.

Am 11. November 1918 wurde der Waffenstillstandsvertrag abgeschlossen. „Waffenstillstand", „Frieden"! Eine Erlösung ging durch die ganze Welt. Kein feindliches Flugzeug wirft mehr Bomben auf friedliche Städte, niemand braucht sich mehr zu sorgen um die Lieben an der Front. Hoffnung kehrt wieder ein in die Herzen; aber wie jäh wurden all diese Hoffnungen vereitelt. Schwere, schwerste Zeiten standen noch dem deutschen Reich, insbesondere dem besetzten Gebiete bevor, ein Kampf um die nationale Existenz, ein zähes Ringen gegen einen Gegner, der alle Gewalt in Händen hatte und von dieser rücksichtslos Gebrauch machte, auf der andern Seite der Rheinländer, allein die Treue zum Reich im Herzen, das ohnmächtig ihm keine Hilfe leisten konnte, sich mit Protesten verwahrte, über welche die andere Seite kühl oder ironisch hinwegging.

Das Waffenstillstandsabkommen sah die Räumung des linken Rheinufers durch die deutsche Armee vor. Tag und Nacht sind Landstraßen und Eisenbahnen von heimkehrenden Truppen überfüllt. Rastlos streben sie dem Rheine zu, heim in das Reich, das sie über 4 Jahre heldenmütig gegen eine Welt von Feinden geschützt haben. Die französischen Truppen folgen der deutschen Armee auf dem Fuße nach und am 1. Dezember 1918 beginnt die Besetzung der Pfalz durch französische Truppen. Am 5. Dezember erschienen einige Offiziere in Ludwigshafen, hielten Vorbesprechungen mit den deutschen Behörden, untersagten u. a. den Fernsprechverkehr mit dem rechtsrheinischen Deutschland mit Ausnahme von Mannheim, um dann wieder die Stadt zu verlassen.

Die für Ludwigshafen bestimmte Garnison traf am folgenden Tage — 6. Dezember 1918 — mit der Bahn ein und durchzog unter schmetternder Musik die Stadt, um sich in ihre Quartiere zu begeben; und der Rhein war erreicht. Das 7. afrikanische Schützenregiment, braune und schwarze Soldaten aus den französischen Kolonien, war auserwählt, „um die Herzen und Sinne der Bevölkerung zu erobern".

Die Waffenstillstandszeit war erschreckend für die Bevölkerung. Es erfolgte sofort die Beschlagnahme von Wohnungen und Schulräumen, von Lagerräumen und sonstigen der Privatwirtschaft dienenden und für sie wichtigen Räume zur Unterbringung der Offiziere und

Einzug der Franzosen in Ludwigshafen

Truppen; die westeuropäische Zeit wurde eingeführt und eine Bekanntmachung verbot jeden Verkehr während der Nacht. Der Post- und Telegraphendienst war zunächst völlig gesperrt, später wurde der Postverkehr wieder zugelassen, sämtliche Briefschaften unterlagen aber der Vorzensur. Die Briefe mußten lateinisch geschrieben werden und durften nicht mehr als zwei Seiten haben. Zum Drucke einer Zeitung, eines Buches, einer Broschüre, eines Anschlages, eines Plakates oder einer Bekanntmachung war die Genehmigung der Franzosen erforderlich. Sämtliche Zeitungen standen unter Vorzensur. Zeitungen aus dem unbesetzten Deutschland durften nicht eingeführt werden. Die Rheinländer sollten aus dem Zusammenhang mit dem übrigen Deutschland herausgerissen werden und in Ungewißheit geraten über das Schicksal der übrigen deutschen Heimat. Der Boden sollte vorbereitet werden für eine Loslösungspropaganda größten Stils. Die wahre Meinung des Landes konnte und durfte nicht zum Ausdruck kommen. Die Lücken in den Spalten der Zeitungen zeigten deutlich, wie scharf der Zensor seines Amtes waltete. Genehmigungen zur Abhaltung von Versammlungen wurden versagt.

Zahlreich waren die einzelnen Bedrückungen; sie können und brauchen nicht im einzelnen aufgeführt zu werden; denn wir haben sie ja fast alle am eigenen Leibe miterleben dürfen. Für Marschall Foch und seine Generäle schien die Stunde gekommen, in der sie ihre Pläne — Wegnahme des linken Rheinufers — durchführen konnten.

Durch besondere Forschheit zeichnete sich der General Gérard, der Oberstkommandierende der Pfalz aus. Am 28. November — also zwei Tage vor dem Ueberschreiten der französisch-pfälzischen Grenze — erließ er einen schwulstigen Aufruf folgenden Wortlauts: „Soldaten! Der Sieg hat Euern Heldentaten den Lorbeer aufgesetzt. Ihr werdet jetzt ein Land besetzen, worauf vor wenig mehr als einem Jahrhundert dank unserer großen Vorfahren, unsere drei Farben flatterten. Deren Werk werdet Ihr fortsetzen. Als Sieger werdet Ihr die Hochachtung und die Ehrfurcht dieses Landes erzielen, wie Ihr die Bewunderung der Welt erzwungen habt. Der Sieg legt Euch Pflichten auf. Großherzig im Triumph werdet Ihr diese Pflicht ohne Haß und ohne Schwäche erfüllen. Der zerstörenden Wut der Barbaren werdet Ihr die feste und weise Gerechtigkeit unserer befreienden Rasse entgegenstellen. Einem unter hundertjähriger Tyrannei gebeugten Volk werdet Ihr zeigen, was eine ihrer Macht und ihrer Ehrlichkeit bewußte Nation kann und will. Und im Gegensatz zu einem System, das die Kultur verworfen, werdet Ihr weder die Sicherheit noch das Eigentum gefährden. Durch Eure Disziplin, ebenso wie durch Euren Heldenmut werdet Ihr der Welt ein Beispiel und eine Lehre sein. Das republikanische Frankreich strahlt nicht nur im Glanze seiner Waffentaten; es ist und bleibt in der Geschichte das ewige Vaterland des Rechts."

Der Bevölkerung erklärte General Gérard: „Die Freiheit der andern achtend, verfolgt Frankreich unentwegt im Sieg, sein Rechtsideal einzig indem es die Herzen und Sinne zu erobern sucht."

Nunmehr beginnen die Versuche der Besatzungsbehörde auf die Stimmung der Bevölkerung einzuwirken. Die Versuche sind zahlreich, die Mittel sind zahllos. Auf jede Weise wird versucht, den kulturellen Zusammenhang des besetzten Gebietes mit dem deutschen Vaterland zu stören. Die Presse ist mannigfachen Anfechtungen ausgesetzt; Verbannung mißliebiger Redakteure, Verbot und Unterdrückung von Zeitungen, von Büchern und Schriften bezwecken „eine Vertiefung des Kulturgrabens" zwischen dem besetzten und unbesetzten Deutschland. Das unbesetzte Gebiet weiß nicht, daß im besetzten Gebiet Werke von Otto Ernst, Walter von Molo, von Zobeltitz, von Rudolf Herzog, von Friedrich

General Gérard nach dem Einzug der Besatzung

Lienhard, von Friedrich Muckermann verboten waren.

Französische Sprachkurse werden eingeführt; die Teilnehmer an denselben erhalten alle möglichen besonderen Vergünstigungen; die Stadt mußte eine französische Lesehalle errichten, in der französische Zeitungen, Broschüren und Bilder auflagen. Zu französischen Vorträgen und Theatervorstellungen ergehen Einladungen zu unentgeltlichem Besuche, Einladungen, welche aber nicht beachtet wurden. Ich selbst konnte mich am Anfang meiner Tätigkeit kaum der vielen Einladungen zu allen möglichen französischen Veranstaltungen erwehren und der Delegierte konnte nicht verstehen, daß ich diese Einladungen restlos ablehnte.

Die „Freie Pfalz-Bewegung“ schlug ihre Wellen selbstverständlich auch in Ludwigshafen. Wie die Haasisten in Speyer eine gründliche Abfuhr und Abreibung erhielten, so erging es auch hier; leider büßten zwei brave deutsche Beamte, Postverwalter See und Oberpostschaffner Funk ihre Treue mit dem Tode.

Um sexuellen Ausschreitungen, die vorgekommen waren, vorzubeugen, forderte die Besatzung die Errichtung von zwei Bordellen — eines für Mannschaften und eines für Offiziere. Nach langen Verhandlungen gelang es, die Besatzungsbehörde zunächst zu überzeugen, daß ein Bordell genügt; acht Familien mußten über Nacht in Schulhäuser untergebracht und ein Haus für diese Zwecke eingerichtet werden. Welche Verhältnisse sich namentlich in den ersten Jahren der Besatzung entwickelten, ist nicht wiederzugeben; das Haus konnte erst nach Erlaß des deutschen Gesetzes zur Bekämpfung der Geschlechtskrankheiten seinem ursprünglichen Zweck wieder zurückgegeben werden. Schlimmer noch als der Verlust von acht Wohnungen war allerdings der Umstand, daß sich weiße Mädchen schwarzen Soldaten prostituieren mußten!

Die schwerste Zeit brachte auch für Ludwigshafen das Jahr 1923. Der Einmarsch der Franzosen in das Ruhrgebiet leitete eine Zeit des Schreckens ein, wie sie mitten im Frieden wohl noch niemals ein europäisches Land zu tragen hatte. Die politischen Auswirkungen zeigten sich sehr bald. Die deutsche Verwaltung wurde zerschlagen. Auch in Ludwigshafen wurden fast alle prominenten Persönlichkeiten vertrieben oder eingesperrt; Industrielle, Arbeiterführer, Intellektuelle, Politiker aller Parteien mußten daran glauben; auch der Stadtrat hatte manche Lücke zu verzeichnen. So sei in Ehren der alten Stadträte Körner und Baum gedacht, nachdem schon im Jahre 1919 die Stadträte Fischer und Rauschert zu büßen hatten. Die Bürgermeister Butscher und Müller wurden im Herbst 1923 von den Separatisten verjagt, während der Verfasser dieser Abhandlung im November 1923 ve[r-] haftet und zu sechs Wochen Gefängnis un[d] 1000 Mark Geldstrafe verurteilt wurde, a[n] deren Verbüßung sich eine Amtsentsetzung vo[n] sechs Monaten anschloß. Grund: Versetzun[g] des Rathauses in Verteidigungszu[-] stand gegen die Separatisten, d. h. Schaffun[g] einer illegalen Polizeimacht. Um Gründe fü[r] ihr Vorgehen waren und sind die Franzose[n] niemals verlegen gewesen.

Anfang März waren die rheinische[n] Eisenbahnen von der Besatzung übernom[-] men worden, die Massenausweisungen vo[n] Eisenbahnern begannen. Die Zahl steigt vo[n] Tag zu Tag, unter Zurücklassung ihrer Hab[e] wurden sie von den französischen Gendarmen von Haus und Hof vertrieben. Von früh bis spät zieht eine unendliche Kette von Männern und Frauen — letztere vielfach mit dem Säugling auf dem Leibe — über die Rheinbrücke in Ludwigshafen. Sie ziehen über den Rhein, wo ihre deutschen Brüder sich ihres Elendes erbarmen. In ihren verlassenen Heimen aber machte sich zum Teil separatistisches Gesindel breit.

Der Verkehr wird lahmgelegt. Die Benutzung von Autos für den Personenverkehr ist verboten oder auf das Aeußerste beschränkt, um die Bevölkerung zur Benutzung der Regiebahn zu zwingen. Als ich selbst zu einer ersten Kriegsgerichtsverhandlung, welche ich der unglaublichen Torheit eines Beamten der Heidelberger Regierungsstelle verdankte, nach Landau fuhr, und das stadteigene Auto benutzte, mußte ich eine besondere Erlaubnis einholen, daß ich außer mir den 2. Bürgermeister und zwei Beamte als Zeugen mitnehmen konnte.

Zu Beginn des Jahres 1923 hatte die Separatistenbewegung im Rheinland unter Führung von Dr. Dorten eingesetzt. In der Pfalz bildeten sich Gruppen, die besonders energisch die Loslösung der Pfalz vom Reich und die Gründung eines selbständigen Staats unter Anlehnung an Frankreich betrieben. Diese Gruppen waren bei uns sehr schwach; man konnte solche an den Fingern zählen. Meist waren es keine Pfälzer, sondern landfremde Elemente, darunter viele Elsässer und Lothringer, Leute aus aller Herren Länder, welche teilweise schwer vorbestraft waren oder Strafen, die von deutschen Gerichten ausgesprochen waren, zu verbüßen gehabt hätten oder sonst einer Verurteilung ausweichen wollten. Die Versuche mit den Führern der rheinischen Bevölkerung zum Ziele zu kommen, scheiterten. Die Verhandlungen, welche namentlich General de Metz in dieser Beziehung mit den Führern der Pfälzer Wirtschaft, der Pfälzer Parteien und der Pfälzer Gemeinden führte, werden mir unvergeßlich sein. Ich werde stets der drei Besuche gedenken, zu welchen mich General de Metz befahl und in welchen er versuchte, von mir zu erreichen, daß ich als Vertreter der Pfälzer Gemeinden seine berühmte Währungserklärung unterschreiben sollte. Als ich ihm erklärte, daß wir von Kahr", wozu ich mich bereit erklärte, wenn er sich verpflichte, das Geld nicht an der Rheinbrücke zu beschlagnahmen, worauf er mir allerdings keine Garantie geben wollte.

Französisches Propaganda-Flugblatt in der Pfalz 125

Der Tanz der Mark.

Die von der Schwerindustrie aufgehäuften Mengen von Auslandsdevisen, die von der Reichsbank angeblich zur Wiedergutmachung gebildeten Reserven **sind jetzt auf den Devisenmarkt geworfen worden, um den Markkurs zu heben.**

Mitte Februar 1923 hat eine Berliner Bank, die für Rechnung der Reichsbank handelte, innerhalb 12 Minuten **500000 englische Pfund** verkauft, das sind **10 Millionen Goldmark** oder **ungefähr 80 Milliarden Papiermark.**

Andere Banken sind diesem Beispiel gefolgt.

Zu welchem Zweck?

Um die Welt zu verblüffen — um den Glauben an die **Besserung der gegenwärtigen Lage zu erwecken.**

Wie lange wird dieser Tanz der Mark andauern?
Einige wenige Tage höchstens.

In einigen Tagen sind die Reserven dahingeschmolzen, die Lebensmittel noch teurer geworden,

das Elend noch viel größer.

Welchen Nutzen wird die Arbeiterklasse daraus ziehen?

Eine neue Enttäuschung, eine Verarmung des Staates und des Privateigentums.

Wieder einmal ist dann der Beweis erbracht, dass der Staat und die Schwerindustrie sehr grosse Reserven an Auslandsdevisen besassen.

Diese Devisen waren nicht dafür bestimmt, die Reparationen zu zahlen, deren Tilgung Deutschland verweigert, noch das Los der arbeitenden Klassen zu bessern.

Es sind also nicht die Bestimmungen des Vertrages von Versailles, welche die unsichere Lage Deutschlands hervorriefen, sondern einzig und allein die selbstsüchtigen

Ränke der Schieber und Schwerindustrie.

keine eigene Pfälzer Währung brauchten, daß es genüge, das deutsche Geld, insbesondere die deutsche Rentenmark in die Pfalz zu lassen, lachte er mich aus und forderte mich ironisch auf: „Gehen Sie zu Kahr, holen Sie Geld

Unvergeßlich wird mir sein Zorn sein, als er am Mittwoch, 22. Oktober 1923 sein Ziel, die Unterschrift der 5 Vertreter der Pfälzer zu erhalten nicht erreichte. Diese 5 Vertreter waren: Steitz für die Landwirtschaft, Ludowici für die Handelskammer, Bayersdörfer für den Kreistag, Marx für den Industriellenverband und Dr. Weiß für die Gemeinden. Nur einer von diesen 5 unterschrieb: Steitz und im Anschluß an ihn Heinz-Orbis, dessen Judasgesicht ich damals zum erstenmal sah; auch die Erinnerung an diesen Verräter wird mir niemals schwinden.

Unvergeßlich werden mir auch sein die Worte, die General de Metz an jenem Freitag, 24. Oktober 1923 nachmittags sprach, an welchem die Vertreter der Pfälzer Bevölkerung endgültig erklärten, daß sie auf keine Absplitterungsbestrebungen eingehen würden und welche lauteten; „je ne suis plus le gendarme des bourgeois et des fonctionnaires." Als wir damals von der denkwürdigen Verhandlung im Gebäude des Oberversicherungsamtes in Speyer, in dem sich die Büroräume des Generals de Metz befanden, zurückgekehrt waren, waren wir uns klar, was unser wartete.

Der Einbruch der Separatistenhorden stand bevor und einige Tage später besetzten Banden von Verbrechern und verkommenen Burschen jeglichen Alters in bunter Bewaffnung die Pfälzer Städte. Wo sie einfielen, war ihr Weg durch Plünderung, Raub und Mord gekennzeichnet.

Zwei brave Schutzleute namens Krämer und Heene wurden in Ludwigshafen auf friedlichem Patrouillengang aus dem Hinterhalt vor der Eisenbahnbetriebswerkstätte in der Frankenthaler Straße ohne jeden Anlaß erschossen. Die Täter standen im Dienst und Schutz der Regie; sie waren bekannt und konnten nicht gefaßt werden, da die Besatzungsbehörde die Auslieferung zur Aburteilung ablehnte mit der Begründung, daß die Schutzleute die Täter gereizt hätten und meine Aufgabe sei es, dafür zu sorgen, daß die Schutzleute die Bevölkerung nicht reizen!

Einer der Täter konnte im vergangenen Jahre gefaßt werden; er wurde zu mehrjähriger Zuchthausstrafe verurteilt; der zweite ist in Frankreich und auf das Auslieferungsverlangen hat die deutsche Regierung gar keine Antwort erhalten.

Die Bevölkerung hat in allen Kreisen trotz aller Bedrückung dem Reich die Treue gehalten und dies in mächtigen Kundgebungen zum Ausdruck gebracht. Wenn die Besatzungsbehörde die Ludwigshafener Polizei nicht entwaffnet und so in unmittelbarster Weise den Separatisten den Weg geebnet hätte, wäre kein Separatist im Ludwigshafener Stadthaus eingezogen; sie wären beim Versuch von der Polizei unter Mithilfe der Bevölkerung zu Tode geprügelt worden. Wer jene Tage und Stunden miterlebt hat, den erfaßt tiefster Ekel über die Unsumme von Lügen und Verdrehungen, welche von der anderen Seite versucht wurden und zum Teil heute noch versucht werden. Endlich führte das Eingreifen der englischen Regierung und die Prüfung des Generalkonsuls Clive, dessen Name in der Pfalz — anders als der eines de Metz — stets mit Dank und Verehrung genannt wird, zur Liquidierung der sogenannten autonomen Regierung der Pfalz, welche unter dem Schutz der französischen Bajonette einige Wochen ein Scheindasein hatten führen können.

Das Ergebnis der Clive'schen Feststellung war bekanntlich die Tatsache, daß die überwältigende Mehrheit der Bevölkerung der „autonomen Regierung der Pfalz" feindlich gegenüberstand und daß diese Regierung niemals ohne französische Unterstützung hätte in Erscheinung treten können.

Am 16. Februar 1924 übergab der Sonderausschuß der I.R.K. der gesetzmäßigen Regierung der Pfalz wieder die Regierungsgewalt, die lange verhaltene Erbitterung über all die Demütigungen, welche die Bevölkerung im Laufe der Jahre zu erdulden hatte und die mit unvergleichlich stillem Heldentum getragen worden waren, war noch an einzelnen Orten zum Ausbruch gekommen: ich nenne nur Pirmasens. Auch anderwärts erlitten die Separatisten ihr verdientes Schicksal. Das Londoner Abkommen hatte zwar Amnestie für sie gebracht; ebenso wie auch jetzt eine neue Amnestie kommen wird. Aber ihre Beachtung ließ sich nicht erzwingen; daß alle, die in den vergangenen Jahren geschwankt haben oder gar gestrauchelt, in der Achtung ihrer Mitbürger erledigt sind, ist klar; diese Leute können nichts Besseres tun, als den Staub des deutschen Bodens von den Füßen zu schütteln und hinüberzugehen zu denjenigen, deren Geschäfte sie besorgen wollten; aber auch dort gilt das Wort: Man schätzt den Verrat, verachtet aber den Verräter!

Das Londoner Abkommen hatte eine Reihe von Erleichterungen und Besserungen gebracht. Der Ton des Verkehrs wurde korrekter, nicht jedes Schreiben, das von der Besatzungsbehörde kam, erhielt den Schlußpassus, daß im Weigerungsfalle Sanktionen kämen (Ausweisung oder Einsperrung). Aber trotz dieser Erleichterungen hatten wir bis zum Wegfall der Besatzung noch eine ganze Reihe von Klagen und Schmerzen.

Ich will nicht reden von der weiterdauernden Unfreiheit der Presse, von der Beaufsichtigung von Versammlungen und Vereinen, der Ausübung der Militärjustiz bis in die letzten Tage und ihrer vielen Urteile; es genügt ja nur den Namen Rouzier-Germersheim zu nennen, ich will heute nicht mehr reden von dem bei uns vorhandenen Gefühl der Rechtsunsicherheit, von den wirtschaftlichen, sozialen und kulturellen Nöten, denen wir nach mancher Richtung unterworfen waren.

Jede fremde Besatzung hat etwas Unnatürliches; auch wenn sie sich noch so unsichtbar macht, bedeutet schon die Tatsache des Vorhandenseins einer fremden Besatzung, fremden Militärs eine schwere seelische Bedrükkung eines Volkes, namentlich wenn es auf einer Höhe der Kultur steht, die der des Besetzenden aber auch in garnichts nachsteht.

Doppelt schwer wirkt diese Last aber, wenn sie sich nicht nur auf den rein militärischen

Daß trotz Londoner Abkommen und trotz Locarno der Geist der Militärbehörde sich nicht geändert hat, zeigt der Umstand, daß die Besatzungsbehörde stark nervös wurde, als der Stadtrat auf meinen Vorschlag am 6. Dezember 1928 — dem Jahrestag der Besetzung Ludwigshafens — eine Kundgebung veröffentlichte folgenden Wortlauts:

Kundgebung:

Am 6. Dezember jährt sich zum zehntenmal der Tag, an dem die französischen Truppen

Polizeiwachtmeister Heene
(erschossen am 4. November 1923)

Polizeiwachtmeister Kraemer
(erschossen am 4. November 1923)

Gesichtspunkt der Sicherheit beschränkt, sondern darüber hinaus Ziele verwirklichen will, die bei dem Friedensvertrag nicht erreicht wurden, nämlich eine friedliche Durchdringung des Gebietes, das man so rasch als möglich sich assimilieren und letzten Endes doch einverleiben wollte.

Selbst charitative Tätigkeit wurde stets zu Propagandazwecken ausgenützt, so wurde z. B. bei der Oppauer Katastrophe einige Tage lang — ungerufen, denn die deutschen Verbände lösten ihre Aufgaben selbst in vorzüglicher Weise — durch französische Militärküchen Suppen verteilt. Diese Tatsache wurde in reichlichem Maße propagandistisch verwendet und in allen Zeitungen, die den Franzosen irgendwie zugänglich und erreichbar waren, veröffentlicht.

die Stadt Ludwigshafen besetzten. Schweres hat unsere Bevölkerung im Kriege erduldet; schwereres in den letzten 10 Jahren. Mit Ruhe und Würde hat die Einwohnerschaft die militärische Besetzung und all die Lasten, die mit ihr zusammenhängen, getragen; in kräftiger Abwehr hat sie die Versuche, die Pfalz vom Reiche loszureißen, abgeschlagen.

In freudiger Hoffnung auf eine bessere Zukunft Europas und der Menschheit hat unsere Bevölkerung mit ihren Vertretern, die von unserer Reichsregierung eingeleitete Verständigungspolitik begrüßt und gebilligt.

Aber trotz unseres durch den Abschluß des Londoner Vertrages, des Locarnovertrages und des Dawesabkommens, durch unsere völlige Abrüstung und durch den Eintritt Deutschlands in den Völkerbund bekundeten Verständigungswillens harren wir immer noch der befreienden Tat der Gegenseite.

Tief enttäuscht sind wir, daß heute noch, 10 Jahre nach Abschluß des Friedensvertrages, fremde Truppen deutsches Gebiet besetzt halten.

Die unterzeichneten Fraktionen des Ludwigshafener Stadtrates als Vertreter der hiesigen Einwohnerschaft fordern im Namen der Gerechtigkeit und der wahren Befriedung Europas, daß raschestens der Pfalz die volle Freiheit gegeben wird und die Besatzungstruppen zurückgezogen werden, ohne daß hierfür irgendwelche weitere Gegenleistungen gefordert oder gemacht werden dürfen.

Sie fordern weiterhin die baldigste Wiedervereinigung des Saargebietes mit dem deutschen Mutterlande.

Fraktion der Sozialdemokratischen Partei:
J.V.: Hammer.

Fraktion des Zentrums und der Bayerischen Volkspartei:
J.V.: Heller.

Fraktion der Wirtschaftlichen Bürgervereinigung:
J.V.: Reinhardt.

Fraktion der Deutschen Volkspartei:
J.V.: Dr. Gumlich.

Fraktion der Deutschdemokratischen Partei:
J.V.: Bertram.

Diese Kundgebung mußte auf Grund eines schriftlichen Befehls der Besatzungsbehörde entfernt werden; es geschah dies allerdings erst am 3. Tage nachdem sie angeschlagen war, nachdem sie genügend bekannt geworden war und ohnedies an einem der folgenden Tage durch andere Plakate überklebt worden wäre.

Am 6. Dezember hielt der Verfasser dieses Artikels eine Festrede im Verein der Pfälzer zu Berlin, in der er auf die Not hinwies, die die Pfalz und insbesondere Ludwigshafen im Laufe der 10 Jahre Besetzung durchzumachen hatte. Die Rede enthielt die Wahrheit in aller Deutlichkeit, ohne daß besondere Ausfälle gegen die Besatzung gemacht wurden. Trotzdem war die Rede, die durch Rundfunk verbreitet wurde, in Koblenz mitgehört worden; denn 8 Tage später mußte die Reichsregierung mein Manuskript einreichen, da sich der französische Botschafter de Margerie wegen des Inhaltes dieser Rede beklagte. „Diese . . . Fälle erlauben es den französischen Behörden im besetzten Gebiet und der französischen Regierung, einige Besorgnis über die Gesinnung der bayerischen Beamten und über die bedauerlichen Bemerkungen zu empfinden, die diese Maßnahmen auf die Bevölkerung ausüben können, während unsere gemeinsamen Bemühungen darauf gerichtet sein müssen, jede unnötige Aufregung und jede Verwicklung der Fragen, die nur in einer leidenschaftslosen Atmosphäre behandelt und geregelt werden können, hintanzuhalten."

Ich habe gerade gegen diese Auffassung mich scharf gewendet und die Reichsregierung gebeten, gegen die Ueberheblichkeit, welche in diesen Sätzen liegt, Stellung zu nehmen. Wir deutsche Beamten tun das, was unserem deutschen Gewissen entspricht, unbekümmert darum, ob wir bei den Franzosen in gutem Rufe stehen und in gutem Andenken behalten wurden. Die Reichsregierung hat meinem Wunsche Rechnung getragen und es ist dann aus der Sache nichts weiter geworden.

Fast komisch wirkt es, daß ich im Oktober 1925 zur Rechenschaft gezogen wurde, weil ich im Vorwort zum Verwaltungsbericht des Jahres 1923 folgenden Satz einfügte: „Da zeigte es sich wiederum von Neuem, wie eng das besetzte Gebiet mit dem übrigen Deutschland zusammenhängt, wie namentlich für uns in der Pfalz niemals eine „westliche", sondern nur eine „östliche" Orientierung in Frage kommen kann. Nichtswürdige Vaterlandsverräter, zum größten Teil vielfach und schwer vorbestrafte Individuen, verkrachte Existenzen aus allen Berufen, ja selbst Ausländer taten sich zusammen, um eine friedliebende, wehrlose Bevölkerung bis aufs Blut zu peinigen und zu versuchen, sie von der angestammten Heimat loszulösen."

Dieser Satz gab Anlaß zu folgendem Schreiben des Delegierten:

Hohe Interalliierte Rheinlandkommission
Provinz Pfalz
Kreis Ludwigshafen a. Rh.
Nr. 2107

Ludwigshafen a. Rh., den 6. Okt. 25.

Der Delegierte der Hohen Interalliierten Kommission in dem Kreis Ludwigshafen a. Rh.

An den Herrn Burgermeister
von Ludwigshafen.

Ich habe die Ehre, Ihnen den Empfang Ihres Briefes vom 1. Oktober 1925 zu bestätigen und Sie davon in Kenntnis zu setzen, daß ich ihn der Hohen Kommission übermittelt habe, die von mir im Zusammenhang mit den Presse-Artikeln, die Ihr Buch über die Akten des Ludwigshafener Magistrats vom Jahre 1923 betreffen, Erklärungen verlangt hatte.

Ich benutze diese Gelegenheit, um Ihnen meinen Standpunkt klar auseinanderzusetzen, der nicht eine persönliche Stellungnahme darstellt, sondern sich ausschließlich auf denjenigen Teil der Ordonnanzen der Hohen Kommission gründet, der sich auf die deutschen Beamten im besetzten Gebiet bezieht.

Zunächst ist bezüglich der Tatsache, daß Ihr Buch der Presse übergeben worden ist, festzustellen, daß das Buch als Veröffentlichung unter die Ordonnanz 294 fällt.

Ich habe daher die Pflicht festzustellen, daß gewisse Abschnitte dieses Buches von der Art sein können, daß sie mit der Sicherheit und der Würde der Besatzungstruppen unvereinbar sind, denn Ihr Vorwort beginnt mit einem Angriff auf den Vertrag von Versailles, der „so, wie er ist, niemals ausgeführt werden kann".

Sodann sprechen Sie, obwohl Ihre Funktionen als Bürgermeister Sie in keiner Weise dazu ermächtigen, Beschuldigungen in der Frage der Reparationen aus, wobei Sie versichern, daß im Jahre 1922 die deutsche Regierung ihr Möglichstes getan hat, um das Reparations-Problem zu regeln.

Weiterhin versichern Sie, daß „für uns in der Pfalz niemals von einer Westorientierung, sondern einzig und allein von einer Ostorientierung die Rede sein kann".

Ferner liefern Sie der öffentlichen Ahndung alle deutschen Beamten aus, die im Jahre 1923 ihre normale Dienstleistung zugesichert haben.

Ohne auf weitere Einzelheiten einzugehen, sei noch bemerkt, daß Dr. Zwick mit einem Nachwort schließt, das, an die Bevölkerung der besetzten Gebiete gerichtet, Gefühlen der Aufreizung Ausdruck gibt; denn dieser Beamte schließt:

„Der Leser erkennt, was zwischen den Zeilen steht: Zu gegebener Zeit, wird ihm darüber ein gedruckter Bericht zur Erinnerung zugehen."

Zusammenfassend erkläre ich Ihnen sehr deutlich, daß nach meiner Ansicht, auf Grund der oben wiedergegebenen Auszüge Ihre Publikation gegen die Ordonnanz 294 verstößt.

Uebrigens erscheint uns, aber das ist nur eine persönliche Meinung, diese selbe Publikation als ein Widerspruch gegen den Geist der Versöhnung in den besetzten Gebieten, wie er durch das Londoner Abkommen vorgesehen wurde. Die Hohe Kommission, die von mir eine Erklärung gefordert hat, wird darüber befinden.

gez. Mennetrier.

(L.S.)

Die Sache wurde dann noch einige Monate herumgezogen und mit dem Wegzug der Delegierten wurde auch diese Sache kassiert, d. h. sie verlief ebenfalls im Sande.

Täuschen wir uns nicht: Die Franzosen haben auch heute die Rheingrenze noch nicht aufgegeben; wir werden auf der Hut sein und wie in der Vergangenheit, werden auch in Zukunft alle Versuche scheitern, uns westlich orientieren zu lassen. Unsere Blicke schauen nach Osten, zum gesamten großen deutschen Vaterlande, da gehören wir hin und nichts wird uns von unserer Heimat reißen.

Nachdem am 16. Februar 1924 der Separatistenspuk zu Ende ging, versuchten einige Unverbesserliche unter Führung von Georg Viktor Kunz, geboren 1885 in Marseille, ein neues Unternehmen zu starten.
Es wurde die „Rheinische Arbeiterpartei" gegründet.
Arbeiterführer Kunz versuchte Mitglieder zu werben und wollte über die Parteienlandschaft wieder einen Pfalzstaat errichten.
Seine Pläne gingen in einer großen Pleite unter.
Über diese Zeit berichtet Polizeirat Probst aus Ludwigshafen.

Wiederaufleben und Ende des Separatismus.

Von Polizeirat Probst, Ludwigshafen.

Als am 16. Februar 1924, abends nach eingetretener Dunkelheit, das noch verbliebene Häuflein separatistischer Regierungstruppen mit wehender Fahne zum Bahnhofe dahier zog, um dort zur Fahrt nach dem Elsaß eingeladen zu werden, da schien es als ob dem Spuk, der Ludwigshafen seit dem 23. November des vergangenen Jahres bedrückt hatte, ein für allemal der Garaus gemacht worden sei.

Mit einer großmütigen Geste wollte der hohe Schirmherr seinen Getreuen noch einmal eine Genugtuung bereiten: der Herr Kommandant Menetrier war höchstselbst am Bahnhofe erschienen, salutierte vor der grün-weiß-roten Fahne und drückte dem Führer der etwa 20 Männeken in stummer Gebärde die Hand. War es Schmerz oder Zorn oder auch die bittere Erkenntnis von dem Walten der überirdischen Gerechtigkeit, als er sich zu diesem Schritte entschloß? Ganz freiwillig dürfte er den Gang nicht gemacht haben! Der an Gehorsam gewöhnte Soldat vollzog ohne Zweifel zunächst einen Befehl von oben, durch den ein „ehrenvoller Abzug" für die Helden im Solde Frankreichs angeordnet worden war.

Das, was den heiß gewordenen Boden der Pfalz verließ, waren die letzten Reste des im Dezember 1923 von der „Autonomen Regierung" gebildeten, in eine Art Uniform gekleideten „rheinischen Gendarmeriekorps", dessen Wachtlokal im Bezirksamtsgebäude war. Ihre Tätigkeit und Erfolge werden sie wohl selbst nicht befriedigt haben. Bei Tage wenig sichtbar, zogen sie nächtlicherweise in starken Abteilungen durch die Straßen der Stadt, kontrollierten ihnen begegnende Zivilpersonen auf Pässe und Ausweise, suchten sich willkürlich Personen heraus, von denen sie sich Geld versprechen konnten, schleppten sie auf das Bezirksamt und hielten sie dort solange fest, bis die jeweils verlangten „Strafen" erlegt waren. Im übrigen bestand ihre Tätigkeit im Requirieren von Lebensmitteln, Kleidungsstücken und sonstigen brauchbaren Dingen, wie z. B. Wanzenvertilgungsmitteln, Spritzen zur Bekämpfung infektiöser Krankheiten usw.

Zurückgeblieben war aber die beträchtliche Zahl der nicht uniformierten Anhänger und Mitläufer der separatistischen Bewegung, zumeist Leute, die immer dabei sind, wenn es irgendwo etwas im Trüben zu fischen gibt. Diese Schmarotzer, in der Regel arbeitslose oder arbeitsscheue Elemente, hatten naturgemäß nach dem Zusammenbruch der Aktion völlig den Boden unter ihren Füßen verloren. Sie sollten ja nicht nur ihre Hoffnungen auf ein hübsches Pöstchen im neuen Staate begraben, sondern sahen sich auch der Schande und Verachtung bei der gesamten Bevölkerung ausgesetzt.

Was lag näher, als daß sie nach dem Versagen ihrer bisherigen Führer auf eigene Faust den gegenseitigen Zusammenschluß betrieben, noch immer im Glauben daran, daß sie von ihren französischen Beschützern nicht im Stiche gelassen würden. Aber sie hatten in ihrer Einfalt und Glaubensseligkeit die Rechnung ohne den Wirt gemacht. Die Hintermänner ließen ihnen erklären, daß sie zwar ihre Bestrebungen mit wachsamem Auge verfolgten, aber sich einstweilen zurückhalten müßten, bis sich herausstelle, ob es der neuen Bewegung gelinge, sich durchzusetzen.

Als Organisator des neuen Unternehmens „Rheinische Arbeiterpartei" genannt, trat der berüchtigte „Arbeiterführer" Georg Viktor Kunz, geboren 1885 zu Marseille, angeblich Journalist, in Wirklichkeit Abenteurer schlimmster Sorte, hervor. Er war bereits während der vorhergegangenen Separatistentage eines der tätigsten und skrupellosesten Mitglieder der „Regierung de facto". Wegen Landfriedensbruchs bestraft, wegen Hochverrats angeklagt, hatte er nichts zu verlieren, nur zu gewinnen.

Im Rundschreiben Nr. 1 vom 3. März 1924, herausgegeben für die Mitgliedschaft von der provisorischen Zentralleitung der Rheinischen Arbeiterpartei, machte Kunz folgendes bekannt: „Nach der durch höhere Gewalt infolge der politischen Verhältnisse erfolgten Liquidation der Pfalz und der Rheinischen Autonomie wurde wunschgemäß auf Grund der neu geschaffenen Lage die Gründung der neuen Partei vollzogen. . . . Jedenfalls wurde damit dem Wunsche aller derjenigen Rechnung getragen, die an der bisherigen Bewegung aktiv und passiv teilgenommen hatten . . . Wenn wir auch sagen „Rheinische Arbeiterpartei", so nicht deswegen, weil wir partikularistisch eingestellt waren. . . . Gelingt es uns noch im letzten Augenblicke die geistige Verfassung der rheinischen Arbeiterschaft so zu beeinflussen, daß sie die historisch-geschichtlich bedingte erste Aufgabe erkennt, dann dürften die weiteren Schritte, die zur Erreichung des Endzieles gegangen werden müssen, nicht allzu schwer sein. . . . Unterzeichnet war das Dokument von Dörr Heinrich, 1. Vorsitzender, Wilhelm Anton, 2. Vorsitzender, Kriebsch Max, Kassierer, Salzberg Adolf, Schriftführer, Wilhelm Ludwig und „Genossin" Kunz-Trebur, Beisitzer, Kunz Georg, Organisator und Agitator, Sitz der Zentrale: Speyer, Marienstraße 9. Als Beiträge waren vorgesehen pro Woche für arbeitende Mitglieder 2 Franken, Erwerbslose 1 Frank, weibliche Mitglieder 0.50 Franken, Aufnahmegebühr 1 Frank.

Kunz schwebte kein geringeres Ziel vor, als mit Hilfe seiner „Arbeiter"-Partei die gewerkschaftliche Organisation der pfälzischen Arbeiterschaft zu sprengen und sich auf dem Rücken der Unzufriedenen an die Spitze der politischen Macht tragen zu lassen. Ein erstaunenswerter Optimismus!

Aber seine Pläne zerbrachen an dem Schrei seiner Anhänger nach Erfüllung der ihnen bei ihrer Entlassung gegebenen Versprechen. Neben der Lieferung von Anzügen, Wäsche und Schuhen sollte jeder 500 Goldmark in bar erhalten; auch war ihnen zugesichert worden, daß sie im Wiederaufbaugebiet Nordfrankreichs lohnende Beschäftigung erhalten würden.

In der Ludwigshafener Ortsgruppe offenbarte sich schon nach wenigen Tagen ein zerstörender Zwiespalt, insofern der eine Teil für sofortiges und schärfstes aktives Vorgehen gegen die deutschen Behörden eintrat, während die andere Richtung vor zweifelhaften Aktionen warnte und zunächst den Aufbau der Organisation durchführen wollte. Zu dieser Gruppe gehörte auch Kunz.

Die Hoffnung bei den Kommunisten Anschluß zu finden schlug zwar fehl; aber die Ausschreitungen, welche am 6. März 1924 und in den folgenden Tagen aus Anlaß des Streiks der Anilinarbeiter das Leben in unserer Stadt in so schwerer Weise erschütterten, standen festgestelltermaßen unter dem unmittelbaren Einfluß separatistischer Horden, die die Hoffnung noch nicht aufgegeben hatten, bei solcher Gelegenheit Vergeltung üben und daneben durch Plünderungen ihre Taschen füllen zu können. Am 10. März 1924 hatte sich sogar ein Trupp von 38 Mann gesammelt, um die Polizeiwache Mundenheim auszuheben. — Schon unterwegs verlor jedoch die Mehrzahl der Mitläufer den Mut und verdrückte sich. Als gar noch der vorausgesandte Kundschafter die Anwesenheit mehrerer Polizeibeamten auf der Wache meldete, war es mit der Schneid zu Ende; man gab dieses Unternehmen auf.

Trotzdem sich schon von Anfang an der Bewegung viele innere Hemmungen und äußere Schwierigkeiten entgegenstellten, glaubte Kunz unentwegt an seine politische Sendung und das Wiederaufleben der separatistischen Herrschaft. Er hatte mit den Nachbarorganisationen, der Rheinischen Volksvereinigung, der Nassauischen Vaterlandspartei und der Rheinisch-Westfälischen Arbeiterpartei die Fühlung aufgenommen und ermunterte seine Anhänger stets mit dem Hinweise auf die angeblichen Erfolge dieser rheinischen Parteien. Unterm 29. 3. 1924 gab die „Vereinigte Rheinische Bewegung" ein Manifest an den Herrn Generaldelegierten . . . . heraus, dessen Wortlaut so bemerkenswerte Zugeständnisse enthält, daß es sich verlohnt, es hier ungekürzt wiederzugeben. Es lautet:

„In Erkenntnis dessen, daß nur unerprobte Männer in der Mitte des großen rheinischen Volksbegehrens, welches am 23. Oktober v. J. in einem impulsiven Aufstand des gesamten rheinischen Volkes zum Ausdruck kam, stehen, haben wir rechtzeitig das rheinische Volk zur Arbeit und Ruhe zurückgeführt und aus den begangenen Fehlern haben wir aber für die Zukunft gute Lehren gezogen.

Die rheinischen Bewegungen, welche im Oktober v. J. leider nur lose aneinander gereiht waren, haben sich dieser Tage zu gemeinschaftlichem Vorgehen vereinigt und hoffen wir mit größter Zuversicht, daß die neue Operation die Früchte unserer Arbeit sehen wird.

Als wir im Oktober v. J. zur aktiven Bildung eines Rheinstaates übergingen, haben wir es übersehen ein tüchtiges Beamtenheer einzustellen. Heute stehen die Dinge so, daß nach den allgemeinen Beamtenabbauverordnungen in Deutschland große Massen von Beamten und Angestellten in unsere Reihen getrieben werden.

Wir geben uns die Ehre, Euer Hochwohlgeboren von unserer intensiven Arbeit zu unterrichten und hoffen in Ihrem Kreise im Falle unserer Aktionen auf wohlwollende Neutralität."

In zahlreichen Versammlungen agitierte Kunz für seine neuen Pläne, aber ein sichtbarer Erfolg war ihm nicht beschieden. Seine Anhänger bar aller Existenzmittel, konnten nicht lange warten und forderten immer lauter die ihnen versprochene Arbeit und geldliche Hilfe. Die Diskussionen in den Versammlungen beschäftigten sich sehr bald nur noch mit der Arbeitsvermittlung, vor allem nach dem Wiederaufbaugebiet in Nordfrankreich und nach dem Elsaß. Deputationen wurden dorthin abgeschickt, sie kehrten aber meist mit leeren Händen und wertlosen Versprechungen zurück. Trotzdem unternahmen es größere und kleinere Gruppen, in das französische Wiederaufbaugebiet abzureisen und dort Arbeit in Bergwerken usw. anzunehmen. Bald drangen die beweglichsten Klagen über schwere Arbeit und schlechten Lohn in die Heimat und schon anfangs Mai 1924 kamen sie truppweise voll

RHEINISCHE ARBEITERPARTEI
Bezirk: Pfalz-Rheinhessen
xxxxxxxxxxxxxxxxxxxxxxxxx

MITGLIEDSKARTE No.....

Name ....

Stand ....

Wohnort ....

Strasse........... No....

....

Unterschrift des Inhabers   Stempel

enttäuschter Hoffnungen wieder zurück. Auch diejenigen, welche sich nach Straßburg und Umgebung gewandt hatten, klagten über die schlechte Bezahlung und die hohen Preise aller Lebensmittel und Bedarfsartikel, so daß sie trotz der schweren Arbeit bitteren Entbehrungen ausgesetzt waren. Erträglicher war das Los derjenigen, die bei der Eisenbahnregie unterkommen konnten, wer aber dort Beschäftigung finden wollte, bedurfte schon hoher Empfehlungen, wie aus einem „Certificat" hervorgeht, das der Marchand de vin en gros, Georg May, Commandeur de Troupes des sêparatistes, einem Mr. Friedrich Sambach ausstellte und das u. a. folgende Anerkennung enthielt: „Herr S. ist ein zuverlässiger treuer Soldat gewesen und durch seine Tapferkeit, die er besaß, würde er sein Leben für seine Vorgesetzten in Gefahr gebracht haben, wenn man es von ihm verlangt hätte. Ich bitte daher Herrn S. eine Vertrauensstellung zu geben. . . .

Das Zeugnis wies noch folgende Empfehlung auf: „Herrn Foréstier der Eisenbahnregie mit der Bitte, das Möglichste zu Gunsten des Herrn S. zu tun, wie es auch für andere in gleichen Fällen gemacht wurde." — Für den Oberdelegierten: gez. Magniez." —

Es war unausbleiblich, daß unter solchen Umständen Mißmut und innere Zwistigkeiten unter den Mitgliedern der Partei immer mehr die Oberhand gewannen und die politische Idee allmählich versandete. Die Versammlungen wurden immer schwächer besucht, wiewohl Kunz nichts unversucht ließ, seine Parteigänger zusammenzuhalten. In einer Versammlung, die am 23. Mai 1924 im Palmengarten in der Rohrlachstr. in Ludwigshafen stattfand, mußte der von Speyer herbeigekommene frühere Rechtsanwalt, ehemaliges Mitglied der Autonomen Regierung Dr. Schecher zugestehen, daß die politischen Ziele der Bewegung nur noch geringe Aussichten auf Verwirklichung hätten.

In der Folgezeit ließ die Partei denn auch weniger von sich hören. Am 3. August 1924 fand in Speyer eine Sitzung des Zentralausschusses der Partei statt, welcher der im Elsaß weilende Kunz nicht anwohnte. An seiner Stelle leitete der in Speyer wohlbekannte ehemalige Angestellte Adolf Salzberg (polnischer Staatsangehöriger) die Versammlung. Der Niedergang der Bewegung kam hier bereits sinnfällig zum Ausdruck. Kunz und seine Konbubine Trebur wurden bezichtigt, Parteigelder unterschlagen zu haben. Beide wurden aus der Partei ausgeschlossen. Der Zentralausschuß, an seiner Spitze ein gewisser Weinmann aus Speyer, wurde neugewählt, Salzberg zum Verbindungsmann mit der Partei im Rheinland bestellt.

Welchen Erfolg die außerdem gewählte Kommission zur Arbeitsbeschaffung noch hatte, ist nicht bekannt geworden.

Der Zerfall der Partei war von da ab unaufhaltsam geworden, nachdem der Bewegung der fähigste Kopf genommen war. Kunz kehrte nicht mehr nach Deutschland zurück, die Beschuldigung der Untreue dürfte demnach nicht zu Unrecht erhoben worden sein. Noch heute soll er in Mülhausen im Elsaß sein Dasein behaupten; ob zur Freude der dortigen Bevölkerung, möchten wir dahingestellt sein lassen.

Seine Konkubine Trebur, die ihn lange Zeit auf allen Irrfahrten begleitet und zeitweise auch in der Partei eine Rolle gespielt hatte, blieb in Deutschland zurück. Sie mußte im Jahre 1926 infolge unheilbarer Krankheit auf Armenkosten in das Akademische Krankenhaus in Heidelberg überführt werden, wo sie am 9. November 1926 verstarb.

Noch einmal machte sich die Rheinische Arbeiterpartei als solche dadurch bemerkbar, daß sie zu den am 7. Dezember 1924 stattgefundenen Reichstags- und Stadtratswahlen ein Flugblatt verbreitete, durch das sie zur Wahlenthaltung aufforderte. Es heißt in diesem, mit „Rheinisch-Westfälischer Volksbund" unterzeichneten, von der „Rheinischen Arbeiterpartei" abgestempelten Flugblatt u. a.: „Rheinländer und Westfalen! Wer es gut mit einsetzten. Ihre Ziele kennzeichneten sich durch folgenden Aufruf: „Rheinländer! Alle, die ihr Arbeit sucht und in Frankreich arbeiten möchtet; alle, die ihr geschäftliche Anbahnungen mit französischen Häusern sucht; alle, die ihr geistige Interessengemeinschaft mit Frankreich sucht, wendet euch vertrauensvoll an die Union. . . ." Die Mitgliedskarte trug in der einen Ecke die blau-weiß-roten Farben der Trikolore, in der gegenüber befindlichen Ecke

Karikatur auf das Ende der Separatistenherrschaft.

Als er Abschied nahm — Der Separatist — Als er wiederkam

Euch und Eurem durch Berlins Schuld besetzten doppelt belasteten Lande meint, wählt nicht! Jede Wahl nach Berlin schadet Euch nur . . . Glaubt den 27 (Parteien) nichts mehr, Ihr werdet von Berlin immer wieder nur belogen und ausgesogen — bis Ihr selbst in Rheinland-Westfalen regiert. . . ."

Das Jahr 1924 hat die Partei, soweit wenigstens bei uns von ihr etwas nach außen gedrungen ist, nicht überlebt. Der gesunde Sinn unserer Bevölkerung hatte das Machwerk einer Gruppe von Phantasten und Abenteuerern durch scharfe Ablehnung der einen oder völlige Teilnahmslosigkeit der anderen zu einem unrühmlichen Tode verurteilt.

Damit hatten allerdings die Versuche, von Frankreich her im Rheinlande Einfluß zu gewinnen, noch nicht aufgehört. Der Rheinischen Arbeiterpartei angehörige und ihr nahestehende Kreise waren es, die sich für die Bildung einer „Union Economique et Intellectuelle Franco-Rhénane die grün-weiß-roten Farben des Separatismus. Um die Mitgliederwerbung bemühte sich u. a. der frühere „Redakteur" Mich. Impertro von Mundenheim, der als tätiges Mitglied der separatistischen Bewegung hinreichend bekannt war. Im Laufe des Monats Juni 1925 sollte angeblich auch eine Wochenschrift erscheinen, deren Verlagsort Koblenz war, wo auch das deutschfeindliche „Nachrichtenblatt" herausgegeben wurde. Die Zahl der Mitglieder dieser Bewegung wurde auf etwa 100 geschätzt. Irgend ein nennenswerter Erfolg war diesen Bestrebungen nicht beschieden; denn mit Recht erkannte die Bevölkerung in dem Treiben einer solchen Vereinigung lediglich eine verschleierte Fortsetzung der eben erst erledigten hochverräterischen Umtriebe zwecks Losreißung der Rheinlande vom Reich.

So kam es denn, daß sich die gesamte Presse auch sofort gegen ein weiteres Unternehmen des obenerwähnten Impertro wandte, der eine neue Wochenschrift „Die Fackel“ herauszugeben versuchte. Im Januar 1926 war im „Neukulturverlag“, Ludwigshafen a. Rh., die erste Nummer dieser „Unabhängigen Zeitung für Vernunft, Wahrheit und Recht“ in einer Auflage von 2000 Stück erschienen. Als verantwortlicher Schriftleiter zeichnete ein gewisser L. Hammer, Mannheim-Ludwigshafen a. Rh. Die polizeilichen Erhebungen ergaben jedoch, daß sich hinter diesem Pseudonym die verheiratete Tochter Luise des genannten Impertro, die mit der ganzen Sache nichts zu tun hatte, verbarg, die Verlagsbezeichnung war handelsgerichtlich nicht eingetragen. Waren schon diese Feststellungen geeignet, das größte Mißtrauen an der Tendenz der Zeitschrift wachzurufen, so erst recht der Inhalt derselben, wie er sich namentlich in einem Artikel, „Der Schwindel von Locarno“ kennzeichnete. Der einmütige Protest gegen das Unternehmen führte dazu, daß schon die erste Nummer der Zeitschrift in geschäftlicher Hinsicht ein völliger Versager war. Das ohnehin schlecht finanzierte Unternehmen endete bereits in seinen Anfängen mit einer fabelhaften Pleite, abgesehen von dem gerichtlichen Nachspiel, das die Zuwiderhandlung gegen das Preßgesetz zur Folge hatte. Seitdem haben es die Separatisten der verschiedenen Spielarten in der Pfalz nicht mehr gewagt, ihr Haupt zu erheben. Sie haben gewußt, warum! Der Zorn unserer langmütigen, von dem Spuk genug gequälten Bevölkerung hätte unversehens eine derbe Abrechnung halten können!

Ludwigshafen wird mit 100.000 Einwohner Großstadt

Auch Stadtrat L. Bertram erinnert sich in „Niemals“ über die Separatistenherrschaft in der Pfalz.

Erinnerungen an den Kampf gegen die Separatisten in der Pfalz.

Von Stadtrat L. Bertram, Ludwigshafen a. Rh.

Der Umstand und Tatbestand, daß der Verfasser bei den wesentlichsten Abwehr- und Aufklärungsaktionen, die im Kampfe gegen die Separatisten unternommen wurden, aktiven Anteil nahm, berechtigen ihn wohl, dem Ersuchen der Schriftleitung zu entsprechen und seine Erinnerungen an jene trübe Zeit einem weiteren Leserkreis mitzuteilen. Waren es doch nicht allein die Maßnahmen innerhalb der Gemeinde, die der Einsender im Kampfe gegen die „autonome Regierung der Pfalz“ mitmachen durfte, sondern es zählten zu den, mit Gleichgesinnten unternommenen Schritten

1. wiederholte Besuche bei der Interalliierten Rheinlandkommission;
2. Besuche bei dem Ludwigshafener Delegierten Menetrier;
3. Besuche bei dem Pfalzdelegierten De Metz;
4. Besuche bei dem Msgr. Testa, dem Abgesandten des päpstlichen Stuhles, und
5. Besuche bei dem Generalkonsul Clive, dem Gesandten Großbritanniens.

Die Gemeinden gegen die Separatisten.

Was nun zunächst den Kampf der Gemeinden gegen das Separatistengesindel betrifft, das sich unter dem Schutze der Franzosen in den letzten Monaten des Jahres 1923 und den ersten des Jahres 1924 in der Pfalz einnistete, um hier eine „autonome Regierung“ zu schaffen, das bewaffnet sich in den Straßen der Stadt zeigen durfte, während die rechtschaffenen, ordnungsliebenden Bürger schon beim (oft nicht einmal bewußten) Besitz veralteter, untauglicher Waffen vor das Kriegsgericht gezerrt und empfindlich gestraft wurden, so muß konstatiert werden, daß die Stadtgemeinde Ludwigshafen mustergültig und führend für die übrigen Gemeinden der Pfalz in der Abwehr voranging. Die Ludwigshafener Beschlüsse gegen die mit Drohung und Gewalt vorgehenden Separatisten waren stets ziel- und richtunggebend für die übrigen pfälzischen Gemeinden, die sich gleichfalls gegen den Terror stemmten. Es soll aber nicht verschwiegen werden, daß aus Furcht, Aengstlichkeit, Feigheit und Ratlosigkeit eine nicht geringe Zahl von Gemeinden (besonders aus den Bezirken Bergzabern und Kusel) die berüchtigte Loyalitätserklärung, welche die Separatisten vorlegten, unterschrieb und den Autonomisten zusandte. Es waren ca. 300 Landgemeinden, die dem bewaffneten Drucke und der Drohung mit schwersten Maßnahmen erlagen. Mit diesen Erklärungen nun gingen die Autonomisten bei den alliierten Regierungen der Rheinlandkommission und nicht zuletzt bei der Auslandspresse hausieren, den Anschein erweckend, als ob die Lostrennungsbewegung eine allgemeine Bewegung in der Pfalz, eine Volksbewegung wäre. Wenn die in Heidelberg amtierende, gesetzesmäßige Pfalzregierung erklärte, die Pfalzbevölkerung wolle nichts von dem zugezogenen Gesindel wissen, so wurde sie (nicht zuletzt von der H.I.R.C. in Koblenz) stets mit dem Hinweis auf die im Wachsen befindliche Anzahl der Gemeinden-Loyalitätserklärungen zurückgewiesen und (besonders von den französischen Schutzherren der Separatisten) als von der deutschen Regierung bestochen dahingestellt. So setzte sich bei der Rheinlandkommission und den verbündeten Regierungen die Auffassung fest, — und die Besatzung in der Pfalz tat das ihrige dazu, um diese Auffassung zu kräftigen — die pfälzische Bevölkerung will von dem Reiche nichts mehr wissen und wendet sich auch von der gesetzmäßigen, bisherigen Regierung ab; sie strebt die Autonomie an und anerkennt die bereits konstituierte, autonome Pfalzregierung. Unter welchen Umständen die Erklärung oft zustande kam (Drohung und Erpressung einerseits, eigenmächtiges Vorgehen einzelner, Einfalt und Schüchternheit andererseits) — das wurde selbstverständlich geflissentlich von den Dunkelmännern verschwiegen.

Die Stadt Ludwigshafen wurde in dieser kritischen Zeit von ihrem 3. und 4. Bürgermeister, den Herren Müller und Butscher, geleitet, der Oberbürgermeister Dr. Dr. Weiß war von der Besatzungsmacht inhaftiert und durfte nach der Haftentlassung auf Anordnung der Rheinlandkommission nicht amtieren; der 2. Bürgermeister Kleefoot war krankheitshalber in Urlaub. Am 11. Dezember 1923 nahm nun der Stadtrat unter dem Vorsitze des Bürgermeisters Müller „Stellung zur neuen Regierung". Es kam ein Schreiben der autonomen Regierung zur Verlesung und Bürgermeister Müller machte von einem Besuche des Separatisten Dr. Noel und der gepflogenen Unterhaltung Mitteilung. Inhalt der Zuschrift und Gegenstand der Unterhaltung werden aus dem von zwei Bürgermeistern und 29 Stadträten einstimmig gefaßten Beschluß klar:

Antwort harrenden Separatisten Dr. Noel und Müller von Bürgermeister Butscher und dem Einsender dieses überbracht; die Antwort, daß „das Weitere folge", bedeutet in Wirklichkeit die Ausweisung der beiden noch vorhandenen Bürgermeister Butscher und Müller, die am 14. Dezember erfolgte. So wurde denn am 15. Dezember eine neue Stadtratssitzung einberufen, der 28 Mitglieder anwohnten. Unter dem Vorsitze des dienstältesten

An die Presse von Ludwigshafen.

-Dringend.

Jch verbiete im Auftrage der Regierung zu Speyer der hiesigen Presse irgend eine Meldung über einen ab 14. ds. Mts. gefassten Stadtratsbeschluss, welcher sich in irgend einer Form gegen die Regierung der autonomen Pfalz richtet, zu veröffentlichen.

Ludwigshafen a.Rh., den 16.12.23.

Regierung der autonomen Pfalz.

J.A.

„Im Verfolg einer an die Bürgermeister Müller und Butscher gerichteten Aufforderung der Regierung der autonomen Pfalz zur sofortigen Abgabe einer Loyalitätserklärung des Inhalts: „Der Bürgermeister der nebengenannten Gemeinde erkennt die durch die Errichtung der autonomen Pfalz geschaffene Lage an; er ist bereit den Aufforderungen der neuen Regierung Folge zu leisten", faßt der Stadtrat Ludwigshafen einstimmig folgenden Beschluß: „Wir bleiben hinsichtlich unseres Verhältnisses zur Regierung der autonomen Pfalz auf unseren früheren (ablehnenden d. E.) Beschlüssen bestehen und lehnen daher Kontrollorgane und Weisungen dieser Regierung ab."

Der Beschluß wurde sogleich zu Papier gebracht und den im Bürgermeisterzimmer auf

Mitgliedes, des Bäckermeisters Ludwig Gelbert wurde unter dem frischen Eindruck der Verhaftung der beiden Bürgermeister folgender Beschluß gefaßt: Nachdem der Stadtrat in seiner Sitzung vom 11. 12. eine Aufforderung der autonomen Regierung zur Abgabe einer Loyalitätserklärung in eindeutiger Weise abgelehnt hatte, wurden gestern nachmittag die beiden Bürgermeister Müller und Butscher durch den separatistischen Bezirksamtmann verhaftet. Der Stadtrat versammelte sich heute im Stadtratssaale, um gegen diese widerrechtliche Wegführung der beiden Bürgermeister zu protestieren. — Der Stadtrat hat nach eingehender Debatte, an der sich Vertreter aller Parteien beteiligten und in der das Vorgehen der Separatistenregierung als rechtswidrig gegeißelt wurde, einstimmig folgenden Protest beschlossen, der den hier erscheinenden Tagesblättern und einer Anzahl führender Blätter Deutschlands zur Veröffentlichung übergeben werden soll: „Der Stadtrat von Ludwigshafen hat am 11. Dezember in eindeutiger Weise eine ablehnende Haltung zur separatistischen Regierung in Speyer kundgetan. Auf diesem Standpunkte beharrt der Stadtrat auch fernerhin. In unerhörter Herausforderung der Gesamtbevölkerung der Stadt Ludwigshafen haben gestern Separatisten die beiden Bürgermeister Müller und Butscher von ihren Amtsräumen gewaltsam nach bis jetzt unbekannten Zielen verschleppt und damit die Stadt Ludwigshafen in der jetzt schweren Notlage ihrer dirigierenden Leitung beraubt. — Der Stadtrat erhebt gegen solch' rechtswidrige Gewaltakte Unbefugter energischen Protest. Er appelliert an die Signatarmächte, welche im Versailler Vertrag sowohl, wie insbesondere im Rheinlandabkommen die Aufrechterhaltung gesetzmäßiger Zustände im besetzten Gebiete garantiert haben. Gleichzeitig richtet sich der Notschrei einer vom Terror fremder separatistischer Elemente geplagten friedfertigen Bevölkerung an alle zivilisierten Völker zur Wahrung der Menschenrechte der rheinischen Bevölkerung. Weiter hat der Stadtrat beschlossen, daß heute nachmittag eine Kommission, bestehend aus je einem Vertreter der Stadtratsfraktionen, beim Delegierten der H.I.R.C. für den Bezirk Ludwigshafen vorstellig werde, um ihm folgenden Beschluß des Stadtrates vorzutragen:

„Infolge der Verschleppung der beiden Bürgermeister tagte heute früh der Stadtrat. Wir sind beauftragt, dem Herrn Delegierten im Namen des Stadtrates folgendes vorzutragen: Der Stadtrat hat seinerzeit erklärt, daß er im Interesse der Bevölkerung und der Besatzungsbehörde sein Amt unter der Voraussetzung weiterführe, daß er in seiner Tätigkeit nicht behindert werde. Die Verschleppung der beiden Bürgermeister macht es dem Stadtrat unmöglich, die Verantwortung weiter zu tragen, da wir zur Zeit Aktionen eingeleitet haben, um die Sanierung unserer Finanzen herbeizuführen und die Bedürfnisse der notleidenden Bevölkerung zu befriedigen. Diese Aktion wird zusammenbrechen und ein allgemeines Chaos wird eintreten, wenn wir nicht ungestört weiter arbeiten und wenn die beiden Bürgermeister nicht zurückkehren können. Gleichzeitig erblickt der Stadtrat in der Verschleppung eine ungeheure Provokation der Gesamtbevölkerung, die mit dem Stadtrat die separatistische Bewegung ablehnt. Der Stadtrat in seiner Gesamtheit erklärt nochmals ausdrücklich, daß er die autonome Regierung nicht anerkennt und daß sich auch kein einzelner Stadtrat bereit finden wird, mit Separatisten zusammenzuarbeiten. Sollte die Rückkehr der beiden Bürgermeister nicht erfolgen, werden die Stadträte ihr Mandat in die Hände ihrer Wähler zurücklegen."

Bei Mennetrier

Es war unter den gegebenen Umständen angezeigt, daß die Gemeindeverwaltung bei dem Bezirksdelegierten der H.I.R.C., Mennetrier, vorstellig wurde, er möge doch dem bewaffneten Gesindel, das er doch selbst aus nächster Nähe sehen und einschätzen könne, entgegentreten. Altstadtrat Schmitt — inzwischen war auch Stadtrat Gelbert von den Separatisten ausgewiesen und Schmitt war der älteste Gemeindevertreter — und der Einsender dieses wandten sich bald nach der Ausweisung Gelberts in dieser Hinsicht an Mr. Mennetrier. Aber schon der Umstand, daß wir etwa eine Stunde im Vorzimmer warten mußten, ehe „er" geruhte, uns in sein Amtszimmer (im Hause der Versicherungsgesellschaft „Atlas") einzulassen, ließ uns auf wenig Entgegenkommen hoffen. Schmitt und der Einsender dieses führten alsdann aus, daß der Stadtrat fast keine Sitzung im Plenum noch in Ausschüssen abhalten könne, ohne Belästigungen und Schikanen der Separatisten ausgesetzt zu sein. Es wirkte aufreizend, wie diese zum größten Teil ortsfremden Menschen mit Waffen herumliefen und unsere rechtmäßigen Beamten unter Anwendung von Drohung und Gewalt verdrängten, wir brachten noch eine ganze Reihe Beschwerden vor. Mennetrier hörte uns ruhig ohne Unterbrechung zu und der Dolmetscher Magin war eifrig bemüht, unsere Klagen restlos zu übersetzen. Zum Schlusse unserer ausführlichen Darlegungen aber erklärte der Delegierte, er könne nichts gegen die Separatisten unternehmen, das sei eine ausschließliche Angelegenheit der deutschen Bevölkerung. Auf den Einwand, daß die waffenlose Bevölkerung gegen die waffentragenden Strolche, Tagediebe und Zuchthäusler nicht aufkommen könne, hatte Menetrier nur die eine Antwort: „Es sind auch ordentliche Leute bei den Separatisten". Eine Zusage aber gar auf Abhilfe gegen die Aufdringlinge gab Mennetrier in keiner Weise. Als Schmitt den Dolmetscher Magin darauf aufmerksam gemacht, daß der Delegierte noch keine Antwort auf die Bitte um Schutz gegeben habe, und als Magin ihm diesen Hinweis übersetzt hatte, gab Mennetrier die lakonische Antwort: „Fragen, die er nicht beantworten könne, übergehe er".

In gleicher Weise erfolglos waren andere Besuche bei Mennetrier, die der Einsender und die Mitglieder des Kollegiums unternahmen. Der Einsender gewann durch verschiedene Besuche die Ueberzeugung, daß es mehr auf Anordnung übergeordneter Instanzen, mehr auf geheime Weisungen von oben her zurückzuführen war, wenn Mennetrier gegenüber den

Separatisten eine wohlwollende Haltung einnahm. Solche Weisung mag wohl auch die Ursache gewesen sein, daß sich der Delegierte am Bahnhof befand, als die bewaffnete Horde eintraf, sie wird auch die Ursache gewesen sein, daß der Delegierte den z. T. noch unbewaffneten Separatisten — wie die Polizei Ludwigshafen zweifelsfrei feststellen konnte — Waffen auslieferte. Auf Vorstellung der Polizei hier erklärte Mennetrier, die Regierung der autonomen Pfalz wäre eben die anerkannte Regierung — Mennetrier kam später, am 1. 12. 25. zur Rheinlandkommission nach Koblenz und seine Stelle wurde nicht mehr besetzt. —

Zur Rheinlandkommission in Koblenz.

Die Gemeindevertretung Ludwigshafen kam angesichts der negativen Erfolge ihrer Bemühungen beim Bezirksdelegierten Mennetrier gegen die separatistischen Eindringlinge nicht zur Ruhe. Wiederholte Beratungen, die z. T. im Parkrestaurant, z. T. im Hauptgebäude des Konsumvereins, z. T. im Rathause zu Mannheim abgehalten wurden — so unsicher fühlte man sich gegenüber den stets mit Spitzeln arbeitenden Separatisten und Franzosen — zeitigten namentlich auf Betreiben der Stadträte Fischer, Dr. Gumlich, Steinmetz und Bertram den Entschluß: Nachdem wir beim hiesigen Delegierten kein Gehör finden, suchen wir unser Recht an einer übergeordneten Stelle und zwar gehen wir nicht mehr zu Zwischeninstanzen, sondern direkt zur Hauptstelle und Spitze: zur Rheinlandkommission nach Koblenz; sollte auch diese versagen, so versuchen wir unsere Beschwerden persönlich in Paris vorzubringen. Als Vermittler der Klagen wurden die Stadträte Dr. Gumlich und Bertram bestimmt. Unser Vorhaben wurde den anderen pfälzischen Städten mit der Aufforderung mitgeteilt, sich dem Vorgehen anzuschließen; auch die Gewerkschaften wurden gebeten, sich an der Aktion zu beteiligen. Der Einsender setzte auch noch den Regierungspräsidenten der Pfalz, Herrn Dr. Mathéus-

Nr.

Ludwigshafen a. Rh., den 3. Januar 1924.

Bezirksamt.

Postscheckkonto des Bezirksamtes 3828.
Postscheckkonto des Kommunalverbandes 3101.
Fernsprecher Nr. 2107, 2108, 2109.

An den Betriebsrat der

Hier.

Zu ... vom ...

Betreff: Die Regierung der Autonomen Pfalz wünscht die Errichtung eines Sonder-Wuchergerichtes in Ludwigshafen.

Wir wenden uns daher an die Betriebsvertretung Jhres Werkes mit der Aufforderung, uns je einen Arbeiter und Angestellten zu benennen, der qualifiziert ist, die Funktionen eines Beisitzers am Wuchergericht zu übernehmen.

Wir geben uns der Hoffnung hin, die zur Zeit noch bestehenden horrenden Preise herabzudrücken und benötigen hierzu dringend der Mitarbeit der Bürgerschaft.

Bezirksamtmann.

Separatistische „Wirtschaftspolitik"

Heidelberg, von dem Vorhaben in Kenntnis, dem dieser Schritt um so mehr gefiel, als all die Vorstellungen, die er zur Beseitigung der Leiden unserer Pfalz unternahm, von der Rheinlandkommission stets abgetan wurden mit dem Bemerken: „er sei ein von der Reichsregierung bestochener Beamter und handele unter dem Drucke der bayerischen und der Reichsregierung, die pfälzische Bevölkerung denke ganz anders, sie sei für die Autonomie". Nun sollte — so war unsere Ueberlegung — die Rheinlandkommission aus dem Munde von Vertretern der pfälzischen Bevölkerung reinen Wein eingeschenkt bekommen. Zur festgesetzten Stunde fanden sich denn 15 Leute aus der Pfalz am Bahnhofe in Ludwigshafen ein, um die Reise nach Koblenz anzutreten. Außer den hiesigen beiden Vertretern Dr. Gumlich und Bertram waren es noch Bürgermeister Zaun-Frankenthal, Bürgermeister Müller-Kaiserslautern, Bürgermeister Neubauer-Neustadt, Stadtrat Dr. Lehmann-Zweibrücken, Stadtrat Bimber von Pirmasens, Bürgermeister Weber-Mutterstadt, Stadtrat Schreiweiß-Speyer, Stadtrat Hauck-Landau, Bürgermeister Karch-Lambrecht, Redakteur Behre von der Pfälzischen Rundschau und drei Gewerkschaftler, darunter Hauser und Twachtmann aus Ludwigshafen.

Ueber den Erfolg berichteten die Ludwigshafener Stadträte in ihrem Kollegium, das unter dem Vorsitz von Stadtrat Laubscher eine Sitzung in Mannheim abhielt und der Einsender allein berichtete persönlich darüber bei der Pfalzregierung in Heidelberg. Diese wiederum gab den Bericht an das Ministerium des besetzten Gebietes und an die bayerische Gesandtschaft in Berlin weiter. Von diesem Bericht der „Haupthilfsstelle für die Pfalz in Heidelberg" (das war der offizielle Name) ist noch eine Abschrift vorhanden, die hier im Wortlaut wiedergegeben werden kann. Sie lautet:

Der Protest bei Tirard.

„Fünfzehn Vertreter der pfälzischen Städte, Gemeinden und Gewerkschaften wurden am 20./21. 12. 23 bei der Interalliierten Rheinlandkommission in Koblenz vorstellig, um einen ausführlichen schriftlichen Protest (Denkschrift) gegen die Separatistenherrschaft in der Pfalz zu überreichen und mündlich zu begründen. Der Vorsitzende der Rheinlandkommission und französische Oberkommissar Tirard war am 20. 12. nach Wiesbaden verreist. Von seinem Adjutanten, Oberst Richelt, wurde die Abordnung auf 20. 12. nachmittags 4 Uhr zwecks Besprechung der vormittags abgegebenen Denkschrift vorgeladen.

Die Abordnung wurde vormittags auch bei dem englischen, belgischen und italienischen Vertreter in der Rheinlandkommission vorstellig. Auf der englischen Delegation wurde die Abordnung sehr freundlich empfangen. Letztere gewann sofort den Eindruck, daß zwischen den Engländern und Franzosen in Koblenz ein ausgesprochener Gegensatz besteht. Der englische Oberkommissar, Lord Kilmarnock, hat selbst wenig gesprochen. Die Abordnung trug ihm ganz offen ihre Klagen über die Haltung der französischen Besatzungsbehörden vor, die in der Pfalz im Bunde mit den Separatisten stünden. Sie knüpfte daran die Bitte, daß sich der englische Oberkommissar der großen Not der Pfalz annehme und ihr helfen möge. Eine bindende Zusage wurde von Lord Kilmarnock nicht abgegeben, doch war sein ganzes Verhalten deutsch-freundlich.

Der englische Oberkommissar erklärte, er wisse wohl, daß die Separatisten Lumpengesindel seien und daß sich Polen und Schlesier darunter befänden. Er gab den Rat, bezüglich einer eventuellen Abstimmung in der Pfalz vorsichtig zu sein. Die Pfalz sei zwar einig gegen die Separatisten; durch eine Abstimmung aber könne eine Spaltung in die eigenen Reihen getragen werden, weil dann der eine das, der andere jenes wolle. Der Sekretär des englischen Oberkommissars empfahl der Abordnung die schriftliche Eingabe gegen die Separatistenherrschaft sowohl an den französischen Oberkommissar Tirard wie auch an den Präsidenten der Rheinlandkommission zu adressieren. Würde die Eingabe nur an den französischen Oberkommissar gerichtet, dann könnte sie Tirard im Aktenschranke verschwinden lassen. An den Vorsitzenden der Interalliierten Rheinlandkommission gerichtet, müsse jedoch die Eingabe in einer Sitzung der Rheinlandkommission zur Besprechung kommen.

Bei dem belgischen Oberkommissar war die Abordnung ebenfalls am 20. 12. vormittags und gab die Beschwerdeschrift ab. Nachmittags erklärte der belgische Oberkommissar, er habe mit seinen englischen Kollegen die Angelegenheit schon besprochen und eine besondere Audienz sei nicht mehr notwendig. Die Abordnung hatte den Eindruck, als wolle der belgische Oberkommissar mit Rücksicht auf den französischen Oberkommissar von einer besonderen Aussprache absehen.

Der italienische Delegierte war nicht anwesend. Von seinem Vertreter wurde die Beschwerdeschrift gelesen und ihre Uebermittlung an den italienischen Delegierten zugesichert.

Audienz beim Adjutanten Tirards, Oberst Richelt.

Von Oberst Richelt wurde die Abordnung am Donnerstag, 20. 12., nachmittags sehr kühl empfangen. Der Oberst war sehr ungehalten darüber, daß die Abordnung am Vormittag die anderen Oberkommissare, speziell den englischen Oberkommissar, aufgesucht hatte. Oberst Richelt vertagte dann die Besprechung auf Freitag, 21. 12., vormittags. Zu Beginn der Audienz versuchte Richelt die Abordnung durch Abfragen der Personalien einzuschüchtern. Auch erkundigte sich der Oberst genau, von wem die Abordnung beauftragt und ob sie von Bürgermeistern, von Stadträten oder einer besonderen Kommission entsandt worden sei.

Die Vertreter von Ludwigshafen erklärten, daß ein Stadtratsbeschluß vorliege, worauf die anderen Vertreter eine ähnliche Erklärung abgaben.

Oberst Richelt war eifrig bestrebt, bei der Denkschrift schwache Punkte zu entdecken. So stieß er sich an der Erklärung wie: „Eine Masse Bürgermeister wurde ausgewiesen, eine Menge von Bezirksamtsbeamten wurde ausgewiesen usw." Die Abordnung war glücklicher Weise in der Lage, mit ziffernmäßigen Unterlagen die gemachten Angaben zu belegen. Auch für die Erpressung von Loyalitätserklärungen konnten Beweise erbracht werden.

Oberst Richelt versuchte dann die vorgebrachten Klagen immer wieder mit der Bemerkung abzuschwächen: „In der letzten Zeit war es aber doch nicht mehr so, meine Herren, diese Dinge haben sich doch nur in der Anfangszeit ereignet".

Bei dem Hinweis auf die separatistischen Untaten in Kaiserslautern erklärte Oberst Richelt mit einem triumphierenden Lächeln: „An dem Tage, an dem die Separatisten in Kaiserslautern einzogen, war ich selbst in Kaiserslautern anwesend. Ich habe einen Schuß gehört und habe selbst den Rat gegeben, die Polizei zu entwaffnen um Blutvergießen zu vermeiden".

Die Gewalttat der Separatisten wurde dann besonders veranschaulicht durch den Bericht des Bürgermeisters von Lambrecht.

Auf die Erklärung des Obersten, daß die Franzosen immer nur eingegriffen hätten um Blutvergießen zu vermeiden, entgegnete Dr. Gumlich-Ludwigshafen, der allgemeine Eindruck der Bevölkerung der Pfalz gehe dahin, daß die Franzosen hinter der Separatistenbewegung stünden. Diese offene Bemerkung Dr. Gumlichs wurde eifrig notiert.

Beim dem Punkte „Eingriff der Separatisten in die Rechtspflege" suchte Oberst Richelt einzuhaken, doch konnten ihm auch hier Beweise geliefert werden (Erzwungene Freilassung einer Kindsmörderin aus dem Gefängnis Obermoschel. Erteilung der Handelserlaubnis an zwei bekannte Wucherer in Kaiserslautern).

Oberst Richelt versuchte des öfteren der Unterredung eine andere Wendung zu geben durch die Frage: „Sind Klagen aus neuerer Zeit da?"

Eine prächtige Haltung zeigte der Vertreter der Arbeitergemeinschaft Herr Twachtmann-Ludwigshafen. Im Namen von 150 000 Arbeitern, für die er sprach, lehnte er energisch die separatistische Bewegung ab und entwarf von dem Separatistengesindel ein anschauliches Bild. Er bezeichnete die Separatisten als Faulenzer, Tagdiebe und Verbrechergesindel. Besonders eingehend befaßte sich Twachtmann mit der Biographie des Separatistenführers Heinz. Oberst Richelt schien von der Mitteilung peinlichst berührt,

Separatistenführer Wilhelm aus Speyer als „Kompagnieführer"

daß Heinz früher Führer einer rechtsstehenden nationalistischen Organisation werden wollte und daß Heinz, als er einmal an den Ludwigshafener Kasernen vorbei ging, erklärt hatte: „In diesen Kasernen wird einmal die deutsche Jugend zum Revanchekrieg erzogen."

Starken Eindruck machte auch die Erklärung des Bürgermeisters Weber-Mutterstadt, der für die Landgemeinden sprach . . . Auf die Frage der Abordnung, ob von der Rheinlandkommission Racheakte der Separatisten geschützt würden, erklärte Oberst Richelt: „Er sehe ein, daß die Abordnung wegen ihres Schrittes nicht bestraft werden könne". Eine schriftliche Bestätigung lehnte jedoch Oberst Richelt ab. Ferner lehnte der Oberst das zweimalige Ersuchen ab, den Protest der Abordnung Herrn Tirard befürwortend zu überreichen. Er sagte nur einfache Uebermittlung zu.

Am Schluß der Unterredung fragte Oberst Richelt die einzelnen Herren, welcher Partei sie angehörten. Die Abordnung erklärte, daß sie nicht als Parteileute, sondern als Städte- und Arbeitervertreter gekommen seien. Zufällig waren alle Parteien vertreten (drei Volksparteiler, 3 Demokraten, 8 Sozialdemokraten, 1 Mitglied der Bayerischen Volkspartei).

Im Laufe des 21. 12. 23 kehrte Tirard aus Wiesbaden zurück. In seinem Auftrage gab der Generalsekretär der Rheinlandkommission Fox, der Abordnung den offiziellen Bescheid, Tirard lehne einen Empfang ab, da die Angelegenheit eine politische sei, die an anderer Stelle behandelt werden müsse.

Auf die Frage der Abordnung, was mit der Eingabe nunmehr geschehen würde, erklärte Generalsekretär Fox: „Der Präsident wird die Eingabe an den General de Metz schicken und sie prüfen lassen. Dieses Jahr wird sie kaum noch verbeschieden werden, doch kommt die Eingabe sicher in einer Sitzung der Rheinlandkommission zur Sprache."

Generalsekretär Fox, der sich der Abordnung gegenüber sehr freundlich zeigte, versprach alles zu tun, um die Angelegenheit zu beschleunigen.

Ueber den Pfalzdelegierten zur Rheinlandkommission.

Von einer Besserung in den Verhältnissen des besetzten Gebietes war indes nichts zu verspüren. Die Separatisten fuhren unter dem Schutze der Franzosen fort, mit den bekannten Mitteln der Drohung und Gewalt in behördliche und private Rechte einzugreifen. So wurde der Gedanke einer zweiten Reise nach Koblenz reif. Fehler der ersten Reise wurden dabei vermieden: 1. Jeder Delegierte sorgte für den notwendigen Ausweis (der meinige trug den Vermerk: „ist berechtigt die Interessen der Stadt Ludwigshafen bei der H.I.R.C. zu vertreten") — diesmal war ich der einzige Vertreter der Stadt; 2. man trug Sorge, daß außer den Gemeindevertretern auch Ständevertreter und andere Repräsentanten mitgingen, solche der Handelskammer, der Industrie, der Landwirtschaft, des Gewerbes, des Weinbaues, der Aerzte, der Apotheker, der Presse und dergleichen, vor allem auch S. bisch. Gn. Dr. Sebastian und der Kirchenpräsident D. Dr. Fleischmann, 3. man holte — um den Instanzenweg einzuhalten — die Genehmigung der Reise durch den Pfalzdelegierten.

De Metz in Speyer.

Am 10. Januar 1924 sollte die Abordnung im „Wittelsbacher Hof" in Speyer zwecks weiterer Besprechung und Fühlungnahme zusammenkommen. Aber noch in der Nacht vorher telefonierte mir Bürgermeister Kleefoot, daß er soeben die telegrafische Nachricht erhalten habe, daß „Präsident" Heinz ermordet worden sei, unter diesen Umständen sei es wohl ratsam, den Gang zu de Metz zu unterlassen. Ich war gegenteiliger Meinung und fuhr doch mit dem Frühzuge nach Speyer. Wir trafen uns in dem von den Separatisten besetzten Rathause zu Speyer. Dort mußten wir nahezu eine Stunde warten, bis uns mitgeteilt wurde, der Delegierte de Metz empfange uns, zunächst die Vertreter der Gemeinden und später die der Handelskammer und der Indurstie. Als wir Gemeindevertreter im Regierungsgebäude waren, trat zunächst ein Bürger von Speyer vor und sprach einige Worte über den Vorfall der Erschießung des Separatistenführers Heinz; es war weder eine Entrüstung noch gar eine Teilnahme, es waren Worte, die uns anderen doch einen gewissen Schreck einjagten. Den ganzen Vorfall zu ignorieren, wäre wohl besser gewesen. Als die Vertreter der Industrie- und Handelskammer nach uns zu de Metz kamen, der übrigens von einer Schar Offizieren umgeben war, sprachen sie kein Wort über die Erschießung des Heinz, worauf de Metz sichtbar unangenehm berührt gewesen sein soll. Was mir persönlich noch auffiel, das war, daß de Metz an diesem Morgen furchtbar nach Alkohol roch und auch sein ganzes Auftreten ließ darauf schließen, daß er sich in der Nacht und am Morgen „gehörig Mut antrank". Er fürchtete die Fortsetzung der gewalttätigen Erledigung. Noch sind mir die Worte in Erinnerung: „Monf. Bertram sind ein gutes Deutsch. Sagen Sie in Ludwigshafen: De Metz meint's gut mit die Bevölkerung. Ihnen glaubt man's weil Sie guter Deutsch sind. De Metz glaubt man es nicht, weil er Franzos ist." Interessant war auch eine Bemerkung des Generals de Metz, die er — wie ich später erfuhr — auch bei den Industriellen machte: „Ich habe heute nacht ein Telefongespräch abgelauscht, das zwischen Speyer und Heidelberg geführt wurde. Da hieß es von Speyer aus: „Heute nacht ist Heinz erschossen worden". Von Heidelberg aus: „Auch der General?" — Von Speyer aus: „Noch nicht!" — „Morgen" — fuhr de Metz unter vielen Gestikulationen fort — „liegt der kleine General auch am Boden; warum! — weil er sein Vaterland über alles liebt."

Aus allen Aeußerungen und dem ganzen Verhalten merkte man die große Sorge und Angst um das eigene Leben. Schließlich aber — und das war ja der Zweck unserer Aufwartung — gab er zu, daß wir nach Koblenz gingen, und wenn er auch keine schriftliche Bestätigung erteilte, so sagte er doch, er werde sich telefonisch mit der Rheinlandkommission in Verbindung setzen und unseren Besuch anmelden.

Damit war ja das Hindernis aus dem Wege geräumt und man konnte uns in Koblenz nicht mehr den Vorwurf machen, wir hätten den Instanzenweg nicht eingehalten. Die beiden kirchlichen Führer waren bei dem Besuche des Delegierten nicht dabei und kamen erst unterwegs — in Mainz — zu uns.

Mitglieder der Delegation waren folgende Herren: Dr. Sebastian, Bischof von Speyer, Dr. Fleischmann, Präsident der evangelischen Landeskirche der Pfalz, Dr. Einstein, Landesrabbiner der Pfalz, Bertram, Bevollmächtigter Vertreter der Stadt Ludwigshafen, Müller, Bevollmächtigter Vertreter der Städte Kaiserslautern, Kusel, Rockenhausen, Winnweiler und Kirchheimbolanden, Bimber, Bevollmächtigter Vertreter der Stadt Pirmasens, Sauer, Bevollmächtigter Vertreter der Stadt Neustadt, Kroll, Bevollmächtigter Vertreter der Städte Frankenthal und Grünstadt, Schlichting, Bevollmächtigter Vertreter der Stadt Landstuhl, Karch, Bevollmächtigter Vertreter der Stadt Lambrecht, Weber Bevollmächtigter Vertreter von 677 Landgemeinden der Pfalz, Schreiweis, Bevollmächtigter Vertreter der Stadt Speyer, Horländer, Bevollmächtigter Vertreter der Stadt Edenkoben, Artmann, Bevollmächtigter Vertreter der Handelskammer Ludwigshafen-Rhein, Dingler, Baron Walter von Gienanth, Böhm, Vertreter des Landesverbandes der pfälzischen Arbeitgeber und angeschlossene Arbeitgeberverbände und Kartelle, Neustadt, Dr. Meyer und Dr. Seidel, Bevollmächtigter Vertreter des Industriellen Verbandes, Neustadt, Schreiweis, Bevollmächtigter Vertreter des Handelsschutzverbandes, Neustadt, Müller, Bevollmächtigter Vertreter der Pfälzischen Handwerkskammer, Kaiserslautern, Hamm, Bevollmächtigter Vertreter der Kreisbauernkammer, Kaiserslautern, Hammell, Bevollmächtigter Vertreter des Vereins für den pfälzischen Weinhandel, Neustadt, Dacqué, Bevollmächtigter Vertreter der Pfälzischen Bankvereinigung, Neustadt, Dr. Maxon, Bevollmächtigter Vertreter der pfälzischen Aerztekammer und des Vereins pfälzischer Aerzte, Landau, Schellbach, Bevollmächtigter Vertreter der Apothekerkammer, Lambrecht, Riffel, Bevollmächtigter Vertreter der pfälzischen Anwaltskammer, Zweibrücken, Wannemacher, Bevollmächtigter Vertreter des Pfälzischen Beamtenverbandes, Kaiserslautern, Hartmann, Bevollmächtigter Vertreter des Landesverbandes Pfalz im Reichsverband der Deutschen Presse, Dr. Volz, Bevollmächtigter Vertreter der Vereinigung pfälzischer Zeitungsverleger.

Noch am gleichen Abend wurde in einem Hotel zu Koblenz eine vertrauliche Besprechung über die Maßnahmen des folgenden Tages gepflogen. Nach längerer Aussprache wurde Geheimrat Dr. Artmann gebeten, die Führung bei den Besprechungen mit der Rheinlandkommission zu übernehmen. In etwas eilfertiger Weise ging nächsten Tages der Speyerer Herr wieder zuerst zum Büro der Rheinlandkommission, es war derselbe Herr, der uns in Speyer die etwas peinliche Gelegenheit bereitete. Nach etwa einer Stunde kam er zurück und berichtete, daß unsere ganze Mission zwecklos sei, da Major Fox ihn entschieden abgelehnt und schlimm behandelt habe, wie man einen Hausknecht behandeln könne; wir könnten daher ruhig wieder nach Hause fahren. In dieser recht peinlichen Situation und deprimierten Stimmung wurde von dem Einsender dieses der Vorschlag gemacht, die Herren Bischof Dr. Sebastian und D. Dr. Fleischmann, die man wohl mit Rücksicht auf ihre hohe kirchliche Stellung nicht ablehnen könne, mögen im Verein mit Herrn Geheimrat Dr. Artmann nochmals bei

Eder aus Speyer, „Polizeichef" der autonomen Regierung

der Rheinlandkommission den Versuch machen, eine Aussprache herbeizuführen. Und die drei Herren, deren patriotische Haltung in dieser entscheidenden Stunde nicht genug betont werden kann, waren sofort zu dem Schritte bereit. Und nun muß ich Herrn Dr. Artmann, der mir in liebenswürdiger Weise seine „Erinnerungen an die Separatistenherrschaft in der Pfalz" zur Verfügung stellte, selbst das Wort geben. Nachdem der Syndikus des Verbands pfälzischer Arbeitgeber, Herr Boehm, die drei Herren bei Major Fox angemeldet hatte und letzterer sich bereit erklärt hatte, sie zu empfangen, ging aus naheliegenden Gründen zunächst der Herr Bischof vor, der zudem erklärte, daß die Besprechung seiner kirchlichen Angelegenheiten kürzere Zeit beanspruchen würde, als die Erörterung der weitverzweigten wirtschaftlichen Fragen.

Zusammenfassend sei gesagt, daß diese Unterredung gerade auf die Auswahl des Herrn Generalkonsul Clive als Untersuchungsperson über die wirklichen Zustände in der Pfalz einen entscheidenden Einfluß ausgeübt hat. Denn drei Tage später, nach der Unterredung Fox — Artmann, bzw. Ryan — Artmann reiste der Generalkonsul von München über Heidelberg nach Mannheim, wo Dr. Artmann nochmals Gelegenheit nahm, Herrn Clive zu sprechen und ihm nahelegte, er möge sich ja nicht von den Franzosen in der Pfalz so sehr beeinflussen lassen. Sprache untereinander, während wir im Stadtratssaale warteten und warteten, bis endlich Generalkonsul Clive erschien, zur Rechten und zur Linken von einem französischen Offizier begleitet. Clive forderte auf, wir möchten unsere Klagen vorbringen, die beiden Herren Offiziere hätten sich verpflichtet, nichts an die Separatisten weiterzusagen, keinem der Redner würde aus seinen Aussagen Nachteile erwachsen. Und nun bekam der Generalkonsul in allen Farben den Terror geschildert, dessen sich die Separatisten schuldig machten. Dr. Gumlich-Lud-

Bezirksamt Ludwigshafen nach Abzug der Separatisten

Clive in der Pfalz.

Und nun machte der Generalkonsul Clive in der Pfalz seine Informationsreise. Zweimal hatte der Einsender Gelegenheit, bei diesen Aussprachen, die in rücksichtsloser Offenheit seitens der Pfälzer geführt wurden, dabei zu sein, einmal zu Speyer im Stadtratssaal, zum andern in Mannheim im Sälchen des Parkhotels. Nach Speyer wurden alle diejenigen geladen, die seinerzeit beschwerdeführend bei der Rheinlandkommission in Koblenz waren. Clive wollte die Klagen persönlich hören. Das paßte General de Metz nicht und beide hatten eine längere interne Aus- wigshafen war der erste Redner und jeder, der dabei war, suchte sein Scherflein dazu beizutragen, daß das Bild über die Untaten der Separatisten vollständig wurde. Clive verhielt sich ganz apathisch, stellte keine Frage, unterbrach keinen Redner und dergl. Man hatte den Eindruck, daß es die letzte Abmachung zwischen de Metz und ihm war: er hört an, geht aber auf nichts näher ein und ermuntert nicht zum Weitererzählen. Oder aber: er wollte in Gegenwart der beiden Franzosen nicht ausfragen. — Einmal suchten die beiden französischen Offiziere eine Unterbrechung herbeizuführen, als einer der Redner von dem engen Zusammenarbeiten zwischen Separatisten und Besatzung sprach. Aber auch eine solche Unterbrechung ließ Clive nicht zu. Jeder konnte sein Herz ausschütten. Ich glaube, daß die verschiedenen Ausführungen ihren Zweck erreichten, wenn man auch dem Generalkonsul äußerlich nichts anmerkte. —

Noch am selben Abend hatte Clive eine Aussprache ähnlicher Art mit den Separatisten. Die Kerle, die zum größten Teil ja auswärtiges Gesindel waren, wurden ihm dabei in theatralischer Weise als pfälzische Bürger vorgestellt.

Die Zusammenkunft in Mannheim war etwas größer aufgezogen. Es mögen da ca. 60 Herren gewesen sein u. a. auch der Bischof von Speyer, Kirchenpräsident D. Dr. Fleischmann, Oberregierungsrat Dr. Pöverlein. Auch hier wurden die alten Klagen vorgetragen und am Ende eine Entschließung gefaßt, die all das Vorgebrachte kurz umfaßte und für deren weiteste Verbreitung im In- und Auslande gesorgt wurde.

Bei Monf. Testa.

Gleich wie die großbritannische Regierung, so hatte auch der päpstliche Stuhl einen Gesandten in die Pfalz geschickt, die Verhältnisse an Ort und Stelle mit Leuten des besetzten Gebietes zu besprechen. Es war Msgr. Testa, der mit der Mission beauftragt war. Er kam an demselben Tage nach Heidelberg, an dem abends die gewaltsame Erhebung in Pirmasens war. Auf telefonischen Anruf kamen folgende Herren im Grand Hotel (Heidelberger Hof) zu Heidelberg zusammen, um Msgr. Testa die gewünschten Aufklärungen zu geben: Bürgermeister Butscher, Geheimrat Dr. Artmann, Dekan Walzer, Stadtrat Gelbert und Bertram und von der Presse: Dr. Trump, Dr. Fink und Direktor Lehnen. Auch Testa wurden die brutalen Gewalttaten der Separatisten geschildert, die natürlich nur unter dem Schutze der französischen Besatzung möglich seien, auch ihm wurde von den Drangsalierungen, deren eine friedliebende Bevölkerung ausgesetzt sei, ein getreues Bild gegeben. Msgr. Testa zeigte großes Interesse und stellte auch verschiedene Fragen, wobei auffiel, daß er außerordentlich gut deutsch sprach. Da er gerade von der Ruhr kam, wo er in ähnlichem Auftrage weilte, konnte er eine auffallende Aehnlichkeit in der Methode des Vorgehens feststellen; hier wie dort eine harmonische Zusammenarbeit zwischen Besatzung und Separatisten. Geheimrat Artmann entwarf ein treues Bild davon, wie Handel und Industrie, Gewerbe und Handwerk unter den Anmaßungen der Separatisten zu leiden hätten, wobei er öfters auf das von ihm geleitete große Unternehmen verweisen konnte. Prälat Walzer schilderte, wie die Kirche unter der separatistischen Gewaltherrschaft zu leiden habe und die Vertreter der Presse konnten von dem nicht geringen Terror berichten, den die Tagdiebe gegen die Zeitungen, die Verleger und Redakteure ausübten. Bürgermeister Butscher und der Einsender gingen näher auf die Notzustände und Zwangslagen ein, in welche die Gemeinden durch die separatistischen Frechlinge gebracht würden. Auch die Erpressung der Unterschriften unter die Loyalitätserklärungen wurde von uns entsprechend gekennzeichnet. Als wir uns erst nach etwa 1½stündiger gründlicher Aussprache von dem sehr sympathischen Manne entfernten, mußten wir uns sehr eilen, den Zug nach Mannheim zu erreichen, denn die Benützung eines späteren Zuges war uns wegen der um 10 Uhr getätigten Brückensperre nicht mehr möglich. Zwischen der Ankunft in Mannheim und der zur Brückensperre festgesetzten Stunde lagen nur wenige Minuten, so daß nur die flinken Herren die Brücke noch vor Torschluß im Galopp erreichen konnten, während die anderen Herren in Mannheim übernachteten.

Zum Schlusse noch zwei persönliche Erlebnisse mit der Besatzungsmacht. Wir 15 Leute, die wir zum ersten Male in Koblenz bei der Rheinlandkommission waren, hatten uns später bei den französischen Anwälten und Richtern in Speyer zu verantworten. Es war am 30. Dezember 1923. Da nahmen sie (es waren 4 oder 5 Herren, die außerordentlich gut deutsch sprachen) jeden einzelnen vor, redeten ganz heftig auf uns Angeklagte ein und suchten uns auf jede Weise Geständnisse und Erklärungen abzuringen. Besonders hatten sie es auf Dr. Gumlich und den Einsender abgesehen, da ihnen verraten wurde, daß wir auch an jener, an einem Sonntag nachmittag gepflogenen Besprechung im Turmzimmer des Rathauses zu Mannheim teilgenommen hatten, in welcher der Demonstrationszug vor dem Bezirksamt beschlossen wurde, in dem bekanntlich der Afterbezirksamtmann Müller — vordem Schreibwarenhändler in Koblenz — hauste. Bei dem Verhör, bei welchem man wohl auch am Rockkragen gefaßt und bald nach links, bald nach rechts gezogen wurde, sollte man die Namen aller Beteiligten nennen und den Verräter machen. Sie mögen etwa eine Stunde von zwei, drei Seiten ständig auf mich eingedrungen sein, brachten aber nicht mehr aus mir heraus, als: ich weiß nichts mehr, ich kann mich nicht erinnern, das ist mir entfallen und dergleichen mehr. Plötzlich fragten mit Bezugnahme auf die Zusammenkunft im Mannheimer Rathaus zwei Staatsanwälte wie aus einem Munde: „War vielleicht der Mathéus dabei?" Die Absicht war klar: Sie wollten die Demonstration in Ludwigshafen als eine von den Beamten geschobene Sache hinstellen, die nicht aus der Bevölkerung herausgewachsen sei. Ich verneinte, wie ich auch die Fragen verneinte: „War Dr. Ritter dabei?" (Gemeint war der Oberregierungsrat Dr. Ritter von Eberlein.) Die Fruchtlosigkeit weiterer Bemühungen einsehend, entließ mich das Untersuchungsgericht mit dem Bemerken, ich dürfe Ludwigshafen nicht verlassen und die Rheinlandkommission würde sich täglich von meinem Aufenthalt in Ludwigshafen überzeugen. Sie tat es auch etwa 8—14 Tage lang, indem sie mich meist persönlich ans Telefon rief; dann ließ sie mich in Ruhe. In gleicher Weise wurde auch Dr. Gumlich erforscht und behandelt; auch bei ihm war das Ergebnis für die Franzosen negativ.

Bezirksamt Ludwigshafen nach Abzug der Separatisten

*

Das andere Erlebnis, das ich schildern wollte, führt wieder hin zu de Metz. Im Spätjahr 1921, als unsere Währung von Woche zu Woche sank, ließ de Metz etwa 50—60 Herren in den Landratssaal zu Speyer bitten; es waren Männer der verschiedensten Stände und Parteien, der Gewerkschaften, der Wirtschaft etc. Zweck der Zusammenkunft war: „Einführung einer eigenen Währung für das besetzte Gebiet?" Das Referat — wenn man es so nennen darf — hielt de Metz selbst; etwa in diesem Sinne: Die deutsche Reichsregierung kümmert sich nicht um das leidende Volk; sie sorgt nicht für Wohnung, Kleidung und Nahrung der Bevölkerung. Am schlimmsten ist ihre Gleichgültigkeit bei dem Währungsverfall. Da soll der Arbeiter schaffen — kriegt schlechtes Papiergeld dafür. Der Handwerker soll für seine Arbeit nichts als schlechtes Papiergeld erhalten. Der Bauersmann hat „gutte Produkte"; was kriegt er für „gutte Frucht", „gutte Kartoffel", „guttes Obst" — „schlechtes Papier, das nicht gilt". „Ich will nicht schimpfen über deutsche Regierung; ich will nur sorgen für Leute im besetzten Gebiet; ich will nicht haben, daß Leute im besetzten Gebiet gemartert werden mit das schlechte Geld von die schlechte Währung. Der Geschäftsmann, der Arbeiter, der Fabrikant, der Bauer soll für gutte Arbeit, gutte Ware — guttes Geld. Was wollen wir machen, was wollen wir tun?" — Der berüchtigte Heinz-Orbis, der unter den 60 als Vertreter der Landwirtschaft steckt, ruft: Wir wollen eigenes Geld im besetzten Gebiet, wir wollen eigene Währung!" —

Der General antwortete: De Metz will helfen, daß eigenes Geld gibt. Nicht französisches Geld, nicht französische Währung. Abber so rheinisches Geld, so rheinische Franken! De Metz will helfen, daß es guttes Geld gibt, das etwas gilt. De Metz will helfen, der Bevölkerung helfen, sonst nichts. De Metz will auch niemand überreden oder zwingen. Ich lege Papier hin, soll jeder seinen Namen schreiben, wer solch guttes Geld will. Ich gehe fort, daß jeder frei schreiben kann, seinen Namen schreiben kann. Schreiben ville ihren Namen, so gibt es guttes Geld — schreiben Sie nicht ihren Namen, so bleibt das schlechte Papier, das nichts wert. De Metz geht jetzt mit seine Leut fort, auf 1/4 Stunde fort. Schreiben Sie — schreiben Sie wie Sie woll". De Metz und sein Stab verließen den Saal. Die übergroße Mehrzahl lehnte — wohl wissend, welch unheilvolles Beginnen hier geplant war — ein anderes Geld ab. Als de Metz nach 1/4 Stunde wiederkam, sah er nur drei Namen (ein Vierter war von dem Schreiber desselben selbst wieder gestrichen worden) auf dem Papier: Heinz-Orbis, Detzel-Herxheim und Steitz. De Metz las die Namen vor, war überrascht, erstaunt und enttäuscht und sagte noch (dem Sinne nach) das sind wenig Namen, da wird das gutte Geld nicht kommen, de Metz wollte helfen, abber Sie wollen das schlechte Geld behalten . . . .

Wir aber dachten: „Ja, Herr General, das wollen wir behalten: das schlechte Geld und das gute deutsche Gewissen."

Dann geschah etwas Eigenartiges.

Es begann so unspektakulär, dass es von der Öffentlichkeit kaum wahrgenommen wurde und die Ursache sich so nicht im Geschichtsbewusstsein festsetzte.

Es begann mit zaghaften Verständigungsversuchen zwischen Frankreich und Deutschland, die zu einer Freundschaft führten und in dem früheren Auszug der Besatzungstruppen aus Deutschland gipfelte.

Aber die Ursache dieses Umschwungs von Hass und Misstrauen in Verständnis und Vertrauen zwischen jahrhundertelang verfeindeten Völkern wurde nicht registriert. Sie liegt auch heute noch weitestgehend im Dunkeln und es gibt nur sehr wenige Quellen, die darüber berichten.

Die Ursachen waren die Maxime der Freimaurerei.

Die beiden Außenminister Aristide Briand von Frankreich und Gustav Stresemann von Deutschland hatten bei Gesprächen entdeckt, dass sie beide der Weltbruderkette der Freimaurer angehörten und so begannen sie ganz im Sinne dieser Bruderschaft und ohne Aufhebens davon zu machen, dem anderen die Hand entgegenzustrecken, ihm Toleranz entgegenzubringen und seine Bedürfnisse und Ängste ernst zu nehmen.

So entstand Vertrauen und so konnten sie weiter am gegenseitigen Verständnis bauen.

Der französische Außenminister Aristide Briand war auch Ministerpräsident gewesen und hatte sich 1917 vehement für die Annexion der linksrheinischen deutschen Staatsgebieten (Pfalz und Ruhrgebiet) durch Frankreich stark gemacht, was ja von seinen Interalliierten abgelehnt wurde.

Briand war Mitglied der Freimaurerloge „Le Trait d'Union des Saint Nazaire". Nachdem er nach Paris umgezogen war, wechselte er zur Hauptstadt Loge „Le Chevalier du Travail".
So berichtet uns unter anderem „Tom Goeller" in seinem Buch „Freimaurer: Aufklärung eines Mythos", erschienen im be.bra-Verlag.
Außenminister Gustav Stresemann war ebenfalls Ministerpräsident, das heißt, Reichskanzler gewesen. Nach Auflösung seiner großen Koalition amtierte er als Außenminister in mehreren Regierungen. Stresemann war Mitglied der Freimaurerloge „Friedrich des Großen" in Berlin, so schreibt das „Internationale Freimaurer Lexikon" von Eugen Lennhof und Oskar Posner, erschienen im Amalthea-Verlag.
Beide Staatsmänner hatten die freimaurerischen Ideale verinnerlicht und so gelang es ihnen, ihre Bruderschaft auf ihre Völker auszudehnen. Beide hatten Ressentiments im eigenen Lager zu überwinden und wurden von eigenen Leuten als Vaterlandsverräter hingestellt.
Sie hatten Erfolg, die Erzfeindschaft zwischen Frankreich und Deutschland wurde offiziell überwunden.
Es gelang ihnen aus dem harten und kompromisslosen „entweder oder – ein sowohl als auch" zu machen.
Frankreich verzichtete auf die Abtrennung der linksrheinischen Gebiete und bekam dafür Sicherheiten usw.
Deutschland stimmte der Entmilitarisierung dieser Gebiete zu, wurde rehabilitiert und Vollmitglied des Völkerbundes usw. (September 1926).
Bemerkenswert war die Antrittsrede Stresemanns, denn er verwendete eine freimaurerisches Metapher, als er vom „großen Baumeister aller Welten" sprach. Er tat damit allen ausländischen Freimaurern kund, „ich bin einer von euch".
Beide Außenminister, Aristide Briand und Gustav Stresemann, wurden für ihr erfolgreiches Engagement mit dem Friedensnobelpreis 1926 geehrt.
Nach diversen Freundschaftsverträgen normalisierte sich das Leben in den noch besetzten Gebieten allmählich. Aber die französische Regierung konnte sich noch nicht entschließen, ihre Truppen vorzeitig aus der Pfalz abzuziehen.
Da hatte Dr. Julius Waldkirch als Chefredakteur die Idee für eine besondere Zeitungsausgabe, die die Franzosen beeinflussen sollte, ihre Truppen vorzeitig vor dem offiziellen im Versailler Vertrag festgelegten Abzugstermin von 1935 zurückzuziehen.
Es wurden verschiedene Persönlichkeiten gebeten, ihre Wünsche für das kommende Jahr 1927 zu artikulieren, die dann in der ersten Ausgabe des neuen Jahres veröffentlicht werden sollten.

Die Pfalz will frei sein!

Unter diesem Titel eröffnete Dr. Julius Waldkirch mit seinem Leitartikel eine beeindruckende Stellungnahme und Kampagne.

Nr. 1 Ludwigshafen a. Rh., Samstag, den 1. Januar 1927 28. Jahrgang

Pfälzische Rundschau

Unabhängige Zeitung für nationale Politik

Pfälzische Handelszeitung Familienblatt der Pfalz

Erfolgsicheres Anzeigeblatt Pfälzische Landeszeitung

Die Pfalz will frei sein!

Der Wunsch der pfälzischen Bevölkerung für das neue Jahr

Unser Recht auf Freiheit

[illegible]

„Wir wollen frei sein!"

In vorbildlicher Treue zu Bayern und Reich hat die Pfalz 8 Jahre der Besetzung ertragen und alle Versuchungen standhaft zurückgewiesen. Weder List noch Gewalt haben es vermocht, die Pfälzer in ihrer Treue zur Heimat zu erschüttern. Kein Opfer war ihnen zu schwer, wenn es galt das Deutschtum am Rhein zu halten und zu verteidigen. Daß das neue Jahr die Leidenszeit der Pfalz beenden und ihr die langersehnte und verdiente Freiheit bringen möge, ist daher mein innigster Wunsch.

Dr. Held

Ministerpräsident.

„Auf Ihre Frage kann es nur eine Antwort geben: Möge das neue Jahr die vielfachen Wunden heilen, welche die langen Jahre der Besetzung unserer Pfalz geschlagen haben. Das wird aber nur dann möglich sein, wenn durch den Abzug der Besatzung die Voraussetzungen für die Wiederherstellung der politischen und kulturellen Freiheit geschaffen sind. Daß dies recht bald geschehe, wünsche ich meiner Heimat aus vollem Herzen."

Stützel

Bayr. Staatsminister des Innern.

In der Weihnachtswoche waren wieder einmal in unserem bayerischen und deutschen Vaterlande aller Augen auf unsere Pfälzer Heimat gerichtet, auf ihre Not und Drangsal.

Nur allzu selten zeigt sich eine solch' erhebende Einmütigkeit der Empfindung und Gesinnung in unserem von Parteigeist zerklüfteten Volke, wie sie hier zu Tage trat.

Auf's neue wurde uns die Gewißheit, daß uns allen Eines gemeinsam ist: Die Liebe und Treue zu

Dr. Baumann, Kaiserslautern

Oberbürgermeister:

[illegible]

C. F. Beck, Friedelsheim

Oekonomierat und Bürgermeister

[illegible]

Prof. Dr. **Albert Becker**, Zweibrücken

ordentl. Mitglied d. Pfälz. Gesellschaft zur Förderung der Wissenschaften:

[illegible]

Unser Recht auf Freiheit

Ludwigshafen a. Rh., 31. Dezember 1926.

Es gibt kein Land, das so schwere Jahre über sich ergehen lassen mußte wie unsere Heimat, die Pfalz. Als nach über 4 langen, erbarmungslosen Jahren des Krieges, der gerade von unserem Heimatlande viele schwere Opfer forderte, der Frieden in die Welt wieder einziehen sollte, da begann für die Pfalz erst recht eine Zeit der Erniedrigung und der schwersten seelischen Bedrängnis. Es sind heute acht Jahre her, seit die Pfalz von fremden Truppen besetzt wurde, und in ihrer Freiheit beschränkt ist. In dieser Zeit mußte die Pfalz den schweren Druck der Besatzungstruppen, die Gefahren des passiven Widerstandes, die Ausweisungen standhafter Volksgenossen von Haus und Hof, die Schrecken der Separatistenzeit erdulden. Man muß sich die ununterbrochene Reihe all dieser furchtbaren Ereignisse der vergangenen, endlos erscheinenden 12 Jahre ins Gedächtnis zurückrufen um zu begreifen, welch ungeheure seelische und wirtschaftliche Belastung die Gesamtheit all dieser niederdrückenden Geschehnisse für die pfälzische Bevölkerung bedeutete. Jeder einzelne mußte leiden unter dem qualvollen Druck dieser Jahre, die in dem Charakter der Pfälzer tiefe Spuren hinterlassen haben. Wenn man heute durch die Pfalz wandert, so sieht man ernstere Gesichter als früher; man könnte meinen, daß die sprichwörtliche Fröhlichkeit der sonnigen Pfalz verschwunden ist und daß nur zeitweise ein kurzes Aufflackern oberflächlicher Lustigkeit über die schwere Zeit hinwegzutäuschen versucht.

Einen unermeßlichen Schaden hat das Land durch die Besatzungszeit, die es aufrecht und mit Stolz ertragen hat, erlitten: Die Nerven der Bevölkerung wurden zerrüttet, die fortschreitende Entwicklung des Landes gehemmt, das aufstrebende Wirtschaftsleben erdrosselt, der Fremdenverkehr fast völlig unterbunden. Zwar beginnen sich jetzt die beiden Völker wieder friedlich zu nähern, um gemeinsam wieder aufzubauen, was die Jahre des Krieges zerstört haben. Allein ist es nicht ein Hohn, wenn heute, acht Jahre nach Friedensschluß, in der Pfalz noch solche Kriegsgerichtsurteile wie das von Landau gefällt werden, die Recht zu Unrecht und Unrecht zu Recht machen! Gibt es eine größere Schmach für uns als die Tatsache, daß Angehörige der Besatzungstruppen ungestraft das Leben friedlicher Bürger gefährden oder sie mit der Reitpeitsche schlagen dürfen? Der wahre Frieden, wie er in Locarno und Thoiry begründet werden sollte, kann nicht einkehren, solange sich noch die Bajonette fremder Truppen auf deutschem Boden befinden. Sollte jedoch versucht werden, die Befreiung des besetzten Gebietes, auf die wir heute ein Recht haben, als Handelsobjekt zu mißbrauchen, so würde die Pfalz trotz allem entschlossen sein, das schwere Joch der Besatzung weiter zu tragen bis der Tag der Freiheit kommt, der doch einmal kommen muß.

Die Not unserer Heimat hat uns veranlaßt, verschiedene Persönlichkeiten aus allen Kreisen der Pfalz ohne Rücksicht der Partei und des Standes zu fragen, welche Wünsche sie im neuen Jahre für unsere Heimat hegen. Die Antworten auf unsere Anfrage sind uns in sehr großer Zahl zugegangen. Bei den meisten Zuschriften, die nach dem Urteilsspruch in Landau bei uns eingelaufen sind, spiegelt sich auch der niederschmetternde Eindruck dieses ungeheuerlichen Urteils wider. Unsere Umfrage erhebt keinen Anspruch auf Vollständigkeit. Bei der Beschränktheit des Raumes konnten wir viele, die sich um Recht und Freiheit unserer Pfalz verdient gemacht haben, nicht zu Worte kommen lassen.

Aus all den vielen Antworten, die wir erhalten haben, klingt der eine heiße Wunsch:

„Wir wollen frei sein!"

Dieser eine Wunsch, der aus der Vielheit der Antworten kommt, ist gleichsam eine Kundgebung des Willens der pfälzischen Bevölkerung, und wenn es noch eine Gerechtigkeit und einen wahren Frieden gibt, so muß diese Forderung der Pfalz im neuen Jahr erfüllt werden.

Die vorliegende Nummer der „Pfälzischen Rundschau", in der dieser einheitliche Wille der pfälzischen Bevölkerung so stark und eindeutig zum Ausdruck kommt, werden wir in alle Welt senden, insbesondere auch unseren deutschen Brüdern im Auslande, und wir hoffen, daß die gerechte Forderung der Pfalz lebhaften Widerhall finden wird. Im Zeitalter des Selbstbestimmungsrechtes der Völker kann eine solche Willenskundgebung nicht wirkungslos bleiben. Gewiß wird die Besatzung eines Tages verschwinden; denn die Geschichte lehrt, daß keine Herrschaft Bestand hat, die sich lediglich auf Gewalt stützt. Und wenn die Stunde der Freiheit geschlagen hat, dann wird man sich auch gerne an die pfälzischen Blätter erinnern, in denen die Not der Besatzungszeit und deutsche Treue ihren lebendigen Ausdruck gefunden haben.

Dr. J. W.

✣

Dr. Baumann, Kaiserslautern

Oberbürgermeister:

Locarno! Thoiry! Was bedeuten für uns Worte, was politische Programme? Wir fordern die ewigen Rechte der Menschheit. Wir wollen auf deutschem Boden frei sein. 8 Jahre Besetzung liegen hinter uns, 7 Jahre werden nur gezählt, noch 8 Jahre soll es dauern; nein, das ist unmöglich. In einem Jahr, so hoffen wir, hören wir die Neujahrsglocken als Befreiungsgeläute erklingen.

✣

G. F. Beck, Friedelsheim

Oekonomierat und Bürgermeister:

Das neue Jahr steht vor der Tür und wir fragen uns heute, ob den Ereignissen der jüngsten Zeit in Landau und Berlin, „was wird uns Pfälzern die Außenpolitik im Jahre 1927 bringen"? Gebe Gott, daß unsere verantwortliche Reichsregierung im neuen Jahr nicht wieder als ein Spielball der politischen Parteien bezeichnet werden muß. Wir Pfälzer sehnen die Stunde herbei, in der wir frei von jeder Besetzung fremder Mächte, unserer Alltagsarbeit nachgehen dürfen. Um dies zu erreichen, muß aber die zielbewußte Außenpolitik Stresemanns fortgesetzt werden. Regierungskrisen, wie wir sie jüngst wieder hinnehmen mußten, führen nicht vorwärts sondern rückwärts.

✣

Bilabel, Zweibrücken

Oberlandesgerichtspräsident:

Eine wirkliche Befriedung zwischen Deutschland und Frankreich ist wünschenswert. Sie kann aber solange nicht eintreten, als wir im besetzten Gebiete einem fremden Recht und einer weit über den Wortlaut und den Geist von Artikel 3 lit. e des Rheinlandabkommens erweiterten Militärgerichtsbarkeit unterworfen sind. — Ein derartiger Zustand ist für das deutsche Rechtsempfinden unerträglich. Möge dieser Zustand für die Pfalz im neuen Jahr durch die Aufhebung der Besetzung beseitigt werden.

Der Wunsch der pfälzischen Bevölkerung für das neue Jahr

In vorbildlicher Treue zu Bayern und Reich hat die Pfalz 8 Jahre der Besetzung ertragen und alle Versuchungen standhaft zurückgewiesen. Weder List noch Gewalt haben es vermocht, die Pfälzer in ihrer Treue zur Heimat zu erschüttern. Kein Opfer war ihnen zu schwer, wenn es galt das Deutschtum am Rhein zu halten und zu verteidigen. Daß das neue Jahr die Leidenszeit der Pfalz beenden und ihr die langersehnte und verdiente Freiheit bringen möge, ist daher mein innigster Wunsch.

Dr Held

Ministerpräsident.

„Auf Ihre Frage kann es nur eine Antwort geben: Möge das neue Jahr die vielfachen Wunden heilen, welche die langen Jahre der Besetzung unserer Pfalz geschlagen haben. Das wird aber nur dann möglich sein, wenn durch den Abzug der Besatzung die Voraussetzungen für die Wiederherstellung der politischen und kulturellen Freiheit geschaffen sind. Daß dies recht bald geschehe, wünsche ich meiner Heimat aus vollem Herzen."

Stützel

Bayr. Staatsminister des Innern.

In der Weihnachtswoche waren wieder einmal in unserem bayerischen und deutschen Vaterlande aller Augen auf unsere Pfälzer Heimat gerichtet, auf ihre Not und Drangsal.

Nur allzu selten zeigt sich eine solch' erhebende Einmütigkeit der Empfindung und Gesinnung in unserem von Parteigeist zerklüfteten Volke, wie sie hier zu Tage trat.

Auf's neue wurde uns die Gewißheit, daß uns allen Eines gemeinsam ist: Die Liebe und Treue zu Volk und Vaterland.

Diese hohen Güter auch im kommenden Jahre zu wahren und zu pflegen sei uns heilige Pflicht!

Sie sollen uns begleiten in der wirtschaftlichen Not der Zeit, uns stärken im Glauben an die Zukunft unseres Volkes, in der Hoffnung auf die baldige Befreiung unserer Heimat!

Aufrecht und stolz auf unser Deutschtum, bereit zu jedem Opfer für des Volkes Wohl, so wollen wir die Schwelle zum neuen Jahr überschreiten.

Dr. Mathéus

Regierungspräsident der Pfalz.

Wer weiß, was die ersten 5 Jahre der Besetzung für die Pfalz bedeutet haben und wer die Entwicklung der außenpolitischen Ereignisse in den darauffolgenden 3 Jahren gewissenhaft überblickt, der muß die zuversichtliche Hoffnung im Herzen tragen, daß der Tag der völligen Befreiung für die Pfalz sehr bald kommen wird.

Dr. v. Winterstein

Regierungspräsident der Pfalz v. 1.4.1918
bis zur Ausweisung am 31.5.1919

Seit meiner Ausweisung d. i. seit bald 4 Jahren habe ich zur Pfalz nur noch private Beziehungen. Ich kann mich deshalb zu Ihrer Umfrage über die außenpolitische Zukunft der Pfalz nicht näher äußern.

Eins steht fest für mich: Die Pfalz muß und wird deutsch bleiben, im nächsten Jahr und für alle Zeit und um jeden Preis. Und ist der Preis noch länger schwere Not und Bedrängnis: Die Pfalz wird sie treu und stolz zu tragen wissen.

Mit treudeutschem Gruß!

v. Chlingensperg

Regierungspräsident u. Vizepräsident v. 1.2.1921
bis zur Ausweisung am 23.1.1923

Bewegten Herzens haben wir Pfälzer in den letzten Wochen nach den Nachrichten gehorcht, die aus Genf zu uns kamen. Wir freuen uns, daß die ebenso unnötige wie unwürdige Rüstungsaufsicht im rechtsrheinischen Deutschland demnächst fallen wird. Wir hatten gehofft, daß der sehr viel härtere Druck, der auf uns Rheinländern lastet, der Druck der Besatzung, der uns auf Schritt und Tritt fühlbar wird, schon in Genf eine Linderung erfahren werde. Wir haben uns zunächst getäuscht. Aber aufgeschoben ist nicht aufgehoben. Ich vertraue der Reichsregierung, daß es ihr gelingen wird, im Wege der Verhandlungen noch im bevorstehenden Jahre 1927 die endgültige Räumung der Pfalz von den Truppen Frankreichs zu erreichen.

Wir stehen gerade im Zeichen des Germersheimer Strafverfahrens. Was den unglücklichen jungen Männern in Germersheim in der Nacht vom 26. Sept. widerfahren ist, kann jedem von uns Pfälzern jeden Tag widerfahren. Möge man uns bald das Mindestmaß von Freiheit und Menschenrechten einräumen, auf das auch ein geschlagenes Volk einen unverjährbaren Anspruch hat.

D. V. Fleischmann

Kirchenpräsident.

Die langen Jahre der Besatzung haben unserer pfälzischen Bevölkerung mindestens ein zweifaches Lob eingetragen. Einmal ist ihre Treue zu dem deutschen Vaterland in keiner Weise erschüttert worden. Weder Verlockungen, noch Drohungen, noch Gewaltmaßregeln mochten die Bande der Treue und Liebe zu lockern, die uns mit den übrigen deutschen Stämmen verbinden. Ebensowenig hat sie aber auch der Besatzungsbehörde Anlaß zu ernsterem Einschreiten gegeben. Haben doch manche französischen Befehlshaber vor ihrem Weggang ausdrücklich der Haltung der Bevölkerung Anerkennung ausgesprochen. An diesen Erweisen ebenso treuer wie versöhnlicher Gesinnung hat — die geschichtliche Wahrheit verlangt dies zu betonen — der Klerus ein hervorragendes Verdienst. Er ist ja das Salz der Erde. Und solang das Salz nicht schal geworden ist, werden die mit ihm gewürzten Speisen nicht verderben. Solange der Klerus intakt bleibt, wird an der Hebung und Hochführung des Volkes nicht zu verzweifeln sein. Zu allen Zeiten nimmt das Volk jenes Verhalten ein, das es bei seinen Priestern bemerkt.

Da nun die Pfälzer dieses Lob in Anspruch nehmen dürfen, müssen sie die weitere Besetzung für nicht berechtigt halten. Sie wird keine Eroberungen einbringen, im Gegenteil nur Abneigung und mehr oder minder kleinere Streitigkeiten herbeiführen. Die Pfälzer erwarten darum, daß diese unnötige Belästigung bald beseitigt werde. Sie benützen aber auch mit Freuden die Jahreswende, bei der so denkwürdige Ereignisse sich anzukündigen scheinen, feierlich die Gelöbnisse ihrer unwandelbaren Treue zum lieben Vaterlande auszusprechen.

+ Ludwig.
Bischof v. Speyer.

An dieser Aktion für die Freiheit der Pfalz nahmen so viele teil, dass nicht alle Zuschriften veröffentlicht werden konnten:

Zur Jahreswende.

Von Ludwig Hartmann

Wandelt die müde Genossin des Jahres
Seufzend bergab in den ewigen Tod,
Wollte so viele aufs neue beglücken,
Warf nur Schlechtes vom keuchenden Rücken,
Hoffnung und Fehlschlag und Sorge und Not!

Kommt bei der Wende ein munterer Knabe,
Schwinget sein Füllhorn und bläst die Schalmei:
Freut Euch, ich bringe die ewigen Rechte,
Wahre Versöhnung dem ganzen Geschlechte
Bringe die Liebe und — Freiheit dabei!

Hören's die Väter und Mütter und Kinder
Weinen und stammeln: O Himmel, mach's wahr!
Friede — so bist du uns wiedergegeben,
Freude — du weckst uns zu wirklichem Leben,
Freiheit — o segne das kommende Jahr!

Hotz, Präsident der Oberpostdirektion Speyer:

Dr. Sprater, Speyer
Direktor des hist. Museums:

Dr. Rösinger, Zweibrücken, Oberbürgerm.:

F. Burger, Ludwigshafen a. Rh., Landesvors. der D.V.P. Berufsfortbildungsschuldirektor, M. d. bayer. Landtags:

Bilabel, Zweibrucken
Oberlandesgerichtspräsident:

Dr. Raschig, Ludwigshafen a. Rh.
Mitglied des Reichstags:

Dr. Weiß, Ludwigshafen a. Rh.
Oberbürgermeister:

Dr. Strasser, Frankenthal
1. Bürgermeister:

Adolf Schwarz
Deutscher Gewerkschaftsbund:

Dr. Poeverlein, Speyer
2. Vorsitzender des Pfälz. Wald-Vereins:
Ein freies Volk in freiem Wald zu sein
Wünscht sich der Pfälzerwald-Verein!

Mein Herzenswunsch zur Jahreswende
Den ich hinauf zum Himmel sende
Für unsre liebe Pfalz am Rhein:
Daß von den Türmen bald die Glocken
Mit hellem Jubel und Frohlocken
Den Tag der Freiheit läuten ein!

Lina Sommer.

Prof. Dr. **Albert Becker**, Zweibrücken
ordentl. Mitglied d. Pfälz. Gesellschaft
zur Förderung der Wissenschaften:

Immer wieder forderte die „Pfälzische Rundschau“ die Freiheit an. Sie gab nicht auf darauf hinzuweisen, dass Deutschland den Versailler Vertrag erfüllt habe und die Räumung der besetzten Gebiete durch die Franzosen erwarte.

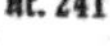

Nr. 241 — Ludwigshafen a. Rh., Sonntag, den 2. September 1928 — 29. Jahrgang

Pfälzische Rundschau

Unabhängige Zeitung für nationale Politik

Pfälzische Handelszeitung — Familienblatt der Pfalz

Erfolgsicheres Anzeigeblatt

Stadt-Ausgabe mit neuem Kursblatt

Fort mit der Besatzung!

Wir wollen endlich die Freiheit!

Ludwigshafen, 1. Sept.

Großfeuer in Saarbrücken

(Eigener Drahtbericht)

Saarbrücken, 1. Sept.

Achmed Zogu wird heute König

(Eigener Drahtbericht)

Volksentscheid über den Panzerkreuzer?

20 Millionen Stimmen nötig

(Durch Funkspruch)

Berlin, 1. Sept.

Haussuchung bei Hugo Stinnes

Stinnes erhebt Einspruch

(Durch Funkspruch)

Berlin, 1. Sept.

Zuständig für den Leitartikel am 1. September 1928 war Hauptschriftleiter bzw. Chefredakteur Dr. Julius Waldkirch.

Fort mit der Besatzung!

Wir wollen endlich die Freiheit!

Ludwigshafen, 1. Sept.

Wenn man die öffentliche Meinung in Frankreich, besonders in Paris verfolgt, so kann man die Beobachtung machen, daß vielfach auch heute noch ein feindseliger Ton Deutschland gegenüber zum Ausdruck kommt. Ein Teil der französischen Presse und maßgebende französische Persönlichkeiten halten es immer noch für angebracht, von Zeit zu Zeit Deutschland zu beschimpfen und seine ehrliche Friedensbereitschaft anzuzweifeln.

Während sich kürzlich die zweite Internationale auf dem Brüsseler Kongreß erneut für die sofortige und vorbehaltlose Räumung des Rheinlandes ausgesprochen hat, erklärt dagegen der französische Sozialist Paul Boncour in aller Oeffentlichkeit, daß er Gegner einer vorbehaltslosen Räumung des Rheinlandes sei und daß seine Politik der Organisation einer „wirksamen" Militär-Kontrolle der entmilitarisierten Zone gelte, die allein die Voraussetzung für die Zurückziehung der alliierten Truppen sein könne. Paul Boncour der Sozialist, fiel damit seiner eigenen Partei in den Rücken. Diese Tatsache ist bezeichnend für die französische Mentalität und man sieht hieraus, wie selbst maßgebende links eingestellte französische Politiker über die Räumung denken.

Die immer wiederkehrenden Angriffe gegen Deutschland entbehren der inneren Wahrhaftigkeit. Es glaubt doch heute kein vernünftiger Mensch mehr, daß Deutschland eine ernste Gefahr für den Frieden sei. Der Zweck solcher Anklagen und Verdächtigungen gegen Deutschland kann nur der sein

die Lüge von Deutschlands Schuld und Deutschlands bösem Willen

die in der Welt langsam ihre Zugkraft verliert, noch festzuhalten. Mit der systematischen Verbreitung dieser Lüge wurde unserem Volke im Kriege und nach dem Kriege so unendlich viel geschadet. Das ganze Produkt des Versailler Vertrages ist ja auf dieser Ungeheuerlichkeit aufgebaut. Man hat mit diesem „bewährten" Propagandamittel so glänzende Erfolge gehabt und hofft daher auch noch in Zukunft Erfolge zu haben.

Reichsaußenminister Dr. Stresemann hat soeben in Paris den Kriegsächtungspakt mit den prominenten Vertretern zahlreicher Staaten unterzeichnet. Man hat sich in Paris Mühe gegeben, den deutschen Außenminister freundlich zu empfangen. Bei seiner Ankunft in Paris rief man sogar „Vive Stresemann." Briand bezeichnet Stresemann als einen Vorkämpfer des Friedens und der Verständigung und betonte, daß die Unterzeichnung des Kriegsächtungspaktes ein weltpolitisches Ereignis darstelle und gab der Hoffnung Ausdruck, daß damit ein neues Zeitalter, eine Epoche des Friedens, anbrechen möge.

Man wird es uns gerade im besetzten Gebiet nicht verübeln, wenn wir den Worten französischer Staatsmänner gegenüber skeptisch geworden sind. Man kann sich des Eindrucks nicht erwehren, daß diese Reden nur Redensarten sind. Wir haben solche Worte schon allzu oft gehört und der Widerhall, den sie in Frankreich selbst gefunden haben, war für uns meist wenig ermutigend. Es scheint, daß viele Kreise in Frankreich eine ehrliche Verständigung mit Deutschland gar nicht wollen, sondern nur eine

Verständigung auf Kosten Deutschlands.

Schon in Locarno hat man viel von Frieden und Versöhnung gesprochen und falsche Hoffnungen wurden in der Bevölkerung des besetzten Gebietes geweckt. Gar viele glaubten, daß die feindliche Besatzung das deutsche Land nun bald frei geben werde. Doch folgte eine bittere Enttäuschung der anderen. Trotzdem hat Deutschland seinen ehrlichen Willen zur Verständigung jetzt wiederum gezeigt. Seit mehr als einem halben Jahrhundert fuhr ein deutscher Minister zum ersten Male wieder nach Paris und mancher Deutsche wird dabei wohl wieder die stille Hoffnung gehegt haben, daß dieser neue Beweis von Deutschlands Friedenswillen die Beseitigung der militärischen Fremdherrschaft in absehbarer Zeit zur Folge haben würde. Doch die maßgebenden französischen Persönlichkeiten lehnen es ab, die Räumungsfrage zu behandeln. Und so haben wir, obwohl fast 10 Jahre seit dem sogenannten Friedensschluß ins Land gegangen sind, auch heute noch im besetzten Gebiet keinen Frieden gefunden, denn die Schmach der Besatzung bedeutet nicht anderes als eine Verlängerung des Kriegszustandes in anderer Form. So lange noch französische Soldaten auf deutschem Boden stehen; so lange noch Kriegsgerichtsurteile gefällt werden; so lange die Industrie des besetzten Gebietes durch Organe der französischen Machthaber bespitzelt wird; so lange die Presse nicht vollständig frei ist und so lange die Bevölkerung den Uebergriffen der Besatzungs-Truppen ausgesetzt ist: so lange haben wir noch keinen wahren Frieden.

Die deutschen Unterhändler begeben sich heute unter Führung des Reichskanzlers nach Genf, um an der Tagung des Völkerbundes teilzunehmen. Man erwartet im besetzten Gebiete, daß auf dieser Tagung endlich einmal die Räumungsfrage aufgerollt wird. Deutschland wird nicht als Bittender, sondern als Fordernder vor das Forum des Völkerbundes treten. Wir haben die Bedingungen des Versailler Vertrages erfüllt, fast bis zur Selbstentmannung. Das deutsche Volk hat in den langen Jahren nach dem sogenannten Friedensschluß keinen Frieden gefunden, es wurde immer wieder gedemütigt und erniedrigt. Das besetzte Gebiet steht auch heute noch unter der

Knechtschaft fremder Machthaber.

Wir haben die Verträge von Locarno unterzeichnet und damit eine feierliche Garantie für die Sicherheit Frankreichs übernommen. Wir haben den Kriegsächtungspakt unterschrieben und damit einen neuen Beweis unseres ehrlichen Verständigungswillens erbracht. Wir haben die schweren Lasten des Dawes-Abkommens auf uns genommen, obwohl diese Lasten eine finanzielle Versklavung unseres Volkes auf Generationen hinaus bedeuten. Heute verlangen wir kein Entgegenkommen, sondern wir fordern unser gutes Recht. Sollten nun aber die Friedensworte von Paris und auch die Völkerbundstagung in Genf, wiederum ohne Ergebnis für uns bleiben, dann wird man sich nicht wundern dürfen, wenn die Bevölkerung des besetzten Gebietes nach all den Jahren des Leidens und der Enttäuschung ein Gefühl tiefster Bitternis, wenn nicht gar des Hasses gegen seine Unterdrücker ergreift. Die Politik der friedlichen Verständigung unserer Staatsmänner könnte dadurch illusorisch gemacht werden, da Haß und Verachtung durch die Kette der Leiden und Unterdrückungen im Volke viel zu tiefe Wurzeln gefaßt haben.

Wir wissen nicht, ob die schönen Worte in Paris nur dazu angetan sind, der Welt die wahren Absichten Frankreichs zu verschleiern. Der Gedanke liegt zweifellos nahe, daß man in Frankreichs Hauptstadt billige Worte der Versöhnung und Verständigung findet, daß man sich vielleicht sogar mit einer schönen Geste entschließt, die zweite Zone zu räumen, die ohnedies im nächsten Jahre geräumt werden muß, nur um sich die Räumung der dritten Zone, möglichst teuer bezahlen zu lassen. Man will wohl als „Gegenleistung" für die Räumung, Deutschland neue finanzielle Lasten auferlegen, durch eine Garantie der Ostgrenze die unhaltbaren Zustände im deutschen Osten verewigen oder uns zu einem dauernden Verzicht auf den Anschluß Oesterreichs zwingen. Gegen einen solch niedrigen Schacher erhebt aber die gesamte Pfalz energisch Protest.

Die pfälzische Bevölkerung wird eher das schwere Joch der Besatzung weiter erdulden, als daß ihre Freiheit durch neue Opfer des Vaterlandes erkauft werden muß. Mag dann Frankreich, die Nation, die die Worte Brüderlichkeit und Freiheit auf ihre Fahnen geschrieben hat, das Odium auf sich nehmen, den Weg ehrlicher Verständigung versperrt zu haben. Die Pfälzer sind dann entschlossen, die landfremde Gewaltherrschaft erhobenen Hauptes weiter zu tragen. Sie werden das Opfer bringen, um das Vaterland vor neuen Demütigungen zu bewahren.

Uns bleibt aber die felsenfeste Gewißheit, daß das gute Recht auf unserer Seite ist und daß es sich schließlich doch aller Widerstände zum Trotz durchsetzen muß. Die Besatzung wird infolge ihrer inneren Unhaltbarkeit eines Tages verschwinden und dann wird auch die Stunde der Freiheit für die Pfalz gekommen sein.

Am 29. April 1930, zwei Monate vor der bevorstehenden Räumung der Pfalz durch die französischen Truppen kamen noch über 5.000 neue Besatzungsrekruten. Sie sollten in Deutschland noch ihre Grundausbildung erhalten, so berichtete die „Pfälzische Rundschau".

Nr. 115 — Ludwigshafen a. Rh., Dienstag, den 29. April 1930 — 31. Jahrgang

Pfälzische Rundschau

Stadt-Auflage

Unabhängige Zeitung für nationale Politik

Pfälzische Handelszeitung · Familienblatt der Pfalz · Pfälzische Landeszeitung

„Bahnschutz"

Berlin, 28. April.

Im Saargebiet gibt es eine französische Besatzung von 700 Mann, die zwar als Bahnschutz aufgezogen ist, tatsächlich aber nichts anderes ist als der Wurmfortsatz des unförmigen französischen Truppenkörpers in der dritten Zone. Auf Grund des Saarstatuts war ursprünglich zur Aufrechterhaltung der Ordnung eine örtliche Polizeitruppe vorgesehen, die sich aus der Saarbevölkerung rekrutieren sollte. Wie über so viele Bestimmungen des Versailler Vertrags haben sich die „Sieger", insbesondere Frankreich, auch über diese Bestimmung hinweggesetzt, denn bis vor ungefähr drei Jahren standen im Saargebiet verbündete Truppen, ohne daß weder der Völkerbund als Mandatar noch sonst eine Einrichtung Maßnahmen traf, um diese rechtswidrige Besatzung nach Hause zu befördern. Erst dem Eingriff Stresemanns gelang es, diesem europäischen Skandal ein

5-6000 neue Besatzungs-Rekruten

Sie sollen trotz bevorstehender Räumung noch ihre Ausbildung im besetzten Gebiet erhalten

Schweres Unwetter über Niederschlesien

Görlitz, 28. April.

In Niederschlesien ereigneten sich Sonntag nacht schwere Unwetter. Besonders schwer heimgesucht wurden die Kreise Bunzlau und Löwenberg. Ueber dem Dorf Hartmannsdorf ging ein schwerer Wolkenbruch nieder, der, wie auch an anderen Orten, ungeheure Verheerungen anrichtete. Das große 2500 Einwohner zählende Dorf war im Nu in einen reißenden Strom verwandelt. In den Hausfluren stand das Wasser meterhoch. Die Bewohner mußten sich in höher gelegene Häuser retten. In dem in der Nähe gelegenen Kalkwerk ist ein Arbeiter, der die Pumpen bedienen wollte, ertrunken. In einem anderen Steinbruch konnten sich die Arbeiter, die in einem Stollen Zuflucht gesucht hatten, nur über ein Drahtseil hinweg in Sicher-

5-6000 neue Besatzungs-Rekruten

Sie sollen trotz bevorstehender Räumung noch ihre Ausbildung im besetzten Gebiet erhalten

Landau, 28. April.

(Von uns. ständigen Berichterstatter)

Am Sonntag brachte der Militärsonderzug Nr. 4, aus 15 Wagen bestehend, 635 junge französische Rekruten nach Landau. Sie waren von einem Transportkommando, bestehend aus acht Offizieren, fünfzehn Unteroffizieren und fünfzehn Mann begleitet. Daß es sich nicht, wie in Beschwichtigungsversuchen aufgestellt wird, um reguläre Truppennachschübe von bereits in Frankreich ausgebildeten Soldaten handelt, beweist der Umstand, daß die Rekruten in Zivilkleidern, ihre Habseligkeiten in Reisekoffern oder Säcken mit sich führend, eintreffen.

Unser Berichterstatter hatte Gelegenheit, eine Gruppe dieser Rekruten über ihre Herkunft zu befragen. Sie stammen alle aus Nordfrankreich und wurden während der letzten Woche zu ihrer Militärdienstleistung einberufen. In Valenciennes wurde der Transport zusammengestellt. Weitere Transporte seien in Vorbereitung. Man meinte, daß allein aus Nordfrankreich zehn Transportzüge kommen würden.

Befragt, warum sie denn kurz vor dem Räumungstermin noch nach Deutschland kämen, meinten sie, man hätte ihnen gesagt, würden ihre Ausbildung noch im Rheinland erhalten und dann erst nach ihrer Heimatgarnison zurückkehren.

Die Rekruten wurden dem 25. französischen Dragonerregiment in Landau zugeführt, von dem man bekanntlich sagt, daß es das letzte Regiment sein wird, das bei der Räumung den deutschen Boden verläßt.

Die in dem Gespräch erwähnten weiteren Transporte bestätigen sich. Aus zuverlässiger Quelle erfahren wir: am 25. April bringt der Militärsonderzug 6, der über Zweibrücken, Kaiserslautern, Ludwigshafen verkehrt, 255 weitere Rekruten zur französischen Garnison in Worms. Weitere Transporte wurden in Douai zusammengestellt. Am gleichen Tag soll ein weiterer Militärsonderzug Nr. 7 über Zweibrücken in die Pfalz kommend mit 377 weiteren Rekruten eintreffen. Von diesen bleiben 122 in Landau. Der Rest wird nach Mainz weitergeleitet. Das Begleitkommando besteht aus fünf Offizieren, 25 Unteroffizieren und Mannschaft. Dieser Transport wurde in Angers zusammengestellt. Die Transporte sollen die ganze Woche über anhalten. Von besonderer Seite nannte man uns eine Zahl von 5—6000 neuen Rekruten, die neuerdings den französischen Garnisonen des besetzten Gebiets zugeführt werden sollen.

Die „Pfälzische Rundschau“ berichtete in der gleichen Ausgabe, dass sich unter dem Pseudonym „Bahn- oder Grubenschutz“ im Saargebiet in Wirklichkeit interalliierte Besatzungstruppen verbergen.

„Bahnschutz“

Berlin, 28. April.

Im Saargebiet gibt es eine französische Besatzung von 700 Mann, die zwar als Bahnschutz aufgezogen ist, tatsächlich aber nichts anderes ist als der Wurmfortsatz des unförmigen französischen Truppenkörpers in der dritten Zone. Auf Grund des Saarstatuts war ursprünglich zur Aufrechterhaltung der Ordnung eine örtliche Polizeitruppe vorgesehen, die sich aus der Saarbevölkerung rekrutieren sollte. Wie über so viele Bestimmungen des Versailler Vertrags haben sich die „Sieger“, insbesondere Frankreich, auch über diese Bestimmung hinweggesetzt, denn bis vor ungefähr drei Jahren standen im Saargebiet verbündete Truppen, ohne daß weder der Völkerbund als Mandatar noch sonst eine Einrichtung Maßnahmen traf, um diese rechtswidrige Besatzung nach Hause zu befördern. Erst dem Eingriff Stresemanns gelang es, diesem europäischen Skandal ein Ende zu machen, wenn auch nur in der Form, daß die Zahl der Besatzungstruppen auf 800 Mann herabgedrückt wurde, die dann die Firmenbezeichnung als Bahnschutz erhielt. Auf diesen Bahnschutz wollten vor allem die Franzosen mit der Begründung nicht verzichten, daß er unbedingt notwendig sei, um die Verbindung mit den Besatzungstruppen in der zweiten und dritten Zone zu sichern. Von diesen 800 Mann stellte Frankreich 700, England 100 Mann, wobei aber in dem einen wie dem anderen Falle festzustellen ist, daß sie sich um den Bahnschutz als solchen, d. h. die technischen Dinge, niemals gekümmert haben. Daß der Bahnschutz eine rein militärische Einrichtung, zum mindesten keine Eisenbahntruppe war und ist, geht unwiderleglich daraus hervor, daß die Franzosen ihn selbst als Verbindungsschutz bezeichneten. Dem entspricht auch, daß die Engländer ihre hundert Mann Bahnschutz gleichzeitig mit ihren Truppen aus Wiesbaden zurückgezogen haben. Der Einwand, daß der englische Bahnschutz für die Sicherung der rückwärtigen Verbindung der englischen Besatzungstruppen nicht erforderlich gewesen wäre, greift nicht durch. Die Engländer haben sich an dem Bahnschutz ja nur beteiligt, um diese überflüssige Einrichtung als gemeinsame militärische Angelegenheit der Verbündeten abzustempeln.

Nun kann sich Frankreich darauf zurückziehen, daß es als solches mit dem Bahnschutz nichts zu tun habe, denn nicht die französische Regierung, sondern die vom Völkerbund eingesetzte Regierung des Saargebiets habe den Bahnschutz angefordert. Das mag dem Buchstaben nach richtig sein, während der tatsächliche Hergang doch der ist, daß Frankreich im Völkerbund seinen Einfluß hat spielen lassen, um der Regierung des Saargebiets die Forderung nach einem von den Verbündeten gestellten militärischen Bahnschutz aufzuzwingen. Wenn Frankreich die dritte Zone bis zum 30. Juni 1930 räumen muß, so hat der Bahnschutz im Saargebiet auch nicht mehr die Aufgabe, irgendwelche rückwärtigen Verbindungen der Franzosen zu sichern. Das wissen auch die Franzosen, weshalb sie auf den schlauen Ausweg verfallen sind, den Bahnschutz nun mit einmal als — Grubenschutz aufzuziehen.

Die preußischen und bayerischen Staatsgruben sind wieder auf Grund des Versailler Vertrags den Franzosen zur Ausbeutung ausgeliefert worden, was diese auch gründlich, wenn auch in technischer Hinsicht sehr liederlich besorgt haben. Bis zur Ablösung des Eigentumsrechts an den Saargruben braucht Frankreich keinen besonderen militärischen Schutz, denn dieser würde selbsttätig der deutschen Polizei zufallen. Nun bedarf es keiner Begründung, daß die Saarverhandlungen nur dann einen Sinn haben, wenn sie auch die Saargruben in vollem Umfang an Preußen und Bayern wieder zurückgeben. Deutschland wird allerdings dieses Eigentumsrecht den Franzosen abkaufen müssen, was aber wieder nicht rechtfertigt, diesen Vorgang unter Aufsicht einer französischen Besatzungstruppe zu stellen.

Die Saarverhandlungen und der Rückzug des Bahnschutzes haben zwar sachlich nichts miteinander zu tun, wenn sie auch zeitlich zusammenfallen können oder müssen. Daß sich die deutsche Regierung vor drei Jahren damit einverstanden erklärte, einen Bahnschutz im Saargebiet zuzulassen, begründet in keiner Weise den Anspruch, diese militärische Truppe solange im Saargebiet zu lassen, als bis die Saarverhandlungen zum Abschluß gekommen sind. Das kann bei der Taktik der Franzosen leider noch einige Zeit dauern, wenn diese Taktik auch niemals erreichen wird, den Franzosen irgendwelche dauernden Rechte im Saargebiet zuzugestehen. Schließlich kann Deutschland im schlimmsten Falle bis zur Volksabstimmung im Januar 1935 warten, da diese Deutschland das Recht gibt, die Rückgliederung des Saargebiets frei von allen Lasten zu fordern. Nicht einmal die Erfindung der Saarfranzosen braucht uns bedenklich zu stimmen, denn von dieser seltenen Pflanze gibt es nur Stücke im nationalistischen Vorstellungskreis gewisser französischer Staatsmänner. Sollten die Saarverhandlungen tatsächlich scheitern, so gibt das den Franzosen kein Recht, die militärische Besetzung des Saargebiets aufrecht zu erhalten.

Die Franzosen hatten tatsächlich die Besetzung Deutschlands fünf Jahre früher beendet, als wie es im Versailler Vertrag festgelegt war.
Es war ein Erfolg der Friedenspolitik der Außenminister Gustav Stresemann und seines Kollegen Aristide Briand sowie des Widerstands der Pfälzer und des stetigen Drucks der Presse.
Zum Ende der Besatzungszeit spricht der Reichspräsident Paul von Hindenburg dem Geheimrat Dr. h. c. Wilhelm Waldkirch für seinen heldenhaften Einsatz den Dank des Vaterlandes aus.
Aber wie es so ist mit dem Dank des Vaterlandes, er geht schnell vorbei. Vor allem für einen Privatmann hinter dem keine Partei steht, die sein Andenken aufrecht erhält und ihn in den Namen von Straßen oder Plätzen verewigt.
So erging es auch dem Geheimrat. Sogar seine Heimatstand Ludwigshafen hat ihn vergessen, obwohl er von hier aus mit seiner Presse den passiven Widerstand anfachte und oft genug dafür bestraft wurde.
Er war es doch, der als Initiator des Pressestreiks letztendlich die Weltöffentlichkeit geweckt hat, was dann dazu führte, dass die Separatistenherrlichkeit und ihre Abspaltungsabsichten von den Interalliierten beendet wurden und es von da an den Pfälzern besser ging.
Anders der Verein Süddeutscher Zeitungsverleger. Er ehrte den Geheimrat mit der höchstmöglichen Auszeichnung, dem „Goldenen Vereins-Ehrenzeichen.

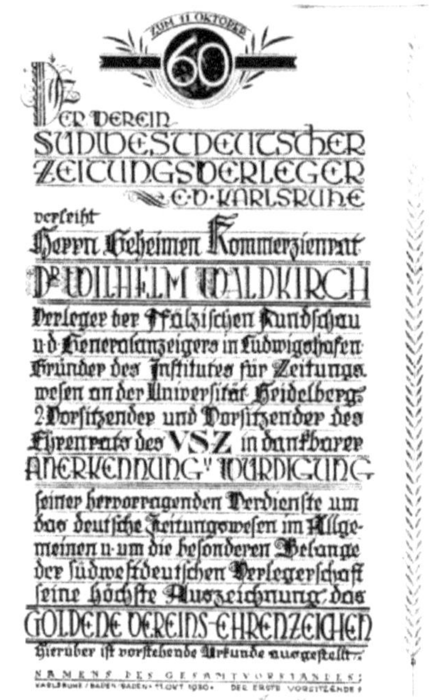
Zum 11 Oktober
60
Der Verein
Südwestdeutscher
Zeitungsverleger
e·V·Karlsruhe
verleiht
Herrn Geheimen Kommerzienrat
Dr Wilhelm Waldkirch
Verleger der Pfälzischen Rundschau
u·d·Generalanzeigers in Ludwigshafen·
Gründer des Institutes für Zeitungswesen an der Universität Heidelberg·
2·Vorsitzender und Vorsitzender des
Ehrenrats des VSZ in dankbarer
Anerkennung u. Würdigung
seiner hervorragenden Verdienste um
das deutsche Zeitungswesen im Allgemeinen u·um die besonderen Belange
der südwestdeutschen Verlegerschaft
seine höchste Auszeichnung: das
Goldene Vereins-Ehrenzeichen
Hierüber ist vorstehende Urkunde ausgestellt.
Namens des Gesamtvorstandes:
Karlsruhe / Baden-Baden · 11. Okt 1930 · Der Erste Vorsitzende:

Am 1. Juli 1930 konnte die „Pfälzische Rundschau“ endlich verkünden: Die Pfalz ist frei!

Pfälzische Rundschau

Unabhängige Zeitung für nationale Politik

Die Pfalz ist frei!

Orig.-Zeichnung für die Pfälzische Rundschau von Prof. Otto Dill

Der Rhein ist frei! Und ob sich auch umflore
Noch manches Auge um erlitt'ne Not –
Fort ist der Feind, fort ist die Trikolore,
Die deutsche Fahne winkt von Turm und Tore –
Am Himmel brennt der Freiheit Morgenrot!

Erinnerungsblatt der „Pfälzischen Rundschau“ zur Befreiung der Pfalz

Der „General-Anzeiger“ Ludwigshafen schrieb hierzu: Ludwigshafen feiert die Befreiung.

General-Anzeiger

Ludwigshafen a. Rh.

Amtsverkündiger für das Landgericht Frankenthal / Amtliches Organ für den Amtsgerichtsbezirk Ludwigshafen a. Rh.

Nr. 150 Erstes Blatt — Dienstag, den 1. Juli 1930 — 56. Jahrgang

Ludwigshafen feiert die Befreiung

Stunde der Freude – Stunde der Einigkeit!

Ankunft der Schupo

Historische Stunde

An der Rheinbrücke

Ludwigshafen in Erwartung

Die Feier auf dem Meßplatz

Ansprache:

Einzug der Schupo in Ludwigshafen

Die heutige Nummer umfaßt 14 Seiten

Hindenburg grüßt das befreite Land
Kundgebung der Reichsregierung

Berlin, 1. Juli.

Nach langen Jahren der Drangsal und des Harrens, ist heute die Forderung aller Deutsche erfüllt: Die fremden Besatzungstruppen haben das Land am Rhein verlassen. Treue Vaterlandsliebe, geduldige Ausdauer und gemeinsame Opfer haben dem, seit dem unglücklichen Ausgang des großen Krieges von fremden Truppen besetzten Gebiet das höchste Gut eines jeden Volkes, die Freiheit, wiedergewonnen. Der Leidensweg, den die rheinische Bevölkerung aufrechten Hauptes um Deutschland willen gegangen ist, ist zu Ende.

Der Tag der Befreiung soll ein

Tag der Dankbarkeit

sein. Unser erstes Gedenken gebührt heute denen, die im Kampf für die Freiheit Deutschlands geblieben sind, die ihr Leben gaben für das Vaterland. Zu ihnen gehören auch alle, die während der harten Jahre der Besetzung ein Opfer ihrer Vaterlandsliebe wurden. Unvergessen sollen die Leiden der Männer und Frauen bleiben, die in der schweren Prüfungszeit seelisch und körperlich für Deutschland geduldet haben, und stets werden wir der vielen Tausende gedenken, die wegen ihrer Treue zu Vaterland und beschworener Pflicht durch fremde Machtwillkür von Haus und Hof vertrieben wurden. Ihnen allen schulden wir unauslöschlichen Dank. Wir wollen ihn abstatten durch das Versprechen, uns aller gebrachten Opfer durch Dienst an Volk und Vaterland würdig zu erweisen.

Noch harren unsere Brüder im Saargebiet der Rückkehr zum Mutterland.

Wir grüßen heute deutsches Land und deutsches Volk an der Saar aus tiefstem Herzen und mit dem Gelöbnis, alles daran zu setzen, daß auch ihre Wiedervereinigung mit uns bald Wirklichkeit wird. Auch ihnen gebührt heute Deutschlands Dank. Wir wissen, daß sie stolz ihr Deutschtum bewahrt haben, und daß sie ihre Rückkehr zum Mutterlande nicht mit Bindungen erkauft wissen wollen, die den deutschen Gesamtinteressen widersprächen.

Ueber dem politischen und wirtschaftlichen Leben unseres Volkes hängen immer noch schwere Wolken. Aber dennoch ist uns der heutige Tag

Anlaß freudiger Zuversicht

Ein Volk, das, ganz auf sich allein gestellt, trotz härtester Bedrängnis sich selbst behauptet hat, ein Land, das auf den Gebieten der Wissenschaft, Kunst und Technik auch in bitterer Notzeit Leistungen vollbracht hat, die in der ganzen Welt anerkannt und bewundert werden, hat ein Recht darauf, mit Selbstvertrauen und mit Zuversicht seiner Zukunft entgegenzugehen. Durch Jahre schwerer Leiden, durch Uebernahme drückender Lasten haben wir dem Land am Rhein die Freiheit wiedergewonnen; für unseres Vaterlandes Glück und Zukunft wollen wir sie in treuem Zusammenstehen erhalten.

Das Gelöbnis in dieser feierlichen Stunde sei **Einigkeit!** Einig wollen wir sein in dem Streben, unser geliebtes Vaterland auf friedlichem Wege nach Jahren der Not einem bessern und hellern Tag entgegenzuführen. Einig wollen wir sein in dem Schwur:

Deutschland, Deutschland über alles!

gez. von Hindenburg,
Reichspräsident.

Die Reichsregierung:
gez. Dr. Brüning, Reichskanzler.

(folgen die Unterschriften sämtlicher Reichsminister).

Nach der Besetzung fanden überall in der Pfalz Dankgottesdienste statt.

WIR TRETEN ZUM BETEN

Orig. Zeichnung für die Pfälzische Rundschau v. Jossé, Spe

Wir treten zum Beten
Vor Gott den Gerechten,
Er waltet und haltet
Ein strenges Gericht.

Er läßt von den Schlechten
Die guten nicht knechten,
Sein Name sei gelobt
Er vergißt unser nicht.

Trotz der französischen Besatzung und der separatistischen Herrschaft entwickelte sich der Waldkirch-Verlag zu einem wahren Presseimperium.
Viele der schon vor dem 1. Weltkrieg gestarteten Publikationen mauserten sich zu geschichtsträchtiger Herausgabe: zu erwähnen sind „Die Heimatblätter“, die ab 1912 bis 1950 alle vierzehn Tage erschienen sind. Die Gründer „Der Heimatblätter“ waren Verleger Wilhelm Waldkirch und die Schriftleiter Wilhelm Küstner und Karl Kleeberger.

1874 SECHZIG JAHRE GENERAL-ANZEIGER LUDWIGSHAFEN AM RHEIN 1934

Heimat-Blätter
für Ludwigshafen am Rhein und Umgebung

Herausgegeben von Freunden der Heimat

Gegründet im Jahre 1912

Nummer 20 · Jahrgang 1934

Aus der Geschichte unserer Heimatblätter 1909—1934

Es ist den Lesern des „General-Anzeiger“ ein Altgewohntes, daß ihnen zweimal im Monat unsere „Heimatblätter“ vor die Augen kommen. Aber es war nicht immer so, und es bedurfte langer Verhandlungen, bis sie fix und fertig in die Erscheinung traten.

Den äußeren Anlaß zu ihrer Gründung hat das 50jährige Stadtjubiläum von Ludwigshafen (1859—1909). Von damals liegt noch ein Entwurf in meiner Mappe, der sich an pfälzische Geschichtsblätter von örtlicher Bedeutung, z. B. an die 1915 eingegangenen Leininger Geschichtsblätter von Emil Müller anlehnte. Ihr Kopf sollte heißen: „Die Rheinschanze“. Ergänzungsblätter zur Geschichte der Stadt Ludwigshafen am Rhein und Umgebung. Nummer 1 sollte schon ...

... genannte „Blaue Buch“ der Stadt Ludwigshafen vom Jahre 1908 zu ergänzen und fortzuführen sei.

Da kam noch ein anderer Anstoß und zwar durch die Regierungs-Entschließung vom 17. August 1909, die heimatlichen Grundlagen eines anschaulichen Unterrichtsbetriebes betreffend. Darnach sollte jeder Lehrer von der 3. bis zur 8. Klasse in sein Schultagebuch, das einen Teil des amtlichen Schriftwerks bildete, alles eintragen, was den Sach- und Sprachfächern dienen könne, in folgender Gliederung: 1. Erdkunde, 2. Naturkunde, 3. Geschichte, 4. Ethnographisches. (Wir würden heute sagen: Volks- und Rassekunde.) Die Regierung der Pfalz wies darauf hin, daß dies nicht nur für die Schule, sondern auch für die Allgemeinheit eine wichtige Angelegenheit sei, und sprach die Erwartung aus, daß die gemeindlichen und staatlichen Behörden sowie die Pfarrgeistlichkeit der Forschungsarbeit Vorschub leisten.

„Der Lehrer auf der Heimatscholle!“ ...

Heinrich Lützel
geb. 25. 12. 1849
Aeltester Mitarbeiter

Wilhelm Küstner
geb. 17. 5. 1864, gest. 24. 10. 1919
Schriftleiter 1912—1919

Karl Kleeberger
geb. 1. 12. 1862
Schriftleiter seit 1919

„Die Heimatblätter“, die allen Ludwigshafener Zeitungen beilagen und auch im Schulunterricht Verwendung fanden, dokumentierten in geschichtlicher Kleinarbeit anschaulich und vielseitig das Leben in Ludwigshafen und Umgebung sowie seine Geschichte und Entwicklung.
Sie gehören heute mit dem „Blauen Buch“ der Ludwigshafener Stadtgeschichte zu den wichtigsten Werken für die Geschichte der Stadt am Rhein.

Die 1913 gegründete „Pfälzische Sportzeitung“ wird nach dem Krieg vom Waldkirch-Verlag als „ASZ – Allgemeine Sportzeitung“ weitergeführt. Sie ist die älteste und die größte Fachzeitung in Südwestdeutschland. Als bedeutende Sportzeitung ist sie der größte Förderer aller Sportvereine und -verbände. Schon Sonntagsabend erscheinen Sonderausgaben, um die wichtigsten Ereignisse des Sportes bekanntzumachen.

In der Mitte der 20iger Jahre beteiligt sich die Firma Waldkirch am „Kicker“-Verlag in Nürnberg, der das offizielle Organ des Süddeutschen Fußballverbandes herausgibt. Verlag, Redaktion und Druck werden nach Ludwigshafen ins Waldkirch-Haus verlegt.
Da der Bilderdruck vor allem durch die Sportberichte ständig zunimmt, veranlasst die Firma Waldkirch die Mannheimer Cliche-Anstalt „Lenz & Schmidtmaier“ als selbstständige Firma in die Waldkirch-Betriebsräume nach Ludwigshafen umzusiedeln.
„Lenz & Schmidtmaier“ ist die erste Cliche-Anstalt der Stadt und die enge Nachbarschaft mit dem Presseverlag und seiner Druckerei ist für beide als Kunde sowie als Lieferant sehr fruchtbar.
„Lenz & Schmidtmaier“ bleibt etwa 20 Jahre im Hause Waldkirch, um dann in einen eigenen Neubau umzuziehen.
Der Waldkirch-Verlag fördert intensiv den Fremdenverkehr in der Pfalz. Er verlegt viele Heimatbücher, darunter auch den Pfälzischen Heimatkalender „Der Jäger aus Kurpfalz“ sowie Ernst Heusers „Neuer Pfalzführer“, ein Führer, der über einen Wanderführer weit hinaus geht und in der pfälzischen Literatur zu einem Begriff wird. Er bringt auch Erlebnisberichte, Beschreibungen von Dörfern, Städten, Burgen und Klöstern usw., so dass er auch ein Nachschlagewerk ist.

Jahrelang war auch die Geschäftsstelle des 1902 unter der Mitwirkung der Waldkirch-Familie gegründeten „Pfälzer Waldvereins“ im Waldkirch-Haus. Es war selbstverständlich, dass das von Wilhelm Waldkirch initiierte Vereinsblatt „Wald-Heil“ bei ihm Verlag gedruckt wurde.

Wald-Heil!

Mitteilungen der Ortsgruppe Ludwigshafen-Mannheim des Pfälzerwald-Vereins

Nr. 24 — Ludwigshafen-Mannheim, den 8. Dezember — 1918

Die Vereinsmitteilungen erscheinen monatlich einmal und werden den Mitgliedern der Ortsgruppe Ludwigshafen-Mannheim kostenlos zugestellt	Anzeigenpreis: Die Doppelzeile 60 Pf., bei laufenden Anzeigen entsprechender Nachlaß. Verlag und Geschäftsstelle Ludwigshafen a. Rh., Amtsstraße 8.

Willkommen in der Heimat!

Nach vier Jahren Krieg ist Deutschland niedergebrochen. Nun sind zum besiegten Volk die unbesiegten Soldaten zurückgekehrt, sie, die in langen Kriegsjahren unsterblichen Heldenruhm gewonnen haben. Wir grüßen sie im Vaterland. Möge es der Gnade der Feinde gefallen, uns in Bälde auch die Kriegsgefangenen und jene, die in letzter Stunde unverschuldeter Internierung verfielen, zurückzugeben.

Die Trauer über Deutschlands Unglück konnte uns nicht hindern, der Wiedersehensfreude auch den äußeren, sichtbaren Ausdruck zu geben. Mit Fahnen und Blumen schmückten wir die Straßen, die die heimkehrenden Truppen zogen, und von manchem Triumphbogen sprach es zu ihnen: Willkommen in der freien deutschen Heimat! Eine neue Heimat ist es, in die sie zurückgekehrt sind, eine Heimat ganz anders, als die, die sie im August 1914 verließen. Ist sie auch eine freie Heimat? Bis zum Rhein hat der Feind unser Land besetzt und die Alliierten werden den Platz bestimmen, der unserem Volke in Zukunft zukommen soll. Und sonst? Bis zur Revolution glaubten viele von uns, daß wir ein freies Volk seien, so frei wie die Amerikaner, die Franzosen und die Engländer. Es wird uns versichert, daß dies ein Irrtum gewesen ist. Eines ist gewiß, daß weite Kreise unseres Volkes in dem Zustand der Diktatur, in der wir seit der Revolution leben, erst recht nicht das Ideal der Freiheit erblicken. Wir wollen hoffen, und nicht nur hoffen, sondern auch daran mitarbeiten, daß wir bald wieder zu einer Ordnung des Rechts gelangen, und daß diese Ordnung, die eine bessere werden darf, jedem, ohne Unterschied des Standes die Freiheit bringt und gewährleistet, auf die der schwergeprüfte Bürger eines schwer geprüften Landes Anspruch erheben darf. Doch genug davon. Wir sind im Pfälzerwald-Verein immer unpolitisch gewesen und wollen es auch in Zukunft sein. Wenn einer beanstandet, daß bei dieser Gelegenheit eine nicht ganz unpolitische Bemerkung unserer Feder entschlüpft ist, so bitten wir, uns jenen zu nennen, der heute zu den Tagesereignissen sich äußern kann, ohne nicht wenigstens ein ganz klein wenig politisch zu werden. Und schließlich, wes das Herz voll ist, des geht der Mund über.

Ein besonders herzliches Willkommen rufen wir an dieser Stelle den Mitgliedern unseres Vereines zu, denen nach der Unrast des Krieges die Rückkehr in die Heimat vergönnt war. Jener aber — und ihrer sind es nur allzuviele, die vor dem Feinde geblieben oder im Laufe des Krieges tödlichen Krankheiten erlegen sind, gedenken wir in diesen Tagen ganz besonders. Von allen, von jenen, die gefallen oder gestorben, wie von jenen, die zurückgekehrt sind, wissen wir, daß sie ihre vaterländische Pflicht bis zum bitteren Ende erfüllt haben. Das war ihre Ehre und das ist unser Stolz. Seid bedankt, ihr, die ihr zurückgekehrt seid, und ihr Toten, für die Treue, die ihr der Heimat und dem Vaterland gehalten.

Vieles ist nach dem Kriege wieder aufzurichten im deutschen Vaterland und in der Heimat. Schwere Arbeit steht uns auf allen Gebieten des staatsbürgerlichen und des beruflichen Lebens bevor. Arbeit harrt auch des Pfälzerwald-Vereins. Es war nicht zu hindern, daß unsere Organisation während des Krieges harte Stöße erlitt. Die Wegebezeichnungen verfielen, Wege und bauliche Anlagen wurden schadhaft und konnten nicht wiederhergestellt werden. Und so weiter. Dazu haben wir schon während des Krieges den Keim zu manch Neuem, das erst entstehen soll, gelegt. Um dies alles zu machen, brauchen wir viele eifrige Helfer, und so rufen wir Euch Heimgekehrte schon heute wieder zur Mitarbeit auf. Die Mütter hegen, wie man sagt, die größte Liebe für ihre Sorgenkinder. Ein solches Sorgenkind ist uns jetzt unsere Heimat. Sie braucht mehr wie je unsere Liebe. Wollen wir ihr diese nicht schenken? Ganz gewiß, so kommt denn alle, die ihr zurückgekehrt seid, und vereinigt Euch mit uns wieder zu neuer unverdrossener Arbeit im Dienste der Heimat und des Vaterlandes. Wald Heil!

Pfälzische Rundschau

Unabhängige Zeitung für nationale Politik

Pfälzische Handelszeitung — Familienblatt der Pfalz

Erfolgsicheres Anzeigeblatt — Pfälzische Landeszeitung

LUDWIGSHAFEN AM RHEIN

Die pfälzische Tageszeitung modernen Stils, mit großem Wirtschafts- und Handelsteil, täglichen Beiträgen führender Männer in Politik, Kultur und Wirtschaft, reichem Unterhaltungsteil und vielen Beilagen aus allen Gebieten menschlichen Wissens, einer umfassenden pfälzischen Rundschau, kurzum allen Heimataufgaben vollauf gerecht werdend.

Das Blatt des Pfälzers im Auslande und die Brücke zur Heimat.

URTEILE DER PFÄLZER IM AUSLANDE:

. . . . . Unter diesen vielen Zeitungen der alten Heimat befindet sich auch die „Pfälzische Rundschau". Ich hatte neulich den Besuch eines guten Freundes aus New-York, der mir erzählte, wie gerne die „Pfälzische Rundschau" in den Kreisen der Deutsch-Amerikaner, besonders in denen aus Süddeutschland gelesen werde. Natürlich bei den Pfälzer Landsleuten erst recht, vielen davon sei die „Pfälzische Rundschau" ein wahres Leibblatt: „Do węhs mer aach, wu mer hi(n)langt, wann mer was sucht", sagen wieder andere. Mein Freund lobte insbesondere die Kürze der Heimatsnachrichten, die Genauigkeit derselben. Die Leitartikel sind politisch instruktiv und orientierend, das Feuilleton abwechselnd und interessant, auch die Kunstreferate bei all ihrer Kürze, doch erschöpfend und vor allem objektiv, nicht wie in so manchen anderen Blättern „Lobeshymnen". Ganz besonders sei das Handelsblatt vorzüglich bedient und auch vorzüglich zusammengestellt. Die Beilage über Pfälzer Sinn und Humor bildet für die Pfälzer Landsleute in Amerika gewissermaßen einen Ausflug in die Pfalz selbst, denn die „Pfälzer Sproch is halt doch die schönscht, uff dere Welt wenigstens". Ich habe meinen Freund ersucht, unter diesen Umständen noch recht kräftig für die „Pfälzische Rundschau" in Amerika bei den deutschen Brüdern und Schwestern und insbesondere den lieben Pfälzer Landsleuten zu wirken, was er mir auch versprach.

Es freut mich aufrichtig, Ihnen meine sehr geehrten Herren von der „Pfälzischen Rundschau" dieses Lob meines Freundes und der deutschen Landsleute in Amerika hier mitteilen zu können.

A. K.

Ich bekomme die „Rundschau" regelmäßig durch die Freundlichkeit von meinem Freunde Herrn Fr. D. in Neustadt und ich will offen sagen, daß die „Rundschau" eine der besten Zeitungen heutzutage in Deutschland ist. Ich bin immer hocherfreut über „Pfälzer Art und Sinn", nur zu oft habe ich „Heimweh", aber es macht mir „große Schbaß", alles in „Pälzer Mundart" lesen zu können. Nochmals mit bestem Dank und recht pfälzischem Gruß.

C. B. in Washington.

Durch Verwandte von mir erhielten wir Ihre Zeitung schon einige Jahre, ich liebe meine arme Pfalz, meine Heimat und mein deutsches Vaterland, obwohl ich schon über 35 Jahre hier lebe. Ihre Leitartikel lese ich mit großem Interesse und ich achte Sie für Ihre kluge und gerechte Auffassung und Kritik der deutschen Lage und wünschte, es gäbe mehr Männer wie Sie, besonders an verantwortungsvollen Stellen . . , ...

Fr. H. in Belfast.

Bestellungen aus dem Auslande direkt an den Verlag Ludwigshafen a. Rh., Amtsstraße 8 erbeten.

Hauptanzeigenblatt der Rheinpfalz

unentbehrlich zur Anknüpfung geschäftlicher Beziehungen mit der pfälzischen Bevölkerung. Hunderte von Anerkennungen über den Insertionserfolg.

Der Verlag brachte in Sonderbeilagen zu den Tageszeitungen Wissenswertes aus der Pfalz unter die Menschen und verlegte auch noch einige auf Beruf und Sport bezogene Objekte.
Einen ganz besonderen Kontakt hielt die „Pfälzische Rundschau“ zu den Pfälzern im Ausland. Ob in Amerika oder in der Batschka, es ist für die oft seit Generationen im Ausland lebenden Pfälzern immer ein Ereignis, wenn die „Pfälzische Rundschau“ aus der alten Heimat erscheint und ihnen von dort berichtet.
Reiseberichte über Auslandsbesuche geben den in der Heimat verbliebenen Einblick in das dortige Leben und Arbeiten und so verbindet die Presse die Pfälzer in der ganzen Welt miteinander.
Den Verkehrsverein fördert der Verlag Waldkirch ganz besonders. Gehören dem Vorstand doch drei Mitglieder des Verlages an, Wilhelm Waldkirch, Karl Fluhr und Fritz Jäckel.
Mit dem Verkehrsverein gibt der Verlag eine große (70 x 64) Reliefkarte im Fünffarbendruck heraus. Es ist die erste Karte dieser Art und wurde vom Künstler Ruep entworfen.
Zur weiteren Belebung des Fremdenverkehrs richtet die „Pfälzische Rundschau“ in der Schalterhalle des Waldkirch-Hauses eine „Reise- und Auskunftsstelle“ ein. In ihr konnten sich Interessierte durch die regelmäßig erscheinenden Publikationen, wie die „Schöne Pfalz“ und „Reisen und Wandern“ orientieren und weitere Auskünfte bekommen.

Erwähnenswert sind die Reiseberichte von Jakob Heinz, Redakteur der „Pfälzischen Rundschau“, über die Pfälzer in der Batschka, Jugoslawien (1932).
„Die Reise hat in vielen Fällen dazu geführt, die mit der Zeit abgerissenen Fäden wieder anzuknüpfen und ihr erstes Ergebnis ist der Besuch einer größeren Gruppe von Batschkapfälzern, die vom 12.-19. August die Urheimat ihrer Vorfahren besuchen.“ Es findet ein Festempfang im großen Saal des Pfalzbaus in Ludwigshafen statt.
Die Abbildung zeigt den Umschlag der gesammelten, reich illustrierten Reiseberichte der „Pfälzer Rundschau“. (Verlag Waldkirch 1933)

Beim Flug des Luftschiffs „Graf Zeppelin“ um die Welt 1929 war auch die Schriftleitung der „Pfälzischen Rundschau“ mit an Bord und berichtete anschließend über diese sensationelle Reise.

Mit Luftschiff "Graf Zeppelin" um die Welt

Herrn

Dr. Julius W a l d k i r c h

Ludwigshafen a.Rhein

Amtsstrasse 8

Der in Ludwigshafen geborene Kapitän Ernst August Lehmann wird anlässlich seiner glorreichen Weltfahrt vom Ludwigshafener Verkehrsverein zum Ehrenmitglied und Ehrenpräsident ernannt.
Am 6. März 1937 in Lakehurst (USA) geschah das Unfassbare. Beim Landeanflug verbrannte das Luftschiff „Hindenburg“. Wahrscheinlich ausgelöst durch eine elektrische Entladung während einer Gewitterfront. Im Flammenmeer fand auch Luftschiffkapitän Ernst August Lehmann den Tod. Er war ein international bekannter Förderer des transatlantischen Luftverkehrs. Mit diesem Unglück fand die Zeppelin-Ära ein jähes Ende.

Pälzer Gebet

Liewer Gott im Himmel drin,
Loß uns Pälzer wie m'r sinn
Unn erhalt uns alle Zeit
Unser Pälzer Fröhlichkeit!
Pälzer Schnooke unn Humor,
Unsern Wein, so hell unn kloor,
Unser liewe Zuckerschnuckle,
Wo so gern am Süßholz zuckle,
Kloowe, Peife, Duwaksdose,
Äppel, Nüß unn Aprikose,
Pälzer Lewe, Pälzer Schtrewe,
Grumbeerschtöck unn Pälzer Rewe,
Deck' zum Schutz Dein Vatterhand
Üwwer's liewe Pälzer Land!

von Hans Glückstein

Er verfasste es in der schwierigen Zeit der französischen Besetzung und der Separatistenherrschaft.
Die Gedichte von Hans Glückstein, in Pfälzisch und Hochdeutsch, wurden von dem renommierten Verlag Julis Bensheimer in Mannheim herausgegeben. Bensheimer war jüdischen Glaubens und so wurde sein Betrieb in der NS-Zeit arisiert und wechselte mehrmals den Besitzer und Namen, bis er 1939 mit dem Julius Waldkirch Verlag als „Deutsches Druck- und Verlagshaus Julius Waldkirch“ in Mannheim fusionierte. Durch diese wechselhafte Geschichte und die Kriegs- und Nachkriegswirren gingen viele Unterlagen verloren und so ist es ein großer Verdienst von Siegfried Laux, einem Verwandten von Glückstein, dass er die von dessen Tochter verwahrten Manuskripte sichtete und als Gedichtbände herausgab. Der Verlag Wellhöfer in Mannheim gestaltete Glücksteins bemerkenswerte Arbeit in gelungenen Veröffentlichungen,

III. Dokumentation über den Führer Adolf Hitler und die Ausschaltung der freien Presse durch seine NSDAP 1930 – 1945

Aus der Sicht und den Erkenntnissen eines liberalen
Pfälzer Presse Verlages.

Um das 3. Reich verstehen zu können, muss man sich auch mit dem Führer Adolf Hitler und seiner nationalsozialistischen deutschen Arbeiterpartei befassen.
Adolf Hitler war im wahrsten Sinne des Wortes ein Psychopath. Er war ohne Skrupel, gewissenlos, grausam und radikal. Aber auch mit einem übersteigerten Selbstvertrauen und Sendungsbewusstsein ausgestattet. Er war Populist und Demagoge, dabei mutig und willensstark.
Er sah seine Umgebung so wie er sie sehen wollte, ihm fehlte jede Selbstkontrolle.
Adolf Hitler war Österreicher, aber mit seinem Heimatland nicht zufrieden. Er fühlte sich als Deutsch-Österreicher und verurteilte, dass in seinem Vielvölkerstaat die unterschiedlichen Volksrassengruppen immer mehr Einfluss gegenüber den echten Österreichern gewannen.
Er erwartete den Zerfall der K.u.K.-Monarchie. Im Frühjahr 1913 emigrierte er nach Deutschland. Vor allem weil er in seinem ungeliebten Vaterland seinen Militärdienst nicht leisten wollte.
Bei Kriegsausbruch 1914 meldete er sich sofort freiwillig beim deutschen Heer. Er wurde mehrfach verwundet und erhielt wegen seiner Tapferkeit das EK2 und das EK1.
Hitler brachte es dienstgradmäßig nur bis zum Gefreiten, da seine Vorgesetzten ihm eine Führungsrolle nicht zutrauten.
Das Kriegsende erlebte er als zeitweise Erblindeter infolge eines englischen Gasangriffes. Die Niederlage, der Versailler Diktatsvertrag und die November-Revolutionen wirkten auf ihn wie ein Schock und verstärkten seinen Nationalismus.
Die Nachkriegsrevolution hatte in Deutschland ein Vakuum geschaffen und es ging drunter und drüber.
Die Münchner Reichswehr entdeckte Hitlers rhetorische Fähigkeiten sowie sein organisatorisches Talent. Sie nutzten dieses und so kam er mit der neu gegründeten Thule-Gesellschaft in Berührung. Diese betrieb antisemitistische Propaganda und entwickelte sich zu einem Freikorps, das die bayerische Regierung bekämpfte.
Hier lernte er seine späteren Weggenossen Rudolf Hess, Alfred Rosenberg und Dietrich Eckart kennen.
Die von der Thule-Gesellschaft inspirierte „Deutsche Arbeiterpartei“ wandelte sich im Februar 1920 in die „National Sozialistische Deutsche Arbeiter Partei“ in die „NSDAP“ um. Ihr trat Adolf Hitler als 55. Parteimitglied bei. Als Organisator und Agitationsredner gegen die jüdisch-marxistischen Maxime und den Versailler Schandvertrag tat er sich hervor. Mit der Unterstützung von Rudolf Hess, seinem späteren Stellvertreter, Hermann Göring, seinem Luftmarschall und Vertreter, Alfred Ro-

senberg, seinem Reichsleiter und Reichsminister für die Ostgebiete, und Max Amann, seinem Reichsleiter für die NS-Presse und Präsident der Reichspressekammer, übernahm er ab Juli 1921 den Parteivorsitz und erhielt diktatorische Vollmachten.
Jetzt war er dort angekommen, von wo er aus seine Ideologie umsetzen konnte.
Adolf Hitler besaß wegen ungenügender Leistung keinen Schulabschluss und keine Berufsausbildung. Er träumte von einer Künstlerkarriere als Maler. Diese erreichte er aber nie und so lebte er als egozentrischer Außenseiter so vor sich hin.
Er las viel und kam so auch mit den Anschauungen der Madame Blavatsky in Berührung. Sie vertrat mit ihrer Theosophischen Gesellschaft die Vorherrschaft der arischen Herrenrasse und beeinflusste so den jungen Hitler zu seinem Rassenwahn. Am 8./9. November 1923 versuchte Hitler und der Weltkriegsheerführer Erich Ludendorf mit der NSDAP durch einen Putsch die Macht in München an sich zu reißen.
Vor der Feldherrenhalle stoppt die Polizei den Aufmarsch. Es gab Tote, die NSDAP wurde verboten und Hitler zu fünf Jahren Festungshaft in Landsberg verurteilt. Er fühlte sich -- und seine Getreuen sahen das auch so – als Märtyrer.
In der Haft begann er seine Ansichten und Programme zu schreiben, die dann als Buch „Mein Kampf“ erschienen. Der brutale und etwas wirre Inhalt wurde von den wenigen Menschen die ihn lasen nicht ernst genommen und als Häftlingsphantasien abgetan. Ein großer Fehler, wie sich später herausstellen sollte.
In der Festung wurde ihm aber auch klar, dass er sein Ziel, auch der Führer ganz Deutschlands zu werden, nur erreichen konnte, wenn er einflussreiche Gönner und Fürsprecher hatte.
Hitler gewann die Aufmerksamkeit des damaligen Nuntius der katholischen Kirche Pacelli, der später Papst Pius XII. wurde. Dieser Oberhirte und Stellvertreter Gottes schwieg später zu den europaweiten Judenverfolgungen und dem späteren Holocaust. Eine gute Bekannte des Autors wohnte in Landsberg und sie war oft Zeugin, wenn der Nuntius Adolf Hitler in seiner Festungshaft besuchte.
Es war die Zeit, in der die katholische Kirche die Juden noch als Gottesmörder betrachtete und ihre „Bestrafung“ zwar nicht mehr selbst besorgte, aber doch schweigend zusah, wenn dies geschah und nichts dagegen unternahm.
Sicher, es gab Christen, die ihrem Gewissen folgten und sich gegen die Nazis stellten und dies oft genug mit dem Leben bezahlten, aber es war

eben nicht die Kirche im Ganzen, die ein wesentlich größeres Gewicht gehabt hätte.
Der Holocaust selbst war geheime Reichssache und wurde der allgemeinen Bevölkerung erst nach Kriegsende bekannt.
Nach Hitlers vorzeitiger Haftentlassung Ende 1924 forderte er den rassistisch gereinigten nationalen Führerstaat, den er mit Italien und Groß Britannien absichern wollte. Er versprach dem Adel, er werde wieder einen Kaiser einsetzen. Den Wirtschaftsführern sicherte er wirtschaftlichen Aufschwung zu, den Arbeitern versprach er Beschäftigung und Brot, der Bevölkerung Sicherheit und Ordnung und Deutschland den Frieden, die Abschaffung des Versailler Zwangsfriedensvertrages und die Wiederherstellung der Souveränität zu und letztendlich den Soldaten internationale Anerkennung.
Nach dem schiefgegangenen Putsch wusste Hitler, dass die SA, die Sturmabteilung der NSDAP, die zur Absicherung von Parteiveranstaltungen gegen Störenfriede funktionierte, zu schwach für größere Aktionen war. So installierte er eine zentrale oberste SA-Führung und ließ die SA als paramilitärische Kampforganisation für den Straßenkampf ausbilden. Mit ihr terrorisierte er seine politischen Gegner und die Staatsgewalt. Er schuf so unbemerkt ein SA-Heer, das 1931 77.000 Kämpfer hatte und 1933 bei der Machtübernahme 700.000 (in Worten: siebenhunderttausend) Mann umfasste, während die Reichswehr gerade mal 100.000 Soldaten hatte. Die SS-Schutzstaffel wurde 1925 als Eliteorganisation gegründet, die Adolf Hitler und seine nächsten Parteifunktionäre schützen sollte. Adolf Hitler war unterdessen deutscher Staatsbürger geworden und trat mit seiner NSDAP an, um die Macht in Deutschland zu erringen.
Die damalige Weimarer Republik war weitestgehend demokratisch und so ging dies nur über das Gewinnen von Wahlen und um Wahlen zu gewinnen, musste das Wahlvolk gewonnen werden.
Die Wähler mussten angesprochen und das Parteiprogramm möglichst positiv dargestellt und effektiv unter die Leute gebracht werden, während Gegner möglichst schlecht und als unfähig dastehen sollten.
Mit seinen Versprechungen hatte Hitler schon einige einflussreiche Persönlichkeiten auf seine Seite gebracht und mit seiner kampferprobten und disziplinierten SA, die unterdessen über ganz Deutschland präsent war, gezeigt, dass er die ungeliebten Kommunisten in Schach halten konnte und für Ordnung und Ruhe eintrat.
Nun brauchte Hitler noch Sprachrohre, die die Masse der Wähler erreichten, um sie in seinem Sinne zu beeinflussen.

Dies waren in der damaligen Zeit vor allem die Presseorgane. Es gab viele Zeitungen, herausgegeben von den Parteien, Konfessionen, Vereinen sowie die liberalen, unabhängigen und bürgerlichen Blätter.
Um wegen dieser großen Zahl von Publikationen auch genügend Aufmerksamkeit zu erregen, mussten die NS-Blätter sich von den anderen abheben.
Sie erreichten dies durch Hasstiraden und Verunglimpfungen von allem, was nicht in die NS-Ideologie passte und sie prangerten alles an, das sich als antisozial hinstellen ließ.
Sie wollten damit ausdrücken, sie selbst seien besonders sozial eingestellt und volksnah und sie wollten ganz Deutschland wieder zur Großmacht erheben.
Ein gutes Beispiel ist das in der Pfalz erschienene Kampfblatt der NSDAP „Der Eisenhammer".
Der Lehrer Josef Bürckel, der spätere Gauleiter, und der Bürgermeister von Dannenfels Fritz Heß gründeten unter dieser Prämisse bereits 1925, also noch während der französischen Besatzungszeit, den „Eisenhammer".
Dieses „Kampfblatt" hieb auf alles ein, was nicht nationalsozialistisch war und so wurde es wegen seiner Verleumdungen immer wieder in teure Prozesse verwickelt. Diese kosteten dem Blatt viel Geld, so dass es unrentabel war. Den Nazis war dies aber gleichgültig, die Hauptsache war, es erfüllte seinen Zweck.
Vor allem die großen auflagenstarken liberalen und bürgerlichen Zeitungen, die neutral berichteten und viele Menschen erreichten, wie die „Pfälzische Rundschau" und der Ludwigshafener „General-Anzeiger" aus dem Waldkirch-Presseverlag, waren die erklärten Angriffsziele des „Eisenhammer".
Und so erschien schon im Oktober 1929 der erste Artikel gegen die Waldkirch-Presse, die darin als Teil der „siebenten Großmacht", wie Napoleon die Presse nannte, bezeichnet wurde.
Der „Eisenhammer" verkündete weiterhin:

> *„Die Presse ist die Bildnerin der öffentlichen Meinung – und – wer die Presse hat, der hat die öffentliche Meinung. Wer die öffentliche Meinung hat, der hat Recht. Wer Recht hat, der kommt in den Besitz der Macht."*

Hier zeigen sich schon die Beweggründe, warum die Nazis die freie Presse angriffen und dass sie die Zeitungen, und damit das Meinungsmonopol in Deutschland wollten.

Die Pressefreiheit für die die Waldkirch-Zeitungen schon während der harten Besatzungszeit und der Separatistenherrschaft vehement eingetreten war, ist ein hohes Gut. Sie ist ein Unterpfand der Demokratie und durch ihre Vielfalt ein Regulator. Sie ist ein Hüter der Meinungsfreiheit und kann durch ihre Unabhängigkeit eine Obrigkeit kontrollieren, in dem sie daraus Handlungen an die Öffentlichkeit bringt.
Die Verantwortung einer freien Presse ist riesengroß und das muss sie sich auch immer vor Augen halten und so kontrolliert sich die freie Presse durch die Vielzahl von verschiedenen Publikationen selbst.
Es ist also klar, dass ein diktatorisches Regierungssystem versuchen wird, einer freien Presse die Kandare anzulegen und sie mit Gewalt gleich zu schalten oder zu vernichten.

Dr. h. c. Wilhelm Waldkirch
Geheimer Kommerzienrat
Gründer der „Pfälzischen Rundschau"
(11. Oktober 1870 – 31. August 1942)

Kampfblatt der Nationalsozialistischen Deutschen Arbeiterpartei / Gau Pfalz

Neustadt-Haardt, Oktober 1929

Die „siebente Großmacht“ an der Arbeit!

Der Wohnungsamt-Skandal in Ludwigshafen-Rh. / Antwort, Herr Gewerkschaftssekretär Wittenmeier / Unwohlsein bei der Bayerischen Volkspartei / Jüdische Gegenarbeit in Bergzabern /

Der Waldkirch-Presse ins Stammbuch!

Was ist die moderne Presse?

„Die Presse ist die siebente Großmacht!“ Dieses Wort Napoleons ist heute wahrer als damals, da es gesprochen wurde, und es wird in Zukunft wohl noch wahrer sein, als es heute schon ist. **Wer die Presse hat, der hat die öffentliche Meinung. Wer die öffentliche Meinung hat, der hat Recht. Wer Recht hat, der kommt in den Besitz der Macht.**

Die Presse ist die Bildnerin der öffentlichen Meinung und als solche im modernen Staat eine lebensnotwendige Funktion. Kein Staat, der mit Fug Anspruch auf diesen Titel erhebt, kann deshalb auf die Presse oder doch mindestens auf ein Kontrollrecht über sie verzichten. **Tut er das, dann gibt er sich selbst auf.**

Wir verwehren es der demokratischen Republik durchaus nicht, daß sie die Bildung der öffentlichen Meinung beaufsichtigt. Das ist seit je so gewesen und wird auch, solange es Politik gibt, so bleiben. Wir machen nur dagegen Front, **daß man behauptet, das sei Meinungsfreiheit und so tut, als bedeute das einen Fortschritt gegen überwundene Zeiten der politischen Reaktion.**

Da die Presse eine so eminent wichtige Rolle im modernen Leben spielt, liegt die Möglichkeit ihres **Mißbrauchs sehr nahe.** Und in der Tat sehen wir denn auch im heutigen System, **daß sie nicht mehr Dolmetsch des Volkswillens, Fürsprecher der Volksnot, Wortführer der Volksmeinung ist, sondern daß sie, zum willfährigen Instrument in den schmutzigen, gierigen Händen einiger Geldmagnaten degradiert, die Meinung eben dieser Geldmagnaten, in die Oeffentlichkeit hineinbläst und damit den Volkswillen verfälscht, die Volksnot vergrößert und die Volksmeinung umdreht.** Das birgt umso größere Gefahren in sich, als ja kein Volk so wie das deutsche dem gedruckten Wort glaubt und niemand sonst in der ganzen Welt wie der Deutsche sich so fest und vertrauensvoll daran klammert, was er schwarz auf weiß besitzt.

Damit ist die moderne Presse nicht zum Segen, sondern zum Fluch des Volkes geworden. Sie ist das Organ, durch das gerissene Wortschieber und Gedankenakrobaten dem Volk den gesunden Sinn verwirren, ihm das Gehirn verkleistern und es unfähig machen, normal und folgerichtig zu denken. Die Presse ist nicht an sich charakterlos. **Sie wird es, wenn sie sich im Besitz von charakterlosen Menschen befindet. Sie mißbrauchen sie zu volkswidrigen Zwecken und treiben mit ihr ihr frevles kapitalistisches Spiel.**

Ein Staat, der leben will, hat ein Recht darauf, daß die öffentliche Meinung so gebildet wird, daß sie die Existenzmöglichkeiten des Volkes fördert, nicht verbaut. Wo die Presse das nicht freiwillig tut, **da hat eine verantwortungsbewußte Regierung die Pflicht, die, die in der Bosheit verharren, mit allen legalen Mitteln zu zwingen oder aber sie unschädlich zu machen.**

Die Presse diene dem Volk und seinem Wohl, dann dient sie auch der Wahrheit, der Freiheit und der Gerechtigkeit.

Dr. D.

Ein paar Glassplitter sind dieser Republik 25 000 Mark wert —

ein ermordeter Nationalsozialist — nichts!

Mittelständler! Das Organ der pfälzischen Wirtschaftspartei, die „Bürgerzeitung“ schreibt zum Ludwigshafener Wohnungsamtskandal u. a. folgendes: „Es gehört schon ein großes Maß moralischer Widerstandsfähigkeit dazu, sich den dauernden Bestechungs- und Schmierungsversuchen gegenüber ablehnend zu verhalten. Dazu kommen noch die Gefahren, die auf sittlichem Gebiete liegen. Selbst mit einem überführten Sünder wird man deshalb nicht allzu scharf ins Gericht gehen können . .“
So vertritt die Wirtschaftspartei eure Interessen!

Der „Eisenhammer“ setzt in seiner November-Ausgabe zur Stadtratswahl am 8. Dezember 1929 seine Hetzkampagne unvermindert fort.

Generalabrechnung am 8. Dezember

Kampfblatt der Nationalsozialistischen Deutschen Arbeiterpartei / Gau Pfalz

Neustadt-Haardt, November 1929

Ludwigshafener!

Diese Gesellschaft müßt ihr euch betrachten!

„Die Existenz der Judenheit in der Pfalz gefährdet ...“

„Verfehlte“ Politik der jüdischen Organisationen. Es muß in Zukunft „anders“ gearbeitet werden. Nur einen Feind: die Nationalsozialisten

Unseren Gästen von den Ufern des Jordans wird es unbehaglich. **Das Herz rutscht den Herrschaften in die Hosen.** Wenn man ihre Zeitungen überfliegt, so findet man immer wieder in Sperrdruck die Worte „Anwachsen“, „Zuwachs“, „Nationalsozialisten“. So auch im „Israelitischen Familienblatt“, das nicht nur die Interessen der „alteingesessenen“ jüdischen Großbankiers und der großgewordenen Zuwanderer vertritt, sondern auch Meldungen bringt, die kleinere – na, sagen wir einmal – tüchtige Kaufleute, für die unter 1 Million Leder-, Hopfen- und Viehjuden und die Provinz-Konfektion angehen.

In Nr. 46 heißt es da über die bevorstehenden Wahlen in der Pfalz:

> **„Wer im politischen Kampf steht, muß auch einmal sein Auge nach den Gebieten lenken, wo weniger an Stimmen zu erben ist, wo aber die Existenz der deutschen Judenheit auf dem Spiele steht! –**
> **Was wir jetzt in der Pfalz erleben, ist die zwangsläufige Folge einer ganz verfehlten Politik der jüdischen Organisationen (Sehr richtig! Red. d. Eis.) Der 8. Dezember wird vielleicht durch direkte hakenkreuzlerische Mehrheiten in kleineren Orten den Beweis erbringen, daß anders gearbeitet werden muß, wenn es in Zukunft anders aussehen soll.**
> **Was wollen aber die wenigen jüdischen Bürger in einem Orte von 2–5000 Bewohnern machen, wenn der Wahltag ihnen eine hakenkreuzlerische Mehrheit beschert?**
> **Was sollen sie gegen Beschlüsse der Gemeindevertretung, die sich gegen die Juden richten unternehmen?**
> **In solcher Bedrängnis befindet sich das deutsche Judentum, und es findet nicht die Kraft, hier zusammenzustehen. Es gibt nur einen Feind in dieser Zeit, das sind die Nationalsozialisten!**
> **Gegen sie müssen alle Kräfte angespannt werden, denn sie müssen überwunden werden (Ein frommer Wunsch! Red. d. Eisenhammer.)**
> **Das Ansehen der deutschen Juden schwindet natürlich durch solche Wahlergebnisse nicht nur sehr stark, sondern die Juden geben sich damit auch selbst verloren.**
> **Die Pfalz soll endlich zeigen, daß Schluß gemacht wird mit dieser Art nationalsozialistischer Politik dadurch, daß die**
> **Juden zur Selbsthilfe greifen**
> **und Abwehrarbeit mit den Kreisen des Christentums treiben (Aha!), die ihnen günstig gesinnt sind.**
> **Und solche gibt es Gott sei Dank auch noch zahlreich.“**

In unserer letzten Nummer haben wir bereits die Zusammenhänge aufgezeigt, die zwischen einem Teil der pfälzischen Presse und deren kostenlosem Korrespondenzbüro „Deutscher Aufbau“ mit jener jüdischen Organisation, die durch ihre wohlfeile Zeitungspropaganda sehr wohl bekannt ist, bestehen. Heute sind wir in der Lage, weiter hineinzuleuchten in diesen Bund „Deutscher Aufbau“ und dessen „moralisches Gebälk“. Es ist einwandfrei festgestellt, daß der Verein zur Abwehr des Antisemitismus mit der genannten Gesellschaft Hand in Hand arbeitet. Ein Schriftleiter dieser Gesellschaft heißt St. Ziegler, wohnhaft in Berlin, Sebastianstraße 33.

Dieser „Chefredakteur“ ist ein wegen Sittlichkeits-Verbrechen entlassener Pfarrer.

Es war nicht schwer, an Hand der versandten Briefe all die Fäden zu entdecken, die das Netz bilden, in dessen Maschen eine Reihe gut katholischer, protestantischer und roter Journalisten zappeln. Wir stehen nicht an, rücksichtslos die Regisseure bezw. geistig und finanziell interessierten Hintermänner herauszustellen, denen beklagte Journalisten verfallen sind. Einem Teil des Volkes dürften dabei die Augen überlaufen.

Wir beginnen heute mit dem Vorstand des Vereins zur Abwehr des Antisemitismus in Nürnberg, dem ehemaligen Amtsrichter Otto Maier. Wer ist nun dieser Maier? Man höre:

Maier ist der gleiche Jude, der vor 4 Jahren vor dem Richter stand als Verbrecher, der seinesgleichen sucht.

Warum? Dieser Vorstand des Vereins zur Abwehr des Antisemitismus wurde in 3tägiger Verhandlung überführt, daß er christliche Mädchen in seine Wohnung lockte, sie alsdann mit alkoholischen Getränken – Schnäpse jeder Art – betäubte und dann in das Badezimmer führte. Da stand ein 2,4 Meter hohes Holzkreuz als Marterwerkzeug. An dieses Holzkreuz band der Jude dann sein besinnungsloses Opfer, schnitt ihm die Wundmale Christi ein und z. Schluß vergewaltigte er das arme Geschöpf.

Solche Tiere wurden einstmals von der katholischen Kirche zur rechten Zeit wegen Gotteslästerung auf den Scheiterhaufen gebracht. Heute sind sie als Vorstände der Vereine zur Abwehr des Antisemitismus die Lieferanten katholischer Zeitungen. Der Rheinpfälzer fühlt sich besonders hingezogen zu dieser Kamarilla. – Vielleicht ist es die alte Freundschaft des bekannten Führers der Bayer. Volkspartei, Graf Pestalozza, Inhaber eines päpstlichen Ordens, welche dieser mit dem Kreuzigungsjuden Otto Maier hatte, vielleicht veranlaßt den „Rheinpfälzer“ das Gedächtnis dieser Freundschaft, den Wünschen dieses galgenreifen Juden entgegenzukommen. Wahrhaftig, in dieser Redaktionsstube scheint der Teufel Chef vom Dienst zu sein.

Die Oeffentlichkeit sieht schon an dieser Nummer, welche Gesinnungsverkoppelung zwischen dem Bund „Deutscher Aufbau“ und dem Organ der Bayerischen Volkspartei bestehen mag. Solche Schlußfolgerungen sind berechtigt und ergeben sich aus dem bekannten hohen Verantwortungsgefühl des „Rheinpfälzer“, der bestimmt seine Quelle für kostenlose Lieferungen kennen muß. Sie spiegeln sich ja wieder auf der Seite seines Blattes, auf welcher die Namen Kupfermann, Westheimer und Tietz zu finden sind, die wiederum mit Zahlkarten vom Bund „Deutscher Aufbau“ versorgt werden.

Diese inneren Zusammenhänge sind heute nicht mehr hinwegzudiskutieren, auch wenn in schamloser Weise hierzu der Herrgott angerufen wird. Ihre Kenntnis wird zur Pflicht, die uns gebietet, aufzudecken, was wir wissen, oder wenigstens soweit es uns fürs erste notwendig erscheint, um dem Volk die Augen zu öffnen, damit es noch rechtzeitig die Kreise kennenlernt, die es mit verbundenen Augen in den Morast zu führen beabsichtigen. Wir stehen auch nicht an, zu erklären, daß es zu dem angeführten Fall Parallelen gibt, die bei ihrer Klärung gerade dem „Rheinpfälzer“ Aufgaben stellen, die weit über den Rahmen seiner Arbeit als Laufbursche des Bundes „Deutscher Aufbau“ hinausgehen werden. Wir sind rücksichtslos genug, bereits in unserer nächsten Nummer ihm eine solche Leistung zuzudiktieren. Wir sind so frei, im Hinweis auf obige Erörterungen den Schutzheiligen der Bayerischen Volkspartei der Pfalz und den guten Bekannten des Grafen Pestalozza,

Herrn Geheimrat Bayersdörfer aus Neustadt a. d. Haardt

so nackt der Oeffentlichkeit vorzuführen, wie es fürs erste der „Rheinpfälzer“ als Antwort auf seinen letzten Schmutzartikel redlich verdient.

Die rote Journaille watet zwar selbst in dem Sumpf des „Bundes Deutscher Aufbau“ und wer drinnen steht bis an den Hals im Morast, von dem kann man nicht erwarten, daß er mit etwas anderem um sich werfen kann, als eben mit Dreck. Dieser Sorte Journalisten nehmen wir es nicht übel, wenn sie jüdische Packesel sind. Aber jenen, die am Rande der roten Flut stehen, wollen wir rechtzeitig die Söldlinge zeigen, die die Steine werfen, welche ihnen der Jude liefert. Wir haben mit dieser Absicht letzte Woche den Chefredakteur der SPD-Presse, Herrn Hofmann aus Kaiserslautern der Oeffentlichkeit vorgestellt. Der von uns wiedergegebene Tatbestand, daß dieser Hilfsregisseur anonymer Juden einmal selbst hinter schwedischen Gardinen gesessen hat, wird in vollem Umfang aufrecht erhalten. Die SPD. bemüht sich fleißig, dies genau so abzustreichen, wie den wegen Landesverrat erlassenen Steckbrief gegen ihren pfälzischen Führer, den Bürgermeister Kleefoot. Wir stellen hiergegen in aller Oeffentlichkeit fest und sind bereit, den Beweis dafür vor Gericht zu erbringen,

daß die Führer der pfälzischen Sozialdemokratie Kleefoot, T... und Hoffmann von der Staatsanwaltschaft in Würzburg wegen Landesverrat im Jahre 1923 steckbrieflich verfolgt wurden!

Diese Anschuldigungen werden in den nächsten Tagen von uns ergänzt.

Das Zentrum das sich auch gemästet hat aus dem Versorgungsinstitut der Konsorten des Kreuzigungsjuden erhält seine Antwort ebenfalls in unserer nächsten Nummer.... Das Kommentar wird sich hierzu das Publikum ohne unser Zutun bilden.

Die sogenannte deutschvolksparteiliche, neutrale, nationale Waldkirchpresse, genannt „Pfälzische Rundschau“, mußte selbstverständlich im Verfolg ihrer demokratisch-weltbürgerlichen Schmalzpolitik an dem hebräischen Fraß letzte Woche teilnehmen.

Sie wollte offenbar damit den starken Mann markieren gegenüber der roten Peitsche in Ludwigshafen...

Und das kann diesem Blatt, bei dem die politische Charakterlosigkeit in letzter Zeit wahre Orgien gefeiert hat, das Genick brechen. Man weiß, worum es geht. Wir stehen schon monatelang mit beiden Füßen auf dem Handschuh, den man uns hingeworfen hat, jetzt nehmen wir ihn auf....!

Wohlan, Ihr Herren, das Spiel beginnt!

Daß das „Ansehen der Juden durch solche Wahlergebnisse schwindet“, haben sie ihrem Verhalten, das dann endlich einmal öffentlich diskutiert wird, zuzuschreiben. Aber mit dem „Ansehen“ ist wohl auch der Profit gemeint. Und da könnten sie recht haben.

Das Gaunern und Betrügen wird ihnen in Orten mit einflußreichen, nationalsozialistischen Gemeindefraktionen schon ausgetrieben werden.

Genau so, wie die großen Börsenschieber in Italien vor einigen Jahren die Rundzüge nach dem Ausland bevölkerten, wie sie 1923 aus Bayern verduftelen, werden auch diese kleineren Gauner auf dem flachen Lande es bald vorziehen, zu verschwinden. Auch deshalb: Alle Stimmen der

N. S. D. A. P.

Pfälzer zeigt es ihnen am 8. Dezember einmal kräftiger!

Nun erst recht!

Gleich auf der der Titelseite werden die Juden aufs Korn genommen.

> *... Unseren Gästen von den Ufern des Jordan wird es unbehaglich, das Herz rutscht diesen Herrschaften in die Hose ...“*

Auch die Waldkirch-Presse ist wieder dran.

> *„... Die sogenannte deutsch-volksparteiliche neutrale nationale Waldkirch-Presse genannt „Pfälzische Rundschau“ muss selbstverständlich in Verfolgung ihrer demokratisch weltbürgerlichen Schmalzpolitik an dem hebräischen Fraß letzte Woche teilnehmen. Sie wollte offenbar den starken Mann markieren gegenüber der Roten Peitsche in Ludwigshafen. Und das kann diesem Blatt, bei dem die politische Charakterlosigkeit in letzter Zeit wahre Orgien gefeiert hat, das Genick brechen. Man weiß worum es geht. Wir stehen schon monatelang mit beiden Füßen auf dem Handschuh, den man uns hingeworfen hat. Jetzt nehmen wir ihn auf.*
>
> *Wohlan, Ihr Herren, das Spiel beginnt! ...“*

Wie so viele, so verklagte auch der Verleger Geheimrat Dr. h. c. Wilhelm Waldkirch die Herausgeber des „Eisenhammer“ Josef Bürckel und den Hauptschriftleiter Fr. Rasche wegen fortlaufender Beleidigung bei Gericht. Das Verfahren wird immer wieder verschleppt, bis ein von der NSDAP eingebrachtes Gesetz über Straffreiheit am 20. Dezember 1932 in Kraft tritt. Es ist ein Amnestiegesetz, das Straffreiheit zusichert, wenn die Tat aus politischen Beweggründen erfolgt ist.
Die Richter entschieden daraufhin bereits am 2. Januar 1933, dass die Beleidigungen politisch motiviert waren und damit straffrei sind.
Das Gericht stellte zwar eine Beleidigung fest, konnte sie aber nicht ahnden, sondern nur Bürckel die Kosten bezahlen lassen.
Es war schon toll, die Nazis hatten sich ein Gesetz geschaffen, das alle politisch motivierten Taten und Untaten straffrei stellte und legalisierten so ihre Vergehen und Verbrechen.

B E SC H L U S S

der Strafkammer des Landgerichts Kaiserslautern, gefasst in nichtöffentlicher Sitzung vom 30.12.1932 durch Landgerichtsdirektor MEIER als Vorsitzenden und die Landgerichtsräte Dr.SCHMIDT I und MUNZINGER als Beisitzer

in der Privatklagesache

Dr.WALDKIRCH WILHELM, Verleger in Ludwigshafen a.Rh. vertreten durch Rechtsanwalt SCHMIDT in Kaiserslautern,

gegen

1.) BUERCKEL, Josef, Lehrer in Haardt

2.) RASCHE Fr., Hauptschriftleiter , Kaiserslautern

vertreten durch die Rechtsanwälte Dr.HAMANN und Dr.BALLREICH

wegen Beleidigung.

Das Verfahren wird eingestellt.

Die Kosten werden niedergeschlagen. Die dem Privatkläger erwachsenen Auslagen trägt der Beschuldigte BUERKEL, die dem Beschuldigten RASCHE erwachsenen Auslagen trägt der Privatkläger WALDKIRCH.

G R U E N D E :

Das Gesetz über Straffreiheit vom 20.12.32 bestimmt in § 4, dass anhängige Verfahren eingestellt würden. Das ist dahin zu verstehen, dass die Einstellung zu erfolgen hat, wenn so, wie sich die Tat nach den Akten darstellt, anzunehmen ist, dass sie aus politischen Beweggründen begangen sei. Es ist nicht so, dass zuerst unzweideutig festgestellt sein müsste, dass eine strafbare Handlung überhaupt vorliege und dass erst n a c h dieser Feststellung zu prüfen wäre, ob politische Beweggründe vorliegen. Vielmehr ist die Prüfung, ob die Tat aus politischen Beweggründen begangen ist, vor allem andern vorzunehmen. Das bedeutet, dass der Angeklagte nicht die Durchführung des Verfahrens erzwingen kann, damit seine Nichtschuld festgestellt werde. Wenn ein Angeklagter von dem Erstgericht wegen einer politischen Straftat freigesprochen ist und der Staatsanwalt hat Berufung eingelegt, so ist die Einstellung des Verfahrens auszusprechen, ohne dass die Schuldfrage weiter geprüft wird. Für den gegenwärtigen Fall bedeutet das, dass das Beschwerdegericht nichtnachzuprüfen hat, ob die Gründe des angefochtenen Beschlusses zutreffend sind, sondern nur zu prüfen hat, ob die Tat, so wie sie in der Privatklage bezeichnet ist, aus politischen Beweggründen begangen ist. Da das unzweifelhaft der Fall ist, ist das Verfahren gegen die beiden Beschuldigten gemäss § 1 und 4 des Ges. über Straffreiheit vom 20.12.32 einzustellen.

Das Beschwerdegericht ist gleich dem Amtsrichter der Auffassung, dass bei dem Beschuldigten RASCHE eine strafbare Handlung nicht vorliege. Es war Wahlzeit. Es handelte sich um die letzte grosse Wahlkundgebung der NSDAP

Was den Angeschuldigten BUERKEL betrifft, so ist bei ihm klar, dass eine Beleidigung vorliegt. Er hat daher die dem Privatkläger erwachsenen Auslagen zu tragen.

gez.: MEIER, SCHMIDT I, MUNZINGER

ZUR BEGLAUBIGUNG: DER URKUNDSBEAMTE: gez.: unleserlich
Just.Insp.

S t e m p e l :

BAYER.LANDGERICHT, KAISERSLAUTERN

Josef Bürckel drohte nach diesem Prozess öffentlich; „Ich werde nicht ruhen, noch rasten, bis die Waldkirchs bettelarm die Pfalz verlassen haben.“ Die Familie wurde also offiziell auf die Abschussliste gesetzt.

…

Am 30. Januar 1933 war es dann soweit. Reichspräsident Hindenburg setzte nach langem Zögern Adolf Hitler als Kanzler einer Koalitionsregierung ein. Dieser Regierung gehörten auch zwei Nazis an, Hermann Göring und Wilhelm Frick. Vorausgegangen war ein langsamer Autoritätsverlust der demokratisch-weimarischen Republik, da sie weder vom Ausland noch Inland akzeptiert worden war. Parteigezanke, Wirtschaftsinstabilität, Notstandsverordnung, Unzufriedenheit auf allen Gebieten usw. spülten so Adolf Hitler als Vorsitzenden der stärksten Partei an die Spitze der Regierung.
Niemand hatte mit dem Erfolg der NSDAP bei den Wahlen gerechnet, weder im Ausland noch im Inland. Sogar die SPD hatte als die Basis der Arbeiterbewegung auf die unbezwingbare Kraft dieser vertraut. Dabei

waren die Arbeiter in Scharen zur NSDAP und ihren Zusicherungen übergelaufen.
Adolf Hitler hatte mit seinen unorthodoxen Reden, die voller Emotionen, Zuversicht und Selbstvertrauen waren, die Massen seiner Zuhörer damals regelrecht hypnotisiert und sie folgten ihm wie die Lemminge bis in den Untergang. Hierzu ein Artikel aus dem Buch „Presse in Fesseln“ von der Gemeinschaftsarbeit des Verlages „Archiv und Kartei“ Berlin-Charlottenburg im Februar 1947:

> *Verlegerpersönlichkeiten wie die Krumbhaar-Liegnitz, Direktor Carbe-Mosse, Faber-Magdeburg, Dr. Jänecke-Hannover, Simon-Frankturt/M., Broscheck-Hamburg, Lensing-Dortmund, Neven Du Mont-Köln, Dierichs-Bochum, von Zweck-Bernburg, Geheimrat Waldkirch-Ludwigshafen, Knittel-Karlsruhe, Esser-Stuttgart und viele andere mehr verstanden es, nicht nur die wirtschaftlichen Berufsstandsinteressen der Zeitungsverleger wirkungsvoll gegenüber der Regierung, den Parteien, der Öffentlichkeit und anderen Wirtschaftsgruppen zu vertreten. Sie besaßen auch so viel politische Einsicht, daß sie die Ebert, Scheidemann, Hermann Müller, die Rathenau, Luther, Stresemann, Brüning. Dietrich usw. auf ihrem schweren Weg der schrittweisen Wiederaufrichtung der deutschen Geltung in der Welt nach Kräften unterstützten. Aber in ihrem politischen Wollen blieben sie unverstanden von der großen Masse ihrer Berufsgenossen, die den „unpolitischen" Sektor des Zeitungswesens und seinen Rechtsflügel ausmachten, Die Führerelite war sich wohl einig und fand auch Verständnis in der Ablehnung aller Diktaturgelüste von links. Aber sie war nicht geschlossen im rechtzeitigen Erkennen und in der erfolgreichen Bekämpfung der als Partei getarnten radikalen Umsturzbewegung von rechts, der NSDAP.*
> *Auf jeden Fall kam es in dem Verlegertum von damals zu keiner Klarheit darüber, daß die „Nationalsozialistische Deutsche Arbeiterpartei" weder eine Partei – vor allem nicht eine solche von Arbeitern – war. Gewisse Schichten des Bürgertums, durch den verlorenen Krieg von 1914/18, durch Inflation, Wirtschaftsverfall und Massenarbeitslosigkeit aufs tiefste erschüttert und um die nüchterne politische Vernunft gebracht, fingen an, instinktiv zu ahnen, daß das 1789 begonnene Zeitalter der Bürgerlichkeit zu Ende ging. Gegen diese Zeitenwende lehnten sie sich gewaltsam auf. Mit Führerprinzip und Einpartei-Diktatur versuchte man, das Rad der Entwicklung aufzuhalten.*

Viele Verleger erkannten noch nicht, daß es sich hier um eine von skrupellosen Machtanbetern künstlich verstärkte Angstpsychose des Mittelstandes handelte, der vor dem Zeitenumbruch den Kopf verloren hatte und deshalb dem Hitler-Wahnsinn verfiel. Das galt besonders für die Nachwuchsschichten und die politisch völlig unerfahrenen und ungeschulten Frauen.

Nur ein kleiner Teil der bürgerlichen Presse warf sich mit Energie diesem Massenwahn des Mittelstandes entgegen. Die meisten Zeitungen, nämlich die rechtsgerichteten und ein guter Teil der sogenannten „neutralen" Blätter liefen- mit statt zu führen. Sie wurden mitschuldig daran, daß große Teile des Bürgertums sich von extatischen Massenversammlungen und der totalen Demagogie eines Hitler mehr versprachen, als von der mühseligen Aufbauarbeit wirklicher Politiker wie Stresemann, Ebert, Scheidemann, Brüning, Dietrich usw., deren Wirtschafts- und Außenpolitik sich allerdings in den Grenzen des national und international Möglichen bemühten und erschöpften und deshalb nur langsam aus der Niederlage von 1918 herausführten. Ihr Verantwortungsbewußtsein gegenüber der Nation verschmähte es aber auch, zu den uralten letzten Mitteln einer schnellen Konjunkturwende, zu Aufrüstung, Krieg und Raub zu greifen.

Aus reiner Geschäftsangst, die SPD-Zeitung am Platze oder ein anderes Linksorgan könnte vielleicht an Auflage- und Anzeigenumfang aufholen, sind manche Verleger kleiner und kleinster Heimatzeitungen damals mit ihren Blättern in den verhängnisvollen Einfluß des Hugenbergschen Materndienstes geraten und damit, am Anfang vielfach unbewußt, zu Schrittmachern der Hitler-Bewegung geworden, jener Bewegung, die ihnen dann drei Jahre später das Verlagsrecht an der von den Vätern übernommenen Heimatzeitung zugunsten des Amann-Konzerns abnahm.

Am 23. Februar 1933 hatte der amtierende bayrisch-pfälzische Ministerpräsident Dr. Held die pfälzischen unabhängigen und liberalen Zeitungsmacher zu einer Pressekonferenz nach Speyer eingeladen.

Geheimrat Dr. h. c. Wilhelm Waldkirch, als Vorsitzender der Zeitungsverleger, ließ diese Einladung über sein Blatt „Die Pfälzische Rundschau“ an die betreffenden Kollegen weiterleiten.

Auf dieser Zusammenkunft wurde überlegt, wie die Presse unabhängig und frei bleiben könnte.

Einer der Teilnehmer war der politische Redakteur der „Pfälzischen Rundschau“ Dr. Trump, der den Artikel „Niemals“ über den Abwehr-

kampf seiner Zeitung in der Besatzungszeit geschrieben hatte. Ihm kommt noch eine besondere Bedeutung zu.
Für den 5. März hatte der Reichskanzler Adolf Hitler Neuwahlen angesetzt. Die NSDAP ging mit 43,9% Stimmenanteil als stärkste Partei hervor, erreichte aber nicht die Mehrheit.
Hitler handelte sofort. Er erließ eine Notverordnung und ließ sein braunes Heer von 700.000 Mann aufmarschieren. Dieses besetzte die Rathäuser, Gewerkschafts- und Parteihäuser der Gegner und die sonstigen öffentlichen Gebäude. Die Hakenkreuzfahnen wurden gehisst, alle wichtigen Persönlichkeiten wie Bürgermeister, Stadträte, Polizeiführer, Minister usw., die nicht mit den Nazis sympathisierten, in Schutzhaft genommen und die frei gewordenen Posten mit eigenen Leuten besetzt.
Es war eine äußerst effektive Revolution, denn bis die Opposition merkte was vor sich ging, waren sie schon eliminiert.
Die Machtergreifung, von der die Nazis sprachen und von der die Bevölkerung annahm, sie sei eine demokratische Machtergreifung, entpuppte sich sehr schnell als eine brutale Diktatur.
Die pfälzische Parteizeitung „NSZ RHEIN-FRONT“ (nationalsozialistische-Zeitung) schrieb am Sonntag den 12. März 1933 begeistert darüber. („Der Eisenhammer“, das Kampfblatt der NSDAP hatte seinen Zweck erfüllt und war zugunsten der „NSZ RHEIN-FRONT“ eingestellt worden.)

RHEIN NSZ FRONT

4. Jahrgang — HERAUSGEBER JOSEF BÜRCKEL — Samstag 11./Sonntag, 12. März 1933

Pfälzer – so solltet Ihr betrogen werden!

Die deutsche Revolution marschiert

... Es ist Mitternacht. Die SA und SS werden alarmiert. Und dann nach wenigen Minuten ziehen die braunen Soldaten der deutschen Revolution durch die Straßen der Städte und Dörfer, ziehen zu den Stadthäusern, zu den öffentlichen Gebäuden und hissen die Fahne der deutschen Freiheitsbewegung. Es ist, als ob sich alles verändert habe.

Der Sinn der Menschen, die Stadt und Dörfer und selbst der Nachthimmel. Eine große Mondscheibe wirft gleißendes Licht auf das Land. Die braunen Truppen marschieren, der Takt ihrer Schritte klingt wie der Rhythmus der Revolution. Nun haben sie das Land erobert, haben ihre Heimat befreit, haben die Feinde ausgerottet, haben das Volk in der Bereich der ewigen Gesetze zurückgebracht.
Revolution ist es! Jawohl, Revolution. Da gibt es keine Schwäche, keine Feigheit, keine falsche Humanität. Zugepackt heißt die Parole! Zugepackt bei den Ausbeutern, bei den Volksverderbern ...
Am Morgen haben die Maßnahmen des Gauleiters Bürckel schon die Stabilisierung der neuen Ordnung gebracht. Noch aber ist die Revolution nicht abgeschlossen. Sie geht weiter. Weiter gegen alle Feinde Deutschlands und des deutschen Volkes. ...

Die weiteren Feinde sind schon ausgemacht, denn unterdessen hat es einen Überläufer gegeben, der der NSDAP über die Pressekonferenz des Dr. Held und den Zeitungsverlegern, die die Pressefreiheit hochhalten wollten, berichtet hatte. Der Informant wurde zwar noch von der NS-Presse als Gegner erwähnt, tauchte aber bald in ihren Reihen auf. Es war Dr. Trump, der Redakteur der „Pfälzischen Rundschau“.

Die „NSZ RHEIN-FRONT“ schreibt weiter:

Der pfälzische Journalistenklüngel im Bunde mit dem schwarzen Held.
(Der schwarze Held ist der pfälzisch-bayrische Ministerpräsident Dr. Held, Mitglied der Zentrumspartei, deswegen schwarzer Held)

... Wir können daher über Funk Hofmann, Genossen und Separatisten weggehen, weil wir diese Bruderschaft kennen. Wer aber will uns einen Vorwurf machen, wenn wir anführen, daß sich unter diesen Leuten nicht nur der geheime „Adel“ des rheinischen Separatismus befindet, sondern daß die Veranlasser dieses Streiches nicht die gewohnheitsmäßigen Lumpen sind, sondern die „Pfälzische Rundschau“ ... Wir werden in alter Treue zum deutschen Reich der „Pfälzischen Rundschau“, dem „Pfälzischen Kurier“, die wahrhafte nationale Gesinnung beibringen. Wir werden vor allem diesen sogenannten „Nationalen Blättern“ jegliche Existenzmöglichkeit verbieten. Es sei vor der redaktionellen Inangriffnahme davor gewarnt, daß wir Stellung nehmen gegenüber dieser Rücksichtslosigkeit des Verbandes der pfälzischen Redakteure und der Verlegervereins, weil wir immer noch der

Ansicht sind, dass in der deutschen Pfalz eine Gemeinsamkeit des Wirkens zwischen Verlag und Redaktionen heute mehr denn je notwendig ist, und daß sowohl Verleger und Redakteure gegen dieses hinterlistige Treiben schärfsten Protest einlegen werden. Wir werden in ausführlicher Fassung auf dieses Unerhörte des Verleger- und Redaktionsverbandes zurückkommen und beweisen, daß unter einer solchen Führung selbstverständlich eine nationale Arbeitsgemeinschaft nicht möglich ist. Die nationalsozialistische Presse wird in den nächsten Tagen alles tun, um die neugebildete Front des pfälzischen Separatismus unter der Führung der „Pfälzischen Rundschau" für immer und sofort zu beseitigen. Wir fordern, daß die Bezirksarbeitsgemeinschaft der pfälzischen Presse in diesen Tagen Stellung nimmt, um sich zu entscheiden, ob in der Pfalz die nationale Presse hinter der Charakterlosigkeit rangiert.

Wir Nationalsozialisten werden innerhalb kurzer Zeit den Schmierblättern und der „Pfälzischen Rundschau" die Haltung beibringen, die wir auch von einem nicht-nationalen Blatt erwarten. Auch werden wir in den nächsten Tagen über den ungeheuerlichen nationalen Verrat der „Pfälzischen Rundschau" weiter berichten. M. ST.

„M. ST." ist Max Steigner, ein führender Redakteur der „NSZ RHEINFRONT". Im Impressum erschien er (Stand Januar 1933) als „Leiter der Gaupresse" und (Stand Juli 1933) als Chef vom Dienst. Als die „Pfälzische Rundschau" im Oktober 1933 „parteiamtliches" Organ wurde, übernahm Steigner dort die Chefredaktion („Hauptschriftleitung").

Einen weiteren Bericht über den angeblichen Verrat der „Pfälzischen Rundschau" blieb aus. Wahrscheinlich bemerkte die NSZ, was für einen Unsinn und was für eine Verleumdung sie verzapft und veröffentlicht hatte. Sie hatte sich als Lügenblatt offenbart. Peinlich!

Denn jeder Pfälzer wusste doch, dass die „Pfälzische Rundschau" aus dem Waldkirch-Verlag eine Vorreiterrolle gegen den Separatismus inne hatte und dass die „Pfälzische Rundschau" schon immer wieder öffentlich Stellung gegen die französische Besatzung und den separatistischen Herrschaftsanspruch bezog. Auch wusste man, dass der Verleger Geheimrat Dr. h. c. Wilhelm Waldkirch der Initiator des Zeitungsstreikes war, der letztendlich den Separatismus beendete und dass der Reichspräsident Hindenburg dem Geheimrat zu seinem heldenhaften Handeln beglückwünschte.

Aber die NSDAP unter ihrem Gauleiter Bürckel griff weiterhin an.

Am 2. Juli 1933 veröffentlichte die NSZ einen ganzseitigen Artikel an ihre Parteigänger, der der Waldkirch-Presse galt.

…- und SS-Männer, Nationalsozialisten und Parteigenossen!

Gebt den Heuchlern die Antwort, die sie verdienen!

… Gegen-Revolution versucht frech ihr Haupt zu erheb…

Der Wirtschaftsliberalismus sabotiert offen und versteckt die Aufbaumaßnahmen des nationalsozialistischen Volkskanzlers. Reaktionäre Kreise wühlen und hetzen insgesamt gegen den jungen Volksstaat der deutschen Arbeit. Ihr Ziel ist die Wiederherstellung des schwarz-rot-goldenen Klassenstaates mit seiner Unterdrückung der arbeitenden Menschen. Demokratie, Liberalismus, nationaler Profitkapitalismus und Marxismus arbeiten diesseits und jenseits der Grenzen Hand in Hand. Große Summen fließen diesen volksfeindlichen Kreisen aus den Tresors des internationalen Judentums und des freimaurerischen Börsen- und Finanzkapitals zu

…brauchen, deren Abonnenten … keinem Verhältnis zu ihrem … steht.

Diese Anordnungen werde… amtl. strengstens überwacht. Verstöße wird unweigerlic… gegangen.

Der Hort dieser Gegenrevolution ist die sogenannte „bürgerlich-nationale" Presse!

Jahrelang haben diese angeblich „unpolitisch" aufgezogenen Blätter das junge Deutschland bekämpft, den Führer beschimpft und sich im Dienste ihrer finanzkapitalistischen Auftraggeber seinem Aufstieg entgegengestemmt. Früher haben sie gegen uns gehetzt, uns das Leben sauer gemacht, — heute wollen Sie an uns verdienen! Seelenruhig haben diese „objektiven" und „neutralen" Gazetten das Wüten der kommunistischen Mordbestie mit angesehen. Heute markieren sie heuchlerisch „Gleichschaltung". Auf der ersten Seite triefen sie konjunkturbeflissen von Loyalität gegenüber dem Führer des neuen Deutschland. Aber auf den Innenseiten hetzen sie geschickt gegen die nationalsozialistische Aufbauarbeit, da reden sie dem Liberalismus und der sozialen Reaktion das Wort. Und im Annoncen-Teil strotzt es von jüdischen und volksfremden Anzeigen.

Dabei besitzen diese Herren von der bürgerlich nationalen Presse die Unverfrorenheit, die amtliche nationalsozialistische Gaupresse eines unlauteren Wettbewerbs zu bezichtigen.

Wir nehmen als Staatspresse und als amtliche nationalsozialistische Gaupresse eine Sonderstellung ein. **Wir verlangen Totalität auch auf diesem Gebiet.** Wir lehnen es ab, uns mit sogenannten nationalen Zeitungen, die jüdische Anzeigen bringen und damit der Greuelpropaganda im Ausland Vorschub leisten und die sich mitschuldig gemacht haben an dem Mord an unseren SA-Männern, auf eine Stufe zu stellen.

[illegible] … bürgerlichen … Opfern …

Wir befinden uns im Abwehrkampf gegen die Verlogenheit dieser Blätter. Es ergehen daher an alle Parteigenossen folgende

Anordnungen:

1. Kein eingeschriebener Parteigenosse und Nationalsozialist, kein SA-, SS-, NSBO-Mann usw. darf der bürgerlich-neutralen Presse amtliches Material aus der Bewegung, auch nicht Bilder usw. zur Verfügung stellen.

2. Allen Amtswaltern, SA-, SS-, NSKK-, HJ-Führern, NSBO- und Kampfbund-Funktionären ist jeder parteiamtliche Verkehr mit der bürgerlichen Presse strengstens untersagt.

3. Allen Berichterstattern sogenannter bürgerlich-nationaler Zeitungen ist der Zutritt zu sämtlichen Veranstaltungen der Partei u. ihrer Untergliederungen der SA, SS, Hitlerjugend, NSBO, Kampfbünde, Frauenschaft usw. strengstens zu verbieten, solange diese Zeitungen jüdische Anzeigen und Großinserate der volksfeindlichen Warenhäuser aufnehmen. Widerspenstige oder aufsässige bürgerliche Berichterstatter werden unter Umständen mit Gewalt aus dem Saale entfernt. Die Versammlungsleiter haben diese Anordnung strengstens durchzuführen.

4. Anzeigen von Veranstaltungen der Partei und aller ihrer Untergliederungen, der SA, SS, HJ, NSBO, Frauenschaften usw. dürfen von keiner Dienststelle der Bewegung in keinem Falle einer anderen als der amtlichen Gau- und Staatszeitung „NSZ" übergeben werden. Unsere Presse ist heute so stark und weit verbreitet, daß wir nicht mehr in Blättern zu inserieren

Nationalsozialisten! Parteige…

[illegible]

Zur Durchführung dieser … volkserzieherischen Aufga… neben den Blättern des Z… Parteiverlages allein unsere … nalsozialistische amtl. Gau… „N. S. Z. Rheinfront" berufen

[illegible]

Werbt für unsere Gaupre… Werbt für die N. S. Z. Rhein…

Es ist Ehrensache und Pflicht … jedes neu hinzugekomm… Parteigenossen, der noch nie … die alte Garde für die Bew… geblutet und geopfert hat, … neuen Leser zu werben.

[illegible]

Es lebe der Füh…

gez. Jos. Bürckel …

…SA-Untergruppe Pfalz: …

Für den Bundschuh: …

Für die 10. SS-Standarte: …

Für die NSBO Pfalz: …

Nationalsozial… bund Pfalz …

… Nationalsozialist. …rzte-Bund: …

Für den nationalsozialist. Juristen-Bund: …

Für die Nationalsozialist. … …

Für die NS-Frauenschaft: …

Für die Hitler-J… …

In dem Artikel ist ein Absatz, in dem ganz unverfroren steht:

> *„Wir nehmen als Staatspresse und als amtliche nationalsozialistische Gaupresse eine Sonderstellung ein.* ***Wir verlangen Totalität auch auf diesem Gebiet.*** *Wir lehnen es ab, uns mit sogenannten nationalen Zeitungen, die jüdische Anzeigen bringen und damit der Greuelpropaganda im Ausland Vorschub leisten und die sich mitschuldig gemacht haben an dem Mord an unseren SA-Männern, auf eine Stufe zu stellen."*

„Der Hort der Gegenrevolution" wie die NSZ die bürgerliche nationale Presse nennt, wird am 6. Juli 1933 handstreichmäßig besetzt.
Die Schärgen der Nazis dringen in den Julius Waldkirch-Pressebetrieb ein und verlangen die Unterstellung des Zeitungsverlags unter die NSDAP. Die Eigentümer und Verleger, Geheimrat Dr. h. c. Wilhelm Waldkirch und seine Söhne, Dr. Julius und Dr. Karl, werden gezwungen, die Firma zu verlassen. Ihre Büros werden versiegelt und es werden vier Kommissare eingesetzt, die den Betrieb führen sollen.
Von den Kommissaren ergehen sofort schriftliche Anordnungen und Mitteilungen an die Belegschaft und in der ersten Unterschrift begegnet uns der Überläufer Dr. Trump.

AN DIE ANGEHÖRIGEN DES BETRIEBES PFÄLZISCHER ZEITUNGSVERLAG UND DER BUCHDRUCKEREI WALDKIRCH

Die Unterzeichneten haben sich im Bewußtsein des Ernstes der Lage und im Bewußtsein der Verantwortung gegenüber dem gesamten Betrieb bereit erklärt, die kommissarische Leitung des Betriebes im Einverständnis mit dem politischen Beauftragten der NSDAP bis auf weiteres, d. h. bis zur endgültigen Regelung zu übernehmen. Wir unterstellen damit uns und unsere Arbeit zu treuen Händen der NSDAP und ihres Führers Adolf Hitler.

An die gesamte Belegschaft richten wir die Bitte, Vertrauen zu haben und unseren einstweiligen Anordnungen Folge zu leisten. Bis auf weiteres werden sämtliche Betriebsangehörige in ihrer bisherigen Tätigkeit bestätigt. Die Namen der kommissarisch Beauftragten sind heute morgen in der Betriebsversammlung bekanntgegeben worden.

Wir teilen weiter mit, daß voraussichtlich in kurzer Zeit eine endgültige Regelung erreicht sein wird, bei der auch sämtliche Fragen erledigt werden, die mit den Besitzern der Zeitung zusammenhängen.

Wir bitten nochmals, Disziplin zu wahren und den Anordnungen der NSDAP Folge zu leisten.

DIE KOMMISSARISCHE LEITUNG DES BETRIEBES
gez. Dr. Trump, Jakob Herbst, E. Trömel, Lamadeu

KOMMISSARISCHE LEITUNG DES PFÄLZISCHEN ZEITUNGSVERLAGES
ERSTE ANORDNUNG

1. Die redaktionelle Besetzung der einzelnen Zeitungen bleibt bis auf weiteres unverändert.
2. Fräulein Dr. Baars tritt als Hilfsredakteur in die Redaktion der Rundschau ein. Sie wird Herrn Heinz zur Hilfeleistung zugeteilt.
3. Fräulein Thanner wird bis auf weiteres dem Archiv zur Unterstützung von Fräulein Weimann zugeteilt. Sie nimmt außerdem an gelegentlicher Berichterstattung für den General-Anzeiger teil.
4. Sämtliche eingehenden Rezensionsexemplare sind Eigentum der Zeitung. Entnahme nur leihweise gegen Unterschrift. Widerrechtliche Entnahme ist niemanden gestattet.
5. Die Büroräume von Herrn Geheimrat Dr. Waldkirch, Dr. Karl Waldkirch und Dr. Julius Waldkirch bleiben verschlossen. Zutritt ist Unbefugten nicht gestattet.

Ludwigshafen am Rhein, den 6. Juli 1933

I. A. gez. Trump.

Auf Befehl der Kommissare veröffentlicht die größte und bedeutendste Zeitung der Pfalz auf der Titelseite:

Die „Pfälzische Rundschau“ unterstellt sich Hitler

Nr. 182 — Ludwigshafen a. Rh., Freitag, den 7. Juli 1933 — 34. Jahrgang

Pfälzische Rundschau

Unabhängige Zeitung für nationale Politik

Pfälzische Handelszeitung · Familienblatt der Pfalz · Pfälzische Landeszeitung

Die „Pfälzische Rundschau“ unterstellt sich Hitler

Vor dem Ende der Genfer Konferenz

Ein Aufruf der NSDAP. Oesterreichs

An unsere Leser!

Die völlige Eingliederung aller Funktionen des öffentlichen politischen Lebens, der bisherigen Parteien sowohl wie aller wirtschaftlichen und kulturellen Verbände in die NSDAP. steht vor dem Abschluß. Lediglich die Presse, soweit sie auf privatwirtschaftlicher Grundlage beruht, schien bisher insofern eine Ausnahme zu machen, als sie sich zwar politisch fast restlos auf den Boden des neuen Staates gestellt hat, in ihrer wirtschaftlichen Struktur dagegen ihr bisheriges Eigenleben zu bewahren suchte. Die Presse dieser Art ist damit [illegible] und zwangsläufig in einen Widerspruch mit dem Totalitätsanspruch des neuen Staates gelangt, der es als unerträglich empfindet, daß innerhalb des Staates noch Institutionen vorhanden sind, die zwar im Dienste der Oeffentlichkeit bzw. des Staates arbeiten wollen, ohne daß dieser Staat aber die Funktionen der Presse restlos — von der nachträglichen Kontrolle abgesehen — in ihren Ausgangspunkten zu erfassen in der Lage ist.

Dieser innere Widerspruch bedeutet aber auch für die Presse, die noch nicht dem Staat, bzw. der nationalsozialistischen Bewegung unmittelbar untersteht, eine schwere Belastung, die auf die Dauer auch die Gefahr schwerster wirtschaftlicher Erschütterungen in sich birgt.

Die Sorge um das weitere Schicksal einer solchen Presse, dazu der Wunsch, sich vollkommen den Aufgaben des Staates ein- und unterzuordnen, hat heute vormittag die Betriebsangehörigen der „Pfälzischen Rundschau“ zu einer Kundgebung der NSBO. zusammengeführt, wobei in Erkenntnis der Notwendigkeit restloser Eingliederung in die NSDAP. und im Interesse der Sicherung des Betriebes beschlossen wurde, die Zeitung zu treuen Händen der NSDAP. und unseres Führers Adolf Hitler zu unterstellen.

Diese Eingliederung hat einige organisatorische Aenderungen zur Folge gehabt, wobei die endgültige Regelung noch aussteht. Die Fühlungnahme mit der NSDAP. ist aufgenommen. In ihrer Struktur und ihrer Erscheinungsweise wird voraussichtlich die Zeitung keine Aenderung erfahren. Wir sind überzeugt, daß unsere Leser auch weiterhin die Treue bewahren und den heute vorgenommenen Schritt nicht nur im Hinblick auf die Existenz der Zeitung [illegible], sondern auch im Interesse einer erhöhten Schlagkraft der NSDAP. begrüßen werden.

„Pfälzische Rundschau“

Vier Todesurteile

An unsere Leser!

Die völlige Eingliederung aller Funktionen des öffentlichen politischen Lebens, der bisherigen Parteien sowohl wie aller wirtschaftlichen und kulturellen Verbände in die NSDAP. steht vor dem Abschluß. Lediglich die Presse, soweit sie auf privatwirtschaftlicher Grundlage beruht, schien bisher insofern eine Ausnahme zu machen, als sie sich zwar politisch fast restlos auf den Boden des neuen Staates gestellt hat, in ihrer wirtschaftlichen Struktur dagegen ihr bisheriges Eigenleben zu bewahren suchte. Die Presse dieser Art ist damit zusehends und zwangsläufig in einen Widerspruch mit dem Totalitätsanspruch des neuen Staates gelangt, der es als unerträglich empfindet, daß innerhalb des Staates noch Institutionen vorhanden sind, die zwar im Dienste der Oeffentlichkeit bzw. des Staates arbeiten wollen, ohne daß dieser Staat aber die Funktionen der Presse restlos — von der nachträglichen Kontrolle abgesehen — in ihren Ausgangspunkten zu erfassen in der Lage ist.

Dieser innere Widerspruch bedeutet aber auch für die Presse, die noch nicht dem Staat, bzw. der nationalsozialistischen Bewegung unmittelbar untersteht, eine schwere Belastung, die auf die Dauer auch die Gefahr schwerster wirtschaftlicher Erschütterungen in sich birgt.

Die Sorge um das weitere Schicksal einer solchen Presse, dazu der Wunsch, sich vollkommen den Aufgaben des Staates ein- und unterzuordnen, hat heute vormittag die Betriebsangehörigen der „Pfälzischen Rundschau" zu einer Kundgebung der NSBO. zusammengeführt, wobei in Erkenntnis der Notwendigkeit restloser Eingliederung in die NSDAP. und im Interesse der Sicherung des Betriebes beschlossen wurde, die Zeitung zu treuen Händen der NSDAP. und unseres Führers Adolf Hitler zu unterstellen.

Diese Eingliederung hat einige organisatorische Aenderungen zur Folge gehabt, wobei die endgültige Regelung noch aussteht. Die Fühlungnahme mit der NSDAP. ist aufgenommen. In ihrer Struktur und ihrer Erscheinungsweise wird voraussichtlich die Zeitung keine Aenderung erfahren. Wir sind überzeugt, daß unsere Leser auch weiterhin die Treue bewahren und den heute vorgenommenen Schritt nicht nur im Hinblick auf die Existenz der Zeitung verstehen, sondern auch im Interesse einer erhöhten Schlagkraft der NSDAP. begrüßen werden.

„Pfälzische Rundschau"

Um der Illegalität der Firmenbesetzung ein weiteres Mäntelchen umzuhängen, verbreiteten die Besetzer das Gerücht, „die Waldkirchs seien Juden". Das zeige schon der Name, denn Juden haben oft Städtenamen wie die bekannten „Mannheimer, Frankfurter sowie Würzburg oder Ladenburg".

Irgendjemand aus der Belegschaft meinte aber; *„Dies könnte in diesem Fall aber doch nicht sein, denn als Juden müssten die Waldkirchs „Waldsynagog" heißen und nicht Waldkirch"*.

Die Belegschaft stand bis auf zwei Überläufer getreu zu den Waldkirchs. Die Waldkirch-Presse war international so bekannt, dass eine willkürliche und ohne gesetzliche Grundlage erfolgte Enteignung unliebsames Aufsehen erregt hätte. Noch fühlte sich die NSDAP dem Recht und der Ordnung gegenüber verpflichtet, wenn sie auch schon begonnen hatte, neue Gesetze und Verordnungen zu schaffen, die ihrer Ideologie entsprachen und die sie brauchten, um den totalen Staat zu errichten.
Diese gewaltsame Übernahme der bedeutendsten Zeitung der Pfalz durch untergeordnete Parteimitglieder und solchen die es werden wollen, war von der Berliner NSDAP-Zentrale nicht angeordnet worden. Das geht aus einem Satz in dem Artikel „An unsere Leser" hervor. „Die Fühlungnahme mit der NSDAP ist aufgenommen."
Diese Eigenmächtigkeit und Einsetzen von Kommissaren durch örtliche Parteifunktionäre war einmalig im Pressewesen und dementsprechend wütend reagierten einige Reichsführer.
Propagandaminister Joseph Goebbels wurde so zornig, dass er den Verantwortlichen sogar Haft im Konzentrationslager Dachau androhte, wenn sie nicht sofort den alten Zustand wiederherstellten. Er tat dies nicht für die Waldkirchs, sondern er fasste den Vorgang als ein Eingreifen in die Wirtschaft auf. Auch dachte er an die Reputation des Deutschen Reiches dem Ausland gegenüber.
Die zwei Kommissare die Belegschaftsmitglieder sind und zu den Nazis übergelaufen waren, werden sofort fristlos entlassen. Wieder eine Herausforderung der Waldkirchs den Nazis gegenüber.
Der Zeitungslegerverband wird von der Reichspressekammer einverleibt. Max Amann, der neue Präsident, bringt am 22. September 1933 das Reichskulturkammergesetz in Umlauf. In ihm wird u. a. verordnet,

- dass ein Verleger arischer Abstammung sein muss,
- dass kein Berufsverband noch eine öffentliche Einrichtung, wie Gemeinde, Stadt oder Kirche, verlegerisch tätig sein darf,
- **und dass ein Verlag nur eine Zeitung herausgeben darf**.

Es sollte so jegliche Konzernbildung verhindert werden. Auch mussten die Zeitungen in NSDAP-Hand sein bzw. von ihr kontrolliert werden können.
Dieses Gesetz war das endgültige Aus für die „Pfälzische Rundschau", denn im Waldkirch-Verlag wurden ja noch der „General-Anzeiger" ausgegeben. Die „ASZ" als Sportzeitung fiel nicht unter diese Verordnung, genauso wenig wie das „Neue Mannheimer Tageblatt", das in Baden-Württemberg erschien.
Der Presse als meinungsbildendes Instrument wurden weitere Fesseln angelegt.

Ein typisches Beispiel ist das vom Propagandaminister Joseph Göbbels veranlasste „Schriftleitergesetz“ vom 4. Oktober 1933.
In diesem Gesetz wurde die Stellung der Verleger stark eingeschränkt. Ihnen wurde die Befugnis entzogen, in ihren eigenen Zeitungen die inhaltliche Richtung vorzugeben. Die angestellten Schriftleiter waren nun die maßgeblichen Zeitungsmacher und durften vom Verleger nicht gemaßregelt oder gar entlassen werden.
Goebbels begründete u. a. diese Anordnung „*Es sei der Schutz der geistigen Freiheit des Redakteurs vor dem kapitalistischem Arbeitergeber und dessen Terror. Es sei eine Befreiung von der Fron des Kapitalismus.*“
Dass damit der monopoläre Staatskapitalismus geschaffen wurde, wird natürlich nicht erwähnt.
In Wirklichkeit hoffte die Partei, dadurch die Schriftleiter besser in den Griff zu bekommen, denn ganz schnell wurde von der Staatsmacht ein Arbeitsverbot verhängt, wenn die Schriftleiter nicht in ihrem Sinne schrieben.
Bei der Waldkirch-Presse war diese Konstruktion wieder nicht im Sinne der NSDAP, denn hier war der Verlegersohn und Teilhaber Dr. Julius Waldkirch schon seit Jahren auch der Hauptschriftleiter. Auch eine weitere Verordnung der NS-Regierung beschränkte die Waldkirchs wieder nicht. Es war die Anweisung, dass nur derjenige Geschäftsführer einer Firma sein kann, gleichgültig ob sie klein oder groß ist, wenn er einer NS-Organisation angehört.
Dr. Julius und Dr. Karl waren über ihre privaten Sportvereine Mitglieder einer NS-Organisation geworden, denn alle Vereine wurden in NS-Verbände zusammengefasst.
Dr. Karl war Motorsportler und fuhr ein schweres Motorrad. Sein Verein wurde dem NSKK (Nationalsozialistisches Kraftfahrkorps) zugeordnet.
Dr. Julius war Mitglied des Mannheimer Reitervereins und dieser wurde zuerst von der SA und später von der SS vereinnahmt. Er wurde zur Reiter-SS. Dr. Julius war so plötzlich SS-Mann geworden.
Die SS-Schutzstaffel galt damals noch als Elite, denn die Drecksarbeit machte die SA. Aber nach dem Rhön-Putsch, als Adolf Hitler die zu stark und selbstständig gewordene SA entmachtete, wurde die SS an die Spitze der Hierarchie gestellt. Von da an war sie für die Durchsetzung und Überwachung der arischen NS-Ideologie zuständig. Die Reiter-SS war ausgenommen, denn sie war nur sportlich tätig. Die SS hatte überall ihre Krakenarme und ihre eigenen Spezialeinheiten installiert. Sie mischten bei der Polizei und vor allem dem Geheimdienst mit. Sie hatten ihre Eliteeinheiten, die Waffen-SS, die vor der normalen Wehrmacht rangier-

te. Sie hatten die Konzentrations- und Vernichtungslager unter sich und befehligten Hinrichtungstrupps.
Dr. Julius hatte im ersten Weltkrieg als Soldat den Rang eines Hauptwachtmeisters erreicht und erhielt so automatisch bei der Reiter-SS den Rang eines Hauptscharführers, der dem Hauptwachtmeisterrang entsprach.
Die Reiter-SS war die einzige NS-Organisation, die in Nürnberger Nachkriegsprozess von den Gräueltaten und Kriegsverbrechen freigesprochen wurden. Die Mitglieder waren wirklich nur geritten.
Dr. Julius war, als er 1941 an der Front war, aus der Reiter-SS ausgetreten. Ein unerhörter Vorgang, er meinte aber, an der Front könne ihm nichts passieren, dort würde er als Soldat gebraucht.
Die „Pfälzische Rundschau" wird aufgrund der Amann'schen „Reichskulturkammergesetze" der NSDAP unterstellt und ein Jahr später ganz enteignet. Ihr neuer Name war dann „NAZ Nationalsozialistische Abendzeitung".
Die alte „Pfälzische Rundschau" war ja als Produkt des Waldkirch-Verlages in der eigenen Druckerei hergestellt worden. Und so verlangte die NSDAP als neuer Eigentümer, dass die in „NAZ" umgetaufte Zeitung weiterhin laut Druckvertrag im Waldkirchen Betrieb gedruckt wird. Dieser Druckvertrag konnte von der Druckerei Waldkirch nicht gekündigt werden und so musste die enteignete Zeitung weiterhin vom Enteigneten hergestellt werden.
Die laut dem alten und noch bestehenden Druckvertrag festgelegte Bezahlung der Druckkosten, des Papiers, der Löhne, der Mieten, der Auslieferung usw. wurden von der „NAZ" mit der Zeit immer schleppender entrichtet und schließlich ganz eingestellt.
Es wurden Verhandlungen aufgenommen, Vergleichsvorschläge unterbreitet, Preisnachlässe angeboten. Nichts half und so wurde das Gericht angerufen. Als NS-Instanz vertagte es sich aber ständig und so gab es keine Entscheidung, es wurde weiterhin nicht gezahlt. Dann geschah etwas, was diese Situation unangenehm erhellte.
Bei einem Gespräch am 17. Oktober 1936 zwischen Herrn Scheffler und dem Schriftleiter der „NAZ" Herrn Heinz Ott erklärte dieser, *„dass die ‚NAZ' nur im Hause Waldkirch sei, um diese finanziell kaputt zu machen*". Herr Dr. Bayermann, der dabei war fügte hinzu *„dass er der gleichen Meinung sei*".
Herr Dr. Julius Waldkirch wurde über dieses Gespräch informiert und so sprach er Herrn Heinz Ott deswegen an. Dieser bestätigte seine Aussage und fügte hinzu, dass auch die Redakteure und Angestellten der „NAZ"

dieser Auffassung seien. Sie wären nur noch da, um die Firma Waldkirch zu erledigen.

Über dieses Gespräch wurde am 19. Oktober 1936 ein Protokoll verfasst, das die Zeugen Scheffler, Schröder und Dr. Julius Waldkirch unterzeichneten.

P r o t o k o l l

Am Samstag, den 17.Oktober 1936 war Herr Scheffler in der Re - daktion der NAZ, um Manuskript zu holen. Bei einem sich hierbei ergebenden Gespräch erklärte Herr Schriftleiter Ott, dass die NAZ nur noch im Hause Waldkirch wäre, um die Firma Waldkirch kapputt zu machen. Herr Scheffler brachte über diese Äusserung seine Verwunderung zum Ausdruck, worauf Herr Dr.Bayermann erklärte, dass er zwar vor einem Jahr diesen Eindruck noch nicht gehabt habe, dass er aber jetzt der Meinung sei, die NAZ sei nur noch da, um die Firma Waldkirch zu erledigen.

Herr Scheffler gab von diesen Äusserungen der Geschäftsleitung und dem Vertrauensrat Kenntnis.

Herr Dr.Julius Waldkirch, der daraufhin wegen dieser Äusserung Herrn Ott sprach, erhielt von Herrn Ott die Antwort, dass er nicht die Absicht gehabt habe, etwas gegen die Firma Waldkirch zu sagen, dass er aber den Eindurck habe, dass die NAZ bei der Firma Waldkirch gedruckt werde, um die Firma Waldkirch kapputt zu machen. Ausserdem erklärte er, dass auch die Redakteure und die Angestellten der NAZ der Auffassung seien, als wären sie nur noch da, um die Firma Waldkirch zu erledigen.

Wir haben es für wichtig erachtet, diese Äusserungen protokollarisch niederzulegen.

Ludwigshafen /Rhein, den 19.1o.1936

Zeugen: Scheffler

Schröder

Nach diesen geäußerten Meinungen ist anzunehmen, dass die Belegschaft der „NAZ“, die ja vor der Enteignung der „Pfälzischen Rundschau“ bei Waldkirch beschäftigt waren, mit diesem Verhalten ihres neuen Geschäftsführers Direktor Kuhn nicht einverstanden waren.

Am 30. Oktober 1937, ein Jahr später, gab es eine Besprechung wegen dem noch immer anstehenden Thema, die Bezahlung der Druckkosten. Anwesend waren Herr Heinrich Otto und die Herren Dr. Julius und Dr. Karl Waldkirch. Herr Heinrich Otto erklärte „*dass er nicht in der Lage sei, die von ihm anerkannten und versprochenen Rechnungsbeiträge zu bezahlen, da er von der Bank kein Geld erhalten habe*“.

Besprechung am 3o. Oktober 1937, vormittags 1o.45 - 11.3o Uhr.

Anwesend die Herren: Otto, Dr. Julius Waldkirch, Dr. Karl Waldkirch.

Herr Otto wiederholte, dass er nicht in der Lage sei, die auch von ihm anerkannten, schuldigen Rechnungsbeträge für den Druck der NAZ zu bezahlen und dass es ihm nicht möglich gewesen wäre, die versprochenen Beträge von der Bank zu erhalten. Es wurde ihm darauf erwiedert, dass die Firma durch diese Nichtzahlung in die grössten Schwierigkeiten käme und dass sie nicht einmal in der Lage wäre, ihren sozialen Verpflichtungen gegenüber ihrer Gefolgschaft nachzukommen. Gleichzeitig wurde Herrn Otto erklärt, dass die Firma leider durch die Verhältnisse gezwungen sei, einen Zahlungsbefehl zu erwirken, bzw. eine Terminbestimmung für den seinerzeit zurückgestellten Zahlungsbefehl beim Gericht zu erwirken. Ausserdem wurde erklärt, dass die Buchdruckerei gezwungen wäre, von der Garantie der Aktiendruckerei Gebrauch zu machen. Die Buchdruckerei habe derartig viele Opfer gebracht für die NAZ und die rückständigen Zahlungen seien statt kleiner immer grösser geworden, sodass die Buchdruckerei keinen anderen Ausweg mehr sähe. Ausserdem wurde Herrn Otto mitgeteilt, dass er in der Besprechung mit dem unparteiischen Herrn Hubbuch anerkannt habe, dass er die Forderung der Buchdruckerei bezüglich der Anzeigenzeilen ausdrücklich anerkannt habe, was Herr Hubbuch auch seinerzeit schriftlich bestätigt habe. Die schriftliche Bestätigung wurde Herrn Otto nochmals vorgelesen.

Die Buchdruckerei machte Herrn Otto zur Beilegung der Differenzen nochmals einen Vorschlag folgender Art:

1. Der seinerzeit ausgearbeitete Vertrag bezüglich der rückliegenden Differenzen sollte nun endlich unterschrieben werden. (Solange dieser Vertrag nicht unterschrieben ist, kann auch von einer Stundung der rückliegenden Beträge, die in diesem Vertrag vorgesehen ist, nicht gesprochen werden.)

2. Am 1. Mai treten die Sätze, die von Herrn Hubbuch nach den Okrasätzen errechnet worden sind, in Kraft. Dabei ist die Firma damit einverstanden, dass für eine Übergangszeit lediglich die für die Firma unbedingt notwendig erachteten Sätze in Anrechnung kommen, also nicht ein angemessener Preis. Nach der Übergangszeit müsste allerdings ein angemessener Preis bezahlt werden.

3. Sollten sich die von Herrn Hubbuch errechneten Okrasätze ermässigen, so ist die Buchdruckerei bereit, diese Beträge der NAZ wieder gut zu bringen. Sollte sich aber herausstellen, dass die von Herrn Hubbuch errechneten Okrasätze im Durchschnitt zu nieder seien, so muss die NAZ diese Sätze ab 1. Mai 1937 an die Buchdruckerei bezahlen.
Es wurde Herr Otto in der Besprechung wiederum daran erinnert, dass er sich Herrn Dr. Heim gegenüber bereit erklärt habe, sich dem Urteil des unparteiischen Herrn Hubbuch bei der Regelung der Differenzen zu unterwerfen und dass dies die Voraussetzung wäre, dass Herr Hubbuch zu den Verhandlungen zugezogen wurde. Im übrigen gehe dies auch aus dem abschliessenden Schreiben des Herrn Hubbuch über die Verhandlungen deutlich hervor.

In der weiteren Aussprache erklärte Herr Otto, dass er in der Westpfalz und an der Haardt insgesamt 8 ooo Abonnenten durch Verträge mit anderen Zeitungen abgeben musste. Er erklärte weiterhin, dass er mit dem Strassenverkauf (die NAZ wurde in letzter Zeit immer mehr auf Strassenverkauf eingestellt) nicht auf seine Rechnung komme. Er sagte, Herr Direktor Kuhn müsste ihm die Gelegenheit geben, die NAZ auf eine andere Basis zu stellen, die sich mehr auf das Abonnement als auf den Strassenverkauf stütze, da der Strassenverkauf für ihn unrentabel sei.

Hier in diesem Text ist „Otto" richtig, das „o" wurde falsch durchgestrichen.

Nach der Enteignung der „Pfälzischen Rundschau“ als der am weitest verbreiteten und bedeutendsten Landeszeitung der Pfalz verblieb der Waldkirch-Presse nur der „General-Anzeiger“ als größtes Lokalblatt von Ludwigshafen und die „ASZ – Allgemeine Sportzeitung“ als Auflagenstärkstes Blatt Südwestdeutschlands.
Aber nicht nur die pfälzische NS-Parteipresse machte dem Waldkirch-Betrieb das Leben schwer. Es war auch die NSDAP-Führung der Stadt Ludwigshafen, die veranlasst hatte, dass der „General-Anzeiger“ die amtlichen Anzeigen nicht bezahlt bekomme.
Nun gab es durch den General-Oberst Hermann Göring, verantwortlich für den 4 Jahresplan des Dritten Reiches, eine Anweisung die besagte, *„dass die Verwaltung in ihrem Etat ausreichend Beträge für die Veröffentlichung der amtlichen Bekanntmachungen in der Tagespresse einsetzen soll ... und dass die amtlichen Bekanntmachungen in dem Anzeigenteil gegen Bezahlung zu veröffentlichen sind ...*“.
Aufgrund dieser von der Regierung erlassenen Verordnung setzte sich der Gaupresseamtsleiter Foerster sowie der Geschäftsführer des Landesverbandes Saar-Pfalz im Reichsverband der deutschen Zeitungsverlage Dr. Schott dafür ein, dass die Stadt Ludwigshafen dem „General-Anzeiger“ die amtlichen Veröffentlichungen bezahlte.
Dies war ein kleiner Lichtblick im finanziellen Engpass des Waldkirch-Betriebes.

(Erläuterung: Heinz Ott war Redakteur und Schriftleiter bei der „NAZ“, der ehemaligen Waldkirch-Presse „Pfälzischen Rundschau“.
Heinrich Otto war Verlagskaufmann und von 1935-1939 Geschäftsführer der „Pfälzischen Verlagsanstalt“.)

Betr. Amtliche Bekanntmachungen für den "General- Anzeiger".

---

1. Gaupresseamtsleiter Förster erklärte, dass der "General-Anzeiger" nach den bestehenden Verordnungen die amtlichen Anzeigen der Stadt Ludwigshafen bezahlt erhalten müsse. Er sagte zu, falls der "General- Anzeiger" die Anzeigen nicht bekommen würde, sich persönlich dafür einzusetzen.

2. Herr Dr.Schott, der Geschäftsführer des Landesverbandes Saar-Pfalz im Reichsverband der deutschen Zeitungsverleger erklärte, dass der "General- Anzeiger" als das Lokalblatt der Stadt Ludwigshafen nach den bestehenden Verordnungen neben der parteiamtlichen Zeitung Anspruch auf Bezahlung der amtlichen Anzeigen der Stadt Ludwigshafen habe. Im Gau Baden sei diese Anordnung bereits restlos durchgeführt.(Z.B. in Mannheim erhielten sämtliche Zeitungen die amtlichen Anzeigen der Stadtverwaltung).

3. Eine Anweisung von General- Oberst Göring (Zeitungsverlag vom 8. Mai 1937)besagt, dass die Verwaltungen in ihrem Etat ausreichende Beträge für die Veröffentlichung der amtlichen Bekanntmachungen in der Tagespresse einsetzen sollen. Da der Appell zur grössten Sparsamkeit vielfach dahin ausgelegt wird, als ob dies nicht zulässig sei, weise ich hierauf besonders hin. Von Ansuchen an die Verlage und Redaktionen, den Text der amtlichen Bekanntmachungen wörtlich im redaktionellen Teil der Blätter abzudrucken, ist wegen der damit verbundenen journalistischen und wirtschaftlichen Belastung abzusehen. Dieser Gesichtspunkt ist um so mehr zu beachten, als auch von der Presse Papiersparsamkeit verlangt werden muss, und die Entlastung des redaktionellen Teils zugunsten seiner in Eigenarbeit der Schriftleitungen zu erfüllenden Führungsaufgabe besonders dringlich geboten ist. Die amtlichen Bekanntmachungen sind im Anzeigenteil gegen Bezahlung zu veröffentlichen.

Als der Sohn von Dr. Julius Waldkirche, Julius Waldkirch jun., (der Autor) 1937 als 10jähriges Sextanerle auf die Oberrealschule in der Ludwigshafener Jägerstraße kam, lernte er schon damals, zwar noch unbewusst, die Sippenhaftung kennen. Eine Sippenhaftung, die in diesem Fall nicht von einer Behörde ausging, sondern von einer Privatperson durchgeführt wurde.

Gauleiter Josef Bürckel hatte ja öffentlich verkündet: „er wolle nicht eher ruhen und rasten, bis die Familie Waldkirch bettelarm die Pfalz verlassen habe."
In diesem ersten Oberrealschuljahr von Julius jun. begann auch die NS-Presse sich öffentlich so richtig auf die Waldkirchs einzuschießen und machte auch von persönlichen Verunglimpfungen nicht Halt.
Der Klassenlehrer von Julius jun. erinnerte sich wahrscheinlich an die Bürckelsche Ankündigung und, durch die NS-Zeitung animiert, beschloss er, von sich aus noch etwas nachzuhelfen.
Im fiel etwas ganz Perfides ein.
Obwohl Julius jun. ein recht guter Schüler war, brachte es dieser Pädagoge fertig, ihm bei einem Deutsch-Aufsatz die angeblich schlechteste Note zu verpassen. Nach Verkündigung der Noten holte der Lehrer einen großen Pappmaschee-Schnuller aus seiner Aktentasche. Das gute Stück war an die 20 cm groß, das Saug- und Beißstück sowie der Abschlusshenkel knallrot und der Abschlussring weiß. Ein echtes Prachtexemplar.
Diesen attraktiven Schnuller hängte der Lehrer an einer dekorativen Schnur Julius jun. so um den Hals, so dass er deutlich sichtbar vor der Brust baumelte.
Der Delinquent musste diesen negativen Orden angeblich wegen der schlechtesten Note die ganze Schulstunde tragen und am Ende dem Lehrer wieder aushändigen.
Das aber sollte keine einmalige Strafe sein – nein – denn in der nächsten Unterrichtsstunde, die dieser Pädagoge gab, wurde der Schnuller wieder ausgepackt. Julius jun. musste vortreten und bekam ihn wieder umgehängt, dieses Mal mit der Bemerkung: *„er müssen diesen Schnuller in jeder von dem Lehrer gegebenen Unterrichtsstunde tragen, und zwar so lange, bis in einer Klassenarbeit ein noch schlechterer Schüler gefunden werde"* Das Gemeine war, dass der Lehrer auch die Stunden meinte, in denen er andere Fächer unterrichtete und nicht nur Deutsch gab.
Man stelle sich vor, ein Schüler soll mit solch einem diskriminierenden Kainsmal um den Hals, das vor seinem Gesichtsfeld baumelt, den Blick auf das Heft behindert, und ihn so ständig an die Schmach erinnert, eine gute Arbeit schreiben. Vor allem da der Lehrer auch noch willkürlich zensierte.
Eine Unmöglichkeit. Er ist in einem Labyrinth gefangen, es gab keinen Ausweg.
Julius Waldkirch jun. wurde so von seinem Klassenlehrer systematisch fertig gemacht, es gelang ihm nicht, den verhassten Schnuller los zu werden. Er flüchtete in die Krankheit, es nutze nichts, denn kam er wie-

der in die Schule, so wurde ihm der Schnuller auch wieder um den Hals gehängt, obwohl in dieser Zeit Arbeiten geschrieben worden waren, und es einen „Schlechtesten" geben musste.
Julius verkümmerte regelrecht und war nicht mehr fähig, auch in anderen Schnuller-freien Fächern gute Leistung zu bringen. Er wurde unsicher, verschüchtert und begann der Schule als ganzes zu misstrauen und die Schnullerfächer zu hassen. Er wurde zum Schulversager.
Seine Kassenkameraden hänselten ihn aber nicht und schlossen ihn auch nicht aus dem Klassenverband aus, denn die Situation war so grotesk, dass sogar diese Jungen sie als absurd empfanden. Julius jun. war so frustriert, dass er alles in sich hineinfraß und mit niemanden, auch nicht mit seinen Eltern, darüber sprach.
Diese merkten aber doch bald seine Veränderung und nahmen ihn von der Schule. Er kam nach Mannheim in ein privates Gymnasium, dem „Institut Sigmund“ am Schloss. Diese im Volksmund als Rettungsschiff bezeichnete Schule schaffte es, aus Julius jun. wenigstens einen mittelmäßigen Schüler zu machen.
Der allgemeine Schulfrust hielt bei ihm während der ganzen Schulzeit über an. Eine Schule wurde nie sein Freund, erging nur immer widerwillig hinein.
Nachdem es Julius jun. ehemaliger Klassenlehrer geschafft hatte, ihn als das schwächste Glied in der Waldkirch-Kette herauszubrechen, und weitestgehend aus der Pfalz zu entfernen, wurde der ominöse Schnuller, wie ihm später ehemalige Klassenkameraden erzählten, nie mehr eingesetzt. Er hatte seinen Zweck erfüllt – von wegen nur für den Klassen-Schlechtesten gedacht –.
Die Sippenhaftung erlebte auch Christel Waldkirch, obwohl sie mit der Zeitungsverlegerfamilie in Ludwigshafen nur über ihre Urgroßeltern verwandt war. Ihre direkte Familie war seit Generationen Winzer in Roth-Unterriedburg. Es war im Krieg.
Christel war etwa 14 Jahre alt und besuchte die vierte Klasse des Oberreal-Gymnasiums in Edenkoben, als sie einen neuen Mathematiklehrer, den Herrn Isselhard aus Ludwigshafen, bekam.
Bei der Namensvorstellung als Christels Name Waldkirch fiel, stutze dieser, baute sich vor ihr auf und stellte süffisant fest „du gehörst also auch zu dieser Bande“.
Kurze Zeit später trat er mit verschränkten Armen vor sie hin und meinte „du brauchst dir gar keine Mühe zu geben, du wirst in keinem Fall die nächste Klasse erreichen“.

Lehrer Isselhard drangsalierte Christel so, dass sie das Gymnasium und damit Edenkoben verlassen musste. Sie kam dann im Landauer Gymnasium unter.
Isselhard hatte aber auch hier seine Beziehungen und so konnte er erreichen, dass Christel ein Jahr wiederholen musste.
Dann war der Nazi-Spuk vorbei.

Im badischen Mannheim war die Situation für die Waldkirchs eine ganz andere. Sie hatten 1931 in der Zeit der großen Wirtschaftskrise die notleidende Mannheimer Druckerei Gängenbach & Hahn, die auch das „Mannheimer Tageblatt" herausgab, übernommen.
Dieses Lokalblatt residierte in dem H 2-Quadrat. Es war nicht die größte Mannheimer Zeitung, aber es vergrößerte doch die Waldkirche-Pressedynastie.
Mannheim war immer schon eine tolerante Stadt und so bekämpften, aus welchen Gründen auch immer, die dortigen Nazis nach ihrer Machtergreifung die liberale Presse nicht so brutal und kompromisslos wie das in der Saarpfalz geschah. In Baden wurden die Zeitungen nur argwöhnisch beobachtet, bis sie sang- und klanglos auf Befehl von Berlin enteignet wurden.
Im saarpfälzischen Ludwigshafen dagegen wollte Gauleiter Bürckel für sich ein NS-Pressemonopol schaffen und versuchte auf alle Arten sein eigenes Presseorgan „Die NSZ-Rheinfront" zu stärken und andere Zeitungen in den Konkurs zu treiben oder zum Aufgeben zu zwingen. Die Gauleitung tat dies, indem sie amtliche Mitteilungen, die in den Zeitungen erschienen waren, nicht bezahlten, Anzeigekunden abschreckte und Beamte zwang, nur die NS-Presse zu abonnieren.
Hier ein Beispiel.

NSDAP — Amt für Beamte — Gau Pfalz-Saar

Bericht

über die Werbung der NSZ bei den Reichs-, Staats- und Gemeindebeamten im Gau Pfalz-Saar

Name Vorname Stand

Wohnort Straße / Platz Nr.

1. Welche Zeitung ist z. Zt. abonniert?
2. Ist der Beamte Bezieher einer NS-Zeitung?

   a) ja oder nein:

   b) welcher:

3. Weshalb wird der Bezug einer NS-Zeitung abgelehnt? (Ausführlicher Bericht!)

Ort , den Datum

Unterschrift des Bevollmächtigten Unterschrift des Beamten

N. S. D. A. P. Amt für Beamte
R. D. B. Fachschaft XIII
Kreis Ludwigshafen a. Rh.

Ludwigshafen, den 21. April 1934

An sämtliche Mitglieder.

Nachstehend gebe ich auszugsweise Kenntnis von einem Rundschreiben des Gauleiters des Amtes für Beamte Gau Rheinpfalz:

1.) Nationalsozialistische Presse

Die politische Leitung gibt mir zur Kenntnis, daß viele Beamte Abonnenten nicht-nationalsozialistischer Zeitungen sind. Ich bitte dahin zu wirken, daß diese Klagen verstummen. Der nationalsozialistische Beamte liest die nationalsozialistische Presse.

. . . .

Heil Hitler

gez. HECKMANN
Kreisfachschaftsleiter

Der Kampf der NS-Presse gegen die liberale Waldkirch-Presse ging unvermindert weiter. Mit der Enteignung der „Pfälzischen Rundschau“ waren die Waldkirchs noch nicht stumm. Den Verlag finanziell in den Konkurs zu treiben, war auch nicht sehr erfolgreich gewesen und dem „General-Anzeiger“ Abonnenten abzuwerben, hatte auch nicht so richtig funktioniert.
So beschlossen die verantwortlichen Nazis es mit Verleumdungen und persönlichen Verunglimpfungen zu machen.
Geheimrat Dr. h. c. Wilhelm Waldkirch hatte 1927 mithilfe des deutschen Zeitungsverlegersverbandes an der alten Heidelberger „Ruprecht-Karls-Universität“ das Institut für Zeitungswesen gegründet. Er leitete dieses auch und wirkte als Dozent. Es sollte dort an diesem Institut vor allem die Idee eines erhöhten Verantwortungsbewusstseins der Presse gelehrt werden. Ein Jahr später erhielt er dafür von der Universität den Titel und die Würde eines Doktors der Staatswissenschaften ehrenhalber verliehen.

Ruprecht-Karls-Universität · Heidelberg

Rektorat des Professors Dr. Martin Dibelius.

Die Staatswissenschaftliche Kommission der Philosophischen und Juristischen Fakultät hat

Herrn Verlagsbesitzer Kommerzienrat

Wilhelm Waldkirch

in Heidelberg,

dem unermüdlichen Förderer der Errichtung eines Instituts für Zeitungswesen an der Universität, dem nachdrücklichen Vertreter der Idee einer erhöhten Verantwortung der Presse, dem dadurch um den Ausbau des akademischen Lebens und um die Öffentlichkeit verdienten Manne,

Titel und Würde eines Doktors der Staatswissenschaften ehrenhalber verliehen.

Gegenwärtige Urkunde ist laut Beschluß vom 17. Dezember 1927 zu Heidelberg im 543. Jahr seit Gründung der Universität am 15. Juni 1928 vollzogen worden.

Siegel
der Staatswissenschaftlichen Kommission

Willy Andreas
Vorsitzender der Staatswissenschaftlichen Kommission

1936 verfasste er an dreibändiges Werk „ Die zeitungspolitische Aufgabe“, das allgemein Anerkennung erfuhr, wie die Besprechungen einiger Publikationen zeigten.

Aus Besprechungen der Fach- und Tagespresse über das Werk von W. Waldkirch „Die zeitungspolitische Aufgabe“

„Zeitungsverlag“

„Ein Praktiker kommt zur Wissenschaft, ein Verleger lehrt Zeitungskunde, ein Zeitungsmann gibt sich Rechenschaft über die Zeitung. Wilhelm Waldkirchs Stellung in der deutschen Presse ist schon etwas Besonderes. Man möchte, im Rückblick auf die Tradition deutscher Wissenschaft und deutscher Journalistik, Wilhelm Waldkirch einen späten Idealisten nennen, wenn nicht wieder unsere Zeit selbst ihren idealistischen Typ geboren hätte und wenn wir nicht — das größte Erstaunen über dieses Buch — buchstäblich in jeder Zeile fühlten, wie der Verfasser alten und jungen Idealismus in eine Form prägt . . .
. . . Man muß das Buch rückschauend erleben, um sich bewußt zu werden, daß hier die grüblerische und selbstschöpferische, sogar methodisch selbständige Forschung und Erfahrensformung eines Mannes niedergelegt ist, der Zeit seines Lebens in der Zeitung nicht nur eine praktische Aufgabe erblickt hat, sondern sie ebenso sehr als ein Problem besonderer Art und zeitlicher Gebundenheit erkannt hat . . .“

„Hansische Hochschul-Zeitung“, Hamburg

„Ein zeitungswissenschaftliches Studium und eine Betrachtung der modernen Publizistik ohne eine Durcharbeitung dieses dreibändigen Werkes des bekannten Heidelberger Zeitungs-Wissenschaftlers Geheimrat Waldkirch wird künftig undenkbar sein . . .“

„Pommersche Zeitung“, Stettin.

„. . . Ein Werk, das die Probleme der deutschen Zeitung gründlich und bis ins Innerste aufrollt. . . . Wir haben selten ein Werk gelesen, das von so tiefem sittlichen Ernst und so umfassender Kenntnis aller in Frage kommenden Grundlagen getragen war . . .

„Königsberger Allgemeine Zeitung"

„...Der Name Wilhelm Waldkirch hat in der deutschen Zeitungswelt einen besonderen Klang ...

... In dieser wissenschaftlichen Arbeit, die nicht ausschließlich in einer trockenen Studierstube, sondern in steter Berührung mit dem Leben geliefert werden mußte, hatte Waldkirch manche grundsätzliche Erfahrung gesammelt, die der Wissenschaft ebenso wie dem in der täglichen Arbeit stehenden Journalisten verborgen blieb ...

... Die hohe Auffassung des Verfassers von der Bedeutung der Zeitung als kultureller und politischer Macht weist der Presse eine führende Rolle für den Neuaufbau der Völker zu; sie stellt zugleich aber auch bei aller Sachlichkeit der Darstellung eine leidenschaftliche Anklage dar gegen die Presse der Welt ..."

„Die Zeit", Prag

„... Das Werk kann jedem bestens empfohlen werden, der an der Bildung der öffentlichen Meinung aktiv beteiligt ist, denn der Verfasser rückt immer wieder die große Verantwortung jener in den Mittelpunkt seiner Erörterungen, denen diese Macht über die breiten Massen des Volkes in die Hand gelegt ist."

„Der Freiheitskampf"

„... Es wird nur wenige geben, die einen derartigen Gesamtblick für das Phänomen Zeitung haben, wie Waldkirch. Die große Aufgabe, die der Tagespresse im heutigen Staat zufällt, sieht er klar und deutlich ... Waldkirch schöpft aus reichen Kenntnissen und ebensolchen Erfahrungen. Jeder Abschnitt zeigt den erfahrenen Fachmann, der die zeitungspolitische Aufgabe der Gegenwart nicht nur erfaßt hat, sondern der sich im Interesse unserer Presse und unseres Volkes auch bemüht, dieses Ziel zu erstreben. Damit aber wächst er mit seinem Werk über den Rahmen der üblichen Fachliteratur weit hinaus."

Diese persönlichen Leistungen von Wilhelm Waldkirch nahm die Nazi-Presse aufs Korn. Sie lagen zwar schon einige Jahre zurück, aber sie fanden sonst keine persönlichen Gründe, denn auch der Amtsgerichtpräsident Dr. Dexheimer hatte Wilhelm Waldkirch sehr positiv beurteilt, wie in der Abschrift zu erkennen ist.

A b s c h r i f t .

Über die Persönlichkeit und die öffentliche Tätigkeit des Herrn Wilhelm Waldkirch, äussere ich mich, wie folgt:

Vorausschicken will ich, dass sich meine Äusserung auf die Tatsachen gründet, dass ich seit 1900 Richter am Amtsgericht Ludwigshafen/Rh., seit 1921 Vorsitzender der Kammer für Handelssachen an diesem Gerichte und seit 1928 Präsident dieses Gerichts bis zu meiner Pensionierung im Jahre 1935 war und dass Herr Wilhelm Waldkirch etwa 5 Jahre lang seit 1921 Handelsrichter in der von mir geleiteten Kammer für Handelssachen war.

Sowohl während des Krieges wie insbesondere während der schweren Zeit der Besatzung der Pfalz durch die Franzosen habe ich Herrn Wilhelm Waldkirch als aufrechten und patriotischen Mann kennengelernt, der stets das Wohl des Vaterlandes im Auge hatte und das Wohl des Ganzen vor etwaige persönliche Vorteile gestellt hat. Herr Wilhelm Waldkirch war wiederholt Verfolgungen und Anfechtungen seitens der Franzosen wegen seiner patriotischen Haltung ausgesetzt.

Es ist mir auch noch in Erinnerung, dass Herr Waldkirch eines Tages - die Zeit vermag ich nicht mehr anzugeben - zu mir kam und mir mitteilte, er sei in der Presse schwer angegriffen wegen angeblicher Vorgänge während der Zeit der Besatzung. Im einzelnen erinnere ich mich nicht mehr an den Inhalt dieser Angriffe. Ich habe damals Herrn Waldkirch der Bedenken hatte, ob er angesichts dieser Angriffe sein Amt als Handelsrichter weiter behalten könne, erklärt, ich würde diese Angriffe an sich schon für unsinnig und mit Rücksicht auf seine bisherige Haltung und seine Persönlichkeit für völlig unwahr und grundlos halten, es liege für ihn kein Grund vor sein Amt als Handelsrichter niederzulegen.

Ich bin auch heute noch der Überzeugung, dass Herr Wilhelm Waldkirch sich niemals einer ehrlosen, oder auf Eigennutz zurückzuführenden Handlung schuldig gemacht hat.

Gez.: Dexheimer

Amtsgerichtspräsident a.D.

Heidelberg, 25.9.1937.

Die persönliche und öffentliche Diffamierung des Geheimrats kam in einem Artikel „Nicht zu fördern“ in der Ausgabe vom 5. November 1937 zum Ausdruck.

„Nicht zu fördern"

Die Dienststelle für Schrifttumspflege bei dem Beauftragten des Führers für die gesamte geistige und weltanschauliche Erziehung der NSDAP, sowie die Reichsstelle zur Förderung des deutschen Schrifttums haben kürzlich eine Entscheidung gefällt, die gerade in unserem Gau besonders interessieren wird. Sie haben die Bücher des Herrn Wilhelm Waldkirch in Ludwigshafen „Die zeitungspolitische Aufgabe" auf die Liste derjenigen Bücher gesetzt, deren Verbreitung im nationalsozialistischen Interesse nicht zu fördern ist. Man kann die Entscheidung nur zu gut verstehen. Wenn ein Verleger sich nicht gescheut hat, noch im Jahre 1934 und 1935 in seiner Zeitung den jüdischen Schädlingen des deutschen Volkes Gelegenheit zu geben, ihre Ware auf Kosten des ehrlichen deutschen Einzelhändlers in großen Inseratenplantagen anzupreisen, dann kann man nicht jetzt, weil die „Konjunktur" es verlangt, Bücher verfertigen, in denen man so tut, als wäre man „schon immer" nationalsozialistisch gewesen.

Aber auch aus anderen Gründen ist die obige Entscheidung zu begrüßen: Es geht nicht an, geschäftliche Erfahrungen als wissenschaftliche Forschung auszugeben, auch wenn man mit eigener und fremder Hilfe darüber drei unverdauliche Wälzer geschrieben hat. Ueberraschen muß lediglich, daß man in Heidelberg darüber noch nichts vernommen hat und daß es möglich ist, daß ein Dozent immer noch auf die Meinungsbildung des journalistischen Nachwuchses einwirken kann, dessen Bücher von den höchsten zuständigen Stellen, die mit der Ueberwachung des deutschen Schrifttums beauftragt sind, eindeutig abgelehnt werden.

Schon einen Tag später, am 6. November 1937, legte die NS-Presse nach. Auf den persönlichen Angriff gegen Wilhelm Waldkirch erfolgte nun der neue Angriff mit der Verleumdung der sozialen Strukturen der Waldkirch-Betriebe.
Dabei wurde geflissentlich verschwiegen, dass gerade die Waldkirch-Firmen einige der sozialsten freiwilligen Leistungen der damaligen Zeit für ihre Belegschaft geschaffen hatten. Es gab verbilligte Ferienplätze, Wohnungszuschüsse, Kredite, Betriebskrankenkasse und Vorsorgeuntersuchungen für diejenigen, die mit Blei zu tun hatten. Es gab nie eine Bleivergiftung, da die Arbeitsbedingungen es von vorneherein ausschlossen und dann den angesprochenen freiwilligen „Unterstützungsfonds", der einmalig war.

Dr. jur. Julius Waldkirch
Geschäftsführer und Hauptschriftleiter
(27. Januar 1898 – 4. Februar 1966)

Klare Antwort nötig

Um einen Unterstützungsfonds

Die Oeffentlichkeit hat Veranlassung, nach dem Fall Billand-Weichel-Kaiserslautern, sich mit einem weiteren Fall zu beschäftigen, der durch einen geradezu ungeheuerlichen Mangel an sozialem Empfinden gekennzeichnet ist. Es handelt sich diesmal um den Geheimen Kommerzienrat Dr. honoris causa Wilhelm Waldkirch und seinen Sohn Dr. Karl Waldkirch in Ludwigshafen. Der Fall ist um so schlimmer, als besagter Geheimrat keine Gelegenheit vorüber gehen läßt, um nach außen hin seine angeblich soziale Gesinnung zu preisen und sich dafür bewundern zu lassen. Wie es im Innern in Wirklichkeit bestellt ist, dafür neben anderen „Leistungen", auf die wir später noch besonders zurückkommen werden, nur folgendes Beispiel:

Vor kurzem nahm die Firma Veranlassung, eine größere Anzahl von Betriebsangehörigen zu entlassen. Es wird noch nachzuprüfen sein, ob die Herren Waldkirch, bevor sie Volksgenossen nach langjähriger Tätigkeit auf die Straße setzten, auch selbst an ihrem eigenen Einkommen die entsprechenden Kürzungen vorgenommen haben. Wahrscheinlich ist es nicht. Wir sind der Meinung, daß, solange noch mehrere Gehälter von 2000 Mk. im Monat in Anspruch genommen werden („weil man es braucht") man erst einmal bei sich „einsparen" solle, bevor man andere der Sorge des Staates überläßt.

Diese Entlassungen waren aber auch deswegen nicht nötig, da seinerzeit von der Firma ein Unterstützungsfonds gegründet wurde, bei dessen Inanspruchnahme heute kein einziger Betriebsangehöriger entlassen zu werden brauchte. Die Gründung dieses Fonds fällt in eine Zeit, da im Hause Waldkirch noch dick verdient wurde. Nach Außen hin freilich wurde über die hohen Löhne gejammert, daß sich die Balken bogen. Der jammernde Herr Waldkirch war stadtbekannt. In Wirklichkeit bezog aber derselbe Herr Waldkirch viele Jahre hindurch (neben sonstigen Aufwandsentschädigungen) allein an Gehalt 7000 RM. monatlich.

In jener Zeit, es war Ausgang 1924, beschloß man dann, weil ein guter Eindruck nach Außen hin in diesem Augenblick offenbar Herrn Waldkirch irgendwie erstrebenswert war, eine Stiftung zu machen. Den äußeren Anlaß bot irgendein Jubiläum der Firma. Es wurde ein Fonds von 50 000 RM. gestiftet, dessen Zinsen bedürftigen oder arbeitsunfähigen Betriebsangehörigen zugute kommen sollten. Der Fonds erreichte schließlich die Höhe von 97 000 RM.

Die Vertreter der Arbeiter und Angestellten erbrachten in überschwenglichen Worten ihren Dank zum Ausdruck. Das Organ der Buchdrucker, der „Korrespondent", veröffentlichte einen rühmenden Artikel.

Schon nach einigen Jahren wurde es jedoch um diesen Fonds merkwürdig still und als man sich gerade jetzt, in diesen Tagen, nach dem Fonds und der Art der Zinsverwendung erkundigte, stellte es sich heraus, daß der Fonds in den letzten Bilanzen nicht mehr enthalten war. Schon vor Jahren war ja einem Mitglied des Betriebes, dem es auffiel, daß die Zinsen aus dem Fonds statt dicker immer dünner flossen, auf das Verlangen, daß man der Belegschaft doch Einblick und Mitbestimmungsrecht geben solle, von Geheimrat Waldkirch entrüstet erklärt worden: „Darüber brauchen Sie sich keine Sorgen zu machen; für jeden unserer alten Mitarbeiter ist gesorgt."

Die Belegschaft weiß heute, wie für sie gesorgt ist. Man kann sich auch Gedanken machen,, warum die Firma schon bald nach der Stiftung jeden Einblick ablehnte. Wir stellen daher an Geheimrat Waldkirch im Interesse seiner eigenen Gefolgschaft die Frage:

1. Wie wurde der Fonds verwaltet?
2. Wo ist der Fonds hingekommen?
3. In welcher Höhe wurden Unterstützungsbeiträge an die Gefolgschaft geleistet?

Es ist hier eine klare Antwort nötig. Man kann sich nicht jahrelang als sozialer Held feiern lassen, wenn es sich hintennach herausstellen sollte, daß das alles nur Bluff war. Geheimrat Wilhelm Waldkirch hat diese Stiftung öffentlich der Belegschaft gemacht und ist damit auch der Oeffentlichkeit Rechenschaft schuldig. Die Oeffentlichkeit läßt sich auch nicht mit Redensarten abspeisen: „man könne ja, wenns gewünscht wird, den Fonds wieder in die Bilanz einsetzen." Wir wollen wissen, wie der Fonds angelegt und gesichert wurde. Für nachträgliche Bilanzierungskunststücke haben wir weder Interesse noch Verständnis.

g.

Die Zufriedenheit der Belegschaft zeigte sich schon dadurch, dass es nie einen betriebsbedingten Streik gegeben hatte und die Mitarbeiter sich bei der Betriebsbesetzung 1933 durch die Nazis auf die Seite der Waldkirchs gestellt hatten.
Die angeprangerte Betriebsverkleinerung war unumgänglich gewesen, da ja die „Pfälzische Rundschau" enteignet worden war und weitere Druckaufträge durch die Zwangsschließungen von anderen Zeitungsverlagen, die ihre Pressepublikationen bei Waldkirch herstellen ließen, durch die Nazis verloren gegangen waren.
Die Ursache, dass die Waldkirch-Betriebe massiv Aufträge verloren hatte, war das NS-Regime, den Waldkirchs wurde es aber zum Vorwurf gemacht und die „NSZ Rheinfront" forderte öffentlich eine „Klare Antwort".
Die Waldkirchs konnten diese öffentliche Verleumdung natürlich nicht auf sich sitzen lassen und da die „NSZ" eine öffentliche Antwort forderte, erfolgte diese postwendend, verfasst vom Hauptschriftleiter Dr. Julius Waldkirch.

General-Anzeiger

Ludwigshafen a. Rh.

Klare Antwort

Zu dem Artikel in der „NSZ Rheinfront" vom Samstag, den 6. November 1937, in dem eine klare Antwort gefordert wird, gibt die Druckerei Julius Waldkirch & Cie. m. b. H. folgende Erklärung:

1. Es ist unwahr, daß der Unterstützungsfond verschwunden ist. Er besteht nach wie vor in der in den letzten Jahren unveränderten Höhe von Mk. 99 000.—, wie aus den Büchern ersichtlich ist. Aus ihm werden die Pensionen für frühere Betriebsangehörige bezahlt. Weitere soziale Leistungen unserer Firma werden aus laufenden Mitteln bestritten.
2. Es ist unwahr, daß in der Buchdruckerei Waldkirch mehrere Gehälter über Mk. 2000.— bezahlt werden. Wahr ist vielmehr, daß kein Gehalt diese Höhe erreicht. Lediglich ein Gehalt überschreitet die Höhe von Mk. 1000.—.
3. Ueber die sozialen Leistungen unserer Firma innerhalb ihres Betriebes hat unsere Geschäftsführung der Deutschen Arbeitsfront schon vor einiger Zeit nähere Mitteilung gemacht, die dort von der Schriftleitung der „NSZ Rheinfront" zur Kenntnis genommen werden kann.

Die Verlagsdirektion der „NSZ Rheinfront weiß übrigens, daß im Jahre 1935 von unserer Firma auf rückständige Druckrechnungen eines Zeitungsverlages, der sein Blatt in unserer Firma drucken läßt, ein Nachlaß von etwa Mk. 80 000.— gewährt wurde, um diese Zeitung aufrecht zu erhalten und der Belegschaft ihre Arbeitsplätze zu sichern. Herr Direktor Gerhard Kuhn von der Actiendruckerei Neustadt und Verlagsdirektor der „NSZ Rheinfront" hat diesen Nachlaß in erster Linie aus sozialen Erwägungen heraus gewünscht. Wir haben uns im Interesse der Belegschaft dieser Forderung nicht verschlossen und ihr Folge geleistet.

Es wurde uns aber zugleich die Zusicherung gegeben, daß in Zukunft die laufenden Rechnungen für den Druck jener Zeitung ordnungsgemäß und fristgerecht bezahlt werden. Diese Zusicherung wurde in einem Vertrag niedergelegt, der abgeschlossen ist zwischen Herrn Direktor Gerhard Kuhn als Geschäftsführer der Actiendruckerei Neustadt, der alleinigen Eigentümerin des Verlages jener Zeitung und unseren Herren Waldkirch. Die Garantie der Erfüllung des Vertrages hat die Actiendruckerei übernommen.

Leider konnte trotz dieses erheblichen Nachlasses auch in der Folge den Zahlungsverpflichtungen gegenüber unserer Druckerei nicht nachgekommen werden. Obwohl auch die Actiendruckerei auf Veranlassung von Herrn Direktor Kuhn wiederholt geholfen hat, damit unsere Druckerei Zahlungen erhält, sind die rückständigen Beträge immer höher geworden, sodaß heute die Schulden an unsere Firma eine sehr beträchtliche Höhe erreicht haben. Durch diese Umstände waren auch einige Betriebseinschränkungen notwendig geworden. In zahlreichen Verhandlungen mit der Verlagsleitung der Zeitung und Herrn Direktor Kuhn machten unsere Herren Waldkirch immer wieder darauf aufmerksam, daß die schlechte Zahlungsweise auf die Dauer ein untragbarer Zustand sei. Unsere Firma hat sich in diesen Besprechungen noch einmal bereit erklärt, einen weiteren Nachlaß von etwa Mk. 16 000.— zu gewähren. Mit diesen erheblichen Nachlässen und Stundungen hat unsere Firma einen wesentlichen Beitrag zur Erhaltung von Arbeitsplätzen geleistet.

Es wäre angebracht gewesen, wenn sich der Verfasser des Artikels in der „NSZ Rheinfront" vorher über die tatsächlichen Verhältnisse bei den maßgebenden Stellen unterrichtet hätte.

Unsere Firma bedauert sehr, diese Angelegenheit in der Oeffentlichkeit behandeln zu müssen. Da aber eine öffentliche Antwort von der „NSZ Rheinfront" verlangt wurde, haben wir sie hiermit gegeben.

Die Firma Waldkirch hat die Angelegenheit mit den notwendigen Unterlagen den zuständigen Stellen unterbreitet und zu ihrer Rechtfertigung alle notwendigen Schritte eingeleitet.

Buchdruckerei
Julius Waldkirch & Cie. m. b. H.

Auf die „Klare Antwort“ des „General-Anzeigers“ erfolgte am 8. November 1937 in der „NAZ“ (Saarpfälzische Abendzeitung, die ehemals enteignete „Pfälzische Rundschau“) ein Artikel „Erklärung“, die die Zustände beschönigen sollten.

Saarpfälzische Abendzeitung GmbH.
Verlag der „NAZ“.

Erklärung

Die „NSZ-Rheinfront“ hat in einer Veröffentlichung am Samstag, den 6. November den maßgebenden Herren der Buchdruckerei Julius Waldkirch unsoziales Verhalten vorgeworfen. In einer heute im „General-Anzeiger“ veröffentlichten Erklärung versucht u. a. die Druckerei Waldkirch, die ganze Angelegenheit auf ein anderes Geleis zu schieben, indem sie glaubt, Mitteilungen machen zu müssen, die sich um unseren Zeitungsverlag drehen. Wir sehen uns daher veranlaßt, heute wie folgt dazu Stellung zu nehmen:

1. Die „Pfälzische Rundschau“, deren Nachfolgerin die NAZ ist, wurde im Interesse der Belegschaft vom Pfälzischen Zeitungsverlag (dessen Besitzer die Herren Waldkirch sind) im Herbst 1933 losgelöst, da diese Zeitung ein Zuschußobjekt von erheblichem Ausmaß war. Die Verbindung mit der Aktiendruckerei in Neustadt a. d. Weinstraße bezweckte überdies die Erhaltung der für die Druckerei lebensnotwendigen Zeitungsobjekte.

Trotz dieser Verbindung war im Frühjahr 1935 eine durchgreifende Sanierung notwendig, da es der damaligen Geschäftsführung, die in der Hauptsache in den Händen des Dr. Karl Waldkirch lag, nicht gelungen war, die in der alten Pfälzischen Rundschau verborgenen Verlustquellen zu beseitigen. Bei dieser Sanierungsaktion, die von beiden Gesellschaften getragen wurde, trat die Druckerei Waldkirch mit erheblichen Nachforderungen auf, die dann fallen gelassen wurden und heute als „Nachlaß“ bezeichnet werden. Die Druckerei Waldkirch hat demnach den „Nachlaß“ großenteils sich selbst gewährt.

Gleichzeitig schied die Druckerei Waldkirch nach angemessener Bezahlung ihrer Anteile aus unserem Verlag aus, nicht zuletzt weil es sich herausgestellt hatte, daß die nationalsozialistische Leserschaft im Gau die in der früheren Aera eingenommene Haltung der Verleger der alten „Pfälzischen Rundschau“ nicht vergessen wollte.

2. Mit der Druckerei Waldkirch besteht ein Druckvertrag, der die Herstellung unserer Zeitung regelt und der von uns erfüllt wird.

Darüber hinaus stellt jedoch die Druckerei Waldkirch Forderungen, die von uns als größtenteils unberechtigt abgelehnt werden. Die von der Druckerei erwähnten „Schulden“ betreffen in der Hauptsache diese angeblichen Forderungen. Von einem Nachlaß in Höhe von 16 000 RM auf bestehende Forderungen ist uns nichts bekannt.

3. Da es trotz monatelanger Verhandlungen bisher nicht möglich war, mit der Druckerei Waldkirch bezüglich ihrer nicht vertragsgemäßen Druckrechnungen auf eine klare Linie zu kommen, und um den andauernden persönlichen und sachlichen Differenzen den Boden zu entziehen, haben wir wiederholt der Druckerei ein Angebot unterbreitet, das die Entlassung aus dem Druckvertrag vorsah. Die Druckerei ging aus durchsichtigen Gründen bisher darauf nicht ein.

Unser Verlag sieht sich zu dieser Erklärung veranlaßt, damit dieser leider durch die Druckerei Waldkirch in die Oeffentlichkeit getragene Streitfall nicht einseitig beleuchtet bleibt.

Saarpfälzische Abendzeitung GmbH.
Verlag der „NAZ“.

Die „Pfälzische Rundschau“ war überhaupt nicht insolvent oder ein Zuschussobjekt. Wenn, dann hätte dies der ganze Presseverlag sein müssen, in dem noch andere Objekte verlegt und hergestellt wurden, wie zum Beispiel der „General-Anzeiger“, größte Lokalzeitung Ludwigshafen, das „Neue Mannheimer Tageblatt“, Lokalzeitung der Schwesterstadt, die „ASZ Sportzeitung“, größtes Blatt in Südwestdeutschland, die „Pfälzi-

sche Lehrerzeitung“, die „Pfälzische Handwerks- und Gewerbezeitung“, „Waldheil“, Mitteilungsblatt des Pfälzer Waldvereines“, „Jäger aus Kurpfalz“, „Kalenderblatt“, Adressbuch der Stadt Ludwigshafen, Adressbuch für Ludwigshafen Land Oppau, Edigheim und Schifferstadt, Firmenhandbuch Rheinland Pfalz, Handbuch für den bayrischen Regierungsbezirk Pfalz, Führer von Häuser, Heimatbuchverlag und weitere Verlagsobjekte.
Die finanziellen Schwierigkeiten ergaben sich erst nach der Enteignung der „Pfälzischen Rundschau“ und der nicht bezahlten Herstellungskosten der „NAZ“, sie konnten aber überwunden werden.
Die „Klare Antwort“ im Waldkirchen „General-Anzeiger“ war ein Stich ins Wespennest. Da wagte eine private Firma, sich der allmächtigen NSDAP entgegenzustellen, nicht zu kuschen, sondern öffentlich zu widersprechen. Unerhört!
Die NS-Presse reagierte sofort mit einem ganzseitigen Artikel „Das System Waldkirch“ der von unwahren Behauptungen nur so gespickt war.
Bemerkenswert und aufschlussreich war der letzte Abschnitt dieses Pamphlets.

> *... Das System Waldkirch kann aber nur dann beseitigt werden, wenn seinen heutigen verantwortlichen Trägern die Mitarbeit im nationalsozialistischen Zeitungswesen verschlossen wird.“*

Das System Waldkirch

Musterbeispiele unsozialer Betriebsführung – Ein Geschäftemacher der Besatzungszeit

Die Klarheit von Antworten ergibt sich nicht immer aus der Länge und aus der Größe der Ueberschrift. So haben auch die Bemühungen des Unternehmens Waldkirch, Ludwigshafen am Rhein nicht ihr Ziel erreicht: nämlich Klarheit zu schaffen. Hier zeigt sich wieder einmal die alte Taktik dieses geschäftstüchtigen Hauses, den peinlichen Fragen auszuweichen und die Angelegenheit auf ein Gleis zu schieben, das andere befahren.

Eine Spiegelfechterei

Die Erklärung Waldkirchs über den Pensionsfonds ist weiter nichts als eine Spiegelfechterei, durch die der wahre Tatbestand verschleiert werden soll. Was ist ein Pensionsfonds? Eine vom übrigen Geschäftsvermögen abgetrennte Summe, durch die die Versorgung von Gefolgschaftsmitgliedern, die ihre Kraft und ihre Gesundheit dem Unternehmen geopfert haben, sichergestellt werden soll. Deshalb ist Grundbedingung für einen Pensionsfonds, ihn als solchen gesondert in der Bilanz zu führen und durch mündelsichere Anlage zu sichern. Nach vor Zeugen bestätigten Erklärungen der maßgebenden Persönlichkeiten und Teilhaber der Firma besteht und bestand dieser Pensionsfonds als solcher nicht mehr. Inwieweit irgendeine geschäftliche Reserve doch als Pensionsfonds bezeichnet wird, braucht nach diesem klaren Tatbestand nicht mehr festgestellt zu werden.

Keineswegs kann es etwa als gesicherte Anlage eines Pensionsfonds betrachtet werden, wenn die in Frage kommende Summe, wie das laut Sitzungsprotokoll einer Gesellschaftsversammlung geschehen ist, dem ersten Geschäftsführer, dem bayerischen Geheimen Kommerzienrat Dr. honoris causa Wilhelm Waldkirch als Darlehen gegeben wurde.

Schließlich kommt es den Pensionären darauf an, daß der Pensionsfonds in absolut gesicherter Form vorhanden ist und daß aus diesem Fonds auch Altersrenten bezahlt werden. Tatsächlich stand die Auszahlung von Altersunterstützungen aus laufenden Mitteln im umgekehrten Verhältnis zu dem angeblichen „Ansteigen" des Pensionsfonds.. Erst neulich klagte ein Pensionär, der sein ganzes Leben dem Dienst des Unternehmens Waldkirch gewidmet hatte, bitter über die erfolgten Kürzungen. Die unsoziale Haltung des Verlages Waldkirch gegenüber alten Pensionären war und ist der Gesprächsstoff dieser Veteranen der Arbeit und ihrer Hinterbliebenen.

Die Auskünfte dieser Volksgenossen über das, was ihnen durch die Firma an in Aussicht gestellten sozialen Leistungen vorenthalten wurde, wiegen bestimmt schwerer, als die Mitteilung über angebliche soziale Leistungen gegenüber der Deutschen Arbeitsfront, die man doch wohl unter das Motto „Der Not gehorchend, nicht dem eigenen Triebe", stellen kann.

Beispiel „sozialer" Gesinnung

Aus der Fülle der bekannten Einzelfälle sei ein besonders eindrucksvolles Beispiel der ‚sozialen Gesinnung" der Firma hervorgehoben:

Der Metteur Ehrmann, der sein silbernes Arbeitsjubiläum in der Firma feiern konnte und dabei in der üblichen, verhältnismäßig billigen Art und Weise geehrt wurde, starb an den Folgen einer Embolie. Der Tod ereilte ihn in den Sielen zwei Tage vor Schluß der Lohnwoche. Jeder auch nur einigermaßen menschlich — wir schreiben gar nicht sozial — empfindende Unternehmer hätte schon aus purer Anstandspflicht der hartbetroffenen Familie des verdienten Arbeiters nicht nur die laufende Lohnwoche, sondern vielleicht noch eine oder zwei Wochenlöhne zusätzlich bezahlt. Statt dessen wurde ein Gefolgschaftsmitglied beauftragt, den Rest-

ren vom Verlag Waldkirch nur daran erinnern, daß es nicht der Gehalt macht, sondern das Einkommen. Man kann schließlich ganz gut behaupten, man verdiene bei der Buchdruckerei diese oder jene Summe, wenn man verschweigt, daß man von anderen Unternehmungen des Hauses Waldkirch auch keine kleinen Bezüge hat. Ganz abgesehen von den nahrhaften persönlichen Inseratengegengeschäften, auf die man nicht nur alle möglichen nützlichen Gebrauchs- und Luxusgegenstände kaufen kann, sondern die einem sogar zu einem standesgemäßen Erholungsaufenthalt verhelfen können, vorausgesetzt, daß die Hotelbesitzer in Lindenfels oder anderswo darauf eingehen.

Da wir gerade beim Erholungsaufenthalt sind: Es gibt bekanntlich Organisationen für kaufmännische Erholungsheime, die es den Angestellten der Mitgliederfirmen ermög-

lohn zur Familie zu bringen, und zwar unter Abzug! der an der Lohnwoche noch fehlenden zwei Tage! Das ging selbst dem Ueberbringer, der sonst die Befehle seines Chefs, ohne weiter darüber nachzudenken, befolgte, über die Hutschnur. Er weigerte sich, weil er sich für seinen Chef schämte. So wurde schließlich nach langem Hin und Her doch die volle Lohnwoche bezahlt. Das ist aber nicht entscheidend. Entscheidend ist, die ungeheuerliche kapitalistische Verhärtung, die daraus spricht, daß es erst eines besonderen Hinweises bedurfte, um einem verdienten Mitarbeiter auch nur ein Mindestmaß von Anteilnahme zu bezeugen. Demgegenüber können auch Leistungen, die etwa später noch erfolgt sind, nicht mehr ins Gewicht fallen. — Selbst die unter den studentischen Fahnen gelobte Corpsbruderschaft galt der rechten Hand des Geheimrats, seinem gelehrigen Sohn Dr. Karl nichts mehr, als er daran war, mit seinem Vater zusammen Geld zu scheffeln. Der Fall Dr. Parcus spricht ebenso Bände wie weitere Fälle, die jederzeit durch Zeugen belegt werden können.

Erholungsaufenhalt — für wen?

Wir wollen auf die Frage der Gehälter nicht mehr weiter eingehen, sondern die Herlichen, zu einem verhältnismäßig billigen Preis in den Heimen des Verbandes unterzukommen. Es ist eine Ehrensache für jeden Unternehmer, daß diese Plätze, für die starke Nachfrage besteht, auch tatsächlich den Mitarbeitern, deren Einkommen keine teueren Kuraufenthalte zuläßt, zugutekommen. Statt dessen nahm die Frau des Juniorchefs, Dr. Karl Waldkirch, auf Veranlassung ihres Mannes, einen der der Firma zur Verfügung stehenden zwei Plätze in Anspruch, den er damit den Angestellten entzog . . .

Nach nationalsozialistischer Auffassung ist gegen eine entsprechend gute Bezahlung der Leistung eines Unternehmers bestimmt nichts einzuwenden, wenn dieser seinen sozialen Verpflichtungen nachkommt. Kein Arbeiter, der das Gefühl hat, daß sein Betriebsführer alles für ihn tut, was nur möglich ist, wird diesem einen der höheren Leistung entsprechenden besseren Lebensstandard neiden. Nicht geduldet kann es aber werden, wenn man den Gefolgschaftsmitgliedern gegenüber fortwährend über die schlechte Lage vorjammert und mit dieser Begründung Gehaltsabstriche, Entlassungen usw. zu rechtfertigen versucht, aber auf der anderen Seite sich in seinen Entnahmen nicht die Beschränkung auferlegt, die dem Gedanken einer auf Gedeih und Verderb verbundenen Betriebsgemeinschaft entsprechen.

Diabolische Mittel

Eine völlige Verkennung der Unternehmerverantwortlichkeit ist es, wenn bei der Durchführung von Einschränkungen nicht der Betriebsführer aus eigener Verantwortlichkeit heraus entschied, sondern wenn er diese auf die betroffenen Gefolgschaftsmitglieder abwälzte. Wenn beispielsweise eine Gehaltskürzung vorzunehmen war, dann benutzte der Betriebsführer das diabolische Mittel, die betroffenen Gefolgschaftsmitglieder zu sich zu rufen und ihnen zu eröffnen, daß einer oder mehrere brotlos würden, wenn sie sich nicht alle zu Gehaltskürzungen bereit fänden. Mit diesem Appell an das soziale Gewissen und an die Kameradschaft erreichte er dann sein Ziel, nämlich eine generelle Gehalts- und Lohnkürzung. Von einem Betriebsführer muß verlangt werden, daß er über etwa notwendig werdende Einschränkungsmaßnahmen seines Betriebes selbst entscheidet und nicht das Gewissen kleiner Angestellten und Arbeiter damit belastet. Im Verlage Waldkirch waren aber solche Einschränkungen solange nicht notwendig, als sich die Firmeninhaber noch in die Tausende gehende Gratifikationen zuschanzten. Wie es noch mit den Gratifikationen für die Angestellten aussah, erhellt folgendes Beispiel:

Ein verdienter und tüchtiger Angestellter, der mit Befriedigung auf seine Arbeit zur Vorbereitung des Weihnachtsgeschäftes zurückblickte, wurde am Weihnachtsabend zum Chef gerufen. Sein Herz schlug höher, denn er hoffte mit Recht neben anerkennenden Worten auch eine finanzielle Belohnung für seine fleißige Arbeit zu finden. Und auf dem Wege zum Chef malte er sich schon aus, was er nunmehr noch alles im letzten Augenblick für den Bescherungsabend kaufen könnte. Statt der erwarteten Gratifikation wurde ihm — wohlgemerkt am 24. Dezember, am Heiligen Abend — eröffnet, daß sein Gehalt mit der üblichen Begründung des angeblich schlechten Geschäftsganges um eine erkleckliche Summe zum nächsten Termin gekürzt sei.

Wenn auch im ganzen gesehen die Zahl der Arbeitslosen fortwährend zurückgeht und das selbst in der Jahreszeit, in der sich in der Systemzeit ein lawinenhaftes Anschwellen bemerkbar machte, so kann es selbstverständlich doch nur bei einzelnen vorkommen, daß ein Betrieb einige Arbeitskräfte entlassen muß. Arbeiterentlassungen gehen also Hand in Hand mit Betriebseinschränken und sind keinesfalls berechtigt, wenn gleichzeitig damit eine kapitalistische Expansion verbunden ist, wie das in dem in der ersten Veröffentlichung in der „NSZ“ angezogenen Falle zutrifft.

Doppeltes Spiel

Bekanntlich verschmolz im vorigen Monat das Unternehmen Waldkirch das „Mannheimer Volksblatt“ mit dem verlagseigenen „Mannheimer Tageblatt“. Bei dieser Gelegenheit wurde Geheimrat

Waldkirch zur Auflage gemacht, die Gefolgschaft des „Mannheimer Volksblatt" zu übernehmen. Nur unter dieser ausdrücklichen Bedingung konnte die Uebernahme des „Mannheimer Volksblatt" erfolgen. Der Verleger des „Mannheimer Tageblatt" hielt seine Zusage. In dem vereinigten „Mannheimer Volksblatt" — „Mannheimer Tageblatt" wurde niemand entlassen. Was geschah aber in Ludwigshafen? Dort mußte Platz geschaffen werden für die „Mannheimer Volksblatt"-Leute, die man hatte übernehmen müssen, um das neue Verlagsobjekt in die Hände zu bekommen. Und so mußten rund zehn der alten Gefolgschaftsmitglieder des Ludwigshafener Waldkirch-Betriebes daran glauben, andere wurden zurückbefördert. Anzeigenvertretern, die es durch Fleiß zu einem ganz schönen Verdienst gebracht hatten, wurde der Provisionssatz gekürzt, damit es ihnen nicht zu wohl würde.

Als den oben erwähnten Gefolgschaftsmitgliedern gekündigt wurde, wurden ihnen Zwischenzeugnisse ausgestellt, um ihnen die Möglichkeit zu geben, sich eine neue Stellung zu suchen. In diesen Zeugnissen wurden den Gekündigten ihre erfolgreiche Tätigkeit bescheinigt. Als sie sich nun auf dem Arbeitsamt um eine neue Stellung bewarben, mußten sie mit Schrecken feststellen, daß das Unternehmen Waldkirch als Entlassungsgrund nicht Betriebseinschränkung oder sonst etwas angegeben hatte, sondern ungenügende Arbeitsleistung. Offensichtlich wurde hier also doppeltes Spiel getrieben. Auf der einen Seite komplimentierte man die Gefolgschaftsmitglieder hinaus und auf der anderen Seite belog man das Arbeitsamt über den wahren Entlassungsgrund, weil man befürchtete, daß man einer vorgeschützten Betriebseinschränkung etwas genauer nachgehen würde. Als die Sache ruchbar wurde, versuchte man, über den Vertrauensrat die Entlassenen zur Rückgabe ihrer für sie günstigen und der Wahrheit entsprechenden Interimszeugnisse zu bewegen und stellte den Entrüsteten in Aussicht, daß man eine Aenderung des Entlassungsgrundes beim Arbeitsamt veranlassen würde.

Dieser Vorfall spricht so für sich selbst, daß jedes weitere Kommentar den Eindruck dieses Betruges am Arbeiter nur abschwächen würde.

Anzeigen jüdischer Firmen

Das Zusammenspiel zwischen dem Ludwigshafener und dem Mannheimer Teil des Unternehmens Waldkirch gleicht einem Januskopf. In Mannheim zeigte man das soziale Mäntelchen, indem man zusagte, keinen Arbeiter zu entlassen; in Ludwigshafen warf man die Leute auf die Straße, obgleich hierfür kein Grund vorlag; denn in Wirklichkeit lag keine Arbeitseinschränkung vor, sondern eine wesentliche Betriebsvergrößerung. Wie man offensichtlich die Linie des geringsten Widerstandes suchte, ergibt sich auch aus der Einstellung des Unternehmens Waldkirch gegenüber den Anzeigen jüdischer Firmen. Im saarpfälzischen Ludwigshafen, wo in dieser Beziehung ein scharfer Wind pfeift, mußte man, nach jahrelangem Hin und Her, schließlich notgedrungen auf die Judenanzeigen verzichten, weil die Leserschaft eine Zeitung mit jüdischen Anzeigen entrüstet abgelehnt hätte. In Mannheim nahm man das jüdische Geld, das einem in Ludwigshafen angeblich zu wenig geruchfrei war, gerne an. . . . Das „Mannheimer Tageblatt" bringt bis heute lustig weiter jüdische Inserate. Es scheint, daß der Rhein als eine Art koscheres Filter fungiert. Das jüdische Geld, das in Mannheim entgegengenommen wird, kommt dann schließlich in die Ludwigshafener Kasse des Unternehmens Waldkirch völlig rauch- und geruchfrei.

Wenn gegenüber einer öffentlich rechtlichen Körperschaft am 6. November 1937 (!) erklärt wird, daß das Unternehmen Waldkirch ab sofort beschlossen habe, im „Mannheimer Tageblatt" Judenanzeigen abzulehnen, so ist dazu nur zu sagen, daß am 6. November 1937, also am gleichen Tage, eine Veröffentlichung in der „NSZ" erschien, die sich in unmißzuverstehender Weise mit den Waldkirchs befaßte. Und wenn dazu noch die von nun ab angekündigte Ablehnung mit inzwischen eingetretenen wirtschaftlichen Besserungen begründet wird, so müssen wir doch die Frage stellen, ob für das Haus Waldkirch die Judenfrage eine Geldfrage ist oder eine Frage der Gesinnung. Auf eine Antwort verzichten wir gerne, weil sie sich der Leser selbst geben kann.

Das System

Das ganze Geschäftsgebaren des Unternehmens Waldkirch ist in allen seinen Maßnahmen und Auswirkungen so typisch, daß allgemein im deutschen Zeitungswesen von dem System Waldkirch gesprochen wurde. Ausgerechnet in dem Verlag, dessen Chef die hohe ethische und ideale Bedeutung der Zeitungsarbeit in Wort und Schrift pries, wurde die ganze Zeitungsarbeit in allererster Linie nach rein geschäftlichen Gesichtspunkten beurteilt und nach Motiven, die persönlichem Ehrgeiz und krankhaftem Geltungsbedürfnis entsprangen. Dieser schreiende Gegensatz zwischen journalistischer Theorie und verlegerischer Praxis konnte selbst dem schlichtesten Gefolgschaftsmitglied nicht entgehen, und bildete den roten Faden, der sich durch jede Beurteilung des Unternehmens Waldkirch zog. Wir möchten nicht mehr die Dinge aufwärmen, wo die von Geheimrat Waldkirch herausgegebene „unabhängige nationale Zeitung der Pfalz" alles andere zeigte, als eine nationale Haltung, sondern wir möchten uns damit begnügen, ein kleines Beispiel dafür zu geben, wie Waldkirch der Aeltere, seine journalistische Aufgabe auffaßt. Beispielsweise übernahm er im Jahre 1931 das „Mannheimer Tageblatt" mit der Begründung, daß er sich, da nach seiner Auffassung infolge bevorstehenden Bürgerkriegs eine Wiederbesetzung des linken Rheinufers durch die Franzosen zu befürchten wäre, durch das

„Mannheimer Tageblatt" eine neue Plattform für sein journalistisches Wirken suchen müsse. Des Geheimen Rates Waldkirch journalistisches Wirken? Eingeweihte lächeln! Aber wollen wir es ihm einmal glauben. Was bedeutet dann die Antwort? Der Journalist Geheimrat Dr. Wilhelm Waldkirch wäre in der schweren Zeit, die, wenn seine Prophezeiung eingetroffen wäre, nicht inmitten des schwer bedrückten Pfälzer Volkes gestanden, sondern er hätte seine nationalen Töne von einem gesicherten Stuhl auf dem linken Rheinufer gepredigt, so wie er das auch während der Besatzungszeit schon wiederholt getan hat. Aber in Wirklichkeit war es doch so: Wenn nämlich Waldkirch recht gehabt hätte, dann wären schlechte Zeiten, nicht nur für die Journalisten des linken Rheinufers gekommen, sondern auch für die Verleger. Die Zeitungen hätten kämpfen müssen und die Anzeigengeschäfte wären zurückgegangen. Also suchte man in Wirklichkeit nicht etwa eine Plattform für neues journalistisches Wirken, sondern einen neuen gesicherten Platz zum Geldverdienen. Wir nehmen dem Herrn Geheimrat seine Angst nicht übel, halten es aber, gelinde gesagt, für eine grobe Taktlosigkeit, wenn man diese kapitalistische Angst mit einem journalistischen Idealismus verbrämen sucht, allerdings recht ungeschickt, wie das Exempel beweist.

Besatzungszeit und Geschäft

Noch schlimmer ist der folgende auf der gleichen Linie liegende Vorfall: Während der Besatzungszeit, als die pfälzischen Zeitungen infolge der scharfen französischen Zensur nicht all das berichten konnten, was notwendig für den Abwehrkampf gewesen wäre, vergaßen die Franzosen hin und wieder, das Verbot der Mannheimer Zeitungen, die im Dienste des Abwehrkampfes standen und deren Verbreitung daher in deutschem Interesse erwünscht war. Der erfreulich starke Absatz, den die Mannheimer Zeitungen in Ludwigshafen fanden, war dem Geschäftsmann Waldkirch ein Dorn im Auge. So versuchte er das Ungeheuerliche, nämlich einen Schriftleiter, der im Dienste des Abwehrkampfes stand und dessen Beiträge daher als maßgebend galten, zur Lanzierung eines scharfen gegen die Franzosen gerichteten Artikels zu veranlassen, damit, wie er sich ausdrückte, die lästigen Mannheimer Zeitungen von den Franzosen wieder verboten würden. Aus geschäftlichen Gründen versuchte also Waldkirch eine Maßnahme des deutschen Abwehrdienstes zu sabotieren.

Es ließe sich noch manches sagen zu dem System Waldkirch und seinen Trägern. Aber das muß unseres Erachtens Sache des Treuhänders der Arbeit und der zuständigen politischen Stellen sein, die hier reinen Tisch machen werden. Dabei bedarf auch das Verhalten des Vertrauensrates, der das ganze System offensichtlich gedeckt, oder was in der Wirkung das gleiche ist, die Methode nicht durchschaut hat, einer gründlichen Nachprüfung. Schuldige, ob aus Böswilligkeit oder aus Mangel an Befähigung, müssen unbedingt verschwinden, weil sie mit einem nationalsozialistischen Vertrauensrat nichts zu tun haben.

Das System Waldkirch aber kann nur dann beseitigt werden, wenn seinen heutigen verantwortlichen Trägern die Mitarbeit im nationalsozialistischen Zeitungswesen verschlossen wird.

Im „General-Anzeiger" veröffentliche Dr. Julius Waldkirch als einer der Geschäftsführer und Hauptschriftleiter „In eigener Sache" eine Antwort darauf.
In ihr bezichtigt er die amtliche „NSZ Rheinfront" der unwahren Behauptung und ungeheuerlichen Verleumdung und dass die Buchdruckerei Julius Waldkirch ein Ehrengerichtsverfahren beantragt habe.

General-Anzeiger

Ludwigshafen a.Rh.

In eigener Sache

Der Artikel in der „NSZ Rheinfront“ vom 10. November gegen unsere Firma und ihre Leitung enthält unwahre und entstellte Behauptungen, die eine ungeheuerliche Verleumdung darstellen.

Wie weisen diesen Angriff mit aller Entschiedenheit zurück.

Ein Ehrengerichtsverfahren ist beantragt. Mit Rücksicht auf dieses Verfahren können wir zu der Angelegenheit zunächst keine weitere Stellung nehmen.

Geschäftsleitung der
Buchdruckerei Julius Waldkirch & Cie. m. b. H.

Dies war ein unglaublicher Affront gegenüber der amtlichen Parteizeitung und damit auch gegenüber ihren Machern. Ihnen die Glaubwürdigkeit abzusprechen, und das nicht nur öffentlich zu tun, sondern es auch noch ehrengerichtlich feststellen zu wollen.
Es war ein Sakrileg gegenüber einer totalitären Partei und ein Widerstand gegen die Unfehlbarkeit und den Führungsanspruch der NSDAP und damit schlicht und einfach ein Verbrechen.

Die Gaupressestelle reagierte am 12. November 1937 mit einer Anordnung an die „NSZ Rheinfront“ und dass weitere Veröffentlichungen zu unterbleiben haben!

Anordnung

Die „NSZ-Rheinfront“ teilt in ihrer Ausgabe (12. November) folgendes mit:

„Die Gaupressestelle teilt mit: Bis zur Klärung der Angelegenheit Waldkirch durch die ordentlichen Gerichte haben weitere Veröffentlichungen in den Tageszeitungen zu unterbleiben.“

Um das Gerichtsverfahren voranzutreiben, erbat die Buchdruckerei und Verlag Julius Waldkirch bei zwei neutralen Rechtsanwälten ein Gutachten.
Am 20. bis 24. November 1937 führte Dr. Leibrecht und Dr. Heim diese Prüfung durch und kamen zu dem Schluss:

> *„Die vorstehende Untersuchung wurde von den Unterfertigten nach bestem Wissen und Gewissen vorgenommen. Sie führte zu dem Ergebnis, dass die erhobenen Vorwürfe aus dem zur Verfügung stehenden Tatsachenmaterial widerlegt werden konnten.“*

GUTACHTLICHE AEUSSERUNG .

In der Zeit vom 5. bis 10.November 1937 wurden die

Buchdruckerei Julius Waldkirch & Cie.m.b.H., Ludwigshafen/Rhein,

und deren Betriebsführung, die Herren

Geheimrat Dr.h.c. Wilhelm Waldkirch

und dessen Sohn,

Dr. Karl Waldkirch,

in der Presse angegriffen.

Es handelt sich im einzelnen um folgende Veröffentlichungen:

1.) "Nicht zu fördern", in der "NSZ Rheinfront", Ausgabe vom 5. 11.1937

2.) "Klare Antwort nötig. Um einen Unterstützungsfond", in der "NSZ Rheinfront", Ausgabe vom 6. 11.1937

3.) "Erklärung" in der"NAZ- Saarpfälzische Abendzeitung",Ausg.v.8.11.37.

4.) "Das System Waldkirch. Musterbeispiele unsozialer Betriebsführung. Ein Geschäftemacher der Besatzungszeit." in der "NSZ Rheinfront", Ausgabe vom 10.11.1937.

Die Unterfertigten wurden beauftragt, die in den genannten Veröffentlichungen erhobenen Vorwürfe in tatsächlicher und rechtlicher Hinsicht nachzuprüfen. Hierzu wurde ihnen das gesamte einschlägige Aktenmaterial zugänglich gemacht. Es wurde ihnen weiterhin anheim gegeben, alle zur Klärung des Sachverhaltes erforderlichen Massnahmen zu ergreifen, insbesondere Erkundigungen jeder Art einzuziehen.

Das Ergebnis der Prüfung war auftragsgemäss in einer gutachtlichen Aeusserung niederzulegen. Die Prüfung hat in der Zeit vom 20.- 24. November 1937 stattgefunden und führte zu den nachfolgenden Feststellungen:

S C H L U S S W O R T .

Die vorstehende Untersuchung wurde von den Unterfertigten nach bestem Wissen und Gewissen vorgenommen. Sie führte zu dem Ergebnis, dass die erhobenen Vorwürfe aus dem zur Verfügung stehenden Tatsachenmaterial widerlegt werden konnten.

Die Vorwürfe sind ausseroredentlich schwerer Natur. Sie wurden öffentlich, nämlich in der Tagespresse erhoben. Sie richten sich gegen die persönliche und berufliche Ehre der Betroffenen. Sie sind geeignet, die Betroffenen verächtlich zu machen und in der öffentlichen Meinung herabzuwürdigen, sowie auch ihre geschäftliche Existenz zu gefährden.

Inwieweit die unwahren Behauptungen wider besseres Wissen aufgestellt oder verbreitet wurden, konnte nicht festgestellt werden; ebenso wenig inwieweit die verantwortlichen Schriftleiter selbst das Opfer von Täuschungen geworden sind. Selbst wenn letzteres der Fall wäre, könnten die Schriftleiter nicht entlastet werden, sowohl nach allgemein strafrechtlichen Bestimmungen, als auch mit Rücksicht auf das geltende Schriftleitergesetz, das dem Schriftleiter des nationalsozialistischen Staates eine erhöhte Verantwortung und Gewissenhaftigkeit zur Pflicht macht.

Darüber hinaus lassen Stil und Form der Angriffe so offensichtlich Gehässigkeit und die Absicht der Ehrabschneidung erkennen, dass sie auch in dieser Hinsicht mit dem Geist des geltenden Schriftleitergesetzes unvereinbar sind. Die Masslosigkeit der Angriffe muss aber im vorliegenden Falle gerade den Mann besonders schwer treffen, der in seinem Lebenswerk "Die zeitungspolitische Aufgabe" dem "hemmungslosen Journalismus" die Forderung der "Disziplinierung der Presse" entgegenstellt und damit nach den Ausführungen, die Herr Ministerialrat Dr. Jahnke in seiner Rede bei Gründung der zeitungswissenschaftlichen Vereinigung in Heidelberg machte, "Gedanken entwickelte, die in der neuen Gesetzgebung für die Presse ihren Niederschlag gefunden haben". (Heidelberger Neueste Nachrichten - Heidelberger Anzeiger, Ausgabe vom 19. Februar 1934.)

gez. Dr. Leibrecht
Rechtsanwalt

gez. Heim
Rechtsanwalt

Dieses Gutachten fand den Weg in die Öffentlichkeit und es war eine harte Verurteilung der NS-Pressearbeit. Es war den NS-Behörden gar nicht recht, dass ihre Diffamierungsmethoden so bekannt wurden und sie reagierten einer Diktatur entsprechend – sie erließen gegen Dr. Julius Waldkirch, den Verantwortlichen, einen Haftbefehl wegen „Aufwiegelung der Öffentlichkeit“.

Eine Anschuldigung, die nicht selten mit dem Tod des „Aufwieglers“ endete.

Dr. Julius wurde gewarnt und konnte sich so rechtzeitig ins badische Mannheim absetzen.

Unterdessen hatte er an verschiedenen staatlichen Dienststellen Beschwerdebriefe abgesandt, denn auch er hing der fälschlichen Meinung an, dass die oberen deutschen Staatsstellen nichts von den Machenschaften der unteren Organe wussten.

Im Bewusstsein des normalen Volkes war Adolf Hitler ein gerechter und verantwortungsvoller Ehrenmann, der ja auch vom Ausland voll anerkannt war und viele Staatsmänner als Gäste hatte.

Er hatte seine integre Art ja bewiesen, indem er den bösen SA-Führer Röhm beseitigte und auch sonstige Bösewichte außer Gefecht gesetzt hatte. Er hatte die Arbeitslosigkeit überwunden, die Wirtschaft angekurbelt und Deutschlands Souveränität wesentlich gesteigert.
Er war zwar ein Polterer, aber na ja, sonst ganz in Ordnung und es wird ja nichts so heiß gegessen, wie es gekocht wird.
Die Waldkirch-Affäre wurde so publik, dass die Reichspressekammer in Berlin das Verfahren an sich zog. Der Haftbefehl für Dr. Julius wurde daraufhin bis zum Ende des Verfahrens außer Kraft gesetzt.
Ein paar Monate später, im Januar 1938, eröffnete die Kammer das Verfahren gegen die Waldkirchs.
Die Angeklagten, Geheimrat Dr. h. c. Waldkirch und seine beiden im Betrieb tätigen Söhne Dr. Julius und Dr. Karl, waren bei der Verkündung des Spruches der NSDAP-Richter anwesend.

Das Urteil

Zuerst sah es für die Waldkirchs ganz ordentlich aus, denn die von der „NSZ Rheinfront" erhobenen Vorwürfe und Diskriminierungen wurden als gegenstandslos erklärt.
Aber dann kam der Hammer.
Im weiteren Teil des Urteils wurden alle Waldkirchs aufgrund ihres „**unbeugsamen Widerstandes und ihres Kampfes für eine unabhängige und freie Presse als Parteigegner und Gegenrevolutionäre eingestuft**".
Und anschließend die Konsequenz – Der Presseverlag mit den drei verbliebenen Zeitungen sowie alle weiteren Presseerzeugnisse wurden entschädigungslos enteignet. Die Druckerei, die Maschinen und die Gebäude wurden ebenfalls enteignet, aber es wird dafür eine Entschädigung von etwa von 10 bis 15 Prozent des Wertes vergütet.
Dr. Julius wurde darüber hinaus aus dem Berufsverband ausgeschlossen und erhielt Berufsverbot. Er durfte keine Tätigkeit mehr als Verleger und Schriftleiter ausüben. Dafür wurde der Haftbefehl aufgehoben.
In Ludwigshafen wurde der Spruch der Reichspressekammer konsequent umgesetzt. Die Waldkirchs wurden komplett enteignet.
In Mannheim dagegen wurde nur das „Mannheimer Neue Tageblatt" enteignet und mit der NS-Presse „Neue Mannheimer Zeitung" vereint. Die Druckerei und die Betriebsstätten blieben bei den Waldkirchs, denn die NS-Presse benötigte keinen Herstellungsbetrieb, sie hatte ja schon einen durch die „Neue Mannheimer Zeitung".

Wahrscheinlich hatte die NSDAP auch keine Verwendung für die Waldkirch-Firma, da sie dafür ja eine Entschädigung hätte entrichten müssen und es hätte sicher Arbeitslose gegeben, was der Arbeitsfront nicht recht gewesen wäre.

In der Pfalz gab es zwei verschiedene Presseverlage, einmal den der „NSZ Rheinfront“, über den der Gauleiter Josef Bürckel herrschte und der gegen die Waldkirch-Presse öffentlich agiert hatte und zweitens die „Standarte GmbH“, eine Holdinggesellschaft des Reichsleiters Max Amann, in der er alle konfiszierten Zeitungen zusammenfasste.
In diese Holding gehörte auch die „Saarpfälzische Druck- und Verlagsgesellschaft GmbH“, die schon 1934 die enteignete „Pfälzische Rundschau“ aus dem Hause Waldkirch übernommen hatte und als „NAZ Nationalsozialistische Zeitung“ weiterführte.
Diese „NAZ“, die aufgrund alter Verträge weiter von der Waldkirch-Druckerei hergestellt werden musste, war es die durch Nichtbezahlung der Druckkosten die Waldkirchs finanziell in den Ruin treiben sollte, was aber nicht gelang.
Die durch die Reichspressekammer endgültig enteigneten Presseerzeugnisse, wie „General-Anzeiger“ und die „ASZ Sportzeitung“, sowie die Betriebsstätte, wurden ebenfalls der „Saarpfälzischen Druckerei- und Verlagsgesellschaft“ zugeordnet und unterstanden der Holding „Standarte“.

II. Weltkrieg

Gauleiter Josef Bürckel hätte zwar gerne die Waldkirch-Presse selbst vereinnahmt, konnte sich aber gegen den Reichsleiter Amann nicht durchsetzen. Aber auch so verbreitete sich die „NSZ Rheinfront“, die im Krieg in „NSZ Westmark“ umbenannt wurde, rasant.
Der Name „NZS Westmark“ symbolisierte, dass die Zeitung für den erweiterten Raum Westmark, dem Bürckel nun als Reichsstatthalter vorstand und der Erweiterung nach Lothringen gedacht war.
Dagegen war der Amannsche Pressetrust, in den die enteigneten Zeitungsverlage in Holdings zusammengefasst waren, über ganz Deutschland sowie die im Krieg besetzten Gebiete präsent, wie die „Stellen-Angebote“ zeigen.

STELLEN-ANGEBOTE

Druckerei-Fachkräfte sofort gesucht für Verlage in den besetzten Gebieten.

1. für die **Ukraine**: 3 Handsetzer für Akzidenz, 1 Maschinensetzer, ein Korrektor, 1 Kraftfahrer (Fahrmeister), 1 Photolaborantin für Vergrößerungen, 1 Buchdruckmeister, dem 400 bis 500 Mann unterstehen würden für die Herstellung von Büchern in der Ukraine, 2 Stenotypistinnen, eine Verlagssekretärin, 1 Vertriebsfachmann für Postvertrieb.
2. für **Minsk**: 2 Maschinenmeister, 1 Leiter der Stereotypie, 1 Bürokraft für das Druckereikontor, 1 Leiter der Handwerksbetriebe (Schlosserei, Tischlerei usw.), 1 stellvertr. Buchhaltungsleiter, 2 Redaktionssekretärinnen, eine Buchhalterin, 2 Stenotypistinnen.
3. für **Riga**: 1 stellv. Druckereileiter.
4. für **Kauen**: 3 Maschinensetzer.
5. für **Athen**: 1 Metteur.
6. für **Tromsö** (Nord-Norwegen): 2 Maschinensetzer, 1 Handsetzer, der zugleich als Metteur arbeiten kann.

Interessenten wollen ihre Bewerbung mit kurzgehaltenem Lebenslauf und Lichtbild einreichen an: Saarpfälzische Druckerei, Ludwigshafen a. Rh., Amtsstraße 8.

Federführend war die Saarpfälzerische Druckerei und Verlagsanstalt Ludwigshafen, in die die „Waldkirch-Presse“ integriert worden war, die in den ehemaligen Waldkirchen Betriebsräumen residierte und der Holding „Standarte GmbH“ unterstand.
Diese Zentralisierung der Presse war eine perfekte Gleichschaltung der Nachrichten und der Propaganda.

RHEIN NSZ FRONT

Ludwigshafen a. Rh.

Samstag, 2. September 1939 — AMTSBLATT DES GAUES SAARPFALZ DER NSDAP — Nummer 205

Die ersten Kampfhandlungen in Polen

Deutschlands Gegenaktion

Erfolge auf allen Fronten

Planmäßiges und schnelles Vorrücken unserer Truppen

Die historische Reichstagssitzung

Der Führer in Feldgrau

Die Würfel fielen — Das Volk erkennt die Größe der Stunde

Bei unseren Truppen

Der Vormarsch in geraubtes deutsches Land

Ungarische Maßnahmen

Die Angreifer

Alleinige Verantwortung trägt England

Titelseite der „NSZ Rheinfront" bei Beginn des Zweiten Weltkrieges am 2. September 1939 (gedruckt im enteigneten Hause Waldkirch, Amtsstr. 6-8).

NSZ
WESTMARK
AMTLICHE TAGESZEITUNG DER NSDAP GAU WESTMARK
LUDWIGSHAFEN AM RHEIN – KAISERSLAUTERN – SAARBRÜCKEN – METZ
Größte Zeitung Süddeutschlands
ZENTRALE WERBESTELLE: NSZ-REICHSANZEIGENDIENST, LUDWIGSHAFEN AM RHEIN

Die NS-Presse-Holding „Standarte“ wollte Dr. Julius als einen einfachen Angestellten übernehmen. Sie hoffe dadurch die Belegschaft wegen der Enteignung ruhig zu stellen. Der Waldkirch-Familienrat lehnt aber ab.
Dr. Julius schrieb lediglich einmal im Krieg einen Frontbericht, nur um bei den ehemaligen Mitarbeitern in Erinnerung zu bleiben.
Er war überzeugt, dass der Krieg für Deutschland verloren geht und so die Hoffnung besteht, dass wie er sagte, *„mit den Nazis abgerechnet würde*“. Er sagte weiter *„wir müssen den Krieg nur anständig rum kriegen“*.
Dr. Julius leitete nach der Enteignung die Mannheimer Druckerei. Das durfte er, denn er war ja, so wie es das Gesetz vorschrieb, immer noch in einer NS-Organisation, nämlich der Reiter-SS.
Er handelte aber seiner Natur entsprechend immer wieder als Oppositioneller. Er beschäftige einen Juden, den Herrn Süß, und weitere Halbjuden. Als er zum Kriegsdienst eingezogen wurde, bestellt er den politisch verfolgten und zeitweisen KZ-Häftling Herrn Bernhard Meißner zum Geschäftsführer.
Ein starker Affront gegen die Nazis.
Auch versteckte er in seinem Privathaus die politisch verfolgte Frau Berti Beer, um sie dem Zugriff der Gestapo zu entziehen. Frau Beer und ihr Ehemann bestätigten dies vor der Entnazifizierungskammer.
Auch später als Batteriechef der Schweren Artillerie setzte er seine Opposition fort. Er verhinderte, wie Zeugenaussagen bestätigen, dass Radioübertragungen von Adolf Hitler und anderen Nazigrößen im Rundfunk übertragen, sondern abgeschaltet wurden. Er trat aus der Reiter-SS aus. Nie wurde er von seinen Soldaten angezeigt!

Zum Abschluss noch ein Auszug aus dem Buch „Die Pfalz unterm Hakenkreuz“ aus der „Pfälzischen Verlagsanstalt GmbH“, Landau/Pfalz, herausgegeben von Gerhard Nestler und Hannes Ziegler.
In diesem Abschnitt wird sehr gut das NS-Verlagssystem geschildert, so wie es die Waldkirchs erlebt hatten.

Das NS-Verlagssystem in der Pfalz

Wenn man sich den mühsamen und spektakulären Anfängen der NS-Presse in der Pfalz erinnert, so erstaunt diese Entwicklung, zumal wenn man bedenkt, dass es nach der Machtübernahme Amanns Ziel

gewesen war, die Parteipresse zentral zu kontrollieren. Wie konnte sich Gauleiter Bürckel dem Sog der Amannschen Pressezentrierung entziehen? Wie war es ihm möglich – gleichsam neben dem „Reichsleiter für die Presse" – einen so gewaltigen Pressetrust aufzubauen?
Der Weg der „NSZ-Rheinfront" von einer kleinen Zeitung hin zur publizistischen Großmacht verlief nicht geradlinig. Wie der „Eisenhammer" so wurde auch die „NSZ-Rheinfront" zunächst durch Verbote in ihrer Existenz bedroht. Um die schon latenten finanziellen Schwierigkeiten zu meistern, wandelten die Gauleiter im Frühjahr 1931 die Rhein-NSZ-Front in eine GmbH um. Dann dreht sich der Wind. Die Wahlerfolge der NSDAP und die rabiaten Werbemethoden Bürckels zeigten Wirkung. Nach der Machtergreifung bereicherte sich Bürckel wie die meisten seiner hoffnungslos verschuldeten Gauleiterkameraden bei der Zerstörung der Linkspresse. Als deren Geldforderungen an den Reichskanzler immer dringender wurden, beauftragte Hitler Reichsleiter Amann mit der Reformierung der gesamten Parteipresse. Gauleiter Bürckel entzog sich den Amannschen Zentralisierungsbemühungen, indem er die „NSZ-Rheinfront" mit Sondergenehmigung Hitlers in die „Josef-Bürckel-Stiftung" einbrachte, über deren Erträge er alleine verfügen konnte. Zu diesem Zeitpunkt hatte Bürckel die Anteile der anderen Gesellschafter aufgekauft und zeichnete neben Gerhard Kuhn mit 97% der Anteilsscheine als Hauptgesellschafter der „NSZ-Verlagsgesellschaft Rheinfront GmbH". Schon Mitte der 30iger Jahre war die „NSZ Rheinfront" die größte Tageszeitung Südwestdeutschlands.
Die Methoden mit denen dieses Ziel erreicht worden war, passten zum verbrecherischen Charakter des Regims. Mit gewaltsamem Entzug amtlicher Anzeigen, terroristischer Bedrohung, ungebremsten Werbekampagnen und schlichtem Raub wurden die bürgerlichen Verlage kirre gemacht. „In den Tagen der Revolution wurden ... Zwangsmaßnahmen gegen bürgerliche und neutrale Zeitungsunternehmen durch Einsetzen von Kommissaren, Kündigung von Druckverträgen ohne Rechtsgrundlage, Beteiligungen an solchen Zeitungsunternehmungen durch Erwerb von Geschäftsanteilen unter Zwang, Einsetzung von leitenden Angestellten auf Dienstvertrag usw. usw. ... durchgeführt". Bereits Ende März 1933 forderte der Verlag der „NSZ-Rheinfront" den Beauftragten des Staatskommissariats bei der pfälzischen Kreisregierung in Speyer auf, doch „sämtlichen pfälzischen Zeitungen den amtlichen Charakter zu nehmen und auch bei Strafe zu verbieten, amtliche Bekanntmachungen kostenlos aufzunehmen. Die Bekanntmachungen haben künftig nur noch in unserer Zeitung zu erscheinen".

Gleichzeitig häuften sich die Klagen pfälzischer Tageszeitungen über den Entzug amtlicher Bekanntmachungen. Bürckel tat in seinem Gau genau das, was Amann im großen Rahmen praktizierte: die Bereicherung seines Verlages bzw. seiner Stiftung durch die gezielte Ausschaltung anderer Zeitungen. Natürlich war Bürckel Reichsleiter Amann ein Dorn im Auge, verdarb er ihm doch gründlich das Geschäft. Schon Ende August 1933 hatte Amann „sämtliche Gauleitungen" aufgefordert, die „Auswüchse in den Werbemethoden unserer nationalsozialistischen Zeitung" sofort zu beenden. In der Pfalz hatte er damit keinen Erfolg. Bürckel konnte sich auf Hitlers Sondergenehmigung berufen und dagegen war Amann machtlos.
Die Werbemethoden für die NS-Presse fielen bald dermaßen rabiat aus, dass sich die Staatskanzlei des Reichsstaates veranlasst sah, die Anweisungen des Reichsleiters für die Presse an die Parteidienststellen in Erinnerung zu rufen, wonach die Bezieher in der Lage sein sollten, sich „ihre Zeitung nach ihren persönlichen Wünschen und nach den Leistungen eines Blattes auszusuchen". Der Umstand, dass sich diese Klagen in den folgenden Jahren ständig wiederholten und immer wieder Reaktionen übergeordneter staatlicher Zellen provozierten, zeigten freilich, dass Bürckels Machtposition inzwischen so gefestigt war, dass ihm die Mahnungen aus Berlin und München kaltlassen konnten. Mit seiner „Josef-Bürckel-Stiftung" hatte sich der Gauleiter einen Raum geschaffen, in dem er frei schalten und walten, wo er einfallsreich und rabiat gegen Konkurrenten seiner „NSZ-Rheinfront" vorgehen konnte. Versuche bürgerlicher Verleger sich dieser Pressezerstörung wirksam entgegenzusetzen, machte die politische Machtstellung des Schriftleiters zunichte. Als sich im Sommer 1933 die bürgerlichen Verleger Liesenberg Neustadt, Waldkirch in Ludwigshafen, Thieme Kaiserslautern, Kausler Landau und Deil Pirmasens gegen diese zerstörende Pressepolitik in einer Art publizistischer Selbstschutzorganisation „finanziell, organisatorisch und redaktionell" zusammenschließen wollten, scheiterte dieser Plan, nachdem ein Privattreffen in Ludwigshafen entdeckt und von der „NSZ-Rheinfront" propagandistisch ausgeschlachtet wurde. Ebenso scheiterte ein Versuch Liesenbergs beim bayrischen Innenminister Wagner Unterstützung zu finden, als Bürckel daran gingen, die „Pfälzische Verlagsanstalt" zu übernehmen.
Bis 1936 fielen viele bürgerliche Zeitungen diesem Vernichtungskampf zum Opfer. Am 2. April 1936 übernahm „NSZ-Rheinfront" die katholische „Neue Pfälzische Landeszeitung", nachdem Max Amann erfolglos versucht hatte, sie in eine seiner Auffanggesellschaften zu in-

tegrieren. Im gleichen Jahr wurde der Verlag Liesenberg zum Konkurs gezwungen und von der „NSZ-Rheinfront" übernommen.
Eine Übersicht aus dem Jahre 1937-38 registrierte in der Pfalz nur noch 39 Zeitungen und vier Wochenblätter; die im Gau Saarpfalz erscheinenden Zeitschriften werden mit 34 angegeben. Ende 1938 musste auch der standhafte Geheimrat Waldkirch die Waffen strecken. Am 31. Dezember 1938 wurde sein Verlag enteignet. Hier freilich gelang es Reichsleiter Amann in die Bürckel'sche Herrschaftsbereich einzubrechen. Die „Standarte GmbH", eine Holdinggesellschaft Amanns, für die 1933-34 übernommenen Gauverlage übernahm ... die Majorität an der neu gegründeten „Saarpfälzischen Druckerei- und Verlagsanstalt GmbH", in die der Waldkirch-Verlag überführt wurde. ... In den folgenden Jahren wurden weitere Zeitungen von der „NSZ-Rheinfront" geschluckt.
Was dem einen Ruin und Bankrott brachte, verhalf anderen zu einer wirklich sensationellen Bereicherung. Während der NS-Herrschaft kamen Kuhn und Bürckel zu einem Millionenvermögen – Prachtvillen in Neustadt und Ludwigshafen zeugen davon –, das sich die Herren nicht zuletzt mit dem Vernichtungsfeldzug ihrer „NSZ-Rheinfront" zusammengescheffelt hatten. Auf verschiedenen „Sonderkonten" hatte zudem Gauleiter Bürckel fast eine Million Reichsmark angelegt, was er „vornehmlich zu sozial-politischen und propagandistischen Aktionen" verwendete.
Eine Übersicht über das Presseimperium „NSZ-Rheinfront" zu gewinnen fällt schwer. „Immer neue Gesellschaften entstanden, teils aus den geraubten Betrieben hervorgehend, teils aus Neugründungen aufgezogen, deren einheitliche Kennzeichen ihre Anonymität ist. Diese Gesellschaften waren nun wieder untereinander in einer Weise verschachtelt, dass ein besonderes Studium notwendig wäre, ihre wirklichen Zusammenhänge aufzudecken". Hinzu kam, dass man sich Strohmännern bediente, die beliebig auswechselbar waren.
Die „NSZ-Rheinfront", die ab dem 2. Dezember 1940 „NSZ-Westmark" hieß, und seit August 1940 ihren Sitz in Ludwigshafen hatte, erschienen am 18. März 1945 zum letzten Mal.

Kurioserweise erschien in Kaiserslautern am 20. März 1945 noch eine Auflage.
Der glorreich propagierte Endsieg war verspielt, das Dritte Reich zerbröselt, das Land zertrümmert. Nun hatten die Siegermächte Deutschland fest im Griff und die Aufarbeitung der Schreckensherrschaft begann.

IV. Dokumentation über den Druck der NSDAP zur Arisierung in Ludwigshafen und Mannheim 1933 – 1945

Aus der Sicht und den Erkenntnissen eines liberalen Pfälzer Presse Verlages.

Arisierung

Ludwigshafen: Transkrit Druckerei

Kurz nachdem im Januar 1938 die bürgerliche Waldkirch-Presse ihren Abwehrkampf gegen die NSDAP verloren hatte und der Verlag enteignet worden war, sprachen die Gebrüder Neubauer beim Geheimrat Dr. h. c. Wilhelm Waldkirch vor.
Die Neubauers waren die Inhaber der Ludwigshafener „Transkrit Druckerei", ein Spezialbetrieb für Durchschreibetechnik und damit Kollegen und keine Konkurrenz von Waldkirch. Da sie Juden waren und der Nazidruck immer stärker wurde, sahen sie in Deutschland keine Zukunft mehr für sich und wollten ihre Firma verkaufen. Sie wollten dann nach Amerika auswandern und sich dort eine neue Existenz aufbauen.
Als Kollegen und „Jünger der schwarzen Kunst" waren sie gut mit dem Geheimrat bekannt und so wagten sie es, offen und vertrauensvoll mit ihm zu sprechen.
Sie äußerten sich sinngemäß:

> *„Sehr geehrter Herr Waldkirch, Sie haben bereits Ihren Zeitungsverlag und die Druckerei an die Nazis verloren. Uns Juden droht ein ähnliches Schicksal, wahrscheinlich noch Schlimmeres und so wollen wir unseren Betrieb verkaufen und auswandern.*
> *Sie, Herr Waldkirch, brauchen für sich und Ihre Söhne wieder eine Existenz und so haben wir gedacht, Sie könnten unsere Transkrit Druckerei mit den Gebäuden erwerben und uns helfen in Amerika Fuß zu fassen."*

Transkrit war ein in der Schweiz erfundenes und weltweit patentiertes Druckverfahren. Mit ihm wird ein Durchschreibemedium maschinell auf die Rückseite eines Papierblattes aufgebracht. Damit konnte das lose Kohlepapier ersetzt und darüber hinaus die Stellen an denen nicht durchgeschrieben werden sollte, ausgespart werden. Es war so möglich, Durchschreibe- und Endlossätze, die aus mehreren Blättern bestanden, so herzustellen, dass einzelne Stellen durchschrieben, aber die gleiche Stelle auf den anderen Blättern sich nicht durchdrückte.
Dies war eine große Arbeitserleichterung für die Schreibkräfte, in einem Zug ein mehrblättriges Formular ausfüllen zu können und dabei auch noch saubere Finger zu behalten.
Transkrit war ein konkurrenzloses Verfahren und hatte viele Großkunden wie die Post und die Bahn.

Die Waldkirchs zeigten Interesse und so konnte durch die Vermittlung der Deutschen Bank eine Einigung zwischen dem Verkäufer Neubauer, den Lizenzgebern in der Schweiz und dem Käufer Waldkirch hergestellt werden.
Um diese Dreiecksbeziehung unter einen Hut zu bringen, bedurfte es aber im Dritten Reich einer geheimen Transaktion mit komplizierter Organisation. Der Schweizer gab den Gebrüdern Neubauer die Lizenz für Amerika. Sie brauchten aber auch die Maschinen hierzu und die wurden nur in Deutschland gebaut. Ebenso benötigten sie Startkapital für Amerika.
Der Verkauf von jüdischen Firmen wurde vom NS-Staat genauestens überwacht und der Wert eines zu arisierenden Betriebs auf dem untersten Level festgelegt. Die Beträge wurden dann mit der Reichsfluchtsteuer und einer Devisensteuer mit bis zu insgesamt 96% belegt. Die jüdischen Verkäufer wurden also extrem geschröpft.
Gegenstände wie Waren, Schmuck, Geräte und Maschinen auszuführen, war strengstens verboten. Ab 1939 gab es sogar ein Gesetz, das bei Übertretung dieser Vorschriften die Todesstrafe vorsah. Auch wer Juden half ihre Wertsachen oder Gelder ins Ausland zu bringen, fiel unter dieses Gesetz.
Die Verkaufskonstruktion sah dann so aus:
Die Waldkirchs erhielten die Transkrit-Firma, die Betriebsstätten sowie die Lizenz für Deutschland.
Die Neubauers erhielten neue Transkrit-Maschinen, die die Waldkirchs auf ihre Rechnung kauften und dann in die neutrale Schweiz zum Lizenzgeber, deklariert als einmalige Lizenzgebühr, lieferten. Von dort wurden sie nach Amerika zu den Neubauers verschifft. Die Restzahlung wurde von den NS-Behörden als Kaufpreis akzeptiert und konnte bis auf 45.000 Reichsmark, die der Zoll noch einbehielt, über die Schweiz an die Neubauers bezahlt werden. Die 45.000 Reichsmark wurden zwar im Krieg freigegeben, konnten aber während den Kampfhandlungen nicht weitergeleitet werden.
Die Neubauers erhielten von Waldkirch für ihren kleinen Betrieb etwa das Doppelte an Geldwert als sie selbst vom NS-Staat für die enteigneten Verlags- und Druckereifirma als Entschädigung erhielten. Die Neubauers wurden in Amerika vielfache Millionäre.

Historisch belegbar ist diese Transaktion nicht, denn sie erfolgte illegal und wurde mit hohen Strafen, ja sogar mit dem Tode geahndet. So ist es verständlich, dass hierüber keine Unterlagen existieren.
Die Geschichte erfuhr der Autor von seinem Vater, der Mitwirkender war, und durch Erzählungen des Herrn Neubauer anlässlich des Resolutionverfahrens.

Arisierung

Mannheim: Deutsches Druck- und Verlagshaus

In Mannheim war die Situation eine ganz andere.
Hier wurde durch das „Deutsche Druck- und Verlagshaus Julius Waldkirch & Co.“ (DDV) eigentlich nicht arisiert.
Aber trotzdem fiel die Firma unter das Sequester- und Restitutionsgesetz, weil über mehrere arische Vorbesitzer jüdische Maschinen in den waldkirchlichen Betrieb gekommen waren, wie sich nach dem Krieg und Ende des Dritten Reichs herausstellte.
Waldkirchs hatten 1931 die Mannheimer Druckerei und Verlag „Gengenbach & Hahn AG“ erworben, die auch das „Mannheimer Tageblatt“ verlegten. Dazu gehörten auch die Betriebsräume und Häuser in dem H 2- Quadrat mit den Hausnummern 2, 3 und 13.
1937 übernahm das „Mannheimer Tageblatt“ auch das „Neue Mannheimer Volksblatt“. Die beiden Zeitungen fusionierten und erschienen unter dem neuen Namen „Mannheimer Neues Tageblatt“.

Diese Tageszeitung aus dem Hause Waldkirch musste laut Beschluss der Reichspressekammer 1938 ihr Erscheinen entschädigungslos einstellen. Die Nazis legten dann diese Zeitung mit der sich bereits in ihrem Besitz befindlichen „Neue Mannheimer Zeitung“ zusammen.
Am 27. Mai 1939 fusionierten die beiden Druck- und Verlagshäuser „Gengenbach & Hahn“, das den Waldkirchs gehörte und das „Deutsche Druck- und Verlagshaus Alfred Krug“.
Der neue Betrieb firmierte als „Deutsches Druck- und Verlagshaus Julius Waldkirch & Co.“ (DDV) mit Sitz in H 2, 2-3.
Die haftenden Gesellschafter sind Dr. Julius Waldkirch und Alfred Krug, Dr. Karl Waldkirch ist Kommanditist.
Alfred Krug, der eigentlich Maschinenhändler ist, bringt einige Druckmaschinen und Gerätschaften in den neuen Betrieb mit ein.
Nach dem Krieg stellte sich heraus, dass die von Krug eingebrachten Maschinen ursprünglich aus jüdischem Besitz stammten und so kam das ganze „DDV“ unter Sequester und wurde von einem Treuhänder verwaltet.

Die Geschichte hierzu:
Um 1900 gab es die renommierte Vereinsdruckerei und den Verlag der „Neue Badischen Landeszeitung“, beide in Besitz von Julius Benzheimer.
Nach dessen Tode wurde die jüdische Familientradition von Heinrich Gütermann, einem Neffen, fortgesetzt.
Ab der Machtergreifung der NSDAP ging es dieser bekannten und renommierten Firma wie allen jüdischen Unternehmen, sie wurden boykottiert und bekämpft. Vor allem natürlich die „Neue Badische Landeszeitung“ war den Nazis ein Dorn im Auge.
Heinrich Gütermann versuchte mit arischen Freunden seine Firma zu retten und so gründeten sie 1933 eine Tarnfirma, das „Deutsche Druck- und Verlagshaus GmbH“ (DDV). Gütermann übertrug dem „DDV“ alle Verlagsrechte sowie die Druckerei und die Gebäude am Kaiserring. Seine arischen Freunde wurden die Inhaber und Besitzer, er selbst trat nicht mehr in Erscheinung.
Streng genommen war diese Konstruktion dem Gesetz nach schon eine Arisierung, denn die Deutsche Arbeitsfront erkannte diese Firma (DDV) als arischen Betrieb an. Im Zuge der Pressegleichschaltung und Liquidierung der freien Zeitungen musste die „Neue Badische Landeszeitung“ im Februar 1934 ihr Erscheinen einstellen.
Das „DDV“, seiner Zeitung beraubt, geriet daraufhin immer mehr in Schwierigkeiten.

Nach und nach wurden erst die Verlagsrechte (Juristischer Spezialverlag) veräußert und dann 1937 auch die Druckerei und die Plakatwerbung an Alfred Krug verkauft. Dieser war Druckmaschinenhändler und wollte den Betrieb auflösen und ausschlachten. Die Deutsche Arbeitsfront machte ihm aber einen Strich durch seine Rechnung, indem sie die Liquidation verbot, da sonst die Arbeitsplätze verloren gegangen wären. Alfred Krug musste die Firma also weiterführen und firmierte nun „Deutsches Druck- und Verlagshaus Alfred Krug".
Später gelang es ihm, einige Maschinen zu verkaufen, auch die Druckerei wollte er veräußern, da er als Maschinenhändler nichts von Drucken verstand. In den Waldkirchs fand er dann den Partner, der seinen Betrieb „Gängenbach & Hahn" mit dem „DDV" zusammenlegte.
Am 27. Mai 1993 wurde das neu gegründete Unternehmen als „Deutsches Druck- und Verlagshaus Julius Waldkirch & Cie" (DDV) ins Leben gerufen. Der Sitz waren die Quadrate H 2, 2-3 sowie 13.
Die alten Produktionsräume am Kaiserring blieben im Besitz von Gütermanns Freunden.
Dr. Julius Waldkirch wurde Geschäftsführer und Komplementär, Alfred Krug Komplementär, Dr. Karl Waldkirch Kommanditist, da er ja in Ludwigshafen schon die Transkrit leitete.
Schon kurz vor Beginn des 2. Weltkrieges am 1. September 1939 wurde Dr. Julius Waldkirch als Offizier zur Wehrmacht eingezogen. Als seinen Nachfolger setzte er den Kaufmann Bernhard Meisner als Geschäftsführer ein. Meisner war ein politisch Verfolgter mit KZ-Erfahrung und seine Ernennung damit ein Affront gegen die NSDAP.
Im Krieg wurde von den Nazis aber nichts unternommen und da Meisner wehrunwürdig war, konnte er auf diesem Posten bleiben. Der Betrieb wurde lediglich stärker überwacht.
1940 verkaufte Alfred Krug die in seinem Besitz gebliebene „Plakatwerbung" an Bernhard Meisner.
Und 1941 schied er gegen eine Abfindung aus dem „DDV". Die Waldkirchs waren nun alleinige Eigentümer.

Arisierung

Mannheim: Rheinische Papiermanufaktur Herrmann Krebs GmbH

Der Inhaber der RPM. Dr. Herrmann Israel Rosenfeld wurde 1938 vom Wirtschaftsministerium ultimativ aufgefordert, seinen Betrieb in arische Hände zu übergeben.
Dies war gar nicht so einfach. Die jüdischen Unternehmen mussten ja alle arisiert werden und so gab es sehr viele Angebote bei wenigen Kaufgesuchen.
Auch Rosenfeld hatte Schwierigkeiten, seinen Spezialbetrieb mit etwa 300 Beschäftigten zu verkaufen. Die Papiermanufaktur war auf die Herstellung von Ausstattungspapieren ausgerichtet. Sie lieferte zum Beispiel bedruckte Schrank-, Geschenk- und Einwickelpapiere, Servietten, Tischdecken sowie Hygienepapier usw.
Nach mehreren vergeblichen Versuchen, denn es mussten auch die Industrie- und Handelskammer sowie die Mitarbeiter damit konform gehen, fand sich ein Fachkonsortium zusammen, das das Unternehmen erwerben wollte und mit dem die Belegschaft einverstanden war.
Es waren dies Dr. Robert Volz, vorgesehen als Geschäftsführer, und Komplementär, sowie Dr. Hans Fuchs und Dr. Julius Waldkirch als Kommanditisten.
Das Verkaufsgespräch war nicht ganz einfach, denn den gewünschten Betrag konnten zwei Mitglieder des Konsortiums nicht aufbringen, während die fachlichen Voraussetzungen gegeben waren.
Dr. Volz war als ehemaliger Geschäftsführer der Waldkirch-Firma durch die Enteignung derselben arbeitslos geworden und Dr. Julius Waldkirch durch ebendiese Enteignung von einem Großteil seines Vermögens beraubt worden.
Erst nachdem Rosenfeld etwas von seiner Preisvorstellung abrückte und die NS-Aufsichtsbehörde dies akzeptierte, konnte der Verkauf bzw. Kauf getätigt werden.

V. Dokumentation
über das Ende des verlorenen Krieges und die Restitution arisierter Vermögen
1945 – 1952

Aus der Sicht und den Erkenntnissen eines liberalen
Pfälzer Presse Verlages.

Der Krieg ist aus!

Am 9. Mai 1945, eine Minute nach Mitternacht, trat die von den Vertretern des 3. Reiches (Generaloberst Jodl und Generalfeldmarschall Keitel) unterschriebene bedingungslose Kapitulation in Kraft.

Es ist die Stunde null für Deutschland und die Deutschen

Das Land war zerstört, die Infrastruktur lag am Boden, die Wirtschaft und die meisten Gebäude vernichtet, der Verkehr lahm gelegt sowie die überwiegende Zahl der Fahrzeuge unbrauchbar.

Das zerstörte Ludwigshafen am Rhein nach einem Gemälde von Willi Weber 1947 (im Besitz der Familie). Bild unten Mitte gegenüber der Kirche das Waldkirch-Betriebsgebäude.

Die Menschen hatte keinen Arbeitsplatz und damit auch keinen Verdienst. Sie hatten keine Unterkunft und sie hungerten. Irgendwie versuchten sie, in den Trümmern zu überleben. Auch immer mehr Kriegsteilnehmer, darunter viele Versehrte, kehrten heim und vermehrten die prekäre Situation. Aber auch viele der nun aus deutschen Gefangenen- und Arbeitslagern befreiten Osteuropäer wollten nicht in ihre Heimat zurück, da ihnen dort vom Kommunismus Repressalien drohten, vor allem wenn sie in irgendeiner Form für die Deutschen gearbeitet hatten.
Sie bildeten oft Banden, waren bewaffnet, trieben einen aggressiven Schwarzhandel und holten sich mit Gewalt was sie wollten.
Die Deutschen begannen ihr Land aufzuräumen. Jeder halbwegs brauchbare Mensch musste eine Woche lang ohne Lohn für die Allgemeinheit arbeiten. Der Schutt wurde beseitigt und auf hohen Schuttbergen deponiert, Ruinen eingerissen und die Trümmerfrauen klopften Mörtelreste von den Backsteinen, damit diese wieder verwendet werden konnten.

Dr. phil. Karl Waldkirch
Geschäftsführer und kaufmännischer Leiter
(18. Juli 1902 – 17. März 1988)

Ehemalige Waldkirch-Betriebsräume Amtsstraße 6-8

Die Arbeiter versuchten, ihre Betriebe wieder aufzubauen und so wurden Notdächer errichtet und verschüttete Maschinen und Materialien ausgegraben. Provisorische Stromleitungen wurden verlegt, die ganze Belegschaft war stolz wenn es gelang, irgendein Gerät, das vielleicht aus mehreren kaputten zusammengebaut worden war, instandgesetzt werden konnte. Und oft genug geschah es, dass diese wieder brauchbaren Maschinen dann von den Besatzungsmächten beschlagnahmt und ins Ausland als Reputationsleistung gebracht wurden.
Die Bauern bestellten wie in archaischen Zeiten in Handarbeit ihre Felder und wurden dabei ständig von Blindgängern bedroht und behindert.
Aber eines war bemerkenswert: die Menschen standen in ihrer Not eisern zusammen und über eins waren sich alle klar – es konnte nicht mehr schlechter werden, nur noch besser. Das war die Hoffnung, die die Deutschen am Leben hielt und sie letzten Endes den Wiederaufbau bewerkstelligen ließen. Und alle Waldkirchs waren in dem ganzen Schlamassel mit drin.
Dr. Julius Waldkirch, der älteste Sohn des im Krieg verstorbenen Geheimrats, war aufgrund seiner Mitgliedschaft im zivilen Mannheimer Reiterverein, der im Dritten Reich zur Reiter-SS wurde, von den amerikanischen Siegermächten automatisch ins Interniertenlager Moosburg deportiert worden.
Dort verbrachte er, ohne die Möglichkeit eine Anhörung zu erhalten und ohne dass die amerikanische Lagerleitung auf Eingaben und Anträgen von außen reagierte, eineinhalb Jahre unter erniedrigenden und unmenschlichsten Bedingungen.
Erst seine durch die Kriegsverwundung herrührende Hirnverletzung brachte ihm dann wegen Haftunfähigkeit die Freiheit. Die Mannheimer Spruchkammer bestätigte ihm die aktive Gegnerschaft dem NS-Regime gegenüber und dass er ohne sein Zutun SS-Mann geworden war.
Sein 18-jähriger Sohn Julius Junior war in das Kriegsgefangenenlager Ensdorf und dann Neu-Ulm gekommen. Dr. Karl, der mittlere Sohn vom Geheimrat, war ebenfalls im Lager Neu-Ulm sowie sein Stiefsohn Wolf von Olschewski. Alle drei kamen nach etwa sechs Wochen frei. Dr. Franz, der jüngste Sohn vom Geheimrat, war in einem anderen Lager und wurde auch bald entlassen.
Er war Physiker und Musiker und lebte in Freiburg. Dort war er in der Leitung des Radiowissenschaftlichen Instituts beschäftigt und hat damit mit dem elterlichen Verlag und der Druckerei nichts zu tun, da er lediglich stiller Teilhaber an den Firmen war.

Hilde Waldkirch, die Ehefrau von Dr. Julius, lebte, da sie im Ludwigshafener Haus ausgebombt war, bei ihrer Schwiegermutter Mathilde im Heidelberger Haus.
Die Villa, wunderschön am oberen Teil des Philosophen Weges gelegen, wurde sofort nach der Etablierung der Amerikaner in Heidelberg mit allem Inventar beschlagnahmt und als Casino genutzt. Die Waldkirch-Frauen und die Bekannten, die im Hause Unterschlupf gefunden hatten, mussten es innerhalb von zwanzig Minuten räumen und selbst versuchen, irgendwo unterzukommen. Hilde und Mathilde fanden getrennt eine Bleibe in der Nachbarschaft. Die Frau von Dr. Karl war während des Krieges gestorben.
In Heidelberg gab es viele, viele Flüchtlinge. Sie waren aus aller Herren Länder in die nicht zerstörte Stadt verschlagen worden. Die besten Wohnungen und Häuser waren allerdings von den Amerikanern beschlagnahmt, denn in Heidelberg hatten sie ihr Hauptquartier. Sie hatten ihre Ankündigung, die sie schon im Krieg mit abgeworfenen Flugblättern artikuliert hatten, wahrgemacht. Sie hatten geschrieben, „Heidelberg werden wir schonen, in Heidelberg werden wir wohnen".

Der Wiederaufbau der diversen Waldkirch-Betriebe stand unter keinem guten Stern. Nicht nur, dass sie starke Bomben- sowie Brandschäden aufwiesen und die Gebäude teilweise eingestürzt waren und Maschinen und Geräte unter sich begraben hatten, es traf sie auch voll das von den Alliierten verfügte Restitutionsgesetz.
Nach diesem Gesetz, das unvermittelt nach der Besetzung Deutschlands durch die Siegermächte in Kraft trat, wurden alle im Dritten Reich entzogene und zwangsweise verkauften Vermögen, Häuser und Firmen sowie Maschinen, die aus jüdischem Besitz stammten, unter Sequester gestellt.
Und so fielen die Waldkirch-Firmen auch unter diese Verordnung, denn sie waren ja als Ausgleich für die von den Nazis enteigneten oder zwangsverkauften Verlage und Druckerei neu erworben worden und gehörten irgendwann einmal jüdischen Besitzern. Da sich auch im Deutschen Druck- und Verlagshaus einzelne jüdische Maschinen befanden, fiel auch die gesamte Druckerei unter Sequester. Die Waldkirchs waren Eigentümer und so waren sie jetzt das zweite Mal dran!
Es waren dies in Ludwigshafen die Transkrit Druckerei, in Mannheim die Rheinische Papiermanufaktur an der sie beteiligt waren und das

Deutsche Druck- und Verlagshaus Julius Waldkirch, „DDV“, in dem sich einige Maschinen aus jüdischem Besitz befanden.
Unter Sequester fielen auch alle Firmen, die von den Nazis in irgendeiner Form enteignet oder zwangsgekauft waren und sich im Besitz einer Stadt oder eines Landes befanden. Dazu gehörte auch die alten Waldkirch-Häuser, Verlage und Druckereibetriebe in Ludwigshafen. Der Sequester bedeutete, dass diese Vermögen und Firmen von einem neutralen Treuhänder verwaltet bzw. so lange geführt wurden, bis die Parteien eine Wiedergutmachung herstellen konnten.
Dies bedeutete aber auch, dass die Besitzer und Eigentümer während diese Resolutionverhandlungen liefen, in ihren Firmen nichts zu sagen hatten und auch kein Geld entnehmen konnten, eventuell war es möglich, unter dem geschäftsführenden Treuhänder als Angestellte zu arbeiten. Eine nicht gerade förderliche Konstruktion für einen Wiederaufbau. Aber auch für eine gerechte Wiedergutmachung war es keine einfache Situation – zu vielschichtig waren die finanziellen Verknüpfungen.
Auf der einen Seite die Enteignung oder der erzwungene Verkauf zu einem mickrigen Preis bei jüdischem Vermögen zusätzlich der eventuellen Abschöpfung durch die Reichsflucht – oder Devisensteuer. Auf der anderen Seite die Kriegsschäden, der Wiederaufbau und die Inbetriebnahme der Firmen sowie die Wiedergutmachung mit den entgangenen Gewinnen und der Finanzierung von allem.

Bald lagen die Forderungen gegen die Waldkirchs auf Wiedergutmachung auf dem Tisch.

Ludwigshafen: Wiedergutmachung Transkrit Druckerei

Richard Neubauer, einer der Brüder, reiste extra aus New York an, um die Ansprüche durchzusetzen.
Er ließ durchblicken, dass er diese Forderung hauptsächlich durchführte, um zu vermeiden, dass, wenn sie diese Ansprüche nicht selbst geltend machen würden, laut Gesetz die jüdische Nachfolgeorganisation „JRSO“ an ihr Stelle treten würde. Da wollten sie doch lieber selbst die „Gutmachung“ kassieren, obwohl sie ja vielfache Millionäre seien.
Neubauer ging gleich in die Vollen, er beklagte sich bitter, dass die noch ausstehenden 45.000 Reichsmark, die noch vom Zoll zeitweise beschlagnahmt worden waren und dann bedingt durch den Eintritt Amerikas in

den Krieg auch nicht mehr überwiesen werden konnten, nicht bezahlt worden waren. Er berücksichtigte nicht, dass durch das Sequestergesetz das gesamte Waldkirch-Vermögen und alle Betriebe blockiert waren und so nach dem Krieg auch keinerlei Geld fließen konnte.
Weiterhin hatte er ausgeblendet, dass die Waldkirchs selbst enteignet worden waren und unter Lebensgefahr den Neubauers geholfen hatten, in Amerika Fuß zu fassen.
Die Neubauers waren doch gekommen und hatten ihren Betrieb angeboten, und wenn die Waldkirchs ihn nicht gekauft hätten, wäre er von den Nazis enteignet worden.
Ferner hatten die Waldkirchs sich mit Neubauer auf eine höchst gefährliche weil verbotene Transaktion eingelassen, indem sie den Kaufpreis in Form von Transkrit-Maschinen, die nur in Deutschland gebaut wurden, entrichteten. Die Maschinen wurden in die neutrale Schweiz an den Lizenzgeber des Transkrit-Verfahrens geliefert, der sie dann weiter nach den USA verschiffte. Auch wurde dann der noch über den Maschinenwert hinausgehende Geldbetrag bis auf die beschlagnahmten 45.000 Reichsmark ebenfalls über die Schweiz nach Amerika transferiert.
Fazit: wenn es ums Geld geht, spielt alles keine Rolle mehr.
Neubauer versuchte sogar den Geheimrat als aktiven Nazi hinzustellen und nahm Bezug auf die Kritiken des Geheimrats während des Krieges an den Hasstiraden der alliierten Presse, um eine noch bessere Verhandlungsposition zu erlangen.
Hier machte sogar sein eigener Anwalt, der Justizrat Friedrich Wilhelm Wagner, nicht mehr mit und wies Neubauer zurecht.
Justizrat Wagner war eine bedeutende Persönlichkeit. Bis 1933 war er Abgeordneter des Reichstages, in der Nazizeit emigrierte er aus politischen Gründen und kehrte nach dem verlorenen Krieg wieder zurück. In der Bundesrepublik war er dann Mitglied des Parlamentarischen Rates und maßgeblich an der Erarbeitung des Deutschen Grundgesetzes beteiligt. Er war Bundestagsabgeordneter und Vizepräsident des Bundesverfassungsgerichtes in Karlsruhe. In Ludwigshafen war er Fraktionsvorsitzender der SPD und Ehrenbürger der Stadt und war auch Träger des Großen Verdienstkreuzes der Bundesrepublik Deutschland. Justizrat Wagner war Freimaurer und gehörte der Mannheimer Loge „Carl zur Eintracht" an. In Ludwigshafen war er Gründungsmitglied der Freimaurerloge „Pylon zur Leuchte am Rhein".
Neubauers Forderungen als Wiedergutmachung waren horrend. Dr. Karl Waldkirch als Verhandlungsführer, Dr. Julius befand sich noch im Interniertenlager, fand die Forderung der Neubauers empörend und war nicht bereit, sie als Vergleich zu akzeptieren.

Nachdem Dr. Julius entlassen worden war und auch die Spruchkammer ihn rehabilitiert hatte, versuchte er mit Neubauer einen Konsens zu finden.
Er sah in etwa so aus; die Transkrit bleibt im Waldkirch-Besitz und die Geldforderung hätte ohne Zinsen in vielen Jahren abgezahlt werden können, die Transkrit als Monopolbetrieb wäre ohne weiteres in der Lage gewesen, diese Beträge zu verdienen.
Dr. Karl lehnt diesen Kompromiss aber ab und so kam das Gesetz zum Tragen; die Transkrit und die Betriebsräume mussten an die Neubauers, ohne Berücksichtigung des schon einmal bezahlten Betrages, zurückgegeben werden, plus einem hohen Betrag für entgangenen Gewinn und einer Entschädigung.
Die Neubauers verkauften die Transkrit-Firma dann an die Inhaber des „Rheinpfalz Verlages", die damit einen Formularverlag und eine Druckerei betrieben. Die Brüder Neubauer hatten ein riesiges Geschäft gemacht, ihren Betrieb zweimal verkauft sowie eine Entschädigung und entgangenen Gewinn ohne eigene Arbeit zu leisten, erhalten. Die Waldkirchs hatten wieder das Nachsehen.
Zum Abschluss der Verhandlungen gab Richard Neubauer Julius Waldkirch Junior, der gerade seine eigene Druckerei neu gründete, das Versprechen „wenn er in irgendeiner Form Hilfe oder Unterstützung benötige, so würde er sie ihm geben, andernfalls dürfe er ihn beschimpfen". Einmal wieder in Amerika reagierte Neubauer nicht auf Briefe und Telefonanrufe, das Versprechen wurde nicht gehalten.

Mannheim: Wiedergutmachung Deutsches Druck- und Verlagshaus Julius Waldkirch (DDV)

Heinrich Gütermann wurde durch seinen Anwalt vorstellig und wollte die Herausgabe seiner ehemaligen Maschinen und eine Entschädigung für entgangenen Gewinn.
Obwohl er bereits 1933 mit seinen arischen Freunden eine Scheinfirma geründet hatte die als arischer Betrieb galt, war dieser Betrieb mit den Jahren in wirtschaftliche Schwierigkeiten gekommen. Der Konkurs drohte. Aus diesem Grunde wurde an den arischen Maschinenhändler Alfred Krug verkauft. Dieser brachte diverse Maschinen und Geräte im Mai 1939 in das neugegründete „DDV" als seine Einlage ein, im Krieg schied er aus dem „DDV" aus. In dem Waldkirch-Betrieb standen nun die ehemaligen aus jüdischem Besitz stammenden Druckmaschinen. Laut Resti-

tutionsgesetz stand Gütermann auch in diesem Falle eine Wiedergutmachung zu.
Wer die jüdischen Werte besaß, war dran, auch wenn sie durch mehrere arische Hände gegangen waren und keiner arisiert hatte.
So wurde auch über das ganze „DDV“ die Treuhänderschaft verhängt und nicht nur über die betreffenden Maschinen, sondern über die ganze Firma, um für Gütermann eine Sicherstellung zu gewährleisten.
Gütermann drängte zuerst auf eine Herausgabe der Druckmaschinen, die er dann weiterverkaufen wollte.
Dieses hätte aber in der Phase des Wiederaufbaus bedeutet, dass der Betrieb stark hätte verkleinert werden müssen und viele Arbeitsplätze verloren gegangen wären. Auch bestand die Gefahr, dass durch das Herausnehmen der Maschinen der Restbetrieb unrentabel geworden wäre und dadurch in die Insolvenz hätte geraten können. Der Betriebsrat mischte sich ein und trat aufs Schärfstes gegen eine Rückerstattung in dieser Form ein.
Gütermann zeigte sich allen Argumenten gegenüber uneinsichtig und so begann ein langes Gutachterscharmützel um den Wert der „arisierten“ Maschinen.
Der Gutachter von Waldkirch, Prof. Dr. Sieber und der Gutachter von Gütermann lagen Welten auseinander und so zog sich das Restitutionsverfahren bis in den Sommer 1952 hin.

Unterdessen war das Finanzamt auf den Plan getreten. Es hatte festgestellt, dass der Geschäftsführer, der ab dem Krieg auch als Treuhänder fungierte, Bernhard Meisner, seit 1939 keine Bilanzen mehr gefertigt hatte und so die bezahlten Steuern von ihm nur geschätzt worden waren. Das „DDV“ wurde jetzt vom Finanzamt eingeschätzt und man hat noch nie vernommen, dass eine Steuerschätzung zugunsten des Steuerzahlers ausfiel.
Die Forderung von Gütermann und die Forderung des Finanzamtes konnten die im Dritten Reich enteigneten Waldkirchs nicht stemmen. So musste ein großer Kredit aufgenommen werden. Eine Großbank war bereit ihn zu gewähren, aber nur gegen hohe Zinsen und der Bedingung, dass einer ihrer Angestellten im „DDV“ als zweiter Treuhänder und zweiter Geschäftsführer zuständig für alles was die Bank betraf, eingestellt wurde.

Die Waldkirchs mussten in den sauren Apfel beißen und so kam Herr Laux hinzu.

In der Zwischenzeit, Ende 1945, war gegen Dr. Julius Waldkirch, der sich noch im Interniertenlager befand, eine Kampagne angelaufen, um ihn aus seiner Firma, dem „DDV“ hinauszudrängen.
Die Begründung war; er sei aufgrund seiner (automatisch erfolgten) Mitgliedschaft in der Reiter-SS eine Belastung für die Firma. Ein Brief, den der technische Betriebsleiter G. M. Hartmann an Dr. Julius ins Lager schrieb, zeigt diese Bestrebungen an.

Heidelberg, 9. Januar 1946

Sehr geehrter Herr Dr. Waldkirch!

Siewerden in grosser Sorge sein wegen Ihres Betriebes. Ich will versuchen, Ihnen in grossen Zügen die Lage zu schildern.

Geschäftlich steht der Betrieb ausgezeichnet. Es ist zur Zeit Arbeit in rauhen Mengen vorhanden. Die Belegschaftsstärke schwankt zwischen 130–140 Personen, die voll beschäftigt sind.

Mit grosser Freude hörte ich von Ihrer Gattin, dass es Ihnen gesundheitlich gut geht. Wenn wir bei unserem letzten Zusammensein in Heidelberg geahnt hätten, dass das Ende so schnell kommt, hätten Sie besser gleich zu Hause bleiben können.

Etwas weniger gut halte ich die Entwicklung in der Geschäftsführung. Die anfänglich ganz ausgezeichnete Zusammenarbeit zwischen Herrn M. und mir hat leider etwas gelitten, in der Hauptsache wohl deswegen, weil Herr Dr. C . es nicht allzu gerne sieht, dass ich in alles eingeweiht werde. Ich schliesse das zum Teil daraus, dass ich schon seit längerer Zeit zu keinen Besprechungen hinzugezogen werde und dann eben immer auf das angewiesen bin, was mir später mitgeteilt wird. Das hat mich allerdings nicht davon abgehalten, meine Meinung zu äussern, wenn es mir nötig schien. Vielleicht macht man mir den Vorwurf, dass ich ab und zu Ihre Gattin aufsuche und sie informiere, soweit es mir möglich ist. Man betreibt scheinbar energisch einen Wechsel in der Betriebsführung, wenigstens so weit es Sie angeht. Und da man mich als Ihren Vertrauensmann ansieht, hält man es für besser, wenn ich manches nicht weiss. Um nun zu vermeiden, dass etwas geschieht, was gegen Ihre Interessen verstösst, habe ich Ihrer Gattin vorgeschlagen, zu versuchen, einen Art Treuhänder einzusetzen, der über alles informiert werden muss, vielleicht über den Weg einer gemeinsamen Prokura mit dem jetzigen Geschäftsführer. Die Vollmacht, die Sie mir seinerzeit ausstellten, hat ja leider gar keinen Wert, da sie nur in Kraft tritt, wenn Herr M. abwesend ist.

Die Lizenzverweigerung hat meines Erachtens in keiner Weise etwas mit der Druckerei und Ihrer Person ~~etwas~~ zu tun. (Ich nehme dabei an, dass Sie schon unterrichtet sind, dass wir bis heute vergeblich auf die Lizenz für Buch- und Zeitschriftenverlag warten.) Dieses Nichterteilen der Lizenz ist vor allem deshalb bedauerlich, weil es mir in den letzten Monaten gelungen ist, ausgezeichnete Autoren zu gewinnen. Ein Teil dieser Männer hat sich sehr stark bei der Militärregierung für uns eingesetzt. Einer der Herren, der früher zu den massgebendsten Politikern zählte und auch heute wieder zählt, ging persönlich mit mir zu den amerikanischen Herren und erklärte, dass er sich mit seiner Person voll und ganz hinter mich stelle, um damit eine Lizenz zu erreichen, aber auch das war ohne Erfolg. Wie ich jetzt erfahren habe, wird sie Dr. C. sicher auch nicht bekommen.

Ihrer Frau Gemahlin schlug ich noch vor, sich mit Herrn Dr. Zutt in Verbindung zu setzen, vor allem auch wegen des geforderten Verkaufes Ihrer Anteile, der meines Erachtens weder nötig noch angebracht ist, denn von der Druckerei selbst hat bis heute noch niemand etwas gewollt. Selbst wenn Ihre politische Lage ungeklärt wäre, könnte bis zur Klärung immer noch ein Treuhänder eingesetzt werden.

Mit der Hoffnung, dass ein unvorhergesehener Vorfall Ihre Entlassung beschleunigt und wir Sie hier recht bald begrüssen können, verbleibe ich mit den herzlichsten Wünschen für Ihr persönliches Wohlergehen

Ihr G. M. Hartmann

Am 2. Januar 1946 schrieben die Anwälte von Dr. Julius einen Brief an seine Frau und legten den Durchschlag eines Schreibens an das „DDV" bei.

RECHTSANWÄLTE

PROF. DR. GEILER DR. ZUTT

Frau
Dr. Julius Waldkirch
HEIDELBERG
Philospphenweg 5a

FERNSPRECHER: MANNHEIM 40342
HEIDELBERG 3902

KONTEN: DEUTSCHE BANK, MANNHEIM · POSTSCHECK: KARLSRUHE i. B. NR. 19626

MANNHEIM, DEN
L 5, 1
HEIDELBERG, DEN 2.1.1946
RIEDSTR. 4
Z/Ro.

Sehr verehrte gnädige Frau!

Das Deutsche Druck- und Verlagshaus Julius Waldkirch & Cie. in Mannheim schreibt mir unter dem 27. Dezember 1945 wie folgt:

"Gleichzeitig kommen wir zurück auf die mit unserem Herrn Meissner gehabte persönliche Unterredung über die Ausscheidung des Herrn Dr. Julius Waldkirch aus der Firma. Bei der Unterhaltung erklärten Sie s. Zt., dass Sie sich mit Frau Dr. Waldkirch in Verbindung setzen wollten und uns dann Vorschläge unterbreiten."

Ich habe wie in der Anlage darauf geantwortet und hätte Sie gerne gelegentlich einmal gesprochen.

Mit vorzüglicher Hochachtung!

Rechtsanwälte
Prof. Dr. Geiler, Dr. Zutt
durch:

(Dr. Zutt, Rechtsanwalt)

1 Anlage

Rechtsanwälte
Mannheim L 5, 1
Fernsprecher 23562-[illegible]

Firma
Deutsches Druck- und Verlagshaus
Julius Waldkirch & Cie.

MANNHEIM
Postfach 181

2. Januar 1946

Z/Bo.

Ihr Schreiben vom 27. Dezember 1945 haben wir erhalten und legen Ihnen bezüglich des Honorars von RM 150.-- eine spezifizierte Aufstellung bei.

Bei der Besprechung, die ich mit Herrn Meissner hatte, war nicht die Rede davon, dass ich mich mit Frau Dr. Waldkirch wegen eines Ausscheidens des Herrn Dr. Julius Waldkirch zu unterhalten hätte, sondern es wurde nur davon gesprochen, dass wenn ein solches Ausscheiden in Frage komme, mit Frau Julius Waldkirch verhandelt werden müsse, dass man aber eine solche Verhandlung besser zurückstelle bis der Mann, also Herr Dr. Julius Waldkirch, selbst zugegen sei. Ein solches Vorgehen ist auch deshalb sachlich gerechtfertigt, weil bis zur Stunde weder Frau Dr. Waldkirch noch ich über die Modalitäten eines Ausscheidens des Herrn Dr. Julius Waldkirch aus der Gesellschaft unterrichtet wurde.

Mit vorzüglicher Hochachtung!

Rechtsanwälte
Prof. Dr. Geiler, Dr. Zutt
durch:

(Dr. Zutt, Rechtsanwalt)

Auch hier wird das Ausscheiden reflektiert. Julius Waldkirch jr., der in dieser Zeit im „DDV“ eine Buchdruckerlehre absolvierte, setzte sich um Klarheit zu gewinnen, persönlich mit den zuständigen Behörden in Verbindung. Er erfuhr, dass diese Bestrebungen, seinen Vater Dr. Julius aus der Firma hinauszudrängen, nicht von ihnen ausgingen. Sie betonten, dass die nominelle Mitgliedschaft in der Reiter-SS (die ja im Nürnberger Kriegsverbrecherprozess freigesprochen worden war) keinen Grund für eine Verlagslizenzverweigerung sei. Die Verzögerung habe organisatorische Gründe und betreffe alleine die Treuhänderschaft und die Undurchsichtigkeit des „DDV“. Diese Auskunft und der Besuch waren den Drahtziehern und Befürwortern eines Ausscheidens von Dr. Julius gar nicht recht und so wurde dagegengehalten. Der von Dr. Karl für die Lizenzerteilung beauftragte Steuerberater Dr. Klavehn-Berndt schrieb diesbezüglich einen Brief an den persönlichen Anwalt und Freund Dr. Adolf Heim von Dr. Julius.

Dr.rer.pol. Klavehn-Berndt
Steuerberater
Sprechstunden:
möglichst nur nach telefon. Vereinbarung
Postscheck-Konto: [illegible]
Bank-Konto:
Deutsche Bank Mannheim, Depositenkasse
Heidelberger Straße
Erfüllungsort Heidelberg
Telefon Nr. 4196
Postschließfach Nr. 457

Dr. Kl/Bu.

31

Heidelberg, den 18. Mai 1946.
Untere Neckarstr. 17.

H e r r n
Rechtsanwalt Dr. Adolf H e i m ,
per Adresse Deutsches Druck- und Verlagshaus Julius W a l d k i r c h,
(17a) M a n n h e i m

Sehr geehrter Herr Dr. H e i m !

Ich behandle die Lizenzangelegenheit Mannheim für die Firma Waldkirch von Anfang an.

Die zunächst sehr guten Aussichten sind m.E. durch das Verhalten von Frau Hilde Waldkirch und Ulli Waldkirch ausserordentlich ungünstig beeinflusst worden, sodass ich heute die allergrössten Bedenken habe für die Zukunft der Firma.

Ich sehe mich daher veranlasst, Sie davon in Kenntnis zu setzen und bitte Sie, doch dafür Sorge tragen zu wollen, dass das stark geschäftsschädigende Verhalten der Vorgenannten umgehend abgestellt wird.

Mit vorzüglicher Hochachtung !

Dr. Klavehn-Berndt.

Die Auskünfte erfolgen nach bestem Wissen und mit größter Sorgfalt; eine Haftung für die Richtigkeit und den Erfolg der mitgeteilten Richtlinien und Rechtsauffassungen kann nicht übernommen werden.

Dr. Julius Waldkirch war wegen seiner im Krieg erlittenen Kopf- und Hirnverletzung haftunfähig geworden und Anfang 1947 vorzeitig aus dem automatischen Arrest entlassen worden.
Am 30. Juli 1947 stufte ihn die Spruchkammer Mannheim als Entlasteter ein. Die Richter bescheinigten ihm eine „aktive Gegnerschaft gegen den Nationalsozialismus und dass er trotz seiner formellen Zugehörigkeit zu einer Gliederung der NSDAP, der Reiter-SS, nach dem Maße seiner Kräfte aktiven Widerstand geleistet und dadurch Nachteile erlitten hatte. .... Der Betroffene hat seinen Widerstand auch dann noch fortgesetzt, als er zur Wehrmacht einberufen worden war.“
Nach diesem sehr ausführlichen und auf alles eingehenden Spruch der Kammer konnte niemand mehr versuchen, Dr. Julius aus seiner Firma mit haltlosen Behauptungen hinauszudrängen.

Franz v. Rebay porträtiert Julius Waldkirch im Interniertenlager Moosburg.

Spruchkammer Mannheim III — Den 30.Juli 1947

Aktenzeichen: 56/S.J./48/19054

Ausfertigung

Spruch

Auf Grund des Gesetzes zur Befreiung von Nationalsozialismus und Militarismus vom 5. März 1946 erläßt die Spruchkammer, bestehend aus

1. dem Vorsitzenden: Rechtsanwalt Schubert
2. den Beisitzern: Josef Bock, Hermann Heyer, Maria Schach

gegen Dr. Julius Waldkirch (Vor- und Zuname), Druckereibesitzer (Beruf)

27.1.1898 (Geburtstag), Heidelberg, Philosophenweg 5a (Anschrift)

im schriftlichen Verfahren — ~~auf Grund der mündlichen Verhandlung~~ folgenden

SPRUCH:

Der ~~(die)~~ Betroffene ist Entlasteter

~~Es werden ihm (ihr) folgende Sühnemaßnahmen auferlegt:~~

Die Kosten des Verfahrens trägt ~~der (die) Betroffene~~ — die Staatskasse.

Streitwert ./. RM.

gez. Schubert, Bock, Heyer, Schach

~~BEGRÜNDUNG:~~

Vorstehender Spruch ist rechtskräftig.

Ausgefertigt: Mannheim, den 11.11.47.

Geschäftsstelle der Spruchkammer.

Spruchkammer Geschäftsstelle Mannheim

L. Nr. 13h - Spruch der Kammer - O/1023 - 10. 47 - 100 000

Spruchkammer Mannheim III

Akt.Z: 56/SJ/48/19o54.

Ausfertigung

den 3o.Juli 1947.

Vorstehender Spruch - Sühnebescheid ist rechtskräftig geworden.
Mannheim, den 10. Okt. 1947
Geschäftsstelle der Spruchkammer:
Helsen
Der Geschäftsstellenleiter

Spruchkammer Geschäftsstelle Mannheim

S p r u c h :

Auf Grund des Gesetzes zur Befreiung von Nationalsozialismus und Militarismus vom 5.März 1946 erlässt die Spruchkammer, bestehend aus:

1. dem Vorsitzenden: Rechtsanwalt S c h u b e r t .
2. den Beisitzern: Josef Bock, Hermann Meyer, Maria Schach.

gegen Dr.Julius W a l d k i r c h Druckereibesitzer.
geb. am: 27. 1. 1898. wohnh. Heidelberg. Philosophenweg 5 a.

im schriftlichen Verfahren folgenden

S p r u c h :

Der Betroffene ist Entlasteter.
Die Kosten fallen der Staatskasse zur Last.

B e g r ü n d u n g :

Der Betroffene ist verheiratet und war vor 1933 Verlagsleiter und Geschäftsführer des Verlages und der Druckerei Waldkirch in Mannheim - Ludwigshafen. Im Jahre 1938 wurde ihm sein Rang als Verleger entzogen und er war nur noch Geschäftführer einer Druckerei. Sein Einkommen kann der Betroffene wegen Vernichtung sämtlicher Unterlagen nicht angeben. Nach Auskunft des Finanzamtes betrug es im Jahre 1943 rund RM 25.ooo.-. im Jahre 1945 rund RM 12.ooo.- während sein steuerpflichtiges Vermögen am 1.1.194o vom Finanzamt mit RM 169.ooo.- angegeben wird.

Der Betroffene war Mitglied des SA-Reitersturmes seit 1933, der im Jahre 1934 geschlossen in den Reitersturm der SS übernommen wurde. Er hatte darin ab 1936 den Rang eines Hauptscharführers. Der NSDAP gehörte der Betroffene seit dem 1.5.1937 an.

Gemäss Teil A Anhangs zum Gesetz E II, 2 und als Gesellschafter und Geschäftsführer der früher in Ludwigshafen befindlichen Julius Waldkirch G.m.b.H. und des pfälzischen Zeitungsverlages G.m.b.H. auch nach M II, lo, gehört er daher in den Personenkreis der Klasse II und es wird von ihm vermutet, dass er mindestens einen der Tatbestände der Artikel 7 - 9 des Gesetzes verwirklicht hat.

b.w.

Der Betroffene macht geltend, dass er seit 1933 bis zum Kriegsende ununterbrochen nach dem Mass seiner Kräfte aktiven Widerstand geleistet und dadurch erhebliche Nachteile erlitten habe. Im Jahre 1940 habe er seinen Austritt aus der Reiter-SS erklärt. Dieser sei er nicht freiwillig beigetreten, sondern habe als früheres Mitglied des Reitervereines seine Uebernahme zunächst in die Reiter-SA deshalb nicht abgelehnt, weil er ohnehin als bekannter Gegner der NSDAP öffentlich bekämpft wurde und durch eine derartige Ablehnung seine Stellung nicht noch mehr gefährden wollte. Er beantragt deshalb, ihn in die Gruppe der Entlasteten einzureihen.

Die Kammer ist auf Grund des vorliegenden Beweismaterials und in Uebereinstimmung mit dem öffentlichen Kläger zu der Ueberzeugung gelangt, dass der Betroffene die gegen ihn sprechende Vermutung widerlegt und weiterhin die sämtlichen Voraussetzungen des Artikels 13 des Gesetzes bewiesen hat. Die amtlichen Ermittlungen ergaben zunächst, nichts Nachteiliges, bestätigen aber die Darstellung des Betroffenen wonach er und der väterliche Verlag fortgesetzten Angriffen der NSDAP ausgesetzt waren. Das umfangreiche übrige Beweismaterial , Erklärungen des Oberregierungspräsidenten Dr.Eichenlaub, Prälaten Walser, RA. Hauck, RA. Heim, des Bernhard Meissner, des Betriebsratsmitglieds Kuhn, des Maschinenmeisters Nagel, des Bürgermeisters Lenhard, des Dr.Volz und des Dr.Goldschmit, RA. Dr.Zutt, Bürgermeisters Reichert, Hugo Menzel und Frau Menzel, des RA. Fendrich, Emil Angstmann und des Verlagsdirektors Paul ergaben folgenden Tatbestand:

Der Betroffene war seit 1924 Geschäftsführer und verantwortlicher Leiter des väterlichen Zeitungsverlages in dem die "Pfälzische Rundschau" und der "Generalanzeiger Ludwigshafen" erschienen. Die Zeitungen vertraten die Politik Stresemanns. Mit dem Erstarken der NSDAP führten diese Blätter unter Leitung des Betroffenen einen heftigen Kampf gegen die Nationalsozialisten. Eine von dem damaligen Gauleiter Bürkel verbreitete Verleumdung führte zu einer Beleidigungsklage gegen diesen, die aber offenbar auf Grund der Amnestie des Jahres 1933 nicht weitergeführt werden konnte. Die NSDAP , insbesondere die Gauleitung,versuchte nunmehr unter stärkstem Druck die Druckerei Waldkirch zu zwingen, die nationalsozialistische Gauzeitung in ihrem Betriebe herzustellen. Der Betroffene lehnte stets ab. Darauf erfolgten zunächst Boykott-Massnahmen. Gleichzeitig mit der Verfügung eines Aufrufes des Gauleiters gegen alle nicht nationalsozialistisch beherrschten Zeitungen wurde der Betroffene und sein Bruder unter Drohung mit der SA gewaltsam aus dem Betriebe entfernt und es wurde ihnen verboten, ihr eigenes Zeitungs-Gebäude zu betreten. Anstelle der ~~xxxxxxxxx~~ bisherigen Leitung setzte die NSDAP Kommissare ein, wie sich aus den abschriftlich vorgelegten Protokollen über diese Vorgänge ergibt. Der energischen Gegenwehr des Betroffenen gelang es, dieses gegen ihn verhängte Verbot später wieder rückgängig zu machen. Er konnte aber nicht mehr verhindern, dass ihm in der Folgezeit eine von ihm herausgegebene Zeitung "Pfälzische Rundschau" genommen und in das Eigentum des Parteiverlages überführt wurde. Der Titel der Zeitung wurde in "Neue Abendzeitung " geändert.Damit nicht genug schädigte nunmehr der Parteiverlag die Druckerei Waldkirch dadurch, dass er bewusst die Druckkosten für diese "Neue Abendzeitung" an die Firma Waldkirch nicht bezahlte und schliesslich die Druckerei-Firma unter Drohungen zwang, auf die Bezahlung von Druckrechnungen in Höhe von Rund RM 100.000.- zu verzichten.
Der damalige Verlagsdirektor Paul durchschaute das Verhalten der NSDAP und des Parteiverlages sehr bald, weigerte sich, weiter in dieser rechtswidrigen Weise gegen die Druckerei Waldkirch vorzugehen und wurde alsbald seines Postens fristlos enthoben. Gegen Ende 1937 holte dann die NSDAP zum Hauptschlag gegen den Betroffenen aus. In der Parteipresse und in öffentlichen Kundgebungen wurde die Ausschliessung der Familie Waldkirch aus dem deutschen Zeitungswesen gefordert. Als der Betroffene in seinem "Generalanzeiger" eine Erwiderung veröffentlichte, erging gegen ihn Haftbefehl, dessen Vollstreckung sich der Betroffene nur durch Flucht entziehen konnte. Im Anschluss an das bisherige öffentliche Vorgehen gegen den Betroffenen wurde bei der Reichspressekammer und im Verband der Zeitungsverleger ein Verfahren gegen die Gebrüder Waldkirch eingeleitet und dem

Ergebnis, dass die Familie Waldkirch gezwungen wurde, ihren gesamten Zeitungs- und Druckereibetrieb in Ludwigshafen und das Mannheimer Tageblatt in Mannheim an die Partei abzugeben, weil die massgebenden Parteistellen die Familie als Gegenrevolutionäre und Parteigegner erklärt hatten. Ausserdem wurde der Betroffene aus dem Berufsverband ausgeschlossen und ihm damit die bisherige Ausübung des Verlegerberufes unmöglich gemacht. In der gleichen Weise wie gegen die Ludwigshafener Zeitungen war die Partei gegen das im Besitz der Familie befindliche Mannheimer Tageblatt vorgegangen. Auch diese Zeitung wurde ihr entzogen. Um den völligen wirtschaftlichen Ruin zu verhindern wurde der Restbetrieb mit dem Deutschen Druck- und Verlagshaus zusammengelegt und nur noch eine Akzidenzdruckerei aufrecht erhalten. Das genügte aber noch nicht. Die Leitung der enteigneten Ludwigshafener Blätter versuchte auch noch, den Restbetrieb dadurch zu schädigen, dass ein Prokurist wegengagiert werden sollte. Als das nicht gelang, versuchte man während des Krieges, den gesamten Mannheimer Betrieb stillzulegen. Gegen diese Stillegunsgbefehle setzte sich der Betroffene zur Wehr und nur die damaligen Fliegerangriffe brachten es mit sich, dass der Restbetrieb nicht mehr stillgelegt werden konnte.

Allein diese Vorgänge zeigen, dass der Betroffene als aktiver Gegner des Nationalsozialismus bekannt war. Er hat sich gegen die Massnahmen der Partei nicht zur Wehr gesetzt, um seine Existenz zu sichern, sondern um wenigstens im Erscheinungsgebiet seiner Zeitungen eine einigermassen freie und demokratische Presse aufrecht zu erhalten. Wenn es ihm nur um Sicherung der Existenz und seiner Einkünfte gegangen wäre, hätte er gerade umgekehrt nur den ursprünglichen Forderungen der NSDAP nachzukommen brauchen.

Bei dieser Sachlage konnte der Betroffene ohne eine ganz erhebliche Gefahr einzugehen damals weder die Uebernahme in den Reiter-Sturm ablehnen, nach die Uebernahme in die Partei, da sich der Kampf des Betroffenen ~~gegen die Nationalsozialistische Presse gerade in den Jahren 1937/38 auf~~ dem Höhepunkt befand.

Der Betroffene hat dann aber im Jahre 1940 seinen Austritt aus der SA erklärt und seit etwa Sommer 1939 keine Parteibeiträge mehr bezahlt. Wenn er sich deswegen nur als Parteianwärter bezeichnet, so findet das im Gesetz keine Stütze, da er niemals seinen Austritt aus der Partei erklärte und über 2 Jahre lang Beiträge zahlte, auch ein rechtzeitiger Ausschluss aus der Partei nicht erfolgte, ist er tatsächlich Parteigenosse gewesen. Die Kammer muss aber berücksichtigen, dass er es ohne seinen Antrag geworden ist, und dass aus den zahlreichen von ihm vorgelegten Zeugnissen eindeutig und überzeugend hervorgeht, dass der Betroffene stets ein ausgesprochener und aktiver Gegner des Nationalsozialismus gewesen ist.

Der Betroffene hat seinen Widerstand auch noch fortgesetzt, als er zur Wehrmacht einberufen war. Bei dem Gemeinschaftsempfang seiner Batterie in der Weihnachtszeit 1941 erklärte er während der Uebertragung einer Rede Hitlers laut und vor versammelter Mannschaft, dass das Radio abgestellt werden solle, er könnte diese Ausführungen nicht mehr weiter anhören. Der Betroffene hat also indem er seine Zeitung , solange sie ihm noch nicht weggenommen worden war, entgegen den ausdrücklichen Wünschen der NSDAP weiter in demokratischem Sinne der Pressefreiheit führte, indem erablehnte, nationalsozialistische Zeitungen in seinem Betriebe zu drucken, und erst nachgab, nachdem ihm eine seiner Zeitungen weggenommen worden war, trotz seiner formellen Zugehörigkeit zu einer Gliederung der Partei und später der Partei selbst, nach dem Mass seiner Kräfte aktiven Widerstand geleistet und dadurch Nachteile erlitten. (Art. 13).

b.w.

Die von ihm nicht herbeigeführte Verbindung mit der NSDAP löste er dadurch, dass er im Sommer 1939 keine Beiträge mehr bezahlte. Er glaubte damit die bestehende "Anwärterschaft" beendet zu haben, erklärte aber folgerichtig im Jahre 1940 nunmehr seinen Austritt aus der SS.

Der Betroffene war daher, trotz seiner formellen Belastung als Entlasteter zu erklären. Die Kosten des Verfahrens fallen der Staatskasse zur Last.

gez. Schubert, Bock, Heyer, Schach.

Ausgefertigt: Die Geschäftsstelle der Spruchkammer Mannheim

Mannheim, den 29.8.47

Geschäftsstellenleiter

Diese Ausfertigung ist heute Herrn Dr. Julius Waldkirch Altzing b. Prien durch Einschreibebrief zugestellt worden.

Mannheim, den 29.8.47

Geschäftsstellenleiter.

Spruchkammer Geschäftsstelle Mannheim

Herrn
Dr. Julius Waldkirch
Altzing b. Prien
am Chiemsee

Mannheim: Wiedergutmachung Rheinische Papiermanufaktur Hermann Krebs

Ohne große Probleme war diese Wiedergutmachung beendet worden. Die Waldkirchs waren Teilhaber an der Rheinischen Papiermanufaktur geblieben.
Nachdem auch in Mannheim dieses Restitutionsverfahren abgeschlossen war, kam das Unheil nun von einer ganz anderen Seite.
An einem Freitagmorgen, man schrieb das Jahr 1949, sollte ein Bote des „DDV“ bei der kreditgebenden Bank das Geld für die Löhne abholen.
Mit der Begründung „der Kredit sei gekündigt“ wurde der Betrag nicht ausgehändigt.
Der Bote in seiner Aufregung berichtete dies nicht nur der Geschäftsleitung, sondern verkündete es auch im Betrieb. Wie ein Lauffeuer lief es herum „das „DDV“ kann die Löhne nicht mehr bezahlen“. Viele Arbeiter

ließen daraufhin alles liegen und stehen, zogen sich hastig um, manche banden sich nicht einmal mehr die Schnürsenkel ihrer Schuhe zu und rannten weg, um in anderen Druckereien nach Arbeit zu fragen. Es war ein Chaos.
Dr. Julius setzte sich sofort mit dem Direktor der Bank, einem Herrn F. in Verbindung um zu erfahren, warum und wieso der Kredit aus heiterem Himmel, ohne jede Ankündigung und ohne jeden Grund gestrichen worden sei und dass das Ende des „DDV“ mit seinen 280 Arbeitern bedeuten würde.
Der Bankdirektor erklärte ungerührt „er würde den Kredit nur verlängern, wenn die Waldkirchs ihren Anteil an der „Rheinischen Papiermanufaktur“ zu einem vorgegebenen Preis an seinen Sohn verkaufen würden und das Geld zur Verminderung des Kredit verwendet werde.“
Peng! Das nennt man Nötigung!
Sie war aber erfolgreich, denn es musste ihr entsprochen werden, um nicht noch schlimmer in die Bredouille zu kommen.

Der Autor Julius Waldkirch jr. hatte während dieser Zeit seine Gesellenprüfung als Buchdrucker nach eineinhalb Jahren Lehrzeit bestanden und war von den Gesellen durch das traditionelle Gautschen in ihre Gilde aufgenommen worden.
Wer mindestens die Schulbildung „Mittlere Reife“ besaß, konnte nach vorherigem Antrag beim Verband der Druckindustrie und Genehmigung durch den Lehrmeister gleich mit der Ausbildung des zweiten Lehrjahres beginnen. Er musste sich aber während dieser Zeit den Stoff des ersten Jahres gleichzeitig aneignen und seine Kenntnisse darüber auch in einer Zwischenprüfung beweisen. Am Ende der verkürzten Lehrzeit, der vorher dreijährigen Ausbildung, musste der Lehrling eine normale Gesellenprüfung ablegen.
Das traditionelle „Gautschen“ nahmen die Gesellen selbst vor. Diese Wassertaufe war martialisch aber, wer ein echter „Jünger der Schwarzen Kunst“ werden und anerkannt sein wollte, musste da durch. Der Aspirant wurde von den „Packern“ eingefangen auf einen großen, sehr nassen Schwamm gesetzt und dort festgehalten, damit er bis auf seine Pobacken, den beiden „Ballen“ richtig nass wurde. Dabei wurden die traditionellen Fachausdrücke abgefragt. Am Schluss wurde ihm noch ein Eimer Wasser als Taufe über den Kopf geschüttet. Wenn alle wieder trockene Kleider trugen, gab es das „Gesellenvesper“ mit Bier, Schnaps, Brot und Schinken.

Mit den „Ballen“, die den Pobacken ähnlich sahen, und deswegen so genannt wurden, wurde von den Frühdruckern die Druckform, es gab noch keine Farbwalten, eingefärbt. Der Drucker nahm in jede Hand einen „Ballen“, diese waren je nachdem mit den verschiedensten Materialien bezogen, und nahm mit ihnen die Farbe auf, die auf einem glatten Stein ausgebreitet und gemischt war, um sie dann auf die zu druckenden hervorstehenden Teile einer Druckform gleichmäßig aufzubringen bzw. zu walken. Dann kam das Papier oder Pergament drauf und es wurde gedruckt.

★ AUF DIESEN NASSEN SCHWAMM BIS TRIEFEN BEIDE ★ BALLEN / DER DURSTGEN SEELE GEBT EIN STURZBAD OBENDRAUF / DAS ★ IST DEM SOHNE GUTENBERGS DIE ALLERBESTE TAUF ★ PACKT AN GESELLEN LASST SEINEN CORPUS POSTERIORUM FALLEN

Gott grüß' die Kunst!

GAUTSCHBRIEF

Wir Jünger Gutenbergs thun hiermit Jedermänniglich unserer Kunstgenossen kund und zu wissen, daß der Jünger der hochwohledlen und ehrwürdigen Buchdruckerkunst

Uli Waldkirch

nach altem Brauch und Herkommen heut mit Zuziehung der ehrbaren Herren Gesellen der Offizin

DEUTSCHES DRUCK- UND VERLAGSHAUS

JULIUS WALDKIRCH & CIE · MANNHEIM

die Wassertauf ad posteriora erhalten hat und hiermit in sämtliche Rechte und Privilegien eingesetzt wird. Kraft derselben gebiethen wir allen unsern Kunstgenossen, oben benannten Jünger Gutenbergs als richtigen Schwarzkünstler anzuerkennen und aufzunehmen.

MANNHEIM · DEN 25. JUNI 1949

Gautschmeister: | Schwammhalter:

1. Packer: | 2. Packer:

Zeugen: | Bestätigt durch:

Beide Treuhänder wollten nicht, dass Julius Waldkirch jr. nun Einblick in die Geschäftsführung des „DDV“ nahm, um seinen Vater, der durch seine Kriegsverwundung doch stark angeschlagen war, zu unterstützen.
So ging er nach Hannover und volontierte dort in der bekannten Faltschachteldruckerei Leunis & Schappmann, um sich auch betriebswirtschaftliche Kenntnisse anzueignen.
So ist zu verstehen, dass er die weiteren Ereignisse nur aus mündlichen Berichten erfuhr. Denn Erpressungen laufen bekanntlich im Geheimen ab und sind nirgends dokumentiert.
Die Anteile an der RPM wurden also verkauft. Wie die anderen Teilhaber dazu gebracht wurden ebenfalls zu veräußern, ist ihm nicht bekannt. Bekannt ist nur, dass nach diesem Zeitraum die Produkte der Rheinischen Papiermanufaktur in der Zellstofffabrik Waldhof auftauchten und diese ab dieser Zeit nicht nur Zellstoff produzierte, sondern auch eben Krepp- und Ausstattungspapiere, wie Schrankpapiere, Servietten, Toilettenpapier usw., eben die ganze Palette der Rheinischen Papiermanufaktur. Es ist kaum anzunehmen, dass die Zellstoff von diesem Deal wusste. Heute weiß man, dass einige Großbanken so gearbeitet haben.
Im Sommer 1952 wurde mit Gütermann ein Vergleich geschlossen. Er sah vor, dass Waldkirch an ihn 130.000 DM als Entschädigung zahlte, obwohl Waldkirch nicht arisiert hatte und die Maschinen durch den arischen Maschinenhändler Krug in den Betrieb gekommen waren. Aber Waldkirch hatte die Maschinen und Materialien und war laut Gesetz für die Wiedergutmachung haftbar. Die Maschinen wurden so zweimal bezahlt.
Dieser für die damaligen Verhältnisse horrende Betrag sowie die hohen Steuernachzahlungen durch den Fehler des Geschäftsführers Bernhard Meisner und den dadurch bedingten Kredit, seine Zinsen sowie die Kosten des Wiederaufbaus von Betrieb und Produktionsstätten, den unnötigen zweiten Treuhänder und den dadurch entstandenen Kompetenzkonflikt und nicht zu vergessen den Imageverlust bei Kunden, Lieferanten und Mitarbeitern.
All dies machte das „DDV“ unattraktiv und so glaubte vor allem die Bank nicht mehr an eine Sanierungsmöglichkeit und drängte auf einen Verkauf des gesamten Betriebes.
Sie hatten auch schon einen Käufer, die „Mannheimer Großdruckerei“. Diese wollte eine große Offsetdruckerei errichten und hatte bereits den insolventen Offsetbetrieb Landmann erworben und war scharf auf die moderne Offsetabteilung des „DDV“. Außerdem wurde damit ein weiterer Konkurrent ausgeschaltet und Kunden gewonnen. Diese Transaktion kam unter dem Druck der Bank zustande. Die Mannheimer Großdrucke-

rei bzw. ihre Inhaber erwarben das Deutsche Druck- und Verlagshaus Julius Waldkirch.
Mit dem Erlös konnten fast alle Schulden getilgt werden und für Dr. Julius sprangen noch einige Hunderter heraus, die er einige Jahre als monatliche kleine Rente erhielt.
Die Häuser in H 2 waren im Besitz der Waldkirchs geblieben und das „DDV“ zahlte eine Miete, bis der neu gegründete Betrieb, die „Vereinigte Offsetdruckereien“ eigene Räume hatte.

Julius Waldkirch jr. hatte dies alles kommen sehen und so gründete er seine eigene Buchdruckerei mit Verlag unter dem bekannten Namen Julius Waldkirch und wollte den Betrieb über das Notariat anmelden. Der Notariatsdirektor Dr. Metzger gab ihm den Rat, noch einige Tage damit zu warten, bis der Verkauf des „DDV“ vollzogen sei, damit es wegen dem Namen keine Probleme gäbe.
Gesagt, getan.
Julius Waldkirch jr. folgte dem Instinkt des Notariatsdirektors.
Er hatte Recht getan, denn nach der veröffentlichten Gründungseintragung ins Handelsregister rief Bankdirektor F., der die Erpressung getätigt und den Verkauf des „DDV“ veranlasst hatte bei Julius Waldkirch Jr. an. Seine Frau Anneliese war am Apparat und der Bankdirektor fauchte „Wieso die neue Druckerei Julius Waldkirch unter einem falschen Namen geführt werde, sie müsste unter Uli Waldkirch firmieren, den Uli sei der richtige Name“.
Frau Anneliese erklärte „das Julius der richtige Name sei, denn Uli wäre nur der abgekürzte Rufname J-uli-us“.
Der Bankdirektor konnte nicht dagegen halten und knallte wutschnaubend den Hörer auf die Gabel.
Es war schon merkwürdig, dass ein Bankdirektor sich so echauffierte. Einer Sache wegen, die ihn doch gar nichts anging.
Vielleicht war es der damals schon geplante Vergleich, den die neuen Eigentümer des „DDV“ kurze Zeit darauf unter dem alten Namen Julius Waldkirch durchführten und die Firma erst danach auflösten.
Dieser Vergleich, der nicht mit Waldkirch abgesprochen war, aber unter deren Namen abgewickelt wurde, schadete der neuen Druckerei Julius Waldkirch sehr. Alle Welt glaubte, Julius Waldkirch jr. habe verglichen.
Im Buch über „Arisierung und Wiedergutmachung“ des Mannheimer Stadtarchives steht es auch falsch, denn das Deutsche Druck & Verlagshaus Julius Waldkirch (DDV) ging nicht in Konkurs, wie dort steht, es

wurde von der „Großdruckerei“, dem neuen Eigentümer, ein mit Waldkirch nicht abgesprochener Vergleich durchgeführt.

VI. Dokumentation über den Prozess und die Rückgabe der Julius Waldkirch Betriebsstätten in Ludwigshafen durch das Land Rheinland Pfalz 1948 – 1952

Aus der Sicht und den Erkenntnissen eines liberalen
Pfälzer Presse Verlages.

Rückerstattung und Entschädigung

Waldkirch – Land Rheinland Pfalz

Anmerkung:
Im Frühjahr 2013 stand es in der „Rheinpfalz Zeitung" und es wurde auch im Rundfunk gebracht, dass nach dem Krieg und Ende des Dritten Reiches viele Alt-Nazis Unterschlupf in der Justiz und dem Beamtentum gefunden hätten.
So nach dem Motto „Eine Krähe hackt einer anderen kein Auge aus".
Nach den Erfahrungen die die Waldkirchs bei ihrer eigenen Wiedergutmachung und Entschädigungsansprüchen gegen die Länder Rheinland Pfalz und Baden-Württemberg machten, war dies gut möglich.
Die Familie Waldkirch gewann den Eindruck, wie wenn Alt-Nazis immer noch am Werk waren, ihnen als ausgewiesene Nazi-Gegner zu schaden und eine Entschädigung zu torpedieren.
Bei vielen galten sie immer noch durch ihren Einsatz für eine freie Presse und liberale Haltung als Volksverräter, denen durch die Enteignung Recht geschehen sei.
Die deutschen Juden, die von den Nazis enteignet, zum Verkauf gezwungen und aus dem Land getrieben worden waren sowie deren Nachkommen, hatten alle laut dem Restitutionsgesetz automatisch einen Anspruch auf Wiedergutmachung. Die alliierten Gesetzgeber gingen davon aus, dass die Juden ab der Machtergreifung 1933 dem Zwang weichen mussten und ohne den massiven Druck ihre Betriebe nicht veräußert hätten.
Geht ja so auch in Ordnung.
Dabei war es gleichgültig, ob sie freiwillig oder gezwungen verkauften, ob sie den realen Kaufpreis erhielten, ob es ihnen gelang, das Geld oder die Wertsachen ins Ausland zu bringen und dort reich wurden oder ob der Staat ihnen Beträge mit lachhaften Steuern wie Reichsfluchtsteuer und Devisenkosten abnahm. Auch war es ohne Belang, wenn ihre Firmen ohne Einwirkung in Konkurs gingen, denn ein Boykott stand immer dahinter.
Die Enteigneten arischen Deutschen dagegen mussten erst beweisen, dass sie aktiv gegen das NS-Regime antraten und nicht nur so enteignet oder zum Verkauf gezwungen worden waren. Jeder Richter und auch die einzelnen Finanzbehörden hatten da ihre eigene Meinung und ignorierten oft genug andere Erkenntnisse und sogar Gerichtsurteile.
Passives Verhalten oder auch mal eine negative Meinung gegenüber der Staatsgewalt geäußert zu haben, zählte nicht als Gegnerschaft und sollte

jemand gar einer, wenn auch nur untergeordneten NS-Organisation angehört haben, so hatte er ganz schlechte Karten.
Dabei wurde oft außer Acht gelassen, dass im Dritten Reich jeder Geschäftsführer einer NS-Organisation, und wenn es nur ein NS-Sportverein war, angehören musste, denn sonst durfte er keinen Betrieb führen.
Im Endeffekt war dies eine perfekte Kontrolle über die Wirtschaft und die Bevölkerung.
Die arischen Antragsteller auf Wiedergutmachung waren auf Gedeih und Verderben dem jeweiligen Richter ausgeliefert. Und wenn dessen Urteil für den Geschädigten ausfiel, so konnten die zuständigen Finanzbehörden immer noch in Revision gehen und den Prozess jahrelang verschleppen, so lange, bis dem ehemaligen Nazi-Gegner die Luft ausgeht und er aufgibt oder sich mit einem mageren Vergleich abfinden muss.
So wie im Falle Waldkirch, wo Betrieb und Grundstücke sehr wertvoll waren, die das Land gerne behalten hätte.

Es gab drei Arten von Richtern und Beamten.

1. Die Untergetauchten:
Es waren die unverbesserlichen Alt-Nazis, die immer noch ehemalige Gegner als Vaterlandverräter ansahen und ihnen eine Wiedergutmachung und Entschädigung verweigern wollten.

2. Die Nazi-Jäger:
Die jeden mitleidlos verfolgten, der irgendwann einmal etwas Positives über das Dritte Reich gesagt hatte oder der gar einer NS-Organisation, aus welchem Grund auch immer, angehört hatte.

3. Die Unvoreingenommenen:
Die sorgfältig die damalige Situation berücksichtigten und echtes Recht sprachen.

Die Waldkirchschen Wiedergutmachungsbemühungen und die ihnen aufgezwungenen Prozesse sind symptomatisch für das geschilderte Verhalten einiger Richter und Landesbeamten und der damaligen Rechtstaatlichkeit.
An ihren Handlungen und Argumenten ist deutlich zu erkennen, wessen Geisteskind sie waren.
Wie nach jedem Umsturz üblich, war nach dem verlorenen Krieg die Volksstimmung umgeschlagen. Unterstütz durch die Alliierten, die das

deutsche Volk umerziehen wollten, waren die Nazi-Jäger am Werk und wiederum traute sich niemand etwas dagegen zu sagen. Erst viele Jahre später konnten Historiker und Schriftsteller ohne Anfeindung zu einem ehrlichen Wort kommen.
Frau Dr. Ch. Fritsche schildert in ihrem Buch „Ausgeplündert, zurückerstattet und entschädigt", erschienen im Verlag „regionalkultur", was C. Pross 1988 anmerkte – hier ist er auf „Voreingenommenheit vieler deutscher Gutachter gegenüber den Verfolgten" gestoßen und auf „Kleinmütigkeit" der Behörden. Für ihn war die Wiedergutmachung daher ein einziger „Kleinkrieg gegen die Opfer" (so der Titel seines Buches). In ein ähnliches Horn stoßen der Wiedergutmachungsanwalt Fischer-Hübner und seine Frau, denn in ihren Augen war der Kampf um die Wiedergutmachung der „lange Weg durch die Instanzen" (1990) für die Verfolgten eine „Wiederholung und Fortsetzung" ihres Leides im Dritten Reich.
Gemeint sind hier die arischen Deutschen, die sich gegen die NS-Diktatur gestellt, dadurch verfolgt wurden und Nachteile erlitten hatten.

Der Fall Waldkirch war ein Geflecht, das aus vielen Facetten bestand und das nur in seiner Gesamtheit überschaubar und erklärbar war. Über allem stand die Vision des Geheimrates W. Waldkirch; „die Presse und deren Weiterentwicklung die Medien mögen sich als „Dienst am Gemeinwohl" verstehen und einsetzen. Sie sollten verantwortungsvoll und neutral berichten und auch in ihren Kommentaren einer Ethik gerecht werden. Vor allem müssten sie sich von einer Hasspolitik freihalten, weil diese Menschen und Völker vergiftet und zerstören kann wie die Geschichte lehrt".
Aufgrund dieser Maxime war die Verwobenheit der Waldkirchs mit dem Zeitgeist verständlich und warum dieser sich so oft mit ihnen im Clinch befand.
Denn einerseits waren sie durch ihre Philosophie, die schon nach dem 1. Weltkrieg unter der französischen Herrschaft tapfer vertreten wurde und sich dann im Dritten Reich fortsetzte, natürliche Kontrahenten der NS-Presse, die durch Meinungsbildung Macht erringen wollten. Was dem NS-Staat ja auch gelang.
Andererseits waren die Waldkirchs aber auch in das NS-Regime eingebunden, indem ihre privaten Sportvereine einer NS-Organisation zugeschlagen wurden. Dr. Julius wurde so Mitglied in der Reiter-SS, die ihn, da er vom 1. Weltkrieg her Reservehauptwachtmeister war, nicht als einen einfachen Reiter einstufen wollte und so mit dem niederen Rang ei-

nes SS-Hauptscharführers der seinem Wehrmachtdienstgrad entsprach, führte. Auch wurde er ohne sein Wissen, wie sich später in seinem Entnazifizierungsverfahren herausstellte, von der Reiter-SS automatisch als NSDAP-Mitglied angemeldet.

Die Reiter-SS wurde in dem von den Siegermächten durchgeführten Kriegsverbrecherprozess in Nürnberg ausdrücklich von der zu recht verurteilten allgemeinen SS ausgenommen, denn sie waren wirklich nur ihrem Reitsport nachgegangen.

Ein Zusatz besagte außerdem, dass staatsrechtlicherseits zur SS einberufene Personen nicht einzubeziehen seien, wenn sie „keine andere Wahl gehabt hätten und keine solche Verbrechen begangen haben".

Auch dies traf für Dr. Julius zu.

Aufgrund der 1938 erfolgten Enteignung und des verhängten Berufsverbotes gab es für Dr. Julius von da an keinen Zwang mehr, in einer NS-Organisation Mitglied zu sein. Folgerichtig trat er aus der Reiter-SS aus und zahlte auch für alle sonstigen berufsbedingten NS-Vereinigungen keinen Beitrag mehr.

Er wagte diesen provozierenden Schritt, als er an der sowjetischen Front seinen Dienst als Offizier tat und glaubte, so weit weg von Zuhause würde er nicht politisch verfolgt werden.

Dr. Karl war Motorsportler und kam mit seinem Verein in den NSKK (NS-Kraftfahrtcorps). Auch er trat im Kriege aus.

Beide Brüder Waldkirch mussten damals, als ihre privaten Sportvereine einer NS-Organisation zugeschlagen wurden, in diesen bleiben, denn die Nazis hatten ein Gesetz verabschiedet das besagte, dass die Mitgliedschaft in einer NS-Organisation die Voraussetzung sei, um überall im Dritten Reich eine leitende Position ausüben zu dürfen. Dabei war es gleichgültig, ob sich die Führungsposition in einem Kleinhandwerks- oder Großbetrieb befand.

Dieses Gesetz betraf beide Brüder, denn Dr. Julius war Hauptschriftleiter und Geschäftsführer und Dr. Karl kaufmännischer Geschäftsführer.

Trotz ihrer ungewollten Verstrickung mit den Nazis hatten die Waldkirchs ihre Maxime von Presse und Meinungsfreiheit sowie der Ehrenhaftigkeit bei der Berichterstattung und dem demokratischen Verhalten hochgehalten.

Öffentlichen Verleumdungen der Nazi-Presse gegen sie begegneten sie ebenso öffentlich in ihren Presseorganen. Der Erfolg war Haftbefehl für Dr. Julius wegen Volksaufwiegelung sowie dann die von der Reichspressekammer verfügte Enteignung der Betriebe sowie die verhängten Berufsverbote.

Nachdem die Reichspressekammer den Waldkirchs die Existenz genommen hatte, mussten diese versuchen, irgendwie wieder Fuß zu fassen.
Da bot sich in Ludwigshafen die jüdische „Transkrit-Druckerei“ zum Kauf an. Die Besitzer, die Gebrüder Neubauer, mussten auf Druck der Nazis verkaufen und wurden mit den Waldkirchs handelseinig. Es entstand für beide Seiten eine lebensgefährliche, weil ausdrücklich verbotene Transaktion. Bezahlt wurde nämlich mit deutschen Spezialmaschinen, die die Waldkirchs erwarben und über die Schweiz nach Amerika lieferten. Ein Geldbetrag ging ebenfalls auf diesem Weg in die USA.
In Mannheim wurden Dr. Julius und Dr. Karl Teilhaber an der ehemaligen jüdischen „Rheinischen Papiermanufaktur“. Auch fusionierte ihre alte Restdruckerei mit dem „DDV“, in dem, wie sich nach dem Krieg herausstellte, einige jüdische Maschinen waren.
Nach dem von den Siegermächten erlassenen Restitutionsgesetz wurde die Rückgabe und eine Wiedergutmachung der ehemaligen jüdischen Vermögenswerte geregelt. Das Gesetz ging davon aus, dass alle Juden die nach 1933 etwas verkauft hatten, es nur unter dem Zwang der NSDAP taten und deshalb zu entschädigen seien.
War ja auch rechtens und ging in Ordnung.
Das Problem war nur die Wertfeststellung und da gab es natürlich große Differenzen.
Bei den arischen Deutschen, die sich gegen die Nazis gestellt hatten, und dadurch Vermögensverluste erlitten, gab es keinen solchen Automatismus. Hier musste jeder selbst beweisen, dass er aktiv gegen die Nazis agierte. Hier kam es auf die Richter an, auf ihren Standpunkt, denn es existierten keine Vorgaben als Musterprozesse, nach denen sie sich hätten richten können. Und hatten die Richter, wenn kein Vergleich zustande gekommen war geurteilt, so waren die Finanzbehörden der Länder noch da und konnten ihr Veto einlegen.
Hinzu kam noch, dass der Geheimrat als Freimaurer global dachte und sich nicht nur mit der NSDAP anlegte und sich gegen ihre Verleumdungen und Diffamierungen öffentlich und gerichtlich zur Wehr setzte und dafür enteignet und mundtot gemacht wurde, sondern dass er auch während des Krieges später in seinen Büchern die sogenannte Weltpresse, wenn sie unethische oder unehrliche Berichte und Hasstiraden verbreitete, aufs Korn nahm und hart kritisierte.
Diese ehemaligen „Feinde“ waren nach dem Krieg „Freunde“ geworden und da stand die im Krieg erfolgte Kritik des Geheimrats dem im Wege, vor allem auch, dass die damaligen Formulierungen heutzutage als Beleidigung gelten.

Dr. Julius beschäftige in seiner Druckerei, dem „DDV“, bis zu seiner Einberufung den Herrn Süss. Herr Süss war Jude und hatte so einen Verdienst. Auch einige Halbjuden fanden im „DDV“ eine Arbeitsstelle. Desweiteren hielt Dr. Julius Frau Berty Beer, eine politisch Verfolgte, für längere Zeit in seinem Privathaus in Ludwigshafen vor der Gestapo (geheime Staatspolizei) versteckt. Anfang des Krieges fand Frau Beer eine Möglichkeit nach Bretten zu kommen. Dort heiratete sie den Wasserfabrikanten Hugo Menzel und konnte aufgrund der Namensänderung von Beer in Menzel unbehelligt leben. Bei der Entnazifizierung von Dr. Julius bestätigen beide diese Tatsache. Der Fall Waldkirch war ein Geflecht mit vielen Flicken, ein Flickenteppich.
Ihn nach dem Krieg zu entwirren und die Einzelteile richtig einzuordnen, bemühten sich Anwälte, Gutachter, Behörden und Richter. Es wurden eine Unmenge von Zeugen vernommen, Gutachten erstellt sowie Anwälte und Richter ausgewechselt. Es wurde getrickst, gelogen und es wurden falsche Behauptungen aufgestellt. All dies dauerte Jahre und trieb die Kosten ins Astronomische.
Und am Ende saßen die Behörden doch am längeren Hebel und hatten den längeren Atem. Die Waldkirchs zogen wiederum dieses Mal gegen den „Rechtsstaat“ den Kürzeren.

Der Prozess

Der Prozess: Waldkirch-Verlag gegen das Land Rheinland Pfalz wegen Rückgabe und Wiedergutmachung des 1938 enteigneten Presseverlages mit Druckerei und Betriebsgebäude.

Das Land Rheinland Pfalz war Erbe und damit Miteigentümer der im Dritten Reich enteigneten Vermögen geworden und dadurch Kontrahent bei den Rückerstattungsforderungen.
Der Rechtsanwalt der Familie Waldkirch, Dr. Dr. Fritz Bergemann-Gorski, bestätigte am 9. Dezember 1948 eine Besprechung; „das jetzt, nachdem die Verhandlungen mit Herrn Neubauer wegen der Restitution vor dem Abschluss stünden, die Waldkirch-Forderung auf Rückgabe des Besitzes und eine Entschädigung eingereicht werden sollte.“
Von 1945, dem Kriegsende, bis zu diesem Zeitpunkt Ende 1948 war es drunter und drüber gegangen. Das Sequestergesetz mit der Einsetzung von Treuhändern war schnell in Kraft getreten, während die Bildung der Wiedergutmachungskammern sich weit in das Jahr 1948 hinein zogen.

Die französische Militärregierung hatte bald nach Kriegsende Lizenzen für Tageszeitungen an ihrer Meinung nach geeigneten, das heißt politisch unbescholtenen Verlage, vergeben.
Die Waldkirchs waren trotz Antrag nicht dabei.
Die französische Militärregierung hatte sicher von dem Geflecht gehört, in das die Waldkirchs während des Dritten Reiches verstrickt waren und ebenso sicher wussten sie, dass damals nach dem 1. Weltkrieg die Waldkirch-Presse eine harte Stellung gegen die französische Besatzung bezogen hatte.
Die Lizenz bekam der neu konstituierte Verlag „Rheinpfalz-Verlag GmbH", den auch die katholische Kirche unterstützte. Die Gesellschafter waren: Josef Schaub, Verlagsleiter – Arthur Lenk, Prokurist (Hauptbuchhalter) – Michael Nagel, techn. Betriebsleiter (Rotationsmaschinenmeister) – Hans Wipprecht, Stv. Betriebsleiter (Metteur) – Franz Xaver Resch, Faktor (Maschinensetzer) – Dr. Ernst Johann, Chefredakteur – Wolfgang Semler, Stv. Chefredakteur – Oswald Dobbeck, Redakteur.
Wobei die drei Redakteure auf Wunsch der französischen Besatzungsmacht Teilhaber wurden.
Nach verlagsinternen Querelen scheiden die drei Redakteure aus.
(Dr. Stephan Pieroth berichtet in seiner Publikation „Parteien und Presse in Rheinland-Pfalz 1945-1971" darüber. Verlag „Kommission des Landtages für Geschichte des Landes Rheinland-Pfalz. Band 18. Deutschhausplatz 12, 55116 Mainz).
Weitere Bewerber um die Presselizenz, wie die Parteien SPD, CDU und KPD, konnten nicht zum Zuge kommen, da die beabsichtigte Herausgabe von Tageszeitungen durch politische Parteien zu dieser Zeit noch nicht endgültig geregelt war.
Das Land unterstützte die „Rheinpfalz" und überließ ihr die alten aber sehr zerstörten Betriebsstätten und Maschinen des ehemaligen Waldkirch-Presseverlages, den die Waldkirchs zurückforderten.
Nach einiger Zeit baute die „Rheinpfalz" gegenüber in der Amtstraße ihr neues Pressezentrum und die Waldkirchs konnten ihren alten Stammsitz pachten, um wenigstens einen Fuß in der Tür zu haben. Im Dezember 1950 begann vor der Wiedergutmachungskammer in Frankenthal der Prozess Waldkirch gegen die ehemalige nationalsozialistische „Saarpfälzische Druckerei- und Verlagsanstalt", in die die Waldkirch-Presse nach der Enteignung eingegliedert worden war bzw. gegen das Land Rheinland Pfalz als die jetzigen Eigentümer der Verlagsanstalt. Die „Saarpfälzische Druckerei- und Verlagsanstalt" stand als ehemaliger NS-Betrieb, in den die im Dritten Reich enteigneten Verlage und Druckereien zu-

sammengefasst worden waren, deshalb unter Treuhänderschaft. Diese arbeiteten entgegen ihrer neutralen Funktion mit dem Land zusammen.

Dr. Karl Waldkirch, der von der Tradition her für die Ludwigshafener Betriebe zuständig war, hatte, nachdem die französische Militärregierung es genehmigt hatte, alte unpolitische Verlagsobjekte im gepachteten Stammhaus wieder aufleben lassen, darunter das Ludwigshafener Adressbuch und Häusers Pfalzführer.

Dann machte die Ludwigshafener Geschäftsführung einen gravierenden Fehler, da sie nur kaufmännisch dachte und die juristischen Folgen außer Acht ließen. Die „Transkrit Druckerei" war noch nicht an die Gebrüder Neubauer zurückgegeben worden und so ließen sie, um Kosten zu sparen, alle Geschäfte des neuen Verlages sowie die Mieteinnahmen aus dem Stammhaus über die „Transkrit" laufen und von deren Personal abwickeln und in einer Buchhaltung zusammenfassen.

Es war so im Endeffekt nur eine Firma die existierte, nämlich die „Transkrit", da auch der neue Waldkirch-Verlag von Dr. Karl noch gar nicht offiziell gegründet worden war.

Dr. Julius, promovierter Jurist, und auch Dr. Dr. Bergemann-Gorski reklamierten sofort, als sie von diesen Versäumnissen und Konstruktionen erfuhren.

Aber es war zu spät. Die Einnahmen standen der Transkrit zu und waren für die Waldkirchs verloren.

Der Fall Waldkirch war in der Pressegeschichte ein einmaliger Vorgang. Nicht nur die Enteignung des Presseverlages durch die Nazis rief aufgrund der Stellung vom Geheimrat Dr. h. c. Wilhelm Waldkirch im Zeitungswesen ganz erhebliches Aufsehen hervor. Es wurde auch der Restitutionsprozess, den die Waldkirchs für die Wiedergutmachung führen mussten, daher in ganz Deutschland mit größtem Interesse verfolgt. Die Gerichtsverhandlung und Reaktion des Landes Rheinland Pfalz wirft ein bezeichnendes Licht auf die Zeit nach dem Krieg. Nicht zuletzt geht aus dem Prozess hervor, mit welchen Schwierigkeiten die Waldkirchs zu kämpfen hatten, um wenigstens Teile ihres ehemaligen Besitzes wieder zu erlangen. Es war daher nicht verwunderlich, dass in einem Fall sogar die Staatsanwaltschaft wegen Sonderinteressen eingreifen musste.

Wegen der Authentizität im Falle Waldkirch wurden außer den Aussagen der Anwälte und Zeugen auch die Berichte und Kommentare der Presse mit herangezogen.

Im Februar 1949 war beim zuständigen Landgericht Frankenthal die Wiedergutmachungsklage Waldkirch gegen das Land Rheinland Pfalz bzw. Saarpfälzische Druckerei- und Verlagsanstalt eingereicht worden.
Dr. Dr. Bergemann-Gorski, der Anwalt der Waldkirchs, hält den ersten Verhandlungstag in einem Bericht fest. Er schreibt, dass der Vertreter des beklagten Landes, Rechtsanwalt Dirke, darauf hinwies, „dass er den Beraubungscharakter durch die NSDAP in Frage stelle und dass angeblich 49% des Gesellschaftskapitals als von Herrn Ernst Waldkirch, dem Bruder des Geheimrates Dr. h. c. Wilhelm Waldkirch bereits vor 1939 an die NSDAP abgetreten worden sei und dass die Firma Waldkirch bis zum Jahr 1939, das heißt sechs Jahre lang in der nationalsozialistischen Ära mit erheblichen Gewinnen gearbeitet habe. Endlich sei in dem Vertrag mit der „Standarte" (die Auffanggesellschaft und Holding für alle von der NSDAP enteigneten Presseverlage) Dr. Julius als Geschäftsführer bezeichnet worden, so dass die vorhergehenden Presseangriffe als richtig unterstellt, immerhin begründete Zweifel für eine Beraubung geltend gemacht werden müsse."
„Unterstrichen werde diese Ansichten", so Dirke, „durch die immerhin angemessene Bezahlung und durch den weiteren Umstand, dass die Herren Waldkirch ihre Einnahmen aus dem Verkauf sofort in ein jüdisches Objekt hatten anlegen können, einem Objekt, das immerhin eine erhebliche Bedeutung als Monopolunternehmen gehabt hat."
Dr. Dr. Bergemann-Gorski vermerkt weiter, dass es ihm grundsätzlich gelungen sei, diese Betrachtungen für weitere Verhandlungen zurückzustellen.
In den Ausführungen des Anwaltes Dirke kann gut erkannt werden, mit welchen Verdrehungen und Unterstellungen und Unwahrheiten der Rechtsstaat Rheinland Pfalz verhindern wollte, dass er das vom Dritten Reich ererbte Waldkirch-Pressezentrum herausgeben und eine Entschädigung leisten solle.
Die Wahrheit sah doch ganz anders aus.
Erstens, der Geheimrat zahlte seinen Bruder Ernst, der ganz andere Interessen hatte, suggestiv aus, so dass bei dessen Tod nur noch etwa 10% der Anteile an die Erben fielen. Sein Schwiegersohn, ein echter Nazi, gab diese Anteile an den NS-Presseverlag weiter. So kam es, dass dieser mit einer Minderheit am Waldkirch-Verlag beteiligt war, aber keinerlei Stimmrecht hatte.
Zweitens, die Behauptung Dirkes, die Waldkirch-Firma hätte in der nationalsozialistischen Ära mit erheblichem Gewinn gearbeitet, ist erwiesenermaßen falsch.

Im Gegenteil. Als die „Pfälzische Rundschau“ 1934 enteignet wurde, musste die Waldkirch-Druckerei sie unter dem neuen Namen „NAZ – Neue Abendzeitung“ weiterhin herstellen. So sah es der bestehende nicht kündbare Gesellschaftsvertrag vor.
Die NS-Saarpfälzische Verlagsgesellschaft, die neue Eigentümerin der „NAZ“, bezahlte die anfallenden Druck-, Papier-, Material und sonstigen Kosten trotz Mahnung, Vergleichsvorschlägen und Zahlungsbefehlen nicht. Sie wollten so die Druckerei Waldkirch in den Bankrott treiben, was aber nicht gelang. Wo war da der erhebliche Gewinn?
Später wurde sogar behauptet, Waldkirch habe aufgrund von finanziellen Engpässen selbst um die Enteignung gebeten.
Drittens, genauso falsch ist die Behauptung Dirkes, Dr. Julius sei ein der „Standarte“ Geschäftsführer gewesen.
Die „Standarte GmbH“ war eine Holding. In ihr fasste Gauleiter Amann alle von der NSDAP enteigneten Presseverlage zusammen. Also auch die 1934 und 1938 enteigneten Waldkirch-Zeitungen „Pfälzer Rundschau“, „General-Anzeiger“ und „ASZ – Allgemeine Sportzeitung“. Dr. Julius war im eigenen Verlag Geschäftsführer und so stand eben auch sein Name in der Holding. Er selbst hatte nie in der „Standarte“ gearbeitet. Er hätte dies ja auch nie gekonnt, denn er hatte nach dem Urteil der Reichspressekammer Berufsverbot und war als „Volksverhetzer“ gebrandmarkt.
Viertens, die Unterstreichung Dirkes, die Waldkirchs seien bei der Abgabe ihres Betriebes an die Nazis angemessen bezahlt worden, ist eine Farce. Der Verlag mit drei bedeutenden Tageszeitungen, einer Sportzeitung, einer der größten in Südwestdeutschland, einige Fachzeitschriften, dem Adressbuch von Ludwigshafen, dem Pfalzführer usw. wurde entschädigungslos enteignet. Für die Druckerei, die Gebäude und Grundstücke wurde nur etwa 10% der tatsächlichen Werte vergütet.
Fünftens, Anwalt Dirkes weiterer Einlass, die Waldkirchs hätten ihre Einnahmen sofort in ein jüdisches Monopolunternehmen angelegt, ist Augenwischerei.
Die Gebrüder Neubauer mussten ihre „Transkrit Druckerei“, ein Unternehmen mit Schweizer Lizenz auf Druck der Nazis veräußern. Die Waldkirchs übernahmen mithilfe von Krediten den Betrieb, denn sie brauchten nach ihrer Enteignung wieder eine Existenz.
Bezahlt wurde mit der Lieferung von deutschen Maschinen, die über die neutrale Schweiz an den Lizenzgeber und von dort nach Amerika verschifft wurden, laut den bestehenden Gesetzen eine lebensgefährliche Transaktion für die Waldkirchs. Aufgrund des nach dem Krieg von den Alliierten geschaffenen Restitutionsgesetzes musste der Transkrit-Betrieb plus eines entgangenen Gewinns entschädigungslos an die jüdi-

schen Vorbesitzer zurückgegeben werden. Wo war da die von Dirke konstruierte Bedeutung des Monopolunternehmens geblieben?
Die Ausführungen des Anwaltes Dirkes vom Land Rheinland Pfalz waren so offensichtlich falsch, dass sie bei Gericht keine Rolle mehr spielten.
Zeugen bekundeten bei der gerichtlichen Vernehmung immer wieder die Einzigartigkeit des Kampfes der NSDAP gegen die Waldkirchs und ihre Presse.
So sagte der frühere Stabsleiter, also verantwortlichste Mann bei der NS-Pressekammer in Berlin, Rechtsanwalt Rienhardt aus:
„Dass der Fall Waldkirch in der deutschen Presse einzigartig dastehe und zu den schamlosesten Fälle gehöre, die er in der Presse jemals erlebt habe. Es sei auch der einzige Fall gewesen, in dem durch die Partei in der Presse Kommissare eingesetzt wurden, die die Mitglieder der Familie Waldkirch aus dem Betrieb entfernten."
Der ehemalige NS-Gaupresseamtsleiter der Pfalz und zweiter Bürgermeister von Ludwigshafen Foerster bestätigte: „den politischen Kampf den die Gauleitung gegen Waldkirch führte und dass Gauleiter Bürckel und er selbst der Auffassung waren, dass die Mitglieder der Familie Waldkirch als Schädlinge des Dritten Reiches aus dem Zeitungswesen ausgeschlossen werden müssen."
Der frühere NS-Kreisobmann der Deutschen Arbeitsfront erklärte: „dass er von Gauleiter Bürckel vorübergehend beurlaubt wurde und mit seiner endgültigen Entlassung bedroht wurde, weil er wahrheitsgemäß Berichte abgegeben habe, dass die sozialen Verhältnisse in der Firma Waldkirch bestens in Ordnung seien."
Der frühere NS-Gauobmann der Deutschen Arbeitsfront Stahl sagte aus: „dass er die Geschäftsführung der „Pfälzischen Rundschau" niedergelegt habe, weil ihm Gauleiter Bürckel erklärt hat, der politische Kampf gegen Waldkirch würde so lange fortgesetzt werden, bis alle Mitglieder der Familie Waldkirch aus dem Betrieb ausgeschieden seien."
In der weiteren Beweisaufnahme wurde der langjährige Angestellte der Firma Waldkirch und spätere Betriebsratsvorsitzende Schröter vernommen. Er bestätigte im Wesentlichen die Angaben des Zeugen Foerster und sagte: „Der Kampf der NSDAP gegen den „Freimaurer und Kapitalisten" Waldkirch sei schon Jahre vor der Machtübernahme entbrannt. 1933 sei die Situation kritisch geworden. Gauleiter Bürckel habe einen Aufruf erlassen, in dem er die „bürgerlich-nationale" Presse als Hort der Gegenrevolution bezeichnete. Hierunter waren in erster Linie die Zeitungen des Verlages Waldkirch zu verstehen. Wenig später habe der erste Großangriff auf den Verlag Waldkirch eingesetzt. Sogenannte „Partei-

kommissare“ übernahmen den Betrieb und zwangen die Waldkirchs zum Verlassen ihrer Position. Goebbels habe angerufen und den nationalsozialistischen Akteuren mit Dachau gedroht, wenn nicht umgehend der frühere Status wieder hergestellt würde. Das sei auch geschehen, weil es sich um einen „nicht von oben befohlenen Eingriff in die Wirtschaft“ gehandelt habe und um den Anschein von Rechtsstaatlichkeit zu wahren. Eine politische Stellungnahme zugunsten Waldkirchs sei dieses Eingreifen Goebbels nicht gewesen.“

„Noch im Jahre 1938 habe Gaupresseamtsleiter Foerster in einer öffentlichen Versammlung in Ludwigshafen erklärt, dass sich in der Beurteilung der Firma Waldkirch durch die NSDAP nichts seit „Anbeginn bis zum heutigen Tage geändert habe. Hier sei Weltanschauung gleich Geschäft.“ Systematisch habe man Geheimrat Waldkirch endlich dazu gebracht, den Betrieb an die damaligen Parteiorgane zu verkaufen.“

Es traten für die Waldkirchs aber nicht nur ehemalige Nazis auf sondern auch viele der damaligen Opposition wie der Nachkriegsoberregierungsrat Dr. Eichenlaub, Dr. Volz, Dr. Heim, die Familie Hugo Menzel, die zum Beispiel berichteten, dass Dr. Julius Frau Menzel, geborene Beer lange Zeit in seinem Privathaus vor Gestapo, der geheimen Staatspolizei des Dritten Reiches, versteckt hatte.

Das Gericht war zu der Überzeugung gekommen, dass es sich im Falle Waldkirch wirklich um eine politische Verfolgung handle und dass der Kausalzusammenhang mit der zwangsweisen Abgabe des Betriebes gegeben sei. Das Gericht war deshalb der Auffassung, dass eine weitere Beweisaufnahme nicht mehr erforderlich wäre.

Die Vertreter des Staates waren damit nicht einverstanden und beharrten auf weitere Zeugenaussagen.

Es waren Zeugen, die mit Unwahrheiten und Unterstellungen versuchten, das Blatt noch zu wenden. Der Vertreter der Beklagten, Rechtsanwalt Liebhaber bestritt zum Beispiel, dass Geheimrat Waldkirch eine antinazistische Haltung eingenommen habe. Im Jahre 1943 habe er ein Buch herausgegeben, das den Nationalsozialismus verherrliche. Der Geheimrat hatte getreu seiner Maxime in seinem Buch „Hasspolitik als Element der Zerstörung“ die Weltpresse wegen ihrer Hasspolitik kritisiert, aber doch damit nicht das Dritte Reich gelobt.

Auch der frühere NS-Geschäftsführer des Landesverbandes der Zeitungsverleger Dr. Schott erklärte, gegen Waldkirch hätten keine politischen Gründe für eine Nichtanerkennung als Verleger vorgelegen. Vielmehr hätten Streitigkeiten innerhalb der Teilhaber den Anstoß zum den Abtretungsverhandlungen geführt.

Die Wiedergutmachungskammer Frankenthal schloss nach diesen für das Land blamablen Versuchen den Waldkirchs eine Nazifreundschaft anzudichten, endgültig die Beweisaufnahme und zog sich, um einen Vergleichsvorschlag zu formulieren, zurück.

Zur Dokumentation einige der schon erwähnten Zeitungsausschnitte und Kommentare.

Der „Mannheimer Morgen" berichtet

Donnerstag, 21. Dezember 1950 / Nr. 298

Waldkirch klagt

gegen Saarpfalz-Verlag bzw. Land Rheinland-Pfalz

Vor der Wiedergutmachungskammer beim Landgericht Frankenthal begann der Prozeß des früheren bekannten Zeitungsverlages Waldkirch in Ludwigshafen gegen die ehemalige Saarpfälzische Druckerei- und Verlagsanstalt bzw. gegen das Land Rheinland-Pfalz als Vermögensverwalter auf Wiedergutmachung.

Zu der Verhandlung, die im Sitzungssaal des Rathauses in Frankenthal stattfindet und mehrere Tage in Anspruch nehmen wird, sind eine Reihe prominenter Zeugen aus der Zeit des Dritten Reiches und der Gegenwart geladen, u. a. der frühere Stabsleiter bei der Reichspressekammer, Rienhard, der ehemalige zweite Bürgermeister und Gaupresseamtsleiter, Foerster, Oberregierungspräsident a. D. Dr. Eichenlaub und viele andere Persönlichkeiten aus dem Pressewesen. Nach Vernehmung einiger Zeugen wurde der frühere Gaupresseamtsleiter der NSDAP, Foerster, zu dem aufgeworfenen Fragenkomplex, ob der Verlag Waldkirch der NSDAP Widerstand geleistet habe, eingehend gehört. Seine Aussagen gaben der Verhandlung des ersten Tages eine — wie der Vorsitzende, Landgerichtsdirektor Müller betonte — „dramatische Wendung". Foerster bekannte sich zu den damaligen Vorgängen und schilderte eingehend die feindliche Einstellung der Partei gegen Geheimrat Waldkirch und ihre Gründe. Am Schluß der Verhandlung des ersten Tages regte der Vorsitzende an, von einer weiteren Zeugenvernehmung Abstand zu nehmen, da die Vorgänge für das Gericht durch die „mutigen Aussagean" des Zeugen Foerster schon hinreichend geklärt seien. Die Parteien konnten sich jedoch auf diesen Vorschlag nicht einigen. (Ueber den weiteren Verlauf der Verhandlung werden wir berichten.)

Freitag, 22. Dezember 1950 / Nr. 299

„Freimaurer Waldkirch ..."

Zweiter Tag im Waldkirch-Prozeß

Zu Beginn des zweiten Tages im Waldkirch-Prozeß vor de mLandgericht Frankenthal machte der Vorsitzende erneut den Versuch, die Parteien im Hinblick auf die Aussagen der Zeugen Rienhard und Foerster zu einer Abkürzung der Beweisaufnahme zu bewegen. Dennoch konnte sich die beklagte Partei, einschließlich des inzwischen eingetroffenen Vertreters der Landesregierung Rheinland-Pfalz nicht entschließen, der Anregung des Vorsitzenden näher zu treten.

Der Vertreter der Beklagten, Rechtsanwalt Liebhaber bestritt, daß Geheimerat Waldkirch eine antinazistische Haltung eingenommen habe. Im Jahre 1943 habe er ein Buch herausgegeben, das den Nationalsozialismus verherrliche.

In der weiteren Beweisaufnahme wurde der langjährige Angestellte und spätere Betriebsratsvorsitzende der Firma Waldkirch vernommen. Schröter bestätigte im wesentlichen die Angaben des Zeugen Foerster. Der Kampf der NSDAP gegen den „Freimaurer und Kapitalisten" Waldkirch sei schon Jahre vor der Machtübernahme entbrannt. 1933 sei die Situation kritisch geworden. Gauleiter Bürckel habe einen Aufruf erlassen, in dem er die „bürgerlich-nationale" Presse als Kost der Gegenrevolution" bezeichnete. Hierunter waren in erster Linie die Zeitungen des Verlages Waldkirch zu verstehen. Wenig später habe der erste Großangriff auf den Verlag Waldkirch eingesetzt. Sogenannte „Parteikommissare" übernahmen den Betrieb und zwangen die Waldkirchs zum Verlassen ihrer Position. Goebbels habe angerufen und den nationalsozialistischen Akteuren mit Dachau gedroht, wenn nicht umgehend der frühere Status wiederhergestellt würde. Das sei dann auch geschehen, weil es sich um „Eingriffe in die Wirtschaft" gehandelt habe. Eine politische Stellungnahme zugunsten Waldkirchs sei das Eingreifen Goebbels nicht gewesen.

Noch im Jahre 1938 habe Gaupresseamtsleiter Foerster in einer öffentlichen Versammlung in Ludwigshafen erklärt, daß sich in der Beurteilung der Firma Waldkirch durch die NSDAP seit „Anbeginn bis zum heutigen Tage nichts geändert habe. Hier sei Weltanschauung gleich Geschäft". Systematisch habe man Geheimrat Waldkirch endlich dazu gebracht, den Betrieb an das damalige Parteiorgan zu verkaufen.

Freimaurer werden in allen Diktaturen wegen ihrer Maxime von Freiheit, Gleichheit, Brüderlichkeit, Toleranz und Demokratiegedanken mehr oder weniger verfolgt.

Der „Mannheimer Morgen" orientiert weiterhin.
Am 27. Dezember 1950

Ludwigshafen im Spiegel des Tages

Parteien suchen Vergleich herbeizuführen

Sollte er nicht zustande kommen, erfolgt gerichtliche Entscheidung

Wir berichteten in der vergangenen Woche über den Prozeß, den der frühere Zeitungsverlag Waldkirch in Ludwigshafen angestrengt hat.

In der letzten Verhandlungsphase wurde u. a. der frühere Gauobmann der Arbeitsfront, Stahl, vernommen. Der Zeuge erklärte, daß es für Gauleiter Bürckel in Sachen Waldkirch keinen Kompromiß gab.

Auf Antrag der Beklagten sollte sich der ehemalige Oberregierungsrat Bögler über die Enteignung der sozialdemokratischen Presse im Jahre 1933 äußern. Das Gericht lehnte diesen Antrag ab, da die Methoden bei diesen Enteignungen gerichtsbekannt seien. Im Falle Waldkirch handle es sich aber um einen Sonderfall, nachdem hier mit Zustimmung der Eigentümer eine Enteignung erfolgte. Der weiter als Zeuge vernommene frühere Geschäftsführer des Landesverbandes der Zeitungsverleger, Dr. Schott, erklärte, gegen Waldkirch hätten keine politischen Gründe für eine Nichtanerkennung als Verleger vorgelegen. Vielmehr hätten Streitigkeiten innerhalb der Teilhaber den Anstoß zu den Abtretungsverhandlungen gegeben.

Nach einem längeren Intermezzo über juristische Fragen kamen die Parteien überein, bis spätestens 20. Januar 1951 zu versuchen, einen Vergleich herbeizuführen. Sollte bis zu diesem Termin keine Einigung erzielt sein, wird eine gerichtliche Entscheidung erfolgen.

und am 12. Januar 1951

Zwischen Vergleichsvorschlag und Urteil

Finanzministerium erschien im Waldkirch-Prozeß erst am zweiten Tag

Zu den bisherigen Ergebnissen des Wiedergutmachungsprozesses, den die Firma Waldkirch angestrengt hat, geht uns von der genannten Firma eine Betrachtung zu, die geeignet ist, das in der Berichterstattung über diesen Prozeß entrollte Bild in einigen Punkten zu bereichern. Ohne uns mit den einzelnen Ausführungen zu identifizieren, haben wir die umfangreichere Zuschrift um einige u. E. unwesentliche Sätze gekürzt.

Am ersten Tag der Beweisaufnahme in dem Restitutionsprozeß in Frankenthal, den die Firma Waldkirch angestrengt hatte, erklärten die vernommenen Zeugen daß seitens der NSDAP der Pfalz ein unerbittlicher politischer Kampf gegen die Familie Waldkirch geführt wurde, der schließlich die Familie Waldkirch dazu zwang, ihren Betrieb abzugeben. Am nächsten Tag der Beweisaufnahme erklärte das Gericht gleich zu Beginn, daß auf Grund der vorliegenden Aussagen das Gericht zu der Ueberzeugung gekommen sei, daß es sich im Falle Waldkirch um eine politische Verfolgung handle und daß der Kausalzusammenhang mit der zwangsweisen Abgabe des Betriebes gegeben sei. Das Gericht sei deshalb der Auffassung, daß zur Ersparnis der Kosten eine weitere Beweisaufnahme nicht mehr erforderlich wäre. Nachdem die Gegenseite, d. h. die Vertreter des Staates auf die Vernehmung ihrer Zeugen nicht verzichten wollte — trotz dieser Auffassung des Gerichtes — wurde die Beweisaufnahme fortgesetzt. Auch die weitere Beweisaufnahme ergab das gleiche Bild, daß ein rücksichtsloser politischer Kampf seitens der NSDAP der Pfalz gegen die Firma Waldkirch geführt wurde. Die Behauptung des Zeugen Dr. Schott, daß die Verkaufsverhandlungen durch ein Angebot eines Teilhabers der Firma veranlaßt worden seien, entsprach nicht den Tatsachen, da dieser Teilhaber unmittelbar nach den Verhandlungen vor der Reichspressekammer in Berlin infolge der Aufregungen dort gestorben ist und nicht mehr nach Ludwigshafen zurückkehrte. Die Verhandlungen wurden aber erst einige Zeit nach dem Tode dieses Teilhabers aufgenommen. Die Vertreter der Firma Waldkirch stellten nach Beendigung der Beweisaufnahme den Antrag, daß auf Grund der Anerkennung der politischen Verfolgung das Gericht einen Vergleichsvorschlag unterbreiten soll. Für den Fall, daß dieser Vergleichsvorschlag nicht angenommen wird, erfolgt dann das Urteil.

Auffallend an diesem Prozeß war, daß die Vermögenskontrolle zu Beginn der Verhandlungen gegen die Firma Waldkirch Partei ergriff, jedoch von dem Vorsitzenden des Gerichts zurückgewiesen wurde mit dem Bemerken, daß die Vermögenskontrolle eine neutrale Stelle sei, die lediglich das Vermögen für den Berechtigten zu verwalten hat. Vertreter des Finanzministeriums Rheinland-Pfalz erschienen erst am zweiten und dritten Tag der Verhandlungen, und das Gericht bedauerte, daß sie am ersten Tag der Beweisaufnahme nicht anwesend waren, der bereits den lückenlosen Beweis der politischen Verfolgung erbracht hätte.

Herbert Meininger, Drucker und Verleger, beleuchtet in einem Referat das Wesen der Graphischen NS-Betriebe.

Das Wesen der NS-Druckereien und -Verlage

Referat von Herbert Meininger, Neustadt a. d. Haardt, gehalten am 14. Februar 1946 bei der Versammlung des Fachverbandes Druck bei den Industrie- und Handelskammern Hessen-Pfalz.

Nachstehend der Wortlaut des Vortrages, der im Hinblick auf die vorgeschrittene Zeit in einzelnen Teilen gekürzt wurde. Die im Anschluß an das Referat erfolgte Aussprache ist am Schluß bemerkt.

Der Begriff NS-Druckerei beschäftigt uns Drucker nicht erst seit dem Einmarsch der Alliierten, sondern seit der Machtaneignung des Nationalsozialismus. Das Streben nach Macht und die Ausübung derselben, mußte auch in unserem Beruf einen Niederschlag finden.

Wir haben es selbst miterleben können, wie Druckereibetriebe und Verlagshäuser eine fantastische Entwicklung zeitigten und auf Grund der ihnen durch die Partei eingeräumten Vorrechte eine Kapitalpolitik ersten Ranges betrieben.

Ohne Rücksicht auf den Nachbarn wurden die gauamtlichen Aufträge, Zeitungen und Zeitschriften konzentriert. Es war dies ein ausgesprochenes Zwangs- und Diktatursystem, das mit einem freien Wettbewerb nichts mehr zu tun hatte. Dadurch, daß das Gesetz gegen den unlauteren Wettbewerb vom 7. Juni 1909 außer Kurs gesetzt wurde, war den Benachteiligten keine Möglichkeit gegeben, sich gegen diese Enteignungen zur Wehr zu setzen.

Eine Kritik an den Maßnahmen wurde als Sabotage und Provokation angesehen. Viele Betriebe mußten verkürzt arbeiten. Für den Laien unsichtbar, spielte sich unter Ausschluß der Oeffentlichkeit ein harter Existenzkampf ab, wie in keinem anderen Berufszweig.

Es versteht sich, daß nun heute diese sogenannten NS-Druckereien in einem luftleeren Raum hängen. Auch ihre Hauptabnehmer befinden sich in einer ähnlichen Lage. Durch Gesetz Nr. 52 ist eine Beschlagnahmung der NS-Betriebe verfügt. Es heißt unter anderem in Ziffer 29e dieses Gesetzes:

Bemerkenswert ist noch ein Artikel in der Wochenzeitschrift aus Stuttgart „Das ganze Deutschland“, herausgegeben von Dr. Karl Silex. Es kommentiert den Prozessverlauf und weist besonders darauf hin, dass der Treuhänder nicht Partei ist und er deshalb nicht gegen den Berechtigten (Waldkirch) Partei ergreifen darf, und dass der Staat alle Veranlassung hätte, dass einem politisch Verfolgten Gerechtigkeit widerfahre.

Der Treuhänder ist nicht Partei

Der Staat in Restitutionsprozessen

Vor der Restitutionskammer des Landgerichts in Frankenthal fand in diesen Tagen ein Prozeß statt, der allgemeine Bedeutung hat. Die Firma Waldkirch klagte auf Rückerstattung ihres Zeitungsbetriebs in Ludwigshafen (frühere Pfälzische Rundschau und Generalanzeiger), der auf Grund des unerhörten politischen Drucks kurz vor Ausbruch des Krieges durch die NSDAP der Pfalz enteignet wurde.

Am ersten Tage der Beweisaufnahme gab zunächst Rechtsanwalt Dr. Heim, der seinerzeit die Familie Waldkirch vertreten hatte, einen Überblick über die politischen Maßnahmen, die gegen den Verlag Waldkirch seitens der NSDAP der Pfalz getroffen wurden. Es war nach den Ausführungen dieses Zeugen ein unerhörter politischer Kampf, der schon vor 1933 begann, mit einem Prozeß, den Geheimrat Waldkirch wegen Beleidigung gegenüber Gauleiter Bürkel anstrengte und der 1938 damit endete, daß die Familie Waldkirch gezwungen war, ihren ganzen Betrieb einschließlich der Tageszeitungen abzugeben. Rechtsanwalt Rienhardt sagte aus, daß der Fall Waldkirch in der deutschen Presse einzigartig dastehe und zu den schamlosesten Fällen gehöre, die er in der Presse jemals erlebt habe. Es sei auch der einzige Fall gewesen, in dem durch die Partei in der Presse Kommissare eingesetzt wurden, die die Mitglieder der Familie Waldkirch aus dem Betrieb entfernten. In ähnlichem Sinne äußerte sich auch der Zeuge Dr. Robert Volz, der den politischen Kampf der Gauleitung der Pfalz gegen Waldkirch zum größten Teil aus eigener Anschauung kannte. Der frühere Gaupresseamtsleiter der Pfalz, Forster, bestätigte in seinen Aussagen den politischen Kampf, den die Gauleitung gegen Waldkirch führte und erklärte, daß Gauleiter Bürkel und er selbst der Auffassung waren, daß die Mitglieder der Familie Waldkirch als Schädlinge des Dritten Reiches aus dem Zeitungswesen ausgeschlossen werden müßten.

Zu Beginn des zweiten Tages der Beweisaufnahme erklärte das Gericht, daß es auf Grund der bis jetzt vorliegenden beeidigten Zeugenaussagen zu der Auffassung gekommen sei, daß eine politische Verfolgung zweifellos gegeben sei und daß die Abgabe des Betriebs lediglich auf Grund dieser politischen Maßnahmen erfolgt sei. Das Gericht schlug daher vor, auf eine weitere Beweisaufnahme zu verzichten, um unnötige Kosten zu ersparen.

Das Finanzministerium

Nachdem aber die Gegenseite, d. h. die Vertreter des Finanzministeriums Rheinland-Pfalz, trotz dieser Auffassung des Gerichts auf die Vernehmung ihrer Zeugen nicht verzichten wollte, wurde die Beweisaufnahme fortgesetzt, wobei jedoch der Anwalt der Familie Waldkirch auf die Vernehmung eines großen Teils von Zeugen verzichtete. Auch die weitere Beweisaufnahme, bei der unter anderem frühere Betriebsangehörige der Firma Waldkirch vernommen wurden, ergab das gleiche Bild, daß ein rücksichtsloser politischer Kampf gegen die Familie Waldkirch geführt wurde. Der Zeuge Antoni, damals Kreisobmann der Arbeitsfront, sagte aus, daß er von Gauleiter Bürkel vorübergehend beurlaubt wurde und mit seiner endgültigen Entlassung bedroht wurde, weil er wahrheitsgemäße Berichte abgegeben hat, daß die sozialen Verhältnisse in der Firma Waldkirch bestens in Ordnung seien. Der frühere Gauobmann der Deutschen Arbeitsfront, Stahl, sagte aus, daß er die Geschäftsführung der Pfälzischen Rundschau niedergelegt habe, weil ihm Gauleiter Bürkel erklärt hat, der politische Kampf gegen Waldkirch würde so lange fortgesetzt werden, bis alle Mitglieder der Familie Waldkirch aus dem Betrieb ausgeschieden seien. Bei der Vernehmung der Gegenzeugen wurden zum größten Teil die vorhergehenden Aussagen bestätigt. Im übrigen konnten deren Aussagen die Tatsache der politischen Verfolgung nicht bezweifeln. Am Schluß der Beweisaufnahme stellte der Anwalt der Familie Waldkirch den Antrag, daß auf Grund der durch die Zeugenaussagen sich ergebenen politischen Verfolgung das Gericht den Parteien einen Vergleichsvorschlag unterbreiten solle. Dieser Antrag wurde durch das Gericht angenommen. Für den Fall, daß der Vergleichsvorschlag des Gerichts nicht angenommen werden sollte, erfolgt das Urteil.

Die Vermögenskontrolle

Merkwürdig berührte, daß zu Beginn der Beweisaufnahme die Vertreter der Vermögenskontrolle auf der Seite der Beklagten Platz genommen hatten und gegen die Familie Waldkirch Partei ergriffen.

Der Vorsitzende des Gerichts stellte fest, daß die Vermögenskontrolle in den Parteienstreit nicht eingreifen dürfe, da sie lediglich Treuhänder der Berechtigten sei, für den sie das Vermögen zu verwalten habe. Die Vertreter der Vermögenskontrolle mußten dann auf Veranlassung des Gerichts bei den Zuhörern Platz nehmen.

Es war dies für eine amtliche Stelle eine recht peinliche Angelegenheit. Erst am zweiten und dritten Tage der Beweisaufnahme erschienen auch die Vertreter des Finanzministeriums Rheinland-Pfalz. Das Gericht bedauerte, daß die Vertreter des Finanzministeriums nicht rechtzeitig zu Beginn des Prozesses anwesend gewesen sind, um sich ein Bild von den wichtigsten Zeugenaussagen zu machen, die bereits einen lückenlosen Beweis für die politische Verfolgung nach der Auffassung des Gerichts ergeben hätten.

Man hätte in diesem Prozeß eigentlich erwarten dürfen, daß gerade die Vertreter des Staates von vornherein Objektivität gezeigt hätten, denn auch der Staat hätte alle Veranlassung, daß einem politisch Verfolgten, der zwangsweise seinen Betrieb abgeben mußte, Gerechtigkeit widerfährt. Das Gericht verstand seine Unabhängigkeit gegenüber staatlichen Stellen in jeder Weise zu wahren.

Die Vermögenskontrolle

Merkwürdig berührte, daß zu Beginn der Beweisaufnahme die Vertreter der Vermögenskontrolle auf der Seite der Beklagten Platz genommen hatten und gegen die Familie Waldkirch Partei ergriffen.

Der Vorsitzende des Gerichts stellte fest, daß die Vermögenskontrolle in den Parteienstreit nicht eingreifen dürfe, da sie lediglich Treuhänder der Berechtigten sei, für den sie das Vermögen zu verwalten habe. Die Vertreter der Vermögenskontrolle mußten dann auf Veranlassung des Gerichts bei den Zuhörern Platz nehmen.

Es war dies für eine amtliche Stelle eine recht peinliche Angelegenheit. Erst am zweiten und dritten Tage der Beweisaufnahme erschienen auch die Vertreter des Finanzministeriums Rheinland-Pfalz. Das Gericht bedauerte, daß die Vertreter des Finanzministeriums nicht rechtzeitig zu Beginn des Prozesses anwesend gewesen sind, um sich ein Bild von den wichtigsten Zeugenaussagen zu machen, die bereits einen lückenlosen Beweis für die politische Verfolgung nach der Auffassung des Gerichts ergeben hätten.

Man hätte in diesem Prozeß eigentlich erwarten dürfen, daß gerade die Vertreter des Staates von vornherein Objektivität gezeigt hätten, denn auch der Staat hätte alle Veranlassung, daß einem politisch Verfolgten, der zwangsweise seinen Betrieb abgeben mußte, Gerechtigkeit widerfährt. Das Gericht verstand seine Unabhängigkeit gegenüber staatlichen Stellen in jeder Weise zu wahren.

Der schließlich von der Wiedergutmachungskammer in Frankenthal vorgeschlagene Vergleich scheitert am Widerstand des Finanzministeriums des Landes Rheinland Pfalz.
Das Gericht verkündete daraufhin das Urteil. „Es bejahte den Wiedergutmachungsanspruch der Familie Waldkirch, da seinerzeit der Betrieb unter unerhörtem politischen Druck der pfälzischen NSDAP abgegeben werden musste."
Die „Rhein-Neckar-Zeitung" Heidelberg kommentiert das Urteil im Waldkirch-Prozess.

Urteil im Waldkirch-Prozeß

Ludwigshafen. In dem Restitutionsprozeß, den die Firma **Julius Waldkirch & Cie., mbH.,** früher Verlag der „Pfälzischen Rundschau" und des „Generalanzeiger" in Ludwigshafen/Rhein, angestrengt hatte, erließ in diesen Tagen die Wiedergutmachungskammer in **Frankenthal** das Urteil. Das Gericht bejahte den Wiedergutmachungsanspruch der Familie Waldkirch, da seinerzeit der Betrieb unter unerhörtem politischem Druck der NSDAP der Pfalz abgegeben werden mußte. Das Urteil hat eine sehr ausführliche und gewissenhafte Begründung. Nachdem diese Entscheidung ergangen ist, sollten auch die maßgebenden Stellen der Regierung und des Finanzministeriums in Rheinland-Pfalz das rechte Verständnis aufbringen und sich dafür aussprechen, daß der Betrieb in kürzester Zeit an die Familie Waldkirch zurückgegeben wird.

Das Land „Rheinland Pfalz" legt gegen dieses Urteil Berufung ein.
Trotz der vielen eindeutigen Zeugenaussagen, den mannigfaltigen Unterlagen, der Enteignung im Berliner Pressekammer Prozess, den Berufsverboten sowie der klaren ausführlichen Beweisführung der Wiedergutmachungskammer Frankenthal „dass die Waldkirchs aktive NS-Gegner waren und dadurch Schaden erlitten hatten", schämten sich die Verantwortlichen des Landes nicht, den Waldkirchs eine Wiedergutmachung zu verweigern.
Diese hatten sich getreu nach dem Motto des Geheimrates „Dienst am Gemeinwesen" für die Pressefreiheit und einer ethisch und korrekten

Berichterstattung eingesetzt. Sie erlebten nun den „Dank des Vaterlandes“.
Die Vertreter des „Rechtsstaates Rheinland Pfalz“ spielten hemmungslos ihre Dominanz aus und begannen die Familie Waldkirch auszuhungern.
Sie wussten, dass diese finanziell nicht mehr in der Lage waren, einen weiteren Prozess zu führen, denn die teuren Verfahren, Anwälte und Gutachter hatten ihr Vermögen aufgezehrt. Auch wusste das Land, dass aus den verschiedensten Gründen alle Waldkirch-Firmen unter Sequester standen und es so für sie unmöglich war, an Gelder heranzukommen.
Der Plan der Bevollmächtigten des Landes ging auf. Etwa zwei Jahre später mussten die Waldkirchs einem schäbigen Vergleichsvorschlag zustimmen.
Für die Vergleichsverhandlungen war Dr. Julius als Jurist der Handlungsführer geworden. Er und Prof. Dr. Sieber hatten hart mit den Vertretern des Landes für Wiedergutmachung in Mainz und dem Regierungsbezirksamt für Wiedergutmachung in Neustadt/Weinstraße gerungen. Aber wie schon dargelegt, das Land saß am wesentlich längeren Hebel. (Bei diesen Verhandlungen war bereits die nächste Waldkirch-Generation Julius Waldkirch jr. mit dabei.)
Hier die Kopie des Schreibens über die unwiderrufliche Annahme des Vergleichsvorschlages, betrifft die Rückerstattung gegen sie Saarpfälzische Druckerei und Verlagsgesellschaft.

Mannheim, den 17. Okt. 1952

Dr. Karl Waldkirch
Dr. Julius Waldkirch
Dr. Franz Waldkirch
Mathilde Waldkirch

An das
Landesamt für Wiedergutmachung
und kontrollierte Vermögen
M a i n z

An das
Regierungsbezirksamt für
Wiedergutmachung und kontrollierte Vermögen
N e u s t a d t / Weinstr.
Landauerstr. 6, Saalbau

Aufgrund der mit Ihnen, zuletzt zwischen Herrn Dr. Oedekoven, Dr. Hafen und Prof. Sieber geführten Verhandlungen nehmen wir unwiderruflich folgenden Vergleichsvorschlag zur Abgeltung unserer sämtlichen Ansprüche aus Rückerstattung gegen die Saarpfälzische Druckerei- und Verlagsgesellschaft m.b.H. an:

1. Die Grundstücke und Gebäude, Amtsstrasse 6 und 8 in Ludwigshafen werden den Klägern übereignet. Die Kläger übernehmen die im Zeitpunkt der Übergabe auf diesen Grundstücken ruhenden Hypotheken der Karlsruher Lebensversicherungs A.-G. mit (zum 31.12.1951) DM. 6.700.--
und der Bay. Hypotheken- und Wechselbank mit (zum 31.12.1951) " 9.767.79
DM. 16.467.79
=============

Sie übernehmen ferner die gegebenenfalls aus diesen Hypotheken entstandenen Umstellungsgrundschulden, bzw. Hypotheken-Gewinnabgaben. Desgleichen übernehmen die Kläger die Abfindung der Gebr. Neubauer wegen der von diesen behaupteten

-2-

Verwendungen auf die Gebäude Amtsstrasse 6 und Amtsstrasse 8.

3. Die Kläger erhalten sämtliche, der Saarpfälzischen Druckerei- und Verlagsgesellschaft m.b.H. gehörenden Maschinen, Inventarien, Fahrzeuge und Materialien, die sich in den Gebäuden Amtsstrasse 6 und Amtsstrasse 8 befinden.
Desgleichen erhalten die Kläger die Einrichtung der Schlosserwerkstatt, die z.Z. an die Firma Albert Diemer, Apparatebau, Ludwigshafen zu Pflege und Gebrauch übergeben ist. (Seite 11 des Inventarverzeichnisses der Saarpfälzischen Druckerei-und Verlagsgesellschaft m.b.H. vom 31.12.1947).
Ferner geht die aus dem ehemaligen Waldkirch'schen Besitz stammende Ludlow-Anlage, die z.Z. von der US-Besatzungsmacht beschlagnahmt ist, mit allen aus der Beschlagnahme erwachsenden Ansprüchen auf die Kläger über.
Die von den Gebr. Neubauer behaupteten Ansprüche aus Verwendungen auf die von der Waldkirch Druck- und Transkrit K.G. gepachteten Maschinen und Inventarien haben die Kläger abzufinden.

3. Die Kläger erhalten das Verlagsrecht an dem Adressbuch Ludwigshafen, ferner die Zeitungstitel "Generalanzeiger" und "ABZ" zurück.

4. Alle Ansprüche aus Demontagen und Kriegssachschäden, soweit diese an ehemaligem Waldkirch'schen Vermögen entstanden sind, gehen an die Kläger über.

5. Sämtliche Nutzungen und laufende Lasten wie Grundsteuern, Gebühren etc. des auf die Kläger zurückübertragenen Vermögens gehen mit dem Tage der Rechtskraft dieses Vergleichs auf Rechnung der Kläger.

6. Weitere als die in diesem Vertrag in Tz 1 und 2 aufgeführten Verbindlichkeiten, gleich welchen Grundes, übernehmen die Kläger nicht.
Die Kläger werden von allen etwaigen Ansprüchen der

-3-

Blatt 3

der Gruppe Ernst Waldkirch freigestellt.

7. Die bisher entstandenen Kosten werden gegenseitig aufgehoben.

Mit gleicher Post versuchte Dr. Julius eine Option auf den nachträglichen Erwerb von den nicht zurückgegebenen Grundstücken des alten Waldkirchschen Besitz zu erhalten. Er bittet bei einem eventuellen Verkauf auf diese Objekte ein Angebot abgeben zu dürfen.

Dr. Karl Waldkirch
Dr. Julius Waldkirch
Dr. Franz Waldkirch
Mathilde Waldkirch

Mannheim, den 17. Okt. 1952

An das
Landesamt für Wiedergutmachung
und kontrollierte Vermögen

Mainz

An das
Regierungsbezirksamt für
Wiedergutmachung und kontrollierte Vermögen

Neustadt / Weinstr.
Landauerstr. 6, Saalbau

Betr.: Vergleichsvorsc-hlag in Sachen
Waldkirch/Saarpfälzische Druckerei- und Verlagsgesellschaft m.b.H.

Wie vereinbart erhalten Sie anbei den Vergleichsvorschlag, den die Kläger anzunehmen unwiderruflich bereit sind.
Im Interesse einer Erhaltung der derzeitigen Arrondierung der Grundstücke in Ludwigshafen möchten wir, wenn irgend möglich, die Grundstücke, die nach dem hier anliegenden Vergleichsvorschlag nicht in unseren Besitz übergehen sollen, erwerben.
Wir sind bereit, falls dies in unseren Kräften steht, das eine oder andere Grundstück oder einige Maschinen zu ihrem heutigen Wert zu erwerben.
Wir wären Ihnen dankbar, wenn Sie uns im Falle eines Verkaufs dieser Objekte Gelgenheit zu einem Angebot geben würden.

Mit vorzüglicher Hochachtung

Die Option wurde nicht gegeben, sondern das Grundstück in der jetzigen Bahnhofstraße an ein Kaufhaus weitergegeben.

Eine unglaubliche Geschichte.

Ein sogenannter „Rechtsstaat“ entpuppt sich als ein „Erpresserstaat“, der ein Gerichtsurteil ignoriert und eine Familie so lange unter Druck setzt, bis diese finanziell nicht mehr kann und sich einem schamlosen Vergleich beugen muss.

Ein Vergleich, nach dem es nicht nur keine Entschädigung und Wiedergutmachung für die politisch Verfolgten, die Enteigneten und das Betriebsverbot im Naziregime gab, sondern nach dem das Land Rheinland Pfalz auch einige „Sahnestückchen“ der alten und enteigneten Waldkirch-Grundstücke einfach für sich behielt, anstatt sie anstandshalber zurückzugeben.

VII. Dokumentation über den Prozess für Wiedergutmachung Dr. Julius Waldkirch gegen das Land Baden-Württemberg 1948 – 1972

Aus der Sicht und den Erkenntnissen eines liberalen Pfälzer Presse Verlages.

Dr. Julius Waldkirch: Klage gegen das Land Baden-Württemberg

In Baden war die Situation der Wiedergutmachung eine ganz andere als in Rheinland Pfalz.
Hier musste jeder Betroffene persönlich bei der Entschädigungskammer am Landgericht klagen.
Dr. Julius im badischen Mannheim wohnend musste also selbst wegen der Entschädigung seiner entgangenen Rente, seinem beruflichen Fortkommen, den Schäden an seinem Vermögen und der Rückerstattung der Verlagsrechte des „Neuen Mannheimer Tageblatt“ bei Gericht vorstellig werden.
Die Entschädigungskammer konnte so die gesamte Situation des Falles Waldkirch, die Gegnerschaft und den Abwehrkampf, gegen das Naziregime sowie die Verurteilung der Familie außer Acht lassen und sich nur mit Dr. Julius und Mathilde Waldkirch, der Witwe des 1942 verstorbenen Geheimrates, die in Heidelberg wohnte, befassen. Dr. Julius wurde vom in Karlsruhe zugelassenen Anwaltsbüro Prof. Dr. Löffler, Dr. Groß, K. E. Wenzel, K. Sedelmeier und F. Wigger vertreten.
Die Kammer verschleppte das Verfahren, so dass darüber 1962 Mathilde und 1968 ihr Sohn Dr. Julius verstarb.
Die jeweiligen Erben setzten den Prozess fort. Dr. Karl war der einzige Waldkirch, der noch persönlich die Situation kannte und die Anwälte orientieren konnte und so wurde er der Schriftführer. Die Verzögerungstaktik durch die Kammer war sicher nicht ganz unbeabsichtigt, wie aus verschiedenen Schreiben des Anwaltsbüros sowie einige Verhaltensmuster des Berichterstatters der Kammer, Landgerichtsrat Behrens, hervorgeht.
Das Anwaltsbüro schrieb zum Beispiel am 10. April 1968: „Bei der Verhandlung am 9.4. 1968 (man beachte 23 Jahre waren seit Kriegsende und Einführung der Wiedergutmachung vergangen) erklärte der Berichterstatter der Kammer, Landgerichtsrat Behrens, zur Überraschung von Anwalt Wigger, das Anwaltsbüro hätte die gerichtliche Auflage vom 10.1.1968, den persönlich entstandenen Schaden des Herrn Dr. Julius Waldkirch darzulegen, nicht erfüllt.“
Anwalt Wigger wies dem gegenüber auf seinen Schriftsatz vom 12. März 1968 hin, in dem er die richterliche Auflage erfüllt habe.
Der Kammervorsitzende bestätigte dann, dass der betreffende Schriftsatz doch am 14. März 1968 bei Gericht eingegangen sei.
Landgerichtsrat Behrens hatte als Berichterstatter die Verantwortung für diesen Vorgang und da ist es doch sehr unglaubwürdig, wenn er sagt, er habe keine Kenntnis von diesem Schriftsatz gehabt.

Er erklärte dann, „dass sich seiner Erinnerung nach aus früheren Unterlagen Dr. Julius ein erhebliches Einkommen bezogen habe."
Diese Erklärung war falsch, wie später das Gericht feststellte.
Berichterstatter Behrens erklärte weiterhin, „er würde nochmals nachprüfen und dabei insbesondere den letzten Schriftsatz, den er angeblich nicht kannte, berücksichtigen."
Die Kammer fasste am 14. Mai 1968 den Beschluss über die Gründe des geringen Einkommens von Dr. Julius nach der durch die NSDAP erfolgten Enteignung Beweis zu erheben und sieben Zeugen aus ganz Deutschland zu vernehmen.

Landgericht Karlsruhe
Entschädigungskammer II
O(EII) 50/66

Anlage zum Protokoll ...

Eingegangen am 22. MAI ...

In Sachen
Waldkirch / Land Baden-Württemberg
wegen Vermögens- u.Berufsschadens

Beschluß:

I. Die Klägerin behauptet,
1. ihr verstorbener Ehemann habe nach Rückkehr aus der Gefangenschaft bei der Firma "Deutsches Druck- und Verlagshaus KG Mannheim" bis 30. 6. 1952 nur 600,-- DM monatlich brutto, bis 31. 5.1953 nur 500,-- DM monatlich brutto verdient, von 1953 bis 1960 in der von ... gegründeten Druckerei Gehälter zwischen 300,-- und 400,-- DM monatlich;
2. man habe Ende 1937 versucht, ihren verstorbenen ... aus dem Berufsverband der deutschen Verleger ... ehrenhafter Weise auszuschließen, weil "die ... die nationalsozialistische Politik nicht unterstützt ..., sondern im Rahmen des möglichen auch bekämpften ... seien Verteidigungskosten von ca. 8000,-- DM ...
3. Ende 1937 sei gegen Dr.Julius Waldkirch Haftbefehl ... gen, weil seine Familie sich gegen national... Angriffe im"Generalanzeiger" zur Wehr setzte.

Darüber und über die Gründe des geringen Ein[illegible] ist zu ermitteln und Beweis zu erheben durch Vernehmung nachstehender Zeugen:

a) Dr.Karl Waldkirch, Heidelberg, Mönchhof 5a, zu 1) bis 3,

b) Rechtsanwalt Dr.Adolf Heim, Ludwigshafen, zu 2 und 3,

c) Rechtsanwalt Dr.Otto Leiprecht, München, zu 2 und 3,

d) Rechtsanwalt v.d.Goltz, Berlin, zu 2,

e) Wirtschaftsprüfer Dr.Fluch, Bad Dürkheim, zu 2,

f) Wirtschaftsprüfer Dr.Josef Burger, Ludwigshafen, zu 3, 2

g) Präsident Dr.Otto Eichenlaub, zu 2.3

II. Die Klägerin erhält die Auflage, binnen eines Monats von heute an die Anschriften der Zeugen b) bis f) mitzuteilen.

III. ~~Termin~~ Zur Beweisaufnahme und Fortsetzung der mündlichen Verhandlung wird der Rechtsstreit an den Berichterstatter als Einzelrichter verwiesen.

Dr.Stanicki
Landgerichtsrat

zugleich für den im Urlaub befindlichen LGR Dr.Fibinger

Berendes
Landgerichtsrat

Diesen Beschluss kommentierte Anwalt Sedelmeier am 21. Mai 1968.

Rechtsanwälte
DR. MARTIN LÖFFLER
am Land- und Oberlandesgericht
DR. KARL EG[illegible]NZEL
KLAUS SED[illegible]EIER
FRITZ WIGGER
am Amts- und Landgericht
STUTTGART, KÖNIGSTRASSE 1A
Ruf 29 31 65/66

21. Mai 1968
2-sg

Herrn
Dr. Karl Waldkirch

6700 Ludwigshafen
Amtsstrasse 8

Sehr geehrter Herr Dr. Waldkirch,

in der Entschädigungsangelegenheit nach Ihrem verstorbenen Bruder Dr. Julius Waldkirch vor dem Landgericht Karlsruhe ist mir soeben der durchschriftlich zu Ihrer gefälligen Kenntnisnahme beigefügte gerichtliche Beweisbeschluss vom 14.5.1968 zugegangen. Erfreulicherweise lässt dieser Beschluss eindeutig erkennen, dass das Gericht nicht davon ausgeht, dass der Anspruch schon wegen der formellen Mitgliedschaft Ihres verstorbenen Bruders bei der Reiter SS unbegründet ist. Die Tatsache, dass der Beweisbeschluss sich zu einem wesentlichen Teil auf die Fragen der Schadenshöhe bezieht, spricht dafür, dass das Gericht dazu zu neigen scheint, den Anspruch dem Grunde nach anzuerkennen. Falls die Beweisaufnahme zu unseren Gunsten ausgehen sollte, müsste das Gericht zwangsläufig den geltend gemachten Schadensersatzanspruch jedenfalls zu einem Teil anerkennen. Damit wäre aber die Tür für die von Herrn Dr. Löffler beabsichtigten Vergleichsgespräche geöffnet. Wenn feststünde, dass der Anspruch Ihres verstorbenen Bruders begründet ist, kann die Gegenseite sich in den anderen Fällen nicht mehr auf eine politische Belastung der Berechtigten berufen.

Die Beweisaufnahme dürfte voraussichtlich sehr langwierig und zeitraubend sein, da das Gericht die Vernehmung von sieben Zeugen vorgesehen hat.

Das Gericht hat uns aufgegeben, bis zum 14.6.1968 die genauen Anschriften der in dem Beweisbeschluss unter I. 1. b - f genannten Zeugen dem Gericht mitzuteilen.

Der Wichtigkeit dieser Angelegenheit wegen bitte ich Sie, mir die entsprechenden Auskünfte sobald wie möglich zu geben, damit ich die Zeugenanschriften dem Gericht mitteilen kann.

Mit freundlichen Grüssen

gez. Sedelmeier

Rechtsanwalt

D.: Herrn Julius Waldkirch jr

Auszug:
„Erfreulicherweise lässt dieser Beschluss eindeutig erkennen, dass das Gericht nicht davon ausgeht, dass der Anspruch schon wegen der formellen Mitgliedschaft von Dr. Julius bei der Reiter-SS unbegründet ist. Die Tatsache, dass der Beweisbeschluss sich zu einem wesentlichen Teil auf die Frage der Schadenshöhe bezieht, spricht dafür, dass das Gericht dazu zu neigen scheint, den Anspruch den Gründen nach anzuerkennen.
Die Beweisaufnahme dürfte voraussichtlich sehr langwierig und zeitraubend sein, da das Gericht sieben Zeugen vorgemerkt hat.“
Unter § 3 des Beschlusses steht: „Termin für Beweisaufnahme und Fortsetzung der mündlichen Verhandlung wird der Rechtsstreit an den Berichterstatter als Einzelrichter verwiesen.“
Ein schlechtes Omen für Dr. Julius, denn dieser Berichterstatter Behrens hatte sich schon zweimal mit wahrheitswidrigen Behauptungen gegen ihn gestellt und jetzt war er Einzelrichter.
Die Beweisaufnahme zog sich, so wie Anwalt Sedelmeier befürchtet hatte, 26 Monate lang hin.
Am 14. Juli 1970 erging das **Urteil**.

Anwalt Wigger berichtet:

RECHTSANWÄLTE
DR. MARTIN LÖFFLER
DR. KARL EGBERT WENZEL
KLAUS SEDELMEIER
FRITZ WIGGER

STUTTGART, den 28. Juli 1970
Königstraße 1 A (Schloßgartenbau)
2-gs
Telefon 29 81 65/66 (Vorwahl: 0711)
Deutsche Bank Konto Nr. 13/10 259
Dresdner Bank Konto Nr. 380 550/00
Postscheckkonto Stuttgart Nr. 197 88
Parkplätze im Untergeschoß
(Einfahrt Schloßgartenhotel)

Herrn
Dr. Karl Waldkirch

6700 Ludwigshafen
Amtsstrasse 8

Sehr geehrter Herr Dr. Waldkirch!

In der Entschädigungsangelegenheit nach Ihrem verstorbenen Bruder Dr. Julius Waldkirch ist uns nunmehr (am 27.7.1970) das befremdliche Urteil des Landgerichts Karlsruhe vom 14.7.1970 zugestellt worden.

Erstaunlicherweise hält das Landgericht Ihren verstorbenen Bruder nicht für entschädigungsberechtigt, weil er bei der Reiter-SS war.

Offensichtlich ist das Gericht auf diese Frage nur zurückgekommen, weil es auf die Vermögensverhältnisse im einzelnen nicht eingehen wollte. Schlechterdings unverständlich ist, warum über die Vermögenssituation langwierige und zeitraubende Beweisverfahren durchgeführt worden sind, wenn es hierauf gar nicht ankommen soll.

Im einzelnen darf ich auf die vorliegende gerichtliche Entscheidung vom 14.7.1970 verweisen. Wie Sie aus der Rechtsmittelbelehrung ersehen können, können wir gegen

Dr. Löffler, Fachanwalt für Steuerrecht, zugelassen beim Land- und Oberlandesgericht Stuttgart
Dr. Wenzel, Sedelmeier, Wigger zugelassen beim Amts- und Landgericht Stuttgart

- 2 -

das vorliegende Urteil bis zum 27.10.1970 Berufung einlegen. Zuvor sollten wir die Angelegenheit aufgrund der gerichtlichen Ausführungen nochmal erörtern.

Ich bitte insoweit um Ihre Stellungnahme.

Mit freundlichen Grüssen

(gez.) Wigger

Rechtsanwalt

Auszug:

„Erstaunlicherweise hält das Landgericht Dr. Julius nicht für entschädigungsberechtigt, weil er bei der Reiter-SS war.
Offensichtlich ist das Gericht auf diese Frage nur zurückgekommen, weil es auf die Vermögensverhältnisse im Einzelnen nicht eingehen wollte. Schlechterdings unverständlich ist, warum über die Vermögenssituation langwierige und zeitraubende Beweisverfahren durchgeführt worden sind, wenn es hierauf gar nicht ankommen soll.“
Gegen dieses Urteil des Landgerichts Karlsruhe legte die Anwaltskanzlei am 3. November 1970 beim Oberlandesgericht - Entschädigungssenat – in Karlsruhe Berufung ein.

RECHTSANWÄLTE
DR. MARTIN LÖFFLER
DR. KARL EGBERT WENZEL
KLAUS SEDELMEIER
FRITZ WIGGER

STUTTGART, den 3.Nov.1970
2-gs

Königstraße 1 A (Schloßgartenbau)
Telefon 29 81 65/66 (Vorwahl: 0711)
Deutsche Bank Konto Nr. 13/10 259
Dresdner Bank Konto Nr. 380 550/00
Postscheckkonto Stuttgart Nr. 197 88
Parkplätze im Untergeschoß
(Einfahrt Schloßgartenhotel)

An das
Oberlandesgericht
- Entschädigungssenat -

7500 Karlsruhe

Az.: 12 U 110/70

In Sachen

Hilde Waldkirch ./. Land Baden-Württemberg

wird unter Bezugnahme auf die am 8.10.1970 eingelegte Berufung vom 6.10.1970 beantragt, für Recht zu erkennen:

1. Das beklagte Land wird unter Aufhebung des erstinstanzlichen Urteils des Landgerichts Karlsruhe vom 14.7.1970 verurteilt

   a) für Schäden am Vermögen in Höhe von DM 57.500,--
   b) für Schäden im beruflichen Fortkommen DM 127.800,--
   insgesamt DM 185.300,--

   bzw. an deren Stelle die gesetzlich vorgesehenen Höchstbeträge gem. dem BEG zuzügl. der gesetzlich vorgesehenen Zinsen zu zahlen.

2. Das beklagte Land trägt die Kosten des Rechtsstreits.

Dr. Löffler, Fachanwalt für Steuerrecht, zugelassen beim Land- und Oberlandesgericht Stuttgart
Dr. Wenzel, Sedelmeier, Wigger zugelassen beim Amts- und Landgericht Stuttgart

B e g r ü n d u n g :

Das erstinstanzliche Urteil ist rechtsfehlerhaft. Die Tatsache, dass über die Frage, wie die Einkommens- und Vermögensverhältnisse des verstorbenen Dr. J. Waldkirch lagen, vor dem Landgericht Karlsruhe ausführlich Beweis erhoben worden ist und dass das Gericht diesen Punkt auch anderweitig ausführlich geklärt hat, liegt die Vermutung nahe, dass das Gericht bereits zuvor die vorrangige Frage des § 6 BEG zu Gunsten der Klägerin zu entscheiden gewillt war. Offensichtlich hat erst der Wechsel in der Person des Herrn Berichterstatters zu der angefochtenen befremdlichen Entscheidung geführt. Diese Entscheidung hätte von vornherein eine Auseinandersetzung mit der Frage der Vermögensverhältnisse des Dr.J.Waldkirch als überflüssig erscheinen lassen. Das Urteil selbst betont demzufolge auch, dass diese Frage überflüssig sei.

1. Die Entscheidung ist unzutreffend mit § 6 BEG begründet worden. Es ist dargetan worden, dass Dr.J. Waldkirch nicht aufgrund des § 6 BEG mit seinen Entschädigungsansprüchen ausgeschlossen war, weil er Hauptscharführer in der Reiter-SS war. Die Reiter-SS ist der Partei geschlossen "angegliedert" worden. Der Rang des Dr. J. Waldkirch erklärte sich allein aus seinem militärischen Rang, den Dr.J. Waldkirch im ersten Weltkrieg innehatte. Er war nur ein nominelles Mitglied und nahm - notgedrungen - verwaltungsmässige bzw. sportliche Aufgaben innerhalb der Reiter-SS wahr. Wie das Landgericht dazu kommt, demgegenüber ohne Begründung festzustellen, dass Dr. J. Waldkirch sich "überdurchschnittlich" in der politisch ohnehin indifferenten Reiter-SS betätigte, ist unverständlich.

Das Landgericht weist an anderer Stelle allerdings darauf hin, dass es auch ein "Vorschubleisten" des NS-Regimes gewesen sei, wenn die Reiter-SS nur dazu gedient hätte, den Nationalsozialismus "salonfähig" zu machen. Diese Ansicht ist ebenfalls rechtsfehlerhaft. Den gleichen Vorwurf müssten sich dann auch die führenden Kreise in der Wirtschaft, der Kultur, der Wissenschaft, dem Sport (etwa alle Teilnehmer der Olympiade 1936), ausländische Staatsbürger usw. gefallen lassen.

In diesem Fall muss noch berücksichtigt werden, dass Dr. J. Waldkirch nur unter Druck handelte. Es ist ausführlich dargelegt worden (u. a. mit Schriftsatz vom 19.12.1966 Seite 4), dass Dr. J. Waldkirch sich seiner Übernahme durch die Reiter-SS nicht widersetzte, um in seinem Kampf für die Pressefreiheit einen festeren Stand zu haben. Wenn das Landgericht in seinem Urteil demgegenüber ohne weiteres feststellt, "Denn dass er nur deshalb im Stab der Standarte tätig gewesen ist, um den Nationalsozialismus wirkungsvoller bekämpfen zu können, ist nicht vorgetragen worden und im Übrigen auch unwahrscheinlich". So liegt die Vermutung nahe, dass sich das Landgericht am Ende des Prozesses nicht mehr in erster Linie mit der Frage des § 6 BEG beschäftigt hat.

Tatsächlich ist Dr. J.Waldkirch ein entschiedener Gegner des Regimes gewesen. Es ist u. a. dargelegt worden, dass er beispielsweise Gegner des Nationalsozialismus versteckt und unterstützt hat. So hat er z.B. Frau Menzel-Beer bei sich vor dem Zugriff der Gestapo abgesichert. Er hatte zu Juden ein freundschaftliches Verhältnis. U. a. hat er den von den Nationalsozialisten verfemten Prokuristen Meissner und den soeben entlassenen KZ-Häftling Süss angestellt. Insoweit handelt es sich nur um eine kleine Anzahl von Beispielen aus dem Kampf des Dr. J. Waldkirch gegen das NS-Regime.

Als Antwort auf seine regimefeindliche Haltung wurde Dr.J. Waldkirch von den Nationalsozialisten entschieden bekämpft. So wurde er beispielsweise mit seinem Bruder gewaltsam aus dem Betrieb entfernt. Die Waldkirchs wurden öffentlich als "Judenknechte" diffamiert und in Aufrufen, Presseberichten usw. der Gauleitung in jeder Weise gebrandmarkt ("der Waldkirchpresse ins Stammbuch").
Dr. J. Waldkirch musste mit seiner Verhaftung rechnen und wurde schliesslich aufgrund der unüberbrückbaren Feindschaft zum Nationalsozialismus enteignet. Das alles ist in der 1. Instanz vorgetragen worden. Auf diesen Vortrag wird vollinhaltlich Bezug genommen.

2. Infolge seiner Einstellung zum Nationalsozialismus hat Dr. J. Waldkirch einen Vermögensschaden erlitten, der in Höhe des Klagbetrages bereits weitgehend deshalb begründet ist, weil die Nationalsozialisten die Waldkirch-Zeitungen diffamierten und Abonnenten unter Druck setzten, was zu einem starken Auflagenrückgang führte.

B e w e i s : Sachverständigengutachten.

Der Schaden des Dr. J. Waldkirch im beruflichen Fortkommen liegt darin, dass er infolge der nationalsozialistischen Verfolgungsmassnahmen seine frühere Stellung als Verlagsgeschäftsführer aufgeben musste und in der Zeit vom Februar 1935 bis zum 1. November 1952 monatlich einen Verdienstausfall von mindestens RM/DM 600,-- erlitt.

Auch insoweit und im Übrigen wird auf den Vortrag vor dem Landgericht Karlsruhe Bezug genommen.

(gez.) Dr. Loeffler

Rechtsanwalt

Auszug:
Prof. Dr. Loeffler beanstandete dieses erstinstanzliche Urteil als „rechtsfehlerhaft und unzutreffend sowie unverständlich". Er weist ganz bewusst darauf hin, dass das Gericht bereits zuvor die vorrangige Frage des § 6 BEG zugunsten der Klägerin, also Waldkirch, zu entscheiden gewillt war. Offensichtlich hat erst der Wechsel in der Person des Herrn Berichterstatters (Landgerichtsrat Behrens war Richter geworden) zu der angefochtenen befremdlichen Entscheidung geführt. Diese Entscheidung hätte von vornherein an eine Auseinandersetzung mit der Frage der Vermögensverhältnisse des Dr. Julius Waldkirch als überflüssig erscheinen lassen. Das Urteil selbst betont demzufolge auch, dass diese Frage überflüssig sei.
(Es wurde damit vom Gericht eine Verschleppung von über zwei Jahren zusätzlich erreicht und hohe Kosten produziert.)
Prof. Dr. Löffler kritisiert weiterhin einige falsche Begründungen des Gerichts, das sich den unwahren Behauptungen der Gegenseite, des Amtes für Wiedergutmachung, „Baden-Württemberg" zu eigen gemacht hat-

te, ohne diese auf ihren Wahrheitsgehalt zu überprüfen. Das Gericht hätte nur die ausführlichen Unterlagen der Mannheimer Spruchkammer über Dr. Julius und des Landgerichts Frankenthal über die Familie Waldkirch beiziehen müssen, um die echte Wahrheit zu erfahren.
Denn in diesen Urteilen wurde einwandfrei geklärt, dass Dr. Julius ein aktiver Gegner der NSDAP war, sich öffentlich in seinen Presseorganen gegen die Verleumdung wandte, sich für die Pressefreiheit und Liberalismus einsetzte und dadurch wegen Volksverhetzung angeklagt war und am Ende enteignet und mit Berufsverbot bestraft wurde.
Aber nein! Das Karlsruher Gericht unter Federführung des Landgerichtsrates Behrens, der schon einmal im Falle Waldkirch als Berichterstatter falsche Aussagen zu einem Schriftsatz, den er angeblich nicht erhalten hatte, macht, um der Waldkirch-Seite ein Versäumnis anzulasten, versuchte gegen alle Tatsachen Dr. Julius als aktiven Nazi hinzustellen.
Das Amt für Wiedergutmachung Baden-Württemberg beantragte, die Berufung zurückzuweisen. Es begründet dies mit einer perfekten Lüge.
Es behauptet nämlich, „Dr. Julius habe den Dienstgrad eines Hauptscharführers im Stab der SS-Standarte begleitet und diese Tatsache schließe eine nur nominelle Mitgliedschaft bei der SS als Gliederung der NSDAP aus. Dass sich schließlich die Betätigung im Stab einer SS-Standarte nicht nur auf den reinen sportlichen Bereich beschränkt, liegt auf der Hand.“

Erklärung:

1. *Tatsache ist, dass der Rang eines Hauptscharführers der Reiter-SS dem Rang eines Hauptwachtmeisters oder Hauptfeldwebels der Wehrmacht entsprach und damit auch nur ein Mannschaftsdienstgrad war.*
2. *Tatsache ist auch, dass eine SS-Standarte dem Regiment der Wehrmacht entsprach und keine besondere Einheit war.*
3. *Tatsache ist weiterhin, dass der Stab der SS, genauso wie der Stab bei der Wehrmacht, nur die Führungsspitze ist und nur mit einigen höheren Offizieren besetzt war.*

Tatsache ist also, dass Dr. Julius Waldkirch als niederer Mannschaftsdienstgrad nie dem Stab angehören konnte.
Julius Waldkirch war als Soldat des 1. Weltkrieges 1914-1918 Hauptwachtmeister geworden und die Reiter-SS, der er nicht freiwillig beigetreten war, führte ihn aufgrund dieser Vorgabe eben als Hauptscharführer, der keine Schar hatte!
In der NS-Diktatur gab es eine Verlagsholding, in der Reichsleiter Amann alle enteigneten Presseverlage zusammengefasst hatte und die als Standarte bezeichnet wurde. Der enteignete Verlag Waldkirch war auch in diese Holding integriert worden. Ein Familienmitglied Waldkirch war aber dort logischerweise nicht vorhanden.

für die Wiedergutmachung
...aden-Württemberg

7 Stuttgart 1, den 25.11.1970
Theodor-Heuss-Str. 26
Fernsprecher (Durchwahl): 201 — 22 68

Az.: EK 23 429-V-Schae/Ko
(Bei Schriftwechsel bitte angeben)

Oberlandesgericht
Karlsruhe
Eing.: 30. NOV. 1970

RAe Dr. Löffler, Dr. Wenzel
Sedelmeier, Wigger, Stuttgart

Eing. 1. Dez. 1970

Einschreiben!

An das
Oberlandesgericht
12. Zivilsenat

75 Karlsruhe
Postfach 4820

Betr.: Entschädigungssache
Hilde Waldkirch
wohnh.: Mannheim-Feudenheim, Hölderlinstr.46

-Klägerin-
-Berufungsklägerin-

Prozeßbevollmächtigte:
RAe Dr.Löffler,Dr.Wenzel
K.Sedelmeier,F.Wigger
7 Stuttgart, Königstr.

gegen
das Land Baden-Württemberg

-Beklagte-
-Berufungsbeklagte-

vertreten
durch das Landesamt für die Wiedergutmachung
Baden-Württemberg

Bezug: 12 U 110/70
Anl. : 0 (2 Mehrfertigungen)

Wir werden beantragen,
die Berufung zurückzuweisen,
vorsorglich,
dem Land nachzulassen, die Zwangsvolsstreckung durch Sicherheitsleistung oder Hinterlegung abzuwenden.

Herrn
Rechtsanwalt
Dr. Löffler
7 Stuttgart

-2-

B e g r ü n d u n g

I. Ein Urteil ist – entgegen der in der Berufungsbegründung vertretenen Meinung – nicht schon deshalb rechtsfehlerhaft, weil Beweis eingezogen wurde, der nicht entscheidungserheblich ist. Welche Rechtsansicht sich in einem Kollegialgericht durchsetzt, hängt auch nicht nur von der Ansicht des Berichterstatters ab. Die Entscheidung wird getroffen von d e n Richtern, die an der letzten mündlichen Verhandlung mitgewirkt haben.-Sie ist im übrigen zutreffend.

II. Fest steht, daß der Ehemann der Klägerin seit Mai 1933 Angehöriger der Reiter-SA bzw. Reiter-SS war und im Jahre 1937 den Dienstgrad eines Hauptscharführers im Stab der 32.SS Standarte bekleidete. Allein diese Tatsache schließt eine nur nominelle Mitgliedschaft bei der SS als Gliederung der NSDAP aus.
Entgegen dem ursprünglichen Vortrag, der noch in der Klagebegründung aufrechterhalten wurde, wurde Dr. Waldkirch auch nicht ohne seinen Antrag in die NSDAP aufgenommen. Vielmehr ergibt sich aus einer von der Dokumentenzentrale Berlin übersandten Fotokopie, daß er am 1.7.1937 um Aufnahme in die NSDAP nachgesucht hat. Ferner geht aus den vorliegenden Unterlagen hervor, daß die Aufnahme erst erfolgt ist, nachdem das Gaugericht damit befaßt war. Diese Tatsache spricht wiederum gegen den Vortrag, gerade von der Gauleitung sei er in stärksten Maße angegriffen und als "Volksschädling" bezeichnet worden. Daß zur gleicher Zeit andere Aufnahmeanträge abgelehnt worden sind, ergibt sich aus der gleichfalls vorliegenden Ablichtung einer namentlichen Liste der Aufnahmescheine vom 9.11.1939 Nr. 1528.
Schließlich zeigt das Schreiben des Mitgliedschaftsamts beim Reichsschatzmeister an den Gauschatzmeister des Gaues Saarpfalz vom 4.4.1940, daß auch eine Mitgliedskarte ausgestellt worden ist.

-3-

III. Hätte eine nur nominelle Mitgliedschaft bei der NSDAP oder einer ihrer Gliederungen bestanden, dann wäre nach der Vorschrift des § 6 Abs.1 Nr.1 BEG der Anspruch auf Entschädigung nicht ausgeschlossen gewesen, wenn der Verfolgte unter Einsatz von Freiheit, Leib oder Leben den Nationalsozialismus aus Gründen, die den Verfolgungsgründen des §1 BEG entsprechen, bekämpft hätte und deswegen verfolgt worden wäre.
Liegt aber, wie unter Ziff.II dargetan, eine nicht nur nominelle Mitgliedschaft vor, so kommt es - argumentum e contrario - auf eine Bekämpfung unter den im Gesetz aufgezeigten Bedingungen nicht mehr an.
Das Landgericht hat zu Recht darauf abgehoben, daß gerade Persönlichkeiten wie Dr. Waldkirch durch die Zugehörigkeit zur NSDAP und zu einer ihrer Gliederungen in erheblichem Maße dazu beigetragen haben, den Nationalsozialismus überhaupt erst "salonfähig" zu machen.
Das gilt in besonderem Maße für die Mitgliedschaft einer nach damaliger Auffassung so "elitären" Gruppe wie der Reiter-SS.
Daß sich schließlich die Betätigung im Stab einer SS-Standarte nicht nur auf den rein sportlichen Bereich beschränkte, liegt auf der Hand.
Wenn in der Berufungsbegründung vorgetragen wird, der Vorwurf, den Nationalsozialismus salonfähig gemacht zu haben, sei rechtsfehlerhaft, weil er sonst im gleichen Maße auch führenden Kreisen der Wirtschaft, der Kultur, der Wissenschaft und des Sports gemacht werden müsse, so ist darauf zu erwidern: er w i r d g e m a c h t wenn ein Angehöriger dieser Kreise Entschädigung begehrt und Letzterer i s t vom Anspruch auf Entschädigung ausgeschlossen, wenn die Voraussetzungen des § 6 BEG erfüllt sind.

I.A.
gez. Schaefer

Beglaubigt:
K[illegible]
(J.A.)

(S c h a e f e r)

Die Tatsachen sehen ganz anders aus, wie auch im Internet heutzutage nachzulesen ist – die „SS-Standarte“ war erst etwa 1940 als SS-Kriegsberichterstatterkompanie aufgestellt und den Einheiten der Waffen-SS zugeteilt worden. Dr. Julius war aber Reiter-SS und bereits lange vor der Gründung der SS-Standarte durch die Wehrmacht zum Kriegsdienst eingezogen worden. Er war also Wehrmachtsangehöriger und hatte mit der SS-Standarte der Waffen-SS nicht das Geringste zu tun.
Dann gab es noch die „Standarte GmbH“. Dies war eine wirtschaftliche Holding, in die Reichsleiter Amann alle enteigneten Zeitungsverlage zusammenfasste und so wurde auch der Waldkirch Presseverlag nach der Enteignung ebenfalls von dieser Holding „Standarte“ übernommen. Amann hatte verschiedene Verlagskonstruktionen geschaffen. Sie hießen Cura, Kautio, Phonix, Herold und eben Standarte.
Da Dr. Julius Waldkirch Angestellter des von der „Standarte“ übernommenen Waldkirch Presseverlages war, so befand sich sein Name natürlich auch dort in der alten Mitarbeiterliste. Er selbst hatte nie in der Standarte Holding gearbeitet, denn er war ja mit Berufsverbot belegt und war unterdessen auch Soldat geworden.
Ein Artikel hierzu steht auch in dem Buch „Die Pfalz unterm Hakenkreuz“, herausgegeben von Gerhard Nestler und Hannes Ziegler durch die Pfälzische Verlagsanstalt in Landau.

> *„Ende 1938 musste auch der standhafte Geheimrat Waldkirch die Waffen strecken. Am 31. Dezember 1938 wurde sein Verlag enteignet. Hier freilich gelang es Reichsleiter Amann in den Bürgelschen Herrschaftsbereich einzubrechen. Die „Standarte GmbH“, eine Holdinggesellschaft Amanns, die die 1933-34 übernommene Gauverlage übernahm und die Majoritäten der neu gegründeten „Saarpfälzischen Druckerei- und Verlagsanstalt GmbH“ hatte, in die der Waldkirch-Verlag überführt wurde. In den folgenden Jahren wurde weitere Zeitungen geschluckt und der Holding zugeordnet“*

Dr. Julius hatte also nicht, wie bei Gericht behauptet wurde, den Dienstgrad eines Hauptscharführers im Stab der SS-Standarte begleitet.
Er war nie in der SS-Standarte und der Grad eines Hauptscharführers entsprach dem eines Hauptwachtmeisters bei der Wehrmacht.
Diesen hatte er nach dem 1. Weltkrieg begleitet und so erhielt er. als sein privater Reiterverein in die Reiter-SS überführt wurde, automatisch den Rang eines Hauptscharführers. Es war dies ein Akt der Gleichbehandlung.

Auch die Ausführung des Amtes für Wiedergutmachung; „das Landgericht habe zu Recht darauf abgehoben, dass gerade Persönlichkeiten wie Dr. Waldkirch durch die Zugehörigkeit zur NSDAP und zu einer ihrer Gliederungen im erheblichen Maße dazu beigetragen haben, den Nationalsozialismus überhaupt „salonfähig" zu machen. Das gilt im besonderen Maße für die Mitgliedschaft einer nach damaliger Auffassung zu einer „elitären" Gruppe, wie die Reiter-SS." sind absoluter Schwachsinn!
Denn es gab ein Gesetz, nach dem jeder der ein Geschäft führte, dabei war es gleichgültig, ob es der eigene Betrieb war, ob er klein oder groß war, der Geschäftsführer einer NS-Organisation angehören musste, sonst durfte er diese Position nicht ausfüllen.
Dr. Julius war im eigenen Betrieb Geschäftsführer und so musste er notgedrungen in einer NS-Organisation sein. Er konnte die Reiter-SS also gar nicht verlassen, das heißt, er konnte nicht austreten.
Auch hatte er sich die „elitäre" Gruppe, die Reiter-SS, nicht ausgesucht. Er war im 1. Weltkrieg bei der bespannten Artillerie und so trat er nach dem Krieg eben in den Mannheimer Reiterverein ein. Der wurde dann im Dritten Reich wie alle Vereine einer NS-Organisation zugeordnet. Der Reiterverein wurde zur Reiter-SA und dann zur Reiter-SS. Alles ohne Zutun seiner Mitglieder.
Die Reiter-SS wollte, dass alle ihre Mitglieder oder Angehörigen auch Parteimitglieder sind und so wurden alle Reiter-SSler automatisch als Parteianwärter angemeldet.
Den Antrag musste jeder logischerweise persönlich unterschreiben. Dagegen konnte sich niemand wegen der dann bestehenden akuten Gefahr der heimlichen Gegnerschaft wehren.
Durch die jahrzehntelange Verschleppung des Entschädigungsprozesses waren die eigentlichen Opfer schon verstorben und die Nachfolger sowie deren Anwälte kannten das NS-Reich nur vom Hörensagen. So ist zu verstehen, dass verschiedene Situationen nicht mehr bekannt waren und so nicht mehr richtig und vollständig bei Gericht argumentiert werden konnte.
Beide Parteien waren so darauf angewiesen, dass das Gericht, das Zugang zu allem hatte, parteilos, so wie es eben handeln sollte, alle Behauptungen der Parteien überprüft, selbst recherchiert und dann Recht spricht.
Am 23. Dezember 1971 verkündete das Oberlandesgericht Karlsruhe dann das

Urteil.

Urteil

Es lehnte endgültig die Entschädigungsansprüche von Dr. Julius Waldkirch ab.
Das Gericht begründete die Entscheidung damit, dass Dr. Julius Waldkirch bei der NSDAP bzw. SS-Standart und Reiter-SS war.

Ein klassisches Fehlurteil!

Anmerkung:

1. Das Gericht macht sich die falschen Behauptungen des Amtes für Wiedergutmachung zu Eigen.
   Tatsache ist: Dr. Julius war nie Mitglied der SS-Standarte und hatte demnach dort keinerlei Positionen inne. Die SS-Standarte wurde auch erst 1940 als Kriegsberichterstatterkompanie der SS gegründet. Da war Dr. Julius schon längst Wehrmachtsangehöriger und an der Front. Auch entspricht sein Rang als Hauptscharführer bei der Reiter-SS dem Rang eines Hauptwachtmeisters bei der Wehrmacht. Also ein Mannschaftsdienstgrad, den er wegen der Gleichstellung von der Reiter-SS erhielt.
2. Das Gericht machte aus der nominellen und nicht freiwilligen Mitgliedschaft von Dr. Julius in einer NS-Organisation eine aktive und führende Position.
   Tatsache ist: Das alliierte Militärgericht im Nürnberger Prozess machte die Vorgabe, „dass alle eingezogenen Mitglieder bei der NSDAP und seiner Gliederung, die Reiter-SS wurde namentlich genannt, von allen Sanktionen freistellte“. Das Gericht wollte aber Dr. Julius nicht freistellen, das heißt, entschädigen und so wurde ihm eine aktive SS-Laufbahn angedichtet.
3. Das Gericht ignorierte das Urteil der Spruchkammer Mannheim, das Dr. Julius als „Entlasteter“ einstufte.
   Tatsache ist: Die Entnazifizierungskammer kam nach ausführlicher Zeugenbefragung und akribischer Beweisführung zu dem Schluss, Dr. Julius sei nur nominelles Mitglied der Reiter-SS und der Partei gewesen und ohne sein Zutun Angehöriger geworden. Er habe nach seiner Möglichkeit Widerstand geleistet und sei so politisch verfolgt und geschädigt worden.
4. Das Gericht ignorierte auch das Urteil des Oberlandesgerichts in Frankenthal.
   Tatsache ist: Dr. Julius hat sich mit der Veröffentlichung seiner Presseartikel gegen die NSDAP gestellt. Deswegen wurde gegen ihn we-

gen Volksaufwiegelung ein Haftbefehl erlassen. Die NS-Reichspressekammer in Berlin verurteilte ihn und die Familie mit Enteignung und Berufsverbot. Die Begründung war „unbeugsamer Widerstand, der Kampf für eine unabhängige und freie Presse, Parteigegnerschaft und Gegenrevolution.“

5. Das Gericht nahm nicht zur Kenntnis, dass die Familie Waldkirch und Dr. Julius anderen politischen Verfolgten geholfen hatte.
   Tatsache ist: Nach der Enteignung durch die Nazis übernahm die Familie eine jüdische Druckerei. Die Bezahlung dafür erfolgte in der Form von der Lieferung neuer Transkrit-Maschinen. Diese wurden über die Schweiz zu den Neubauers nach Amerika geschleust.
   Das war eine streng verbotene Transaktion, die sogar mit der Todesstrafe geahndet werden konnte.
   Dr. Julius stellte in seiner Mannheimer Druckerei und Verlag den politisch verfolgten und ehemaligen NS-Häftling Bernhard Meisner als Betriebsleiter ein. Ferner gab er Juden und Halbjuden, wie Herrn Süß und einigen anderen Arbeit und Brot. Er hielt seine Hand über sie, bis er an die Front musste. Auch versteckte er die politisch verfolgte Frau Berty Beer für längere Zeit in seinem Privathaus in Ludwigshafen vor der Gestapo (Geheime Staatspolizei). Frau Mendel, geborene Beer, und ihr Mann Hugo bestätigten dies bei der Spruchkammer Mannheim.
6. Das Gericht geht nicht auf die Beweisführung der Waldkirch-Anwälte ein.
   Tatsache ist: Die Anwälte weisen auf Zeugen und Gerichtsverfahren hin. Das Gericht wertet sie nicht.
7. Das Gericht lässt eine Revision nicht zu.
   Tatsache ist: Ein unerhörter Vorgang! Das Oberlandesgericht schützt damit sein eigenes Fehlurteil vor einer Kontrolle.

Dieses Urteil erläutert Anwalt Wigger in seinem Schreiben vom 11. Januar 1972.

„Diese Entscheidung ist damit begründet worden, dass Dr. Julius Mitglied bei der NSDAP bzw. Reiter-SS war. … Wie Sie hieraus ersehen, hat das Gericht einen sehr formellen Standpunt eingenommen, den wir sehr wohl bestreiten könnten, wenn es noch eine Tatsacheninstanz gäbe. … Hier ist aber nicht einmal die Revision zugelassen worden. Gegen diese Nichtzulassung könnten wir Beschwerde einlegen. Ich halte es für zweifelhaft, dieses Revisionsmittel einzulegen, da dadurch allenfalls die

Zulassung der Revision erreicht werden könnte. Dann müsste ein erneutes Revisionsverfahren durchgeführt werden. Dies alles würde einen Zeitraum von mehreren Jahren bedingen und würde sich auch deswegen nicht empfehlen, weil die Aussichten des Rechtsmittels bei dieser Sachlage nicht günstig beurteilt werden können. Ich würde vorschlagen, dass wir diese Entscheidung – so sehr es schwer fällt – hinnehmen."

RECHTSANWÄLTE
DR. MARTIN LÖFFLER
DR. KARL EGBERT WENZEL
KLAUS SEDELMEIER
FRITZ WIGGER

STUTTGART, den 11.1-1972
Königstraße 1 A (Schloßgartenbau)
Telefon 29 31 65/66 (Vorwahl: 0711)
2-wei

Deutsche Bank Konto Nr. 13/10 259
Dresdner Bank Konto Nr. 380 550/00
Postscheckkonto Stuttgart Nr. 197 88

Parkplätze im Untergeschoß
(Einfahrt Schloßgartenhotel)

Herrn
Dr. Karl Waldkirch

6700 Ludwigshafen
Amtsstrasse 8

Sehr geehrter Herr Dr. Waldkirch!

In der Entschädigungsangelegenheit wegen der Ansprüche nach Ihrem verstorbenen Bruder, Dr. Julius Waldkirch, liegt nunmehr das beigefügte Urteil des Oberlandesgerichts Karlsruhe vom 23.12.1971 vor.

Wie wir befürchtet hatten, hat das Oberlandesgericht die Klage abgewiesen. Diese Entscheidung ist damit begründet worden, daß Ihr Bruder Mitglied bei der NSDAP bzw. Reiter-SS war. Im einzelnen darf ich mich auf die Entscheidungsgründe beziehen. Wie Sie hieraus ersehen, hat das Gericht einen sehr formellen Standpunkt eingenommen, den wir sehr wohl bestreiten könnten, wenn es noch eine Tatsacheninstanz gäbe.

Tatsächlich ist nur noch eine Revision denkbar, die allein mit rechtlichen Gesichtspunkten begründet werden kann und die Tatsachen so würdigen muß, wie sie das OLG hinstellt. Hier ist aber nicht einmal die Revision zugelassen worden. Gegen diese Nichtzulassung könnten wir

- 2 -

Beschwerde einlegen. Das ist hier nur dann möglich, wenn wir vortragen könnten, die Angelegenheit sei von grundsätzlicher Bedeutung, wiche von einer früheren Entscheidung des Bundesgerichtshofs ab und sei zur Fortbildung einer einheitlichen Rechtsprechung des BGH erforderlich.

Ich halte es für zweifelhaft, dieses Rechtsmittel einzulegen, da dadurch allenfalls die Zulassung der Revision erreicht werden könnte, dann müßte ein erneutes Revisionsverfahren durchgeführt werden. Das alles würde einen Zeitaufwand von mehreren Jahren bedingen und würde sich auch deswegen nicht empfehlen, weil die Aussichten des Rechtsmittels bei dieser Sachlage nicht günstig beurteilt werden können. Ich würde Ihnen vorschlagen, daß wir uns nunmehr auf die Führung der anderen Prozesse konzentrieren und diese Entscheidung - so schwer es fällt - hinnehmen.

Ich weise noch darauf hin, daß wir die sofortige Beschwerde gegen die Nichtzulassung der Revision gem. § 223 BEG binnen 3 Monaten, d.h. bis zum 11.4.1972 eingelegt haben müssen. Ich bitte um Ihre Stellungnahme.

Abschließend weise ich noch darauf hin, daß ich am Ende dieser Woche krankheitshalber ausscheide. Die hier fraglichen Prozesse werden dann von meinem Kollegen, Herrn Rechtsanwalt Dr. Unger weiterbearbeitet werden.

Mit freundlichen Grüßen
(gez.) Wigger
Rechtsanwalt

Kommentar und Meinung des Autors:
All dies lässt nur den Schluss zu: Das Karlsruher Oberlandesgericht hat bewusst dieses Fehlurteil gesprochen!
Warum dies so war, bleibt unerfindlich. Wollte es das Land vor Wiedergutmachungszahlungen bewahren? Wollte es sich als Nazijäger profilieren, das geheime Nazis entdeckt? Waren hier Altnazis am Werk, die immer noch ihre Gegner bekämpfen? Waren es persönliches Ressentiment Dr. Julius Waldkirch gegenüber?

Die Hauptbegründung des Oberlandesgericht Karlsruhe – Dr. Julius Waldkirch sei Mitglied bei der NSDAP bzw. der Reiter-SS gewesen – ist zwar richtig, bekommt aber bei genauem Hinsehen einen ganz anderen Stellenwert. Die „Spruchkammer Mannheim“ hat genau hingeschaut und drückt diese Tatsache in ihrem Urteil vom 30. Juli 1947 so aus: „Alleine diese Vorgänge zeigen, dass der Betreffende als aktiver Gegner des Nationalsozialismus bekannt war. Er hat sich gegen die Maßnahmen der Partei nicht nur zur Wehr gesetzt um seine Existenz zu sichern, sondern um wenigstens ein Erscheinungsgebiet seiner Zeitung eine einigermaßen frei und demokratische Presse aufrecht zu erhalten. Wenn es ihm nur um die Sicherung der Existenz und seiner Einkünfte gegangen wäre, hätte er gerade umgekehrt nur den ursprünglichen Forderungen der NSDAP nachkommen zu brauchen.
Bei dieser Sachlage konnte der Betroffene ohne eine ganz erhebliche Gefahr einzugehen, damals weder die Übernahme in den Reitersturm ablehnen noch die Übernahme in die Partei.
Die von ihm nicht herbeigeführte Verbindung mit der NSDAP löste er dadurch, dass er im Sommer 1939 keine Beiträge mehr bezahlte. Er glaubte damit die bestehende „Anwartschaft“ beendet zu haben und erklärte aber folgerichtig im Jahre 1940 nunmehr seinen Austritt aus der SS. Der Betroffene ist daher trotz seiner formalen Belastung als Entlasteter zu erklären.“
Soweit die Spruchkammer Mannheim.
Das Gericht Karlsruhe berücksichtig ebenso wenig die Richtlinien, die das „Internationale Militärtribunal“ (IMT) im Nürnberger Prozess in der Zeit von November 1945 bis Oktober 1946 neben den Urteilen aufstellte. Der Autor Dr. Viktor Freiherr von Lippe hat sie in seinem Buch „Nürnberger Tagebuchnotizen“, erschienen im Fritz Knapp-Verlag Frankfurt, veröffentlicht.

„Erklärung einer Organisation für verbrecherisch müsse soweit als möglich in einer getroffen werden die „die Gewähr dafür bietet, dass unschuldige Personen nicht bestraft werden.“
Die verbrecherische Erklärung einer Organisation sollte diejenigen ausschließen, die „keine Kenntnis der verbrecherischen Zwecke oder Handlungen der Organisation hatten sowie diejenigen, die vom Staat zur Mitgliedschaft eingezogen worden sind, es sei denn, dass sie sich persönlich an Verbrechen im Sinn des Staates beteiligt haben. Die bloße Mitgliedschaft reicht nicht aus, um ein (verbrecherisch) zu Erklärung betroffen zu werden.“ Für spätere Prozesse gegen „Organisationen“ – Mitglieder stellt das Gericht drei Empfehlungen auf: a)

mögliche Vereinheitlichung der Bestrafung in den vier Zonen; b) Verurteilung gemäß Gesetz Nr. 10 sollen in keinem Fall höher sein als die Entnazifizierungsgesetze für die amerikanische Zone vorsehen. Niemand dürfe nach beiden Gesetzen bestraft werden; c) Vorschlag an den Kontrollrat, das Gesetz Nr. 10 so abzuändern, dass die Bestrafungen die vom Entnazifizierungsgesetz vorgeschriebenen Strafen nicht übersteigen.
Ein Zusatz besagt, dass staatlicherseits zur SS einberufene Personen nicht mit einzubeziehen seien, wenn sie „keine andere Wahl" gehabt hätten und keine solchen Verbrechen begangen haben.
SA.: Die Mitgliedschaft bis 1933 freiwillig, später ein gewisser Druck bei staatlichen Angestellten. „Mitglieder des Stahlhelms, des Kyffhäuser-Bundes und der ländlichen Reitervereine wurden ohne ihr Wissen in die SA übernommen.
Überdies muss man berücksichtigen, dass die verbrecherischen Tätigkeiten der SS sich logisch aus den Grundsätzen ergeben, nach welchen sie aufgebaut waren. „Ausdrücklich ausgenommen werden vom Urteil die Reiter-SS".

Das Nürnberger INT-Gericht machte keinen Unterschied zwischen nominellen und nicht-nominellen Mitgliedern einer NS-Organisation. Es kam nur auf das Verbrechen an und da lag bei Dr. Julius Waldkirch wirklich nichts vor.

Nach dieser Sachlage hat das Oberlandesgericht in Karlsruhe im Fall Dr. Julius Waldkirch das Recht gebeugt, die Moral mit Füßen getreten und dem neuen Rechtsstaat einen Bärendienst erwiesen.

Nachruf über den Geheimrat Dr. h. c. Wilhelm Waldkirch

Sein Wirken war so nachhaltig, dass er weit über seinen Tod hinaus, der 1942 erfolgt war, bis ins 21. Jahrhundert hinein immer wieder erwähnt und zitiert wurde.

Meistens ist es die Anerkennung seiner Erfolge und der Respekt für seinen Mut, die ihm gezollt wurden. In Erinnerung bleibt vor allem sein Einsatz bei der Befreiung der Pfalz von der französischen Besatzungsmacht und der Herrschaft der Separatisten und dem Abtrennungsversuchen der Pfalz von Deutschland. Ferner seine Aktivitäten gegen die in- und ausländische Pressepolemik, die Zwietracht und Hass erzeugten. Große Aufmerksamkeit und Zustimmung fand seine Gründung des „Instituts für Zeitungswesen" an der Heidelberger Universität 1927. Durch diese Einrichtung wollte er den Journalismus Studierenden frühzeitig die Verantwortung, die die Presse hat, nahe bringen und ihnen klarmachen, dass Pressearbeit und die Information wahrheitsgemäß sein müssen und keine Polemik enthalten sollten. Sein Engagement wurde von der Universität mit dem Titel und der Würde eines Dr. h. c. (honoris causa) geehrt.

Große Beachtung fand der öffentliche Abwehrkampf seines liberalen Presseverlages gegen die NSDAP.

Hier erlebte er schamloseste Verleumdung und mitleidslose Gewalt. 1938 wurden er und seine Söhne von der Reichspressekammer in Berlin beschuldigt und enteignet wegen „ihres unbeugsamen Widerstands und ihres Kampfes für eine freie unabhängige Presse sowie als Parteigegner, Gegenrevolutionäre und Volksaufwiegler". Wilhelm Waldkirch wurde aber auch als Buh-Mann missbraucht.

Schon die Nazis versuchten kurz nach ihrer Machtübernahme, ihn als Separatistenführer hinzustellen, obwohl Reichspräsident Hindenburg ihn zu seinem Einsatz und Kampf gegen die Abspaltung der Pfalz von Deutschland die höchste Anerkennung ausgesprochen hatte. Auch zeigten doch alle Dokumente und Presseartikel, dass Wilhelm Waldkirch kein Separatist sondern gerade das Gegenteil war. Die NS-Kampagne verlief, weil unwahr, im Sande.

In Wirklichkeit wollten die Nazis dem Geheimrat seinen entscheidenden Verdienst nehmen, nämlich dass der durch seine Idee und Initiative erfolgte Pressestreik zum Ende der separatistischen Herrschaft geführt hatte.

Die Nazis wollten selbst die Pfalzbefreier sein und so versuchten sie, Wilhelm Waldkirch als den eigentlichen Urheber zu verleumden. Als spätere Machthaber gelang ihnen die Geschichtsfälschung und so ist diese auch heute noch unterschwellig im Bewusstsein der Bevölkerung vorhanden.

Auch der Journalist und Autor Udo Leuschner, Jahrgang 1941, arbeitete sich noch Jahrzehnte nach des Geheimrats Tod an ihm ab.
Leuschner gehörte jenem Journalistenklüngel an, den Wilhelm Waldkirch seiner Zeit gerügt hatte, da sie verleumderische Wahrheiten und Tatsachen verdrehten oder frei erfanden, um Sensationen zu schaffen und Menschen in ihrem Sinne zu beeinflussen.
Journaille-Vertreter schlagen bildlich gesprochen gerne anderen Menschen, an deren Größe sie nicht herankommen, die Köpfe ab, um selbst größer dazustehen. Sie hauen Menschen in die Pfanne und meinen dadurch seien sie ihnen überlegen, dabei untergraben sie damit ihre eigene Glaubwürdigkeit und machen sich lächerlich, denn viele Menschen erkennen absichtliche Diskriminierungen.
Leuschner war von 1968 bis 1972 Journalist beim „Mannheimer Morgen“ und wurde aufgrund seines Engagement bei der „APO“, der Außerparlamentarischen Opposition sowie seinem Vorsitz bei dem „APO“-Verein „RC“-Republikanischen Klub in Mannheim und Pressesprecher der „JD“-Jungdemokraten, entlassen.
Später war er auch Mitarbeiter der Presseagentur „PPA“ – Stimme der DDR. Die „APO“ tat sich als Steinewerfer und Brandsätzeschleuder gegen das Schöneberger Rathaus hervor. Die „JD“ wurden als radikale Linke bis 2008 vom Verfassungsschutz beobachtet.
Die „PPA“ -Presseagentur belieferte hauptsächlich die „Deutsche Demokratische Republik“, die sowjetische „TASS“ und das Umfeld der „DKP“ mit Nachrichten. 1989 wurde die „PPA“ wegen Finanzierungsschwierigkeit geschlossen.
Leuschner versuchte sich hervorzutun, indem er über seinen ehemaligen Arbeitgeber, den „Mannheimer Morgen“, ein Pamphlet veröffentlichte.
Über Geheimrat Dr. h. c. Wilhelm Waldkirch schrieb er in seinem Buch „Zeitungsgeschichte“, erschienen im Verlag „Arbeitswelt“, einen absolut falschen Bericht, der diskriminieren sollte und ihn als Inquisitor über andere Persönlichkeiten erhebt. Diese verleumderische Information stellte Leuschner unter dem Titel „Herr Waldkirch verrechnet sich“ auch ins Internet.
In dem Bericht stellte er den Geheimrat als Menschen mit chronischem Geltungsdrang hin, der seine eigene Person beweihräuchert. Er behaup-

tet, Wilhelm Waldkirch habe seine Villa in Heidelberg mit Reliefs geschmückt, die dem klassischen Gartenzwergidyll entsprächen und seinen Geschmack und Metier angepasst seien. Es wären „Engelsfiguren“, die sich an einem Setzkasten oder an einer Druckmaschine zu schaffen machten (was nun?).

Diese Behauptung ist frei erfunden, Wahrheit ist: im ganzen Anwesen gab und gibt es keine derartigen Reliefs und keiner der vielen Besucher hat je welche gesehen.

Auch Leuschners Behauptung, Wilhelm Waldkirch sei ein glühender Anhänger des Faschismus gewesen und er habe sich aufgrund der eigenen Beweihräucherung mit dem faschistischen System verbunden und wurde so Gründer und Leiter des „Instituts für Zeitungswesen an der Universität Heidelberg“, ist verleumderisch.

Wahrheit ist: Der Geheimrat gründete und leitete das Institut zwar und hielt auch Vorlesungen, aber schon 1927, also sechs Jahre bevor die Nazis das Sagen hatten und ihn von der Universität verbannten sowie seinen Presse-Verlag sukzessive enteigneten.

Es ist von Leuschner eine Frechheit zu behaupten, Wilhelm Waldkirch sei ein glühender Anhänger des Faschismussystems gewesen. Alle Dokumente, Zeitungsartikel und Enteignungsurteil sowie die späteren Aussagen von ehemaligen Naziführern beweisen, dass er ein unbeugsamer Gegner des NSDAP-Systems war.

Leuschners weitere Bemerkung, sein dreibändiges Werk, „Die zeitungspolitische Aufgabe“ sei ein Machwerk, widerlegt die damaligen Kritiken der deutschen Presse.

Des Weiteren stellt Leuschner auch die Situation der Mannheimer Presse falsch dar. Er behauptet, Wilhelm Waldkirch hätte geglaubt, dass sein vehementer Einsatz für den Hitler-Faschismus ihm damit gelohnt würde, dass er nach dem „Neuen Mannheimer Tageblatt“ sich auch noch das „Neue Mannheimer Volksblatt“ einverleiben dürfe.

Wahr ist: Bereits 1931, also auch hier vor der Machtergreifung der Nazis, erwarb Wilhelm Waldkirch Druckerei und Verlag „Gängenbach und Hahn“, der auch das „Mannheimer Tageblatt“ herausgab.

1937 fusionierte das „Mannheimer Tageblatt“ mit dem „Neuen Mannheimer Volksblatt“ und firmierte dann unter dem Namen „Neues Mannheimer Tageblatt“.

Dieses Blatt erschien im „Waldkirch-Presseverlag“ und sollte ein Gegengewicht gegenüber dem NS-Presseerzeugnis „Neue Mannheimer Zeitung“ sein.

Das Waldkirch-Blatt, „Neues Mannheimer Tageblatt“ wurde 1938 durch das NS-Gerichtsurteil enteignet und dem NS-Organ „Neue Mannheimer

Zeitung“ einverleibt. Waldkirch hatte mit dem NS-Blatt nie etwas zu tun und Leuschners Brückenschlag zum jetzigen „Mannheimer Morgen“ ist mehr als vage, er ist Nonsens.

Resümee

Über die Antrittsvorlesung von Geheimrat Wilhelm Waldkirch, gehalten am 8. November 1927 im dem von ihm gegründeten „Institut für Zeitungswesen“ an der Universität Heidelberg. Der Titel lautet

„Kulturelle und politische Fragen im Zeitungswesen“.

Aus Wilhelm Waldkirchs Biographie und dem Vorlesungstext geht klar hervor, dass er als Presse-Mann um die „Geistige Macht“ der Presse wusste, dass die Presse als „Meinungsmacher“ eine riesige Verantwortung hat. Er kannte die zwei Pole zwischen denen die Zeitungsinformationen pendeln konnten, der negativen, der das Schlechte im Menschen weckt und den positiven, der das Gute hervorlockt. Er hatte erlebt, wie über die Presse Vertrauen und Völkerverständigung, aber auch Verleumdung und Hass verbreitet wurden.
Sein Ziel war es, im „Institut für Zeitungswesen“ den zukünftigen Zeitungsmannen die Verantwortung und Gewissenhaftigkeit zu vermitteln, die der Grundpfeiler jeder Pressearbeit sein muss.
Pressefreiheit ist keine Narrenfreiheit.
Interessant und bemerkenswert ist, dass diese im Jahre 1927 gehaltene Vorlesung von ihrem Inhalt her genauso in die heutige Zeit passt.
Die Medien haben sich zwar gebessert, sie betreiben in den jetzigen Demokratien nicht mehr so offenkundig eine Diffamierungspolitik.
Aber oft genug hat doch der Zeitgeist seine Hand mit im Spiel und beeinflusst die Redakteure.
Ganz abgesehen von den Journalisten, denen es eine Genugtuung ist, wenn sie jemanden so richtig durch den Kakao ziehen und so richtig fertig machen können. Sie fühlen sich dann als Aufklärer und Gutmenschen, sind aber mit ihrer Häme fehl in dem Beruf, der auf Ehrenhaftigkeit und Wahrheit angelegt ist.

Kulturelle und politische Fragen im Zeitungswesen.

Deutschland als Staat mit beschränkten Machtmitteln muß zur Behauptung seiner politischen, wirtschaftlichen und kulturellen Stellung alle seine geistigen Kräfte mobilisieren. In diesem Sinne sind alle Bestrebungen verständlich, welche in neuerer Zeit unternommen werden, um auch das Zeitungswesen, das zuvor allzu wenig Beachtung gefunden hatte, zur Stärkung unseres Staatswesens einzugliedern. Unsere unseligen Zeitverhältnisse fordern gebieterisch eine außerordentliche Steigerung der Leistungen unserer Presse. Es muß aber darüber Klarheit bestehen, daß durch die Bewältigung dieser Aufgaben oder in einem eventuellen Versagen der Presse das Schicksal unseres deutschen Volkes entscheidend beeinflußt werden wird.

Ist die Presse nun in Wirklichkeit die Großmacht, von der man so oft spricht? Diese Frage ist leichter gestellt als beantwortet. Eine Teilantwort finden wir in dem Vergleich mit dem Feuer in Schiller's „Glocke". Mit zwei Beispielen aus der jüngsten Geschichte soll versucht werden, der Frage der Machtstellung der Presse näherzukommen:

„In geschlossener Frontstellung brachte es die Entente-Presse zuwege, in planmäßiger Herabwürdigung alles Deutschen systematisch die ganze Welt feindselig gegen uns zu stimmen, eine Tatsache, die uns zum Verhängnis werden sollte."

„Die einmütige Abwehrstellung der deutschen Zeitungen im Ruhrkampf und in der Separatistenzeit gab ein erhebendes Beispiel, wie ein Volk in Not unter Führung seiner Presse einheitlicher Willenskundgebung Ausdruck verleiht."

Wir konstatieren damit zwei Gesamtwirkungen von größter Tragweite durch einheitliche politische Stellungnahme der Zeitungen.

Die stärksten Kräfte der Vernichtung, die höchsten Werte zum Aufbau in all ihren Abstufungen und Variationen, ruhen im Schoße der Presse, die mit größter Leidenschaft aufgewühlt werden, wenn es um Existenz und Lebensfragen der Staatsgebilde geht. In solch schweren Schicksalsprüfungen der Völker vermögen Diplomatie und Strategie nicht allein die Entscheidungen herbeizuführen; ebenso grundsätzliche Voraussetzungen für den endgiltigen Ausgang sind wirtschaftliche Gipfelleistungen, Opferbereitschaft, die Aufrechterhaltung der Stimmung, die stärkeren Nerven. Und hier verknüpfen sich nun die zahllosen psychologischen Einwirkungsmöglichkeiten, welche die Presse mit ihren Millionen von Lesern verbinden, um ihnen Aufklärung und Belehrung, Kenntnisse und Erfahrungen, Mitverantwortlichkeit und Zuversicht, Mahnung und Warnung zu vermitteln. Und in den krisenhaften Uebergangszeiten, wenn ganz neue staatspolitische Fragen auftreten, wenn innerer Zwiespalt den Wiederaufbau gefährdet, dann müssen die Zeitungen wiederum in der Führung stehen, um in erzieherischer Auswertung aller Enttäuschungen und Erfahrungen Garantien schaffen zu helfen, welche der Gefahr neuer Kriegsmöglichkeiten von großer Distanz begegnen.

In dieser Betrachtung und besonders im Hinblick ihrer Einflußnahme auf das politische Geschehen kann wohl von der Presse als Großmacht gesprochen werden. Doch zeigt sich im Gesamtbild der Zeitung das politische Gebiet nur als Teilstück des Ganzen, weshalb richtiger mit der optimalen Bezeichnung: „Die Presse als geistige Macht" zeitgemäß eine zutreffendere Kennzeichnung gefunden wäre. Je mehr es möglich sein wird, vorhandene Mängel im Pressewesen zu mindern, je bewußter die Zeitungen sich zu großen Gemeinschaftsaufgaben zusammenfinden, desto höher steigen Ansehen und Bedeutung, wodurch der Begriff „Die Presse als geistige Macht" in gesteigertem Maße seine innere Berechtigung und Anerkennung zwangsläufig finden wird. Nach diesen einleitenden Gedanken soll ein kurzer Rückblick in frühere Zeiten uns zeigen, welche Vorurteile die Zeitungen in ihrer Entwicklung überwinden mußten und in welch' abfälliger Weise über sie geurteilt wurde.

Lasalle spricht von „Haß und Verachtung, Tod und Untergang der heutigen Presse." Bebel sagt in seinem Buch: „Die Frau und der Sozialismus" wörtlich: „Etwas Geistloseres und Oberflächlicheres als der größte Teil unserer Zeitungsliteratur existiert nicht. Sollte nach dem Inhalt unserer Zeitungen der Stand unserer Kulturerrungenschaften aus wissenschaftlichen Gesichtspunkten gemessen werden, er käme tief zu stehen. Die Tätigkeit unserer Presse und der Zustand der Dinge werden von Standpunkten aus beurteilt, der vergangenen Jahrhunderten entspricht und durch unsere Wissenschaft längst als unhaltbar nachgewiesen worden ist."

Ein erheblicher Teil unserer Journalisten sind Leute, die, wie Bismarck nicht unrichtig sagt, „ihren Beruf verfehlt haben", deren Bildungsstandpunkt und deren Lohnansprüche aber dem Bourgois-Interesse für das Geschäft entsprechen. Daneben haben diese Zeitungen, — wie die Mehrzahl der belletristischen Blätter —, die Aufgabe, in ihrem Annoncenteil die schmutzigste Reklame zu begünstigen, ihr Börsenteil entspricht dem gleichen Interesse auf einem anderen Gebiet. Das materielle Interesse des Unternehmers bestimmt den Inhalt. Die belletristische ist durchschnittlich nicht viel besser als die Zeitungsliteratur."

Sicherlich war früher wie auch heute manch scharfes Wort der Kritik über die Prsse angebracht, aber diese verallgemeinernde Geringschätzung des Zeitungswesens war ganz und gar unberechtigt. Die Entwicklung hat dieses abfällige Gesamturteil als unzutreffend erwiesen. Scharfe Worte gegen die Presse hat Heinrich v. Treitschke in seinen „Vorlesungen über Politik" gesprochen, weshalb er vielfach als Kronzeuge gegen die Presse angesprochen wird. Er befaßt sich aber wiederholt auch mit Fragen, welche eine Besserung der von ihm gerügten Mißstände bringen sollten. Auch Bismarck ist kein Freund der Zeitungen. Seine drastischen Aussprüche sind allgemeiner bekannt geworden, doch liegen auch Redewendungen von ihm vor, welche Verständnis und Würdigung der redaktionellen Arbeit erkennen lassen.

In seinen „Tisch-Gesprächen" erzählt Poschinger einen bemerkenswerten Ausspruch Bismarcks: „Ich kann aus einem Redakteur leichter einen Staatssetretär des Aeußeren und Inneren machen — bitte, denken Sie nur an Lothar Bucher — als aus einem Dutzend Geheimräten einen gewandten, leitenden Redakteur." Wenn Bismarck gelegentlich auch kräftig über die Presse schimpfte, so war er sich doch über ihre Bedeutung klar geworden. Das wird bewiesen durch die Tatsache, daß Bismarck es meisterhaft verstand, die Presse für seine Pläne zu verwerten. Die „Norddeutsche Allgemeine Zeitung", die „Spenersche Zeitung", wie die „Neue Preußische Zeitung" brachten Aufsätze, die von Bismarck instruiert waren. Die „Kölnische Zeitung", die „Magdeburgische Zeitung" und die „Augsburger Allgemeine Zeitung" brachten Korrespondenzen von Moritz Busch, der im Auftrag Bismarcks mit der Presse Fühlung halten mußte. In seinen „Tagebuchblättern" bringt Busch den bemerkenswerten Satz, „daß der Staatsmann, dem ich zu dienen die Ehre hatte, auch das Handwerk des Journalisten aus dem Grunde verstand."

Der ehemalige Tübinger Universitätsprofessor und spätere österreichische Minister Albert Schäffle, befaßt sich gründlicher mit dem Zeitungswesen. Aus der Zeitungslaufbahn hervorgegangen, als Redakteur am „Schwäbischen Merkur“ schrieb er ein Werk: „Bau und Leben des sozialen Körpers.“ Darin spricht er in richtiger Erkenntnis von den Zusammenhängen der Oeffentlichkeit, Publikum, öffentliche Meinung und Tagespresse. Seine weiteren Ausführungen analysieren die Aufgaben der Tagespresse nach allen Seiten der geistigen Betätigung. Zur Bedeutung der Presse erklärt Schäffle, daß man der Presse ebensowenig wie der öffentlichen Meinung universellste Bedeutung für alle Gebiete sozialer Geistesbetätigung absprechen könne, ja, die Presse sei noch universeller als die öffentliche Meinung.

In den 70er und 80er Jahren des vergangenen Jahrhunderts kann ein neuer Abschnitt in der Entwicklung des Zeitungswesens festgestellt werden. Mit dem Aufschwung des politischen und wirtschaftlichen Lebens, in Verbindung mit der großartigen Ausdehnung des Verkehrswesens, Eisenbahn und Post, erfolgte in allen Großstädten des Reiches und in den aufstrebenden Provinzstädten die Gründung von sogenannten „General-Anzeigern“. Dieser neuartige Zeitungstyp wurde eingeführt unter Einhaltung billiger Bezugsgelder, welche durch geringe Aufwendungen für den redaktionellen Teil ermöglicht wurden. Das in jener Zeit allseitig erwachende Interesse an öffentlichen Angelegenheiten gestaltete sich zu einem allgemeinen Lesebedürfnis, wodurch zeitlich die Entwicklung dieser General-Anzeiger günstig beeinflußt wurde.

Es besteht nun die Auffassung, daß diese General-Anzeiger ihre rasche und große Verbreitung finden konnten durch bewußte Zurückhaltung politischer Meinungsäußerungen. Das ist zutreffend. Es haben aber sicherlich noch andere Umstände mitgewirkt. Es darf angenommen werden, daß viele Zeitungen der früheren Epoche einseitig und wenig lesenswert gehalten waren und jedenfalls mit der Entwicklung der Lebensbedingungen nicht Schritt gehalten haben. In diese beschaulichen Zeitungsverhältnisse früherer Tage brachten die General-Anzeiger Leben und Bewegung. Der billige Preis, die neue Zustellungsart durch Zeitungsträger ins Haus, die Methode, durch Probeblätter die Leser an die Zeitung zu gewöhnen, eine lebendige Aufmachung des textlichen Teiles, brachten der General-Anzeiger-Presse ihre entscheidenden Erfolge.

Der politische Sinn war zu jener Zeit noch weniger entwickelt als heute; mit dem schnellen Wachstum unserer Großstädte begann aber das Interesse an den kommunalen Vorgängen lebendig zu werden. Das persönliche Anteilnehmen an den Fragen der städtischen Verwaltung, Schulwesen, Verkehrs-Fragen usw. wurde geweckt, und die General-Anzeiger entwickelten sich in der richtigen Erkenntnis der Volkspsyche zu kommunal-politisch eingestellten Lokal-Zeitungen. Statt einer trockenen Art der Berichterstattung begann eine lebendige Schilderung der Tages-Ereignisse, und in einer Fülle von Rubriken nahmen die Zeitungen Stellung zu vielen Lebensfragen. Erfreulicherweise kann festgestellt werden daß auch eine Reihe politischer Zeitungen, welche sich nach diesen modernen Methoden in richtiger Erkenntnis umgestellt hatten, glücklicherweise sich ebenfalls durchgesetzt haben.

Der Gründungszeit der General-Anzeiger folgte in einem Abstand von 10 bis 15 Jahren wiederum ein neuer Abschnitt im Zeitungswesen: Der Aufstieg der sozialdemokratischen Presse ging vor sich. Aufgebaut auf den Grundlagen ihrer parteimäßigen Organisation und gestärkt durch die Agitation ihrer Mitglieder, gelangten auch diese Blätter verhältnismäßig rasch in den Industriestädten zur Einführung, wodurch die General-Anzeiger wieder einen Teil ihrer Abonnenten abgeben mußten. Mit der weiteren Entwicklung des politischen Lebens teilten sich nach und nach die Lesergruppen in die verschiedenen Lager, und heute haben wir in den meisten größeren Städten Verbreitungsverhältnisse der Zeitungen, die einander ähnlich sind, woraus sogar ziemlich sichere Schlüsse gezogen werden können hinsichtlich Struktur und Leserschaft der einzelnen Zeitungen. In dem scharfen Konkurrenzkampf, der wechselseitig zwischen allen Zeitungen besteht, hatte die Leserwelt den Vorteil. Reichhaltigkeit und Vielseitigkeit, Schnelligkeit der Berichterstattung und vorzügliche Aufmachung sind in der deutschen Presse in hohem Maße zur Entfaltung gekommen. Alle technischen Errungenschaften wurden in den Dienst des Zeitungsbetriebes gestellt Radio und Fernschreiber arbeiten für die Zeitung, Setzmaschine und Rotationsmaschine bewältigen die größten Leistungen, Schnellzüge, Autos, ja schon Flugzeuge besorgen ihre Beförderung. Aber auch in redaktioneller Hinsicht, im besonderen im Hinblick auf die sogenannte Tendenz, mußten sich die Zeitungen, hauptsächlich die General-Anzeiger, neuen Verhältnissen anpassen. Mit kleinem redaktionellen Teil, mit einigen Lokal-Notizen und einem Teilstück aus einem Roman war das Publikum auch bei billigstem Bezugspreis auf die Dauer nicht zufrieden zu halten. Der redaktionelle Teil mußte erweitert werden, und sein Inhalt mußte nach und nach eine bestimmte Einheitlichkeit annehmen, um die Leserschaft an das Blatt zu fesseln.

Im strengen Sinne einer Unparteilichkeit war die Haltung dieser Zeitungen undenkbar geworden, zumal die ausgesprochenen Parteiblätter des Zentrums und der Sozialdemokratie die General-Anzeiger in der schärfsten Weise bekämpften. Diese beschränkten sich zunächst noch auf das Referieren bei wichtigen politischen Vorgängen, nahmen aber Stellung zu den städtischen und lokalen Angelegenheiten und erweiterten ihren Nachrichtendienst in parallelem Zusammenhang mit der steten Ausdehnung ihres Verbreitungsgebietes. In ihrer Gesamteinstellung kam eine Anerkennung der staatlichen Verhältnisse zum Ausdruck.

Die Entwicklung des Zeitungswesens beginnt, zwei verschiedenartige Typen aufzuzeigen: Das ausgesprochene Parteiblatt und die unabhängige Tageszeitung. Man hat versucht, mit der Bezeichnung „Gesinnungszeitung" und „Geschäftspresse" diese beiden Zeitungsgruppen zu charakterisieren.

Das ist aber eine Betrachtung, die von einseitiger, parteimäßiger Einstellung beeinflußt erscheint, und in diesem allgemeinen Urteil bestimmt unrichtig ist.

Um Klarheit zu schaffen, wird man objektive Untersuchungen anstellen müssen, welche ihren Ausgang nehmen könnten in einer strengen Prüfung zweier Grundfragen:

1. Welche tieferen Gründe erklären die Tatsache, daß die sogenannten unabhängigen Zeitungen ihre große Verbreitung halten und weiter entwickeln können trotz der unentwegten, starken Gegenagitation aus parteipolitischem Lager?

Und 2. Welche Ursachen hemmen die Entwicklung vieler Parteiblätter, welche trotz aller Anstrengungen, trotz Aufwendung von Fleiß und Intelligenz nicht weiter Boden fassen können?

Die letzte Frage hat wohl ihren inneren Zusammenhang mit den parteipolitischen Entwicklungsverhältnissen, worüber an dieser Stelle nicht weiter berichtet werden kann. Mit dem Hinweis auf niedrigere Bezugspreise können diese Fragen aber keineswegs als gelöst angesehen werden; denn, abgesehen von den hohen Bezugspreisen unserer größten politischen Blätter, weisen die deutschen Zeitungen keine wesentlichen Unterschiede auf hinsichtlich der Bezugsgelder. Diese Fragen ihrer Aufklärung zuzuführen, dürfte eine der grundlegenden Forschungs-Aufgaben sein, welche auf dem Wege zur Zeitungswissenschaft gelöst werden müssen. Es ergeben sich dabei sicherlich wertvolle Aufschlüsse über volkspolitische Zusammenhänge in unserem Staatswesen überhaupt.

Wenn nun im Streite der Meinungen über größeren oder geringeren Wert der Zeitungen auch heute noch verallgemeinernde abfällige Aeußerungen laut werden, so müssen derartige subjektive Meinungen als unzutreffend und ungerecht zurückgewiesen werden. Mögen in der Presse noch viele Mängel zu Tage treten, mag scharfe Kritik von Fall zu Fall durchaus berechtigt sein, in objektiver Beurteilung kann das Zeitungswesen in seiner Gesamtheit berechtigte Anerkennung beanspruchen!

Bei Würdigung des verhältnismäßig hohen Bildungsstandes unseres Volkes kann der mitbestimmende Einfluß der Presse ernsthaft nicht bestritten werden. Mögen gebildete Kreise unserer Bevölkerung häufiger eine höhere Auffassung in der Presse für wünschenswert halten, für die große Masse des Volkes, der die Zeitung leider die einzige Lektüre bietet, bringt sie in ihrer dauernden und innigen Verbindung als Hausgast tagtäglich eine derartige Fülle von Aufklärungen, Anregungen und Belehrungen, denen gegenüber unerfreuliche Flüchtigkeiten, wie sie die rasche Tagesarbeit im Dienste der Zeitung leider noch mit sich bringt, verschwindend gering sind.

Wäre nur auch der Leser selbst, wenn er seine Tageszeitung durchfliegt, weniger flüchtig, er könnte aus ihrem reichen Inhalte vielfache Kenntnisse in sich aufnehmen. Würde aber das Lesen der Zeitung gänzlich fehlen, hätten wir, als drastisches Beispiel genommen, um den Wert oder Unwert der Zeitung nochmals kurz zu kennzeichnen, überhaupt keine Zeitung, dann müßte man damit rechnen, daß in weiten Kreisen des Volkes die mechanische Fertigkeit des Lesens allmählich verloren gehen könnte.

Der Versuch einer negativen Betrachtung, „Die Welt ohne Zeitung" ist aber auch insofern lehrreich, weil damit in überzeugendster Weise, uber alle Zweifel hinweg, die Bedeutung des Zeitungswesens für das gesamte Gesellschaftsleben, seine Unentbehrlichkeit in der Gestaltung unserer kulturellen Verhältnisse klar und bestimmt erwiesen wird. Dieser unbestreitbaren Tatsache gibt Dr. Dier in der Einleitung seines Buches „Das Zeitungswesen" treffenden Ausdruck: „Als eigenartigste und stärkste unter den gestaltenden Mächten der Zeit tritt uns zu Beginn des 20. Jahrhunderts die periodische Presse entgegen, gewaltig und eindrucksvoll schon als Teil und Erscheinung des wirtschaftlichen Lebens, schlechthin unvergleichlich aber als Organ der menschlichen Gesellschaft in all ihren Kultur-Beziehungen."

Zu ihrer einflußreichen und verantwortungsvollen Stellung im Staatswesen haben die deutschen Zeitungen ihren Entwicklungsweg aus sich selbst heraus finden müssen. Alle technischen Errungenschaften wurden in ihren Dienst gestellt, durch methodische Ausgestaltung und Verbesserung des redaktionellen Teiles haben die Zeitungen, ihren Aufgaben- und Wirkungsbereich den gesteigerten Lebensbedingungen anpassend, dauernd erweitert. In welchem Maße dies noch in den letzten Jahren nach dem Kriege geschehen ist, ist weiten Kreisen nicht bewußt geworden, obwohl die meisten Zeitungen ihren Redaktionsetat um das Vier- bis sechsfache erhöht haben.

So hat sich der Typ der modernen Tageszeitung herausgebildet. Vergleiche mit den Zeitungen weiter zurückliegender Jahre lassen sich kaum ermöglichen. Die Verarbeitung des immer umfangreicher eingehenden redaktionellen Stoffes in kürzester Zeit, die Einbeziehung der verschiedenartigen Gebiete in den redaktionellen Teil, forderten die Spezialisierung der Redaktionsarbeit, welche durch die Trennung der Teilgebiete in Ressorts erreicht wurde. An Stelle der Einzelredakteure erledigt in mittleren und großen Zeitungen ein mehr oder weniger großer Redaktionsstab mit den notwendigen Hilfskräften die umfangreiche redaktionelle Gesamtaufgabe. Die dadurch bedingte Mehrung interner Fragen, die Personalangelegenheiten, die Beratungen für den Ausbau der Zeitung, die Entscheidungen zur Erweiterung des Redaktions-Etats, die Verhältnisse zwischen Redaktion und technischer Leitung, die Verantwortung für die wirtschaftliche Existenz der Zeitung unter Wahrung ihrer traditionellen Haltung, dazu die Summe organisatorischer, kaufmännischer und repräsentativer Aufgaben gestaltete mit der Entwicklung des Zeitungswesens zusammenfassend, ein neues, weites Arbeitsfeld: Das Tätigkeitsgebiet des Verlegers, des verantwortungsbewußten Herausgebers seiner Zeitung. Die Entwicklung des verlegerischen Gedankens, die Stärkung des Standesbewußtseins der deutschen Verleger, welche ihre weitgehende Verpflichtung Staat und Oeffentlichkeit gegenüber als Herausgeber erkennen, ist das Verdienst der bewährten Leitung des Vereins Deutscher Zeitungsverleger.

In der Erziehung seiner Mitglieder zu einer idealen Berufsauffassung wird ein hoher Geist lebendig gehalten, der die ernsten Pflichten, die mit der Herausgabe einer Tageszeitung ein- für allemal verbunden sind, anerkennt und bewußt zur Erfüllung dieser Pflichten sich bereithält.

Der zu früh verstorbene Dr. Faber, der langjährige erste Vorsitzende des Vereins Deutscher Zeitungsverleger, war ein leuchtendes Beispiel hoher Berufsauffassung. Die gesamte deutsche Verlegerschaft hat ihn verehrt, und viele namhafte Verleger unserer Zeit bestätigen gerne und aufrichtig, daß sie ihren geistigen Fortschritt seinem persönlichen Einfluß verdanken. In der Entwicklung des deutschen Zeitungswesens, in der komplizierten Ausgestaltung aller Sparten im Zeitungsbetrieb, in dem planmäßigen Ausbau des redaktionellen Teils und in der erzieherischen Arbeit der Berufsorganisation nach der ethischen Seite, erfolgte zwangsläufig die Ausprägung des modernen charakteristischen Verlegertyps. Wäre er nicht vorhanden, so müßte er geschaffen werden.

Im Glauben an seinen Beruf erkennt er in der Forderung „Zeitungsbesitz verpflichtet" die tiefere Bedeutung seiner Position, und im Streben nach höherer Auffassung übernimmt er die Führerverpflichtung, die ihm als dem Herausgeber seiner Zeitung vorgezeichnet ist.

Daß die deutschen Zeitungen ihre Unabhängigkeit gewahrt haben, daß die Reinhaltung von mancherlei Einflüssen möglich war, diese unbestreitbaren Tatsachen haben ihre innere Verbundenheit in dem jahrzehntelangen Zusammenarbeiten des Verleger-Vereins mit den Mitgliedern. Im Hinblick auf die allgemeine Entwicklung des deutschen Zeitungswesens kann der Einfluß der Verlegerschaft und die zielbewußte Arbeit ihrer Organisation nicht hoch genug eingeschätzt werden.

Unter gewissenhafter Wahrnehmung aller Erfahrungen aus ihrer reichen Berufspraxis war es vielen Verlegern vergönnt, ihre Zeitungen zu einflußreichen und angesehenen Organen aufstreben zu sehen. In ernster Lebensarbeit war es ihr höchstes Streben, ihren Redaktionsstab erweitern und spezialisieren zu können, um ihrer Zeitung eine besondere Note und einzelnen Sparten eine besondere Pflege angedeihen zu lassen. In der Verkennung der verlegerischen Stellung liegt zumeist die mangelhafte Beurteilung der Zeitungsverhältnisse begründet. Nichts ist verfehlter, als in dem Verleger lediglich einen Geschäftsmann sehen zu wollen. Unter der geistigen Einstellung des Verlegers, der seine Weltanschauung mit einem gesunden Idealismus zur Geltung bringt, wird seine Auswahl der Redakteure stets von höheren Gesichtspunkten geleitet sein. In ihren Redakteuren sieht die Verlegerschaft nicht nur ihre geistigen Mitarbeiter; sie schätzt in ihnen die Träger ihres Vertrauens, indem sie ihnen die Bearbeitung des redaktionellen Teiles ihrer Zeitung ganz oder geteilt vertrauensvoll überträgt.

Während die unablässige Erziehungsarbeit des Vereins Deutscher Zeitungsverleger in 3 Jahrzehnten in der deutschen Verlegerschaft sich glänzend bewährt hat, war auch die Berufsvertretung der deutschen Redakteure, der Reichsverband der deutschen Presse, unablässig an der Arbeit, die in ihr zusammengeschlossenen Mitglieder zu einer erweiterten Berufsauffassung zu erziehen. Zur Festigung der persönlichen Beziehungen zwischen Verleger und Redakteuren wurde in der Reichs-Arbeitsgemeinschaft eine Zwischenorganisation ins Leben gerufen, welche gemeinsam liegende Aufgaben der beiden großen Fachverbände zur Durchführung zu bringen hat. In einem umfangreichen Vertragswerk, wurden die grundsätzlichen Vereinbarungen festgelegt, um die Verhältnisse zwischen Verleger und Redakteuren zu regeln. Zugleich wurden weitgehende Vereinbarungen getroffen, um die soziale und materielle Stellung der Redakteure zu sichern. Ferner wurden die Grundsätze aufgestellt, nach welchen die Beziehungen zwischen Verleger und Redakteuren zu beurteilen sind. Die Einleitung dieses Vertragswerkes hat folgenden Wortlaut:

„Die Zusammenarbeit von Verleger und Redakteur ist bedingt durch die Pflicht der Wahrnehmung öffentlicher Interessen durch die Zeitung. Es darf daher vom Verleger auf den Redakteur kein Gewissenszwang ausgeübt werden. Dem Redakteur wird im Rahmen der mit dem Verleger vereinbarten politischen oder wirtschaftlichen oder kulturellen Richtlinien für die Redaktionsführung die geistige Bewegungsfreiheit auch bei der Gestaltung des Textteiles im Einzelnen gewährleistet. Der Redakteur ist verpflichtet, die Gesamtinteressen und die Ueberlieferung der Zeitung im Auge zu behalten. Die verantwortungsvolle Zusammenarbeit von Verleger und Redakteur bedingt rechtzeitige gegenseitige Fühlungnahme, insbesondere in allen Zweifelsfällen. Ueber die Form dieser Fühlungnahme sind vertragliche Abmachungen zulässig."

Die Aufgaben der Reichsarbeitsgemeinschaft erscheinen damit aber keineswegs erschöpft. Der tiefere Sinn dieser Gemeinschaftsform fordert nicht nur eine sachliche, sondern eine innere Verständigung der Verleger und Redakteure in einer geistigen Verbundenheit, welche in gegenseitigem Verstehenwollen gepflegt werden muß.

Sucht man die Zeitung als ein übergeordnetes Eigenwesen zu betrachten, in dessen Dienst Verleger und Redakteure sich einordnen müssen, so schaltet sich manche Einseitigkeit aus, und eine höhere Einsicht erweitert den Gesichtskreis. Der Begriff „über uns die Zeitung" ist das Leitmotiv der beruflichen Idee; ihre Erfüllung fordert persönliche Selbständigkeit, Verantwortungsgefühl, Gewissenhaftigkeit und Wahrhaftigkeit. Ist der Geist in der Reichsarbeitsgemeinschaft von solch hohen Gedanken beseelt, dann werden geistige Kräfte und schöpferische Gedanken zur Auswirkung kommen, die das Zeitungswesen einer Höchstentwicklung entgegenführen zur Stärkung und zum Segen unseres kranken Volkskörpers. Solche Erkenntnisse führten zur Gründung unseres Instituts für Zeitungswesen; in diesem Geiste muß die Erziehung des Nachwuchses der zukünftigen Zeitungsmänner erfolgen.

Wenn das Zeitungswesen, wie wir mit Genugtuung feststellen konnten, aus sich selbst heraus den hohen Stand seiner Entwicklung finden mußte, so sollen nunmehr in der künftigen Verbindung von Wissenschaft und Praxis alle jene Möglichkeiten ernsthafter Forschung unterzogen werden, welche zur weiteren Verbesserung, Vertiefung und Ausgestaltung des Zeitungswesens führen können. Die ernsten Zeitverhältnisse fordern gebieterisch die Aufbietung aller geistigen und physischen Kräfte, und die deutschen Zeitungen sind im Besonderen berufen, weitgehenden Führeraufgaben entsprechen zu müssen. Unserem Volke den moralischen Halt und tieferes Verständnis für die politischen und wirtschaftlichen Zusammenhänge anzuerziehen, erscheint dabei eine der dringendsten Aufgaben unserer Zeit zu sein. Diese Gedanken führen logischerweise auf die Gebiete des Bildungswesens, und darin liegen auch zumeist die Zukunftshoffnungen auf eine bessere Zeit begründet. Solchen

Ueberlegungen weiter nachgehend, kommen wir auf die bedeutsame Tatsache, daß als Bildungsmittel die deutschen Zeitungen in ihrer Gesamtheit in viel größerem Maße als bisher in Betracht gezogen werden müssen. Ja, es gibt nur den einen Weg, den des gedruckten Wortes, der das große Ziel erreichen wird, das deutsche Volk zu einer größeren Reife in sittlicher und politischer Bewährung zu führen. Diese wunderbare Möglichkeit ist tatsächlich vorhanden und sie kann ihrer Verwirklichung zugeführt werden, wenn eine verständnisvolle und systematische Zusammenarbeit der gesamten Presse erreicht wird.

Um diese erzieherischen Aufgaben erfolgversprechend einzuleiten, müssen die deutschen Zeitungsmänner sich auf eine neuartige und zwar redaktionell-pädagogische Betrachtungsweise einstellen.

Die suggestive Macht des gedruckten Wortes wird teils unterschätzt, teils überschätzt. Bei mentalen Erwägungen wird leider nur selten das Richtige getroffen. Aber soviel ist sicher, daß es nicht genügen kann, wenn ein Gedankengang, eine Idee, von der eine größere Auswirkung erwartet wird, gelegentlich einmal in einem Artikel zum Ausdruck kommt. Der Zeitungsleser liest zu rasch über vieles hinweg, und meistens bleibt nur wenig oder nichts in seiner Auffassung haften. Ideen und Gedanken aber, die erzieherisch wirken sollen, müssen sehr oft wiederholt werden und zwar immer wieder in einer neuen Form, so daß ganz von selbst und wie zufällig, die Idee in den Gedankengang des Lesers eindringt. Eine derartige Arbeitsweise der Zeitungen, redaktionell-pädagogischer Art, zur Verstärkung des psychologischen Einflusses auf die Leser, muß für die Folge ganz besonders stark gepflegt werden. Die Erziehung des Volkes zum Verständnis für politische Kultur muß die Grundlage bilden bei der Erneuerung unseres Staatswesens. Leider zeigen sich im parteipolitischen Kampfe noch rohe Sitten, die sich als Unart und Unkultur erweisen. Aufklärung in staatsbürgerlichen Angelegenheiten, freimütige kritische Betrachtungen wichtiger Fragen in objektiver Form müssen als besondere Berufsaufgaben der Presse anerkannt und gefördert werden. Aber parteipolitische Gegensätze müssen mit Achtung und Sachlichkeit ausgetragen werden. Nur aus Prinzip eine Partei zu bekämpfen, entspricht nicht objektiver Denkungsweise; jede Partei ist auf gewissen Idealen aufgebaut, und jedem der Begriffe Liberalismus, Demokratie oder Sozialismus kann eine innere Wertschätzung nicht versagt werden. Aber welches Zerrbild ist daraus im Streite der Meinungen entstanden! Politische Aufklärung, — denken wir an politische Kritik in der Zeitung —, muß doch schließlich einem produktiven Willensziel entsprechen, also einer bessernden, aufklärenden Absicht dienen, wenn sie in Wirklichkeit etwas Positives erreichen soll. Von bessernder Absicht kann aber nicht gesprochen werden, wenn in der Presse der Parteifanatismus die Sprache führt, und die Methoden werden zur Wühlerei, wenn der politische Kampf mit unlauteren Mitteln geführt wird, unwahr durch Uebertreibungen, entstellt durch Schlagworte, berechnet für die groben Instinkte jeweiliger Parteigänger.

Den politischen Gegner um jeden Preis herabzuwürdigen, zeugt von unlauterer Gesinnung; dem Nebenmenschen ohne Grund unsaubere Motive unterzuschieben ist und bleibt Verleumdung. Wenn unser Volk in seiner Zerrissenheit wieder bessere Zeiten erhoffen soll, dann muß diese bösartige Unduldsamkeit aufhören. Solange noch in Wort und Schrift mit einer gewissen Absichtlichkeit immer nur das Trennende herausgesucht wird, können wir nicht vorwärts kommen; in vornehmer, gerechter Denkungsweise stets das Ausgleichende hervorzuheben, zeugt von politischer Kultur.

Und in einer weiteren Einwirkung muß ein allgemeiner beruflicher Fortschritt erreicht werden.

Eine kritischere Denkungsweise, in viel stärkerem Maße entwickelt als bisher, muß sich der Zeitungsmann anerziehen. Das Verständnis für eine Art von Selbstzensur muß ihm in Fleisch und Blut übergehen, damit in völliger Gewöhnung ihre dauernde Einwirkung bei der täglichen Berufsarbeit zur Geltung kommt. Ansehen und Bedeutung der Zeitung können nur gewinnen, wenn in der Ausübung solcher Selbstzensur größere Sachlichkeit und gerechtere Beurteilung bei der Bearbeitung des redaktionellen Teiles zum Ausdruck kommen. Im Hinblick auf den parteipolitischen Inhalt und besonders auf dem Gebiete der Zeitungspolemik muß diese Selbstzensur in besonderem Maße gepflegt werden.

Die Forderung anständiger Kampfesweise bedeutet keinesfalls Beschränkung der politischen oder geistigen Freiheit. Wer sich in den Sinn und Gedankengang solcher Selbstzensur hineingelebt hat, wird dann erst seine Verantwortlichkeit im Dienste der Zeitung in vollem Umfange begreifen lernen. In der bewußten Korrektur liegt der tiefere Sinn unseres Berufes, und in der Beschränkung erst beruht unsere geistige Freiheit.

Und läßt der Zeitungsmann häufig seine Gedanken das Tor der Selbstzensur passieren, so wird das Gefühl der Verantwortlichkeit methodisch gestärkt, was, allgemein gesprochen, eine grundsätzliche Voraussetzung ist, wenn die Zeitungsmänner höher gestellte Aufgaben erfüllen sollen.

Verantwortlichkeitssinn und Gewissenhaftigkeit müssen die Grundpfeiler bilden, wenn die Zeitungen bei der geistigen und sittlichen Erneuerung unseres Volkes in der Führung stehen wollen.

Ungeklärte Auffassung hinsichtlich der Verantwortung und ungenügende berufliche Gewissenhaftigkeit bringen schwere Nachteile sowohl in politischer wie auch in wirtschaftlicher Beziehung. In der beschaulichen Zeit vor dem Kriege kam diese Auswirkung nie so zur Geltung, aber während des Krieges und in den unheilvollen Jahren nach dem Kriege mußte allzuoft festgestellt werden, wie sehr mangelhafte Berufsarbeit, sogar bei kleineren Zeitungen, zum schweren Nachteile für Land und Volk ausgenutzt wurde. In diesem Zusammenhange ist es auch interessant, einige Ausführungen bekanntzugeben, welche Dr. Jöhlinger in seinem Buche „Zeitungswesen und Hochschulstudium" aus der Berufspraxis erwähnt:

„Man darf Schnelligkeit der Berichterstattung nicht mit Oberflächlichkeit, Flüchtigkeit oder Mangel an Verantwortungsgefühl verwechseln. Der ernsthafte Journalist wird stets bei aller Schnelligkeit und bei der vorgerücktesten Zeit die Anfforderungen an die Zuverlässigkeit nicht außer Acht lassen, wird keine Tartaren-Nachrichten in die Welt setzen, wird lieber eine Nachricht zurückhalten als durch eine Sensation zu blenden; aber der Journalismus besteht ja nicht nur aus Idealgestalten, in ihm finden sich ebenso wie anderswo Charaktere. die besser einen anderen Beruf gewählt hätten, die eine zu große Portion Leichtfertigkeit. verbunden mit einem Mangel an Verantwortlichkeitsgefühl mitbringen und die reine Sklaven der Aktualität sind. Ihnen ist es stets um die Sensation zu tun. ohne Rücksicht auf die Richtigkeit: „Lieber eine falsche Nachricht und später das Dementi als eine interessante Meldung auch nur einen Tag zurückzuhalten." Zu dieser Kategorie von Journalisten gehören auch diejenigen, die durch Aufbauschung. Uebertreibungen oder Mangel an Takt so sehr dem Rufe der Presse schaden, die bei jedem Mord ein Interview bringen müssen."

Solche Unzulänglichkeiten aus der beruflichen Praxis erschweren naturgemäß die Führung eines Blattes, dem Einheitlichkeit und innere Geschlossenheit elementare Voraussetzungen sein müssen. Es muß erreicht werden, das Gesamtergebnis der redaktionellen Tätigkeit einheitlich zusammenzufassen. In irgend einer Art, sei es durch die Redaktionskonferenz, sei es durch den Chefredakteur, sei es durch die redaktionelle Mitberatung des Verlegers, müssen die leitenden Grundsätze ihre Sicherung erfahren. Denn die beste *Einzelarbeit* ist und bleibt schließlich nur Teilarbeit im Gesamtbilde der Zeitung. Der Grad eines gut geleiteten Blattes wird gemessen an der Summe bewußter Gemeinschaftsarbeit. Unter dem engen Gesichtswinkel spartenmäßiger Anschauung wird eine Zeitung nicht bestehen, während ihr Ausbau in hohem Maße gestärkt wird durch die Entfaltung aller persönlichen Fähigkeiten und Anlagen. Entspringen solche Geisteskräfte verlegerischer Initiative und Intelligenz, oder gibt vorbildliche Redaktionsarbeit dem Blatte seine besondere Note, erst in ihrem lebendigen Austausch zueinander, wird jene innere Harmonie erreicht, die jeder Zeitung höchste Zielsetzung sein muß.

Die Entwicklung einer Zeitung mit dem Wachsen eines Baumes zu vergleichen, liegt hierbei sehr nahe. Die Wurzeln seiner Kraft reichen in die Vergangenheit, der gesunde Stamm, als Träger des Ganzen, gewachsen in traditioneller Pflege, teilt sich erst in einer gewissen Höhe, um dann seine Aeste und Zweige auszusenden. Glücklicherweise steht eine große Zahl solch kräftiger mehr als hundertjähriger Lebensbäume im deutschen Blätterwalde. Umgeben sehen wir sie von mehreren tausend größerer und kleinerer Bäume verschiedener Gattung, deren Mehrzahl sich eines gesunden Wachstumes von mehr als 50 Jahren erfreut.

Diesen Blätterwald in seiner Bodenständigkeit als wertvollsten Kulturbesitz unseres Volkes zu hegen und zu pflegen, ist eine der grundlegenden staatspolitischen Aufgaben. Das Wachstum der einzelnen Bäume zu fördern, ist traditionelle Verpflichtung der Zeitungsmänner. *Aufs engste verwachsen* ist das Gedeihen dieses Blätterwaldes mit *unserem kulturellen Fortschritt* und unserer *politischen Erstarkung*.

Soweit Wilhelm Waldkirchs Antrittsvorlesung.

Kurzfassung: Der Presse-Verlag Waldkirch

Der Presseverlag Julius Waldkirch hat in seiner 100jährigen Geschichte Geschichte erlebt und geschrieben.
Es gab kaum einen Zeitungsverlag, von dem so viele positive Impulse ausgegangen sind die heute noch nachwirken und zum Teil sogar noch existieren, wie die Berufsschule und das Arbeitsamt in Ludwigshafen.
Und es ab kaum eine Presse, deren Inhaber so unerschrocken und vehement für Pressefreiheit, Wahrhaftigkeit in der Berichterstattung, Ethik der Kommentare und gegen Verleumdung eingetreten waren und die ihr Engagement mit einem spektakulären Untergang bezahlt haben. Ja denen sogar noch nach dem Dritten Reich eine Wiedergutmachung verweigert wurde und die auch nur Teile ihres enteigneten Betriebes zurückerhalten hatten und dies alles trotz „Rechtsstaatlichkeit" der Nach-NSDAP-Ära.
Der Waldkirch-Verlag mit Druckerei war ein Familienunternehmen und seine Mitglieder befolgten über Generationen hinweg konsequent die von den Gründern mitgegebenen drei Mottos

1. „Durch Bildung zur Freiheit"
2. „Der Wahrheit die Ehre geben"
3. „Im Dienste am Gemeinwohl"

Ludwigshafen zählte gerade mal 4.000 Einwohner, als Julius Waldkirch hier sein erstes Presse-Organ, den „General-Anzeiger" gründete. Mit ihm begleitete und unterstützte er die aufstrebende Stadt.
Er selbst wurde durch seine Initiativen und unermüdlichen Einsatz für alle Arbeitnehmer ein Sozial- und Weiterbildungspionier. Er gründete und führte zum Teil jahrelang den Arbeiterverein, die Arbeiterfortbildungsschule (heute Berufsschule), den Krankenunterstützungsverein, eine Sparkasse für kleinere verzinsliche Beträge und ein Arbeitsnachweisbüro (heutiges Arbeitsamt).
Julius Waldkirch war aber auch erster Vorstand des Gewerbevereins und erschuf so das Novum zu gleicher Zeit neun Jahre lang den Arbeitgeberverein als auch den Arbeitnehmerverein zu führen.
Dies war nur durch seine integre Persönlichkeit möglich. Aber durch diese Personenunion, die mithilfe des „General-Anzeigers" eine echte Arbeitsmacht darstellte, erreichte die berufstätige Bevölkerung bei Stadt und Land viel.

Anschließend war er noch drei Wahlperioden lang Stadtrat und leitete dort Arbeitsausschüsse. Auch war er der erste Autobesitzer und Kraftfahrer in Ludwigshafen.
Sein Sohn Wilhelm, der spätere Geheimrat und Ehrendoktor, baute Verlag und Druckerei zu einem Presseimperium aus. Unter ihm wurden der Ludwigshafener „General-Anzeiger" und seine eigene Gründung, die „Pfälzische Rundschau", die größten und bedeutendsten Tageszeitungen der Pfalz. In Mannheim kam noch das „Neue Mannheimer Tageblatt" hinzu. Die „ASZ – Allgemeine Sportzeitung" mutierte als tägliche Sportzeitung, die auch Vereine und Verbände unterstützte, zum größten Fachblatt Südwestdeutschlands. Wilhelm Waldkirch war ferner Teilhaber am „Kicker", dem Fußballblatt und offiziellem Organ des Deutschen Fußballbundes, das ebenfalls in seinem Verlag erschien.
Der Verlag gab auch eine große Zahl von Fach- und Berufszeitschriften heraus und war der größte Heimatbuchverlag der Pfalz.
Der Geheimrat war Gründungsmitglied und Vorsitzender des Druckgewerbe-Bezirksverbandes, Vorstand der pfälzischen Zeitungsverleger und Vorstandsmitglied im deutschen Zeitungsverlegerverband. Weiter war er Vorsitzender und Mitglied des Vorstandes in gewerblichen Kammern und fungierte als Handelsrichter.
Aber auch in mehreren Sportvereinen war er Präsident oder Vorstandsmitglied.
Im 1. Weltkrieg, der französischen Besetzung und der Separatistenherrschaft erlebte Wilhelm Waldkirch, dass Verunglimpfungen, Verleumdungen und Hasstiraden von allen Seiten her opportun waren.
Nach dem Krieg erfuhr er ganz persönlich, wie die schon traditionelle Feindschaft zwischen Frankreich und Deutschland auch über die Kämpfe hinaus weiter wucherte.
Die französische Besatzungsmacht befahl ihn als Vorsitzenden der pfälzischen Zeitungsverleger zur Militärregierung nach Landau. Dort eröffneten ihm fünf Offiziere, dass die Zeitungsverlage künftig ihre Nachrichten sowie das Druckpapier und die Materialien wegen der Abkapselung und Brückensperrungen zwischen der Pfalz und dem übrigen Deutschland über Frankreich bezogen werden müssen.
Die Pressefreiheit wollten die Franzosen nicht so direkt aufheben, aber doch durch diese Maßnahmen 100%ig kontrollieren.
Die Offiziere verlangten dann, dass die gesamte pfälzische Presse die Rede eines französischen Deportierten, in der er den deutschen Soldaten brutalste Kriegsverbrechen vorwarf, veröffentlichte.
Wilhelm Waldkirch wusste um das Risiko, diesen Befehl abzulehnen. Er tat es aber doch mit den Worten „er halte die Behauptung des Deportier-

ten seiner Kenntnis nach für unwahr und Unwahrheiten würden nicht veröffentlicht".
Die Rede wurde von keiner Zeitung abgedruckt, dafür kam Wilhelm Waldkirch auf die erste Stelle der Geiselliste.
Die Militärbehörde richtete im Waldkirch-Verlagsgebäude eine Sicherheitsdienststelle ein, um die Presse besser kontrollieren zu können und die von ihnen vorgegebenen Informationen konsequent durchzusetzen.
Während der Separatisten- oder der autonomen Herrschaft versuchte diese hauptsächlich mit Flugblättern, die ja auch Presseerzeugnisse sind, die Bevölkerung zu beeinflussen und unter Druck zu setzen. Diese Berichte tropften nur so von Lügen und wenn die Pfälzer Zeitungen dagegenhielten, wurden sie mit hohen Geldbußen und Erscheinungsverboten bestraft.
All dies widersprach in höchstem Maße der Waldkirchlichen Pressetradition mit den drei Mottos und so begann Wilhelm Waldkirch, und später unterstützt von seinen Söhnen Julius und Karl, dagegen immer mehr aufzubegehren.
Als Repräsentant der pfälzischen Presse besprach er sich mit seinen Kollegen und legte ihnen seine Idee vor, wie die Separatisten in die Schranken zu weisen seien. Seine Vorschläge wurden einstimmig angenommen und so begann etwas Einmaliges in der Pressegeschichte, nämlich ein allgemeiner Zeitungsstreik. Alle Zeitungen der Pfalz stellten mit einem Protestaufruf auf der ersten Seite ihr Erscheinen ein! Es gab ab dem 24. Januar 1924 keine Informationen mehr, keine lokalen Berichte, keine Geburtsanzeigen oder Todesnachrichten. Nichts! Dies war so ungewöhnlich, dass die Presse der ganzen Welt aufmerksam wurde und ihre Reporter in die Pfalz sandten um zu erfahren, was los sei. Diese berichteten über die Separatistenwillkür und so beendeten die internationalen Sieger frustriert nach etwa drei Wochen die separatistischen Herrschaften und es traten in etwa normale Verhältnisse unter der französischen Besatzung ein.
Die geballte Macht der Presse hatte unter Führung von Wilhelm Waldkirch bewirkt, dass die separatistische Ära unterging.
Beim Abzug der Separatisten kam es durch die Bevölkerung zu unliebsamen, sinnlosen und gewalttätigen Übergriffen. Vor allem die NSDAP unter der Führung des späteren Gauleiters Josef Bürckel rühmte sich und nahm fälschlicherweise für sich in Anspruch, die Separatisten vertrieben zu haben.
Wilhelm Waldkirch, unterdessen Kommerzienrat geworden, erkannte aufgrund seiner Erfahrung, dass die Presse als „Meinungsmacher" relativ ist. Einerseits ist sie ein Instrument der Macht, mit der die Inhaber der Macht ihre Meinung dem Volke aufdrängen und andere Ansichten unter-

drücken. Andererseits ist sie frei und diese Freiheit kann von manchen Journalisten scharmlos ausgenutzt werden, indem sie andere Menschen verhöhnen und fertig machen. Eine Person, die sie einmal im Visier haben, hat kaum Chancen, sich dagegen zu wehren. Ihre Pressefreiheit ist die, den anderen nicht zu Wort kommen zu lassen. Die Pressefreiheit wird auch dadurch unterlaufen, wenn sich Pressemonopole bilden, die dann mit ihrer konzentrierten Macht kleinere Zeitungen schlucken, Konkurrenten ausschalten und so eine Pressevielfalt zunichtemachen.
Denn eine echte Pressefreiheit kann nur durch eine Medienvielfalt funktionieren. Nur wenn die einzelnen Zeitungen oder Zeitschriften durch eine Konkurrenz kontrolliert werden indem sie Unwahrheiten und Unterstellungen aufdeckt, kann eine ehrliche und verantwortungsvolle Pressellandschaft ihren Dienst am Gemeinwohl erfüllen.
Wilhelm Waldkirch war ein Zeitungsmann und nahm die drei Mottos der eigenen Presse sehr ernst „Durch Bildung zur Freiheit“, „Der Wahrheit die Ehre geben“, und „Im Dienste des Gemeinwohls“.
Auch war er Freimaurer und damit der Humanität, Toleranz und Brüderlichkeit verpflichtet. Für ihn war die freimaurerische Weltbruderkette ein erstrebenswertes Ziel, das aber nur mit gegenseitiger Achtung, Vertrauen und Anerkennung der Belange des anderen Staates erreichbar ist. Das bedeutet nicht, dass der Freimaurer ein Vaterlandsverräter ist, er will nur die Gleichwertigkeit und Ausgewogenheit.
Der französische Außenminister und ehemalige Präsident Briand und sein deutscher Kollege Gustav Stresemann entdeckten, dass sie beide Freimaurer waren und so konnten sie sich vertrauensvoll nähern. Dies gipfelte in ersten freundschaftlichen Beziehungen zwischen ihren Völkern und darin, dass die Franzosen fünf Jahre früher als im Versailler Vertrag festgesetzt war, die Besetzung Deutschlands beendeten.
Dafür erhielten beide Staatsmänner zusammen den Friedensnobelpreis und für Deutschland tat sich die Tür zur Mitgliedschaft im Völkerbund auf. Deutschland war anerkannt.
Der Kommerzienrat als Freimaurer wusste natürlich auch von den Verleumdungen und Verdächtigungen, denen der Brüderbund ausgesetzt war und ist.
Eine Vereinigung, die andere Religionen akzeptiert, fremde Staaten respektiert und x-beliebige Menschen weitestgehend toleriert, ist nun mal suspekt.
Auch konnte man sich in der damaligen hauptsächlich totalitären Zeit eine Weltbruderkette, die keinen diktatorischen Oberen hat, nicht vorstellen. Es musste Obere geben und diese waren eben geheime Obere und das war ganz schlimm, das war Weltverschwörung!

Dabei ist die Freimaurerei ein demokratisch humanitärer Verein, in dem die einzelnen Logen unabhängig sind und die Brüder in freien Wahlen ihren Vorstand für eine von ihnen festgelegte Zeit wählen. Die Freimaurerei befürwortet den Wechsel der Vorsitzenden, es sollten so keine Dynastien entstehen.
Die Landesgroßlogen haben keine Weisungsbefugnisse. Sie achten nur, dass die Rituale und Ideale der Weltbruderkette in jedem Land in etwa gleich sind, damit jeder reisende Bruder bei einem Besuch in anderen Logen sich zurechtfindet.
Die reguläre Freimaurerei tritt nicht öffentlich auf, das ist nicht ihre Aufgabe. Ihre Aufgabe ist es, den Brüdern (heute auch Schwestern) das mentale Rüstzeug zu geben, in ihren eigenen Sektoren positiv zu wirken. Diese tun dies dann als Menschen und nicht als Freimaurer.
So ist zu verstehen, dass es auch von vielen bedeutenden Männern der Geschichte nicht bekannt ist, dass sie Freimaurer waren und sie teilweise ihre Ideen von dort bezogen und den Startschuss erhalten haben.
Hier nur einige von ihnen:

- Henri Dunant, Initiator der Genfer Konvention, Gründer des „Roten Kreuz“
- Hermann Gmeiner, Gründer der „S.O.S. Kinderdörfer“
- Karlheinz Böhm, Gründer der Hilfsaktion „Menschen für Menschen“
- Graf von Schaumburg-Lippe gründete 1727 in Mannheim die erste Freimaurer-Logo Deutschlands
- Friedrich der Große, König von Preußen, unterwarf sich als erster Potentat einem zivilen Gericht
- Großherzog von Baden schaffte als erster Fürst die „Leibeigenschaft“ ab.
- Geistesgrößen: Goethe, Lessing, Wieland, Härter, Fichte, Voltaire, Tucholsky, Mozart, Liszt
- Swami Vivekananda, indischer Philosoph
- Alexander Fleming, Entdecker des Penicillins
- Edward Jenner, Entdecker der Pockenschutzimpfung
- George Washington, US-Präsident
- Mustafa Kemal Atatürk, Begründer der modernen Türkei
- Simon Bolivar, Begründer Boliviens und Kolumbiens
- Holger Börner, Hessischer Ministerpräsident
- Carlo Schmid + Wilhelm Wagner, Mitbegründer der Bundesrepublik Deutschland und Mitverfasser der Grundgesetze
- usw.

Erwähnt seien noch zwei hiesige Würdenträger der Katholischen Kirche, die bewiesen, dass Kirche und Freimaurerei zusammen lebbar sind und sie sich nicht ausschließen:

- Jesuitenpater Franz Seedorf, Erzieher, Beichtvater und Berater von Kurfürst Carl-Theodor
- Reichsfreiherr Dr. jur. Karl Theodor von Dalberg, Bruder des Intendanten Dalberg, Kurfürst, Großherzog, Bischof, Erzbischof, Domkapitular, Fürstprimas des Rheinischen Bundes, er war sogar Meister vom Stuhl der Wormser Freimaurerloge „Johannes zur Brüderlichen Liebe“ und schrieb freimaurerische Lieder.

Das freimaurerische Motto „Gleichheit Freiheit Brüderlichkeit“ war vielen Potentaten suspekt. Es erinnerte ständig an die Freiheitskämpfer, die dem Bruderbund angehörten und dass die Menschen sich nach mehr Freiheit sehnten.
So wurde von allen diktatorischen Hierarchien die Freimaurerei abgelehnt, verleumdet und bekämpft. Besonders der Katholischen Kirche passte der Toleranzgedanke anderen Religionen gegenüber gar nicht, da er an ihrem eigenen Verständnis nagte und so wurden die Freimaurer verunglimpft und exkommuniziert.
Dieser Hetze trat der international bekannte Professor Dr. h. c. Bluntschli scharf entgegen. Er war Rechtsgelehrter, Politiker und hatte Professuren in Heidelberg, München und Zürich. Ferner war er Mitglied des Großen Rates in Zürich, Präsident der Zweiten Badischen Kammer und Mitglied der Ersten, sowie Mitglied des Deutschen Zollvereins des Deutschen Protestantenvereins. Er war Freimaurer und Meister am Stuhl der Heidelberger Loge „Ruprecht zu den fünf Rosen“ und Großmeister der Großloge „Zur Sonne“. Sein Antwortschreiben vom 1865 auf das Verdammungsurteil des Papstes Pius IX. ging in die Geschichte ein, nutzte aber nichts. Erst nach dem Zweiten Weltkrieg begann die Katholische Kirche die Freimaurerei zu tolerieren und ernst zu nehmen, und dies erst, nachdem sie selbst andere Religionen ernstgenommen hatte. Wilhelm Waldkirch hatte erkannt, dass im allgemeinen Unwahrheiten, Verleumdungen und Hasspolitik die Ursachen von vielen, auch ernsthaften, Querelen waren.
Als liberal und tolerant eingestellter Mensch traf ihn besonders, dass diese Diffamierungspolitik gerade von seiner eigenen Branche aus die meiste Verbreitung fand.
Er sinnierte, ob und wenn dem dann beizukommen sei.

Eine Idee kristallisierte sich heraus. Es musste schon frühzeitig damit begonnen werden, den angehenden Journalisten eine Sensibilität für die Verantwortung als spätere Meinungsmacher zu wecken und ihnen die Ethik und das moralische Rüstzeug für ihren sensiblen Beruf mitzugeben. Der Kommerzienrat setzte sich mit seinen Kollegen vom Deutschen Zeitungsverlegerverband zusammen und stellte ihnen seine Ideen vor. Er konnte sie überzeugen und gewann so die Unterstützung des Verbandes.
Nun galt es Tatsachen zu schaffen.
Wilhelm Waldkirch wandte sich an die Heidelberger altehrwürdige „Ruprecht-Karls-Universität“ und trug sein Anliegen vor. Nach eingehender Prüfung gab das Rektorat grünes Licht für die von Wilhelm Waldkirch vorgeschlagene Gründung eines „Instituts für Zeitungswesen“.
Er gewann für sein Institut bekannte Professoren, die so wie er dachten und so konnte der Vorlesungsbetrieb für den Journalismus Studierenden beginnen. Wilhelm Waldkirch leitete das Institut und wirkte selbst als Dozent.
Das Institut stand auf einer breiten Basis und dem Kuratorium gehörten namhafte Persönlichkeiten an. Die Aufmerksamkeit, die das Institut erregt hatte, war ein Zeichen dafür, dass Wilhelm Waldkirchs Sorge ernstgenommen worden war, dass die Medien als „Meinungsmacher“ eine große Verantwortung haben und mit ihren Mitteln Frieden, Toleranz und Verständnis, aber auch Feindschaft, Rufmord und Hass erzeugen können. Des Kommerzienrats Idee schon die noch Studierenden über ihre Verantwortung und die Auswirkungen, die ihre Berichte und Reportagen haben können, zu orientieren und an Beispielen zu erläutern, war bahnbrechend. Und so verlieh am 17. Dezember 1927 die „Ruprecht-Karls-Universität Heidelberg“ – dem Herrn Verlagsbesitzer Kommerzienrat Wilhelm Waldkirch, dem unermüdlichen Förderer der Errichtung eines Instituts für Zeitungswesen an der Universität, dem nachdrücklichen Vertreter der Idee einer erhöhten Verantwortung der Presse, dem dadurch um den Ausbau des akademischen Lebens und um die Öffentlichkeit verdientem Manne **Titel und Würde eines Doktors der Staatswissenschaften ehrenhalber** –.
Wilhelm Waldkirch war nun Dr. h. c. und widmete sich mit ganzer Kraft seinem Lebensziel, dem Pressenachwuchs zu verdeutlichen, was an den Mottos „Durch Bildung zur Freiheit“, „Der Wahrheit die Ehre geben“ und „Im Dienste am Gemeinwohl“ erstrebenswert war.
Auch der bayrische Staat ehrte ihn mit dem Titel „Geheimer Kommerzienrat“.

In der Pfalz begann Josef Bürckels NSDAP aktiv zu werden. Sein 1925 gegründetes Kampfblatt „Der Eisenhammer“ fing um 1929 an, alle nicht dem Gedankengut der NSDAP huldigenden Presseerzeugnisse zu attackieren. Bürckel wollte ein hauseigenes Pressezentrum, denn er sagte: „Wer die Presse hat, der hat die öffentliche Meinung, wer die öffentliche Meinung hat, der hat Recht, wer Recht hat, der kommt in den Besitz der Macht!“

Wilhelm Waldkirch sah auch als Vorsitzender der Pfälzischen Zeitungsverleger mit Schrecken, wie die NS-Presse hemmungslos log und verunglimpfte. Wie sie mit unlauteren Mitteln versuchte, andere Zeitungen zu diskreditieren und in den Ruin zu treiben und so kämpfte er mit rechtsstaatlicher Hilfe dagegen an.

Der Waldkirch-Verlag verklagte bei Gericht Josef Bürckel, Lehrer und F. Rasche, Hauptschriftleiter, wegen Beleidigung.

Das Verfahren wurde bis 1932 hingezogen. Unterdessen war am 20. Dezember 1932 auf Betreiben der Nazis ein Gesetz ergangen das besagte, dass Taten, die aus politischen Beweggründen begangen wurden, wie in diesem Falle, straffrei bleiben und einzustellen seien.

Das Verfahren Waldkirch gegen Bürckel wurde also eingestellt. Aber dann beim Urteil ein interessanter Zusatz: „Was den Angeschuldigten Bürckel betrifft, so ist bei ihm klar, dass eine Beleidigung vorlag. Er hat daher die dem Privatkläger erwachsenen Auslagen zu tragen.“

Nach diesem Gesetz, das politisch-motivierten Taten Straffreiheit zusicherte, legte die NS-Presse so richtig mit Verleumdungen los.

Der liberale Waldkirch-Presseverlag mit seinen beiden weit verbreiteten Blättern „General-Anzeiger“ und „Pfälzische Rundschau“ war ein besonders beliebtes Zielobjekt der NS-Presse.

Kurz nach der Machtergreifung, bei der noch in der Nacht alle bekannten Nicht-Nazis verhaftet wurden und damit eine Opposition mit einem Schlag eliminiert war, drangen bewaffnete SA-Männer in den Waldkirch-Presseverlag ein und besetzten handstreichartig den Betrieb.

Die Rädelsführer – Dr. Trump, Jakob Herbst, E. Trömmel und Lamadee – bezeichneten sich als Kommissarische Leitung und zwangen die Waldkirchs, Wilhelm, Julius und Karl, den Betrieb zu verlassen und gaben Befehle an die Belegschaft. Auch veröffentlichten sie in der nächsten Zeitungsausgabe auf der Titelseite: die „Pfälzische Rundschau“ unterstellt sich Hitler.

Das aber war den Nazi-Größen in Berlin gar nicht recht, dass untere Chargen selbstständig ohne Befehl gehandelt hatten, denn dies war ein unerlaubter Eingriff in die Wirtschaft und es gab für die Beschlagnahmung von privaten Vermögen und Betrieben noch kein Gesetz. Noch

wollten die Nazis gesetzestreu erscheinen und die Besetzung musste auf Befehl von oben aufgehoben werden.
Ein Jahr später gab es dann das passende Gesetz – ein Presseverlag durfte nur eine Zeitung herausgeben. Die Waldkirchs hatten aber in der Pfalz zwei Tageszeitungen, also musste die „Pfälzische Rundschau“ ohne Entschädigung an die Partei abgegeben werden. Sie wurde der amtlichen NSDAP-Presse zugeschlagen.
Aber die Waldkirchs hatten ja noch den „General-Anzeiger“, das größte Volksblatt von Ludwigshafen und so gingen die Verleumdungen, die auch vor dem Privaten nicht Halt machten, weiter.
Wilhelm Waldkirch fasste 1935 seine beruflichen Erfahrungen in einem dreibändigen Werk zusammen: 1. Band „Vom Werden der Zeitung“, 2. Band „Vom Wirken der Zeitung“, 3. Band „Die Zeitung als Kulturmacht“. 1936 folgte „Weltpresse und Weltkrise“.
Als politisch Verfemter musste Wilhelm Waldkirch sehr vorsichtig in seiner Wortwahl sein und ab und zu mal ein gutes Haar an einer Parteigröße lassen und sich auch mal des Vokabulars der Nazis bedienen.
1938 holte die Parteipresse zum großen Schlag gegen die Waldkirchs aus. Diese hatten es auch aufgrund ihres internationalen Renommees bis in dieses Jahr hin geschafft, selbstständig zu bleiben.
Die in der NS-Presse öffentlich erhobenen Verleumdungen und Anschuldigungen waren so massiv, dass Dr. Julius Waldkirch als Hauptschriftleiter und Geschäftsführer ein neutrales Gutachten darüber einholte.
Zwei unabhängige Sachverständige kamen zu dem Schluss, dass die Vorwürfe in keiner Weise zuträfen und die Behauptungen eine Verleumdung sei.
Dr. Julius veröffentlichte dieses Gutachten im verbliebenen „General-Anzeiger“ mit der Bemerkung, der Waldkirch-Verlag werde bei Gericht Klage wegen Verleumdung durch die NSDAP erheben.
Da war was los!
Da untersteht sich jemand, die unfehlbare Partei öffentlich der Lüge und Verleumdung zu bezichtigen und drohte gar eine gerichtliche Klage an.
Das musste unterbunden werden, das musste geahndet werden.
Es erging sofort ein Haftbefehl wegen Volksaufwiegelung für Dr. Julius Waldkirch. Der setzte sich ins Rechts-Rheinische ab.
Die NS-Presse rotierte und dies erzeugte Kreise, die bis nach Berlin reichten. Die Reichspressekammer zog daraufhin das Verfahren an sich und der Haftbefehl wurde vorübergehend bis zur Verhandlung ausgesetzt.

Bei der Urteilsverkündung wurden der Verleumdungsvorwurf sowie der Haftbefehl gegenseitig aufgehoben.
Verurteilt wurden alle Waldkirchs wegen ihres „unbeugsamen Widerstandes und ihrem Kampf für eine unabhängige und freie Presse als Parteigegner und Gegenrevolutionäre."
Dies bedeutete Enteignung des gesamten Verlages und Druckereibetriebes sowie der zwangsweise Verkauf mit einer nur 10-15%igen Abfindung vom tatsächlichen Wert der Häuser, Grundstücke und Maschinen.
Dr. Julius erhielt Berufsverbot im Verlagswesen und wurde aus dem Berufsverband ausgeschlossen.
In Mannheim, wo noch das „Neue Mannheimer Tageblatt" verlegt wurde, musste nur dieses an die Partei gegeben werden und diese legte es dann mit der Parteizeitung zusammen. Der Verlag, die Druckerei und die Häuser durften im Familienbesitz, wenn auch unter Aufsicht, bleiben.
Im Krieg wurden alle drei Söhne zu den Soldaten berufen. Dr. Julius als Offizier, Dr. Karl und Dr. Franz als Mannschaftsdienstgrade.
Der Geheimrat zog sich in sein Haus in Heidelberg zurück. Es war das einzige, was ihm noch geblieben war und er schrieb ein neues Buch „Hasspolitik als Element der Zerstörung". Darin befasste er sich hauptsächlich mit der ausländischen Pressepolitik und ihren Auswüchsen. Über die deutsche Presse durfte er sich nicht mehr äußern, denn als er es tat, wurde er dafür hart bestraft.
In seinem Buch verwendete er ab und zu nazistische Ausdrücke. Den Verständigen und dem, der zwischen den Zeilen lesen kann, ist aber sofort klar, dass er damit die Nazi-Ideologie mit ihren negativen Auswirkungen karikierte und ausdrückte, sie mache das gleiche wie die allgemeine Weltpolitik.
Auch sollte man sich bei der Beurteilung in Erinnerung rufen, dass viele Begriffe, die damals regulär waren und von den Betroffenen selbst verwendet wurden, heute diskriminierend sind, wie Zigeuner, Neger, Fräulein usw. Umgekehrt sind Worte wie geil und schwul, die damals als Beleidigung aufgefasst wurden, heute in und drücken sogar Bewunderung aus.
Nach der 1938 erfolgten Enteignung ihres Presseverlages mit Druckerei durch die Nazis, erwarben die Waldkirchs als Ersatz die zwangsweise zum Verkauf stehende jüdische „Transkrit Druckerei" in Ludwigshafen. Die Verkäufer, die Gebrüder Neubauer, und die Waldkirchs verabredeten einen Deal, damit möglichst viel vom Kaufpreis in den Besitz der Brüder gelangte. Diese hatten vom Schweizer Lizenzgeber die Lizenz für den Transkrit-Druck in Amerika erhalten und wollten dort starten.

Im Dritten Reich war es nicht damit getan, dass jüdische Firmen in arische Hände übergehen mussten, sondern es wurden vom Staat auch horrende Verkaufssteuern erhoben wie die Reichsfluchtsteuer, die Devisensteuer usw., so dass die Verkäufer vielleicht noch nicht einmal fünf bis zehn Prozent des Verkaufspreises erhielten.
Im Falle Neubauer Waldkirch kam eine Konstruktion zum Tragen, die sehr effizient aber höchst gefährlich war, da es streng bestraft wurde, wenn jüdischer Besitz oder Geld ins Ausland transferiert wurde.
Der Transkrit-Lizenzgeber war Schweizer und so wurde von den Waldkirchs die nur in Deutschland gefertigten Maschinen gekauft sowie bezahlt und an ihn, als Lizenzgebühr deklariert, geliefert. In Wirklichkeit gingen die Maschinen dann weiter nach Amerika zu den Neubauers und waren die Bezahlung für ihre Firma.
Nach dem verlorenen Krieg kamen die Neubauers und verlangten ihre ehemalige Transkrit-Druckerei zurück. Laut den Restitutionsgesetzen war dies rechtens, da alle Juden von den Nazis zum Verkauf ihrer Betriebe gezwungen worden waren und so musste die Druckerei ohne jede Entschädigung oder Kaufpreisanrechnung zurückgegeben werden. Die Neubauers verkauften dann die Transkrit an die Besitzer des „Rheinpfalz Verlages“.
Ein herber Verlust für die Waldkirchs.
In Mannheim hatten sich diese nach ihrer Enteignung an der arisierten „Rheinischen Papiermanufaktur“ beteiligt. Hier wurde der ehemalige Kaufpreis nochmals bezahlt und der Firmenbetrieb blieb im weiteren Besitz des Konsortiums.
Kurios war die Geschichte des „Deutschen Druck- und Verlagshaus“ in Mannheim.
Gütermann war der Inhaber eines bekannten jüdischen Verlages mit Druckerei und Zeitungsbetrieb. Kurz nach 1933 wollte er seinen Betrieb retten und übertrug ihn an einige arische Freunde und zog sich zurück. Im Dritten Reich wurde die Zeitung von den Nazis enteignet, die Druckerei und der Verlag ohne Zeitung wurden notleidend und so wurde der Betrieb an den Maschinenhändler Krug verkauft. Dieser wollte ihn ausschlachten, aber die Arbeitsfront verbot dies, da sonst Arbeitsplätze verloren gegangen wären.
Krug war kein Druckfachmann und so suchte er einen Partner zur Fortführung des Betriebes.
Er fand einen in der Waldkirch-Druckerei und so fusionierten die Betriebe Krug und Waldkirch in das „Deutsche Druck- und Verlagshaus Julius Waldkirch“ (DDV). Krug schied später aus und bekam dafür eine Abfindung.

Nach 1945 erschien Gütermann und wollte laut Restitutionsgesetz seine Maschinen zurück, die in das „DDV“ integriert waren. Jetzt mischte sich der Betriebsrat ein, da er bei der Herausgabe der Maschinen einen Arbeitsplatzverlust befürchtete.
Jetzt begann ein Tauziehen um den Abfindungsbetrag, denn die Gutachter lagen mit über 100.000 Mark auseinander.
Gütermann hatte das Recht auf seiner Seite, obwohl die Waldkirchs nicht arisiert hatten und die Maschinen durch zwei arische Hände gegangen waren.
Die Nachzahlung pendelte sich auf etwa der Hälfte ein (130.000 DM). Dies war aber immer noch zu viel und so konnte die Druckerei nicht gehalten werden und ging an die „Mannheim Großdruckerei“ über. Diese machte dann als neuer Eigentümer unter dem alten Namen „Julius Waldkirch“ einen Vergleich.
Umgekehrt wollten die Waldkirchs auch eine Wiedergutmachung vom Land für ihren enteigneten Presseverlag und die Druckerei.
Als enteignete Arier war dies aber im Gegensatz zu den jüdischen Mussverkäufen nicht so einfach. Das Restitutionsgesetz der alliierten Sieger betraf nämlich nur die jüdischen Vermögen und die Arier mussten den normalen Prozessweg beschreiten und waren den Gerichten und Behörden, die, wie man heute weiß, sehr oft mit ehemaligen Nazigrößen durchsetzt waren, ausgeliefert.
Der Waldkirch-Prozess gegen das Land „Rheinland Pfalz“ wurde von der Nachkriegspresse genau beobachtet und in den Zeitungen kommentiert.
Das zuständige Frankenthaler Gericht war sehr genau und sprach den Waldkirchs volle Entschädigung für die Enteignung zu. Das Land aber lehnte das Urteil ab und begann die Waldkirchs auszuhungern.
Nach jahrelangem Procedere hatten die Waldkirchs kein Geld mehr und mussten notgedrungen einem mageren Vergleich zustimmen.
Er sah vor, dass sie nur einen Teil der enteigneten Grundstücke und Ruinen zurück erhielten, aber keine Entschädigung.
In Mannheim war die Situation anders. Hier musste jede Person für sich klagen. Das zuständige Karlsruher Gericht war von vorneherein gegen Dr. Julius eingestellt und zog das Verfahren in die Länge.
Dr. Julius verstarb 1968 darüber und seine Erben mussten nun unter erschwerten Bedingungen, da sie nicht über alles Bescheid wussten, den Prozess fortsetzen.
Ein Berichterstatter behauptete, wie sich später herausstellte fälschlicherweise „ein Schriftsatz des Klägers sei nicht eingegangen“.

Des Weiteren wurden Zeugenbefragungen angesetzt, die sich monatelang hinzogen und die dann doch nicht verwertet wurden, da sie für Dr. Julius votierten.
Auch zog das Gericht trotz Antrag nicht den Entnazifizierungsspruch der Mannheimer Spruchkammer und das bereits ergangenen Urteil des Frankenthaler Gerichts hinzu.
In beiden Verfahren war akribisch aufgelistet, dass Dr. Julius ein aktiver Gegner der Nazis war und dadurch Schaden erlitten hatte. Die Karlsruher Richter versuchten sogar, aus Dr. Julius einen führenden Nazi zu machen.
Sie erfanden und konstruierten für ihn eine führende Position in einer SS-Organisation, die es gar nicht gab, nur um behaupten zu können, er sei nicht nur ein nominales Mitglied der Reiter-SS gewesen, deren Mitglieder alle von einem zivilen Reiterverein ohne ihr eigenes Zutun in die Reiter-SS überführt worden waren.
In dem dann 1972 erfolgten Urteil lehnte das Gericht eine Entschädigung und Wiedergutmachung für Dr. Julius Waldkirch ab. Es begründete plötzlich, Dr. Julius sei nicht nur ein einfaches Mitglied der Reiter-SS gewesen, sondern habe auch eine führende Position in der SS-Standarte innegehabt und die SS-Standarte stelle doch eine Eliteeinheit dar.
Dieser Spruch war ein bewusstes Fehlurteil, denn eine SS-Standarte gab es nicht.
Es gab nur eine Standarte GmbH und die war eine rein wirtschaftliche Holding und hatte mit der SS oder einer anderen NS-Gliederung nichts zu tun.
Reichsleiter Amann hatte sie gegründet, um in der Holding alle die von den Nazis enteigneten Presseverlage zusammenzufassen. Er schuf so ein Monopol, das ganz Deutschland und später alle besetzten Gebiete umfasste und als „Meinungsmacher“ der NS-Regierung fungierte.
Der Waldkirch-Zeitungsverlag und der Druckereibetrieb wurden nach der Enteignung ebenfalls in die Standarte GmbH integriert. Dadurch erschienen dort die alten Belegschaftslisten und Dr. Julius, der ja Geschäftsführer war, stand an vorderster Stelle.
Dr. Julius arbeitete nie für die Standarte GmbH, er hatte ja Berufsverbot als Pressemann und leitete die Mannheimer Familiendruckerei.
Im Urteil der Karlsruher Wiedergutmachungskammer stand noch etwas besonders Bemerkenswertes. Das Gericht ließ eine Revision des Urteils nicht zu!
Dies bedeutete, das Gericht schützt sein eigenes Fehlurteil und verhinderte eine Aufklärung!

Damit war die Zeitungszeit der Waldkirchs endgültig am Ende. Der „Rechtsstaat“ hatte dem „Unrecht“ Vorfahrt gegeben und den Waldkirchen Hang Verleumdung, Diffamierung und Hass zu bekämpfen, ausgebremst.

Kommentar des Autors zu drei Säulen der Freiheit
Medien- und Meinungsfreiheit
Gedanken- und Gewissensfreiheit
Rede- und Demonstrationsfreiheit

Ohne diese drei Säulen der Freiheit ist ein demokratischer Staat nicht funktionsfähig. Voraussetzung ist allerdings, dass die Säulen auch drei Kriterien erfüllen:

Diese drei Attribute sind der Mörtel, der die Säulen standhaft macht.
Jeder Demokrat der diese drei Freiheiten einfordert, muss sie aber auch gerechterweise anderen gewähren.
Voltaire, einer der Vordenker der französischen Revolution, sagte einmal zu einem Andersdenkenden: *„Ich bin nicht Ihrer Meinung, aber ich werde mich immer dafür einsetzen, dass sie diese äußern können."*
Die Französische Revolution ist aber nicht nur ein Symbol und der Versuch für eine Volksfreiheit, sie ist auch ein Beispiel, wie eine gutgemeinte Bewegung aus dem Ruder laufen kann, wenn die „Freiheitskämpfer" selbst an die Macht kommen und ihre persönliche Meinung zum Diktat wird.
Viele Diktaturen haben als sogenannter Freiheitskampf begonnen, der das Volk von irgendetwas befreien sollte und der starke Mann, der Befreier, wurde dann selbst zum Diktator.
Sollten gar mehrere starke Männer den Freiheitskampf angeführt haben, so steht oft ein Machtkampf zwischen ihnen ins Haus. Denn welcher „Führer" will schon ein toleranter Demokrat sein, der auf andere hört, der zurücksteckt und seine Macht teilt oder gar aufgibt? Er wird um seinen Einfluss kämpfen, eben das, was er schon als „Befreier" tat.
Charismatische Führer sehen sich gerne als einen Messias, der von einer Gottheit oder der Vorsehung beziehungsweise sonst einer höheren Instanz eingesetzt wurde. Er hat es gerne, wenn er mit Attributen wie gro-

ßer, geliebter, Führer, Väterchen, usw. geschmückt wird, da sie ihn über die Masse Mensch hinausheben. Er steht damit über dem gemeinen Volk und sein Wille ist Gesetz.
Jeder Diktator oder totalitäre Staat, dabei ist es gleichgültig, ob sie eine politische oder religiöse Herrschaft ausüben, kann keine Kritik, Satire und Häme gebrauchen. Denn diese würde seine von einer höheren Macht sanktionierte Stellung hinterfragen oder gar lächerlich machen.
Sie werden immer bestrebt sein, „die Meinungsmacher“ in ihrer Hand zu haben. Sie werden die Richtung der Berichterstattung vorgeben. Es wird vorzensiert und es werden Erscheinungsverbote verhängt. Und es werden die juristischen Voraussetzungen geschaffen, um aufmüpfige und Enthüllungsjournalisten sowie die Kämpfer für die Presse- und Meinungsfreiheit anzuklagen, und sie werden als Lügner, Volksverhetzer, Geheimnisverräter, Spione usw. hingestellt, die mundtot gemacht werden müssen. Sie werden eingesperrt oder gar hingerichtet.
Diktatoren und ihre Anhänger, die normalerweise keine Macht über Medien in Demokratien haben, werden aber trotzdem versuchen, Einfluss auf deren Berichterstattung und ihre Satire auszuüben.
Bei negativen Darstellungen werden sie drohen, einschüchtern, verleumden, Einreiseverbote verhängen oder ausweisen.
Im Gegenzug steht dann das Gewähren von Privilegien sowie Bestechungen in mannigfaltiger Form.
Auch das Aufkaufen von Medien in demokratischen Ländern wird praktiziert, um mit ihnen das eigene Tun schön zu reden und zu schreiben.
All diese Praktiken sind aufgrund von Erfahrungen bekannt, wie die Saga des Waldkirch-Zeitungsimperiums dieser Dokumentation deutlich aufzeichnet und es auch neuere Publikationen beschreiben.
„Wehret den Anfängen“ so müssen die Demokraten sich zurufen, solange sie dies noch können. Denn hat eine werdende Bevormundung erstmal diktatorische Züge angenommen, dann ist es wieder einmal zu spät.
Der Spruch „Der Klügere gibt nach“ muss ad acta gelegt werden, denn wenn der „Klügere“ nachgibt, werden die Dummen und Aggressiven das Sagen haben.

Die Freiheiten der drei demokratischen Säulen

- Medien- und Meinungsfreiheit
- Gedanken- und Gewissensfreiheit
- Rede- und Demonstrationsfreiheit

müssen unbedingt verteidigt, aber auch angewendet werden.

Denn alle Medien sind auch Meinungsmacher und haben damit einen großen Einfluss.
Schon Napoleon wusste dies und bezeichnete die Presse als Großmacht. Der „Eisenhammer“, das NS-Kampfblatt, verkündete schon vor 1933 *„Die Presse ist die Bildnerin der öffentlichen Meinung und wer die Presse hat, der hat die öffentliche Meinung. Wer die öffentliche Meinung hat, der hat Recht. Wer Recht hat, kommt in den Besitz der Macht.“*
Die Medien sind also eine Macht und darum ist es für Demokratien so wichtig, dass diese „Meinungsmacht“ in neutralen und verantwortungsvollen Händen liegt und dass sie, wie schon der Zeitungsverleger Julius Waldkirch 1870 schrieb *„Der Wahrheit die Ehre geben“*, und sein Sohn Wilhelm hinzufügte *„Im Dienste am Gemeinwohl handeln“*.
Damit die Presse aber auch Macht ausüben kann, muss sie ihre Kräfte bündeln und ausrichten, so wie es am 22. Januar 1924 in der Pfalz geschah.
Drei Wochen lang erschienen keine Zeitungen in dem durch Frankreich besetzten Land. Es war ein passiver Streik der Presse gegen die Willkürherrschaft der von den Franzosen eingesetzten und bewaffneten Separatisten.
Vorausgegangen waren in den Publikationen scharfe Proteste gegen die Unterdrückung der Pressefreiheit und den Drangsalen der Autonomisten gegen die Bevölkerung.
Durch diesen allgemeinen und einmaligen Pressestreik war der Besatzungsmacht aber auch eine starke Waffe gegen die Pressefreiheit genommen worden, nämlich die Presse durch Erscheinungsverbote und Zensur in ihrer Arbeit zu behindern.
Diese passive und friedliche Machtdemonstration der pfälzischen Presse war so einmalig, dass die Welt aufmerksam wurde und die internationalen Medien ihre Reporter schickten. Diese berichteten so, dass den Franzosen nichts anderes übrig blieb, als die Separatistenherrschaft zu beenden und wieder lebbare Verhältnisse herzustellen.
Einem Mann, dem späteren Geheimrat Dr. h. c. Wilhelm Waldkirch, damals Vorsitzender der pfälzischen Zeitungsverleger, ist diese Kampagne zuzuordnen. Er hatte die Idee und aufgrund seiner Persönlichkeit konnte er alle Verlage, gleichgültig welche Richtung die einzelnen Blätter vertraten, überzeugen, sich trotz der Verluste die ihnen durch das Nichterscheinen der Zeitungen entstanden, sich diesem Streik anzuschließen, der mit dem Abzug der Autonomisten siegreich endete.
Als dann 1933 die Nazis ans Ruder kamen, wurde die Presse und der Rundfunk sukzessive gleichgeschaltet oder verboten und die aktiven Gegner wie die Waldkirch-Presse durch Enteignung ausgeschaltet. Die

NS-Presse war eine Macht geworden und so behauptete sie „die Nationalsozialisten hätten die Pfalz von den Separatisten befreit und da es gegen diese Behauptung kein Widerstand geben dürfte ging diese unrichtige Version in die Geschichte ein. Und die Tat von Wilhelm Waldkirch, der in den Augen der Nazis ein Volksaufwiegler war, wurde gelöscht.
Aber auch in einer Demokratie darf die Meinungs-, Medien-, Rede- und Demonstrationsfreiheit nicht ins Uferlose fließen. Sie hat dort zu enden, wo die eigene Meinungsfreiheit anderen diese Freiheit nimmt und wo sie beleidigt, verleumdet oder gar Hass sät.
Sie ist am Ende der Fahnenstange angekommen, wenn sie selbst zum Meinungsdiktat wird.
Schon die Waldkirch-Presse schrieb „*Auch bei der Zeitung liegt in gewisser Beschränkung die wahre geistige Freiheit.*“. Und der französische Schriftsteller Jean Cocteau meinte „*Man muss wissen, bis wohin man zu weit gehen kann*“.
Die Satire zum Beispiel muss dort geduldet werden, wo es um eine Sache oder Handlung geht, die kritisch begutachtet wird.
Sie ist aber mit Vorsicht zu handhaben, wo es um Personen und ihre Emotionen geht.
Und sie hat da zu unterbleiben, wo Ehre und Religionsverständnis verletzt werden.
Ehrenhaftigkeit und Religiosität sind nun einmal in unserer Welt verschieden und so trägt der Satiriker eine große Verantwortung, wie weit er mit seiner Satire gehen kann, ohne dass er eine eventuell böse Gegenreaktion auslöst, die Wut und Hass erzeugt und ganze Volksgruppen entzweien sowie Gewaltakte produzieren kann.
Ein Satiriker und auch seine Befürworter sollten sich immer bewusst sein, dass Satire nur dann eine Kunstform ist, wenn sie mit Ironie und Witz etwas kritisch auf den Arm nimmt und nicht einen Menschen mit Häme, Beleidigungen und Diskriminierung platt machen will.
Sich hinter einer selbstgefälligen falsch interpretierten Meinungsfreiheit zu verstecken und alle Verantwortung von sich zu weisen, ist kontraproduktiv und dient nur dem Ego des Satirikers.
Die Meinungsfreiheiten der Demokratien sind ein hohes Gut und nicht dafür da, um mit ihnen Spielchen zu treiben. Sie stehen für die Freiheit aller Menschen und nicht nur für einen einzelnen, der denkt und handelt „Freiheit, die ich meine“ und den anderen jede Toleranz verweigert, aber für sich selbst einfordert.
Es ist klar, dass menschliche Gemeinschaften ohne Regeln nicht funktionieren, denn ohne allgemein verbindliche Gesetze, die Menschen sich selbst geben, ist ein friedliches Zusammenleben nicht möglich. Diese

Vereinbarungen müssen aber auch eingehalten werden und dafür sorgt in der demokratischen Gewaltenteilung die Justiz.
Demokratie ist aber nicht nur Freiheit in den Grenzen, die sich die Demokraten selbst gegeben haben, sie bietet auch eine Kontrolle durch die Opposition, die mit ihrer Meinungsfreiheit die Regierung kritisieren und Unzulänglichkeiten sowie Missstände anprangern kann.
Denn die Untertanen erleben immer wieder, dass Politik und Verwaltung keine Ahnung haben, was unter ihnen gedacht, gefühlt und gehofft wird und dabei sollten die Volksrepräsentanten doch das Volk vertreten und nicht ihr eigenes Süppchen kochen.
Bei den Handlungen der Freiheit wird gerne übersehen, dass sie auch als Puffer wirken. Denn ein Mensch oder eine Gruppe, die ihre nicht angepasste Meinung äußern kann, die haben damit ein Ventil, das es ermöglicht, Frust abzubauen, den Innendruck zu reduzieren und so ein Platzen zu verhindern, das sie in den Untergrund und die Illegalität treiben könnte.
Die Meinungsfreiheit, die auch ihnen zusteht, erlaubt es, dass sie gehört werden und so vielleicht ein Dialog entsteht, der sie eines besseren belehrt oder auch dass ihre Ansichten die besseren sind und sich so Gehör verschaffen können.
Die die anderer Meinung sind auszugrenzen, sie zu verspotten, sie als unglaubwürdig hinzustellen oder sonst wie zu versuchen mundtot zu machen, ist der falsche Weg.
Die Bevölkerung wird dies als Willkür der Etablierten einstufen, weil sie gegen die Querdenker keine Argumente haben und die Demokratie aushebeln.
Nur die faire Auseinandersetzung mit der anderen Auffassung kann den besseren Weg beleuchten, den oft genug auch die Querdenker haben. In einer Demokratie darf es kein Manko sein, auch mal gegnerische Ideen als die besseren Alternativen zu akzeptieren.
Die Presse- und Meinungsfreiheit ist dafür da, die Bevölkerung objektiv und wahrheitsgemäß zu informieren und ihren „*Dienst am Gemeinwohl*", wie es Wilhelm Waldkirch formulierte, neutral zu verrichten. Die Medien werden ihrer Bestimmung aber nur gerecht, wenn sie ihre Freiheit auch nutzen und sie nicht von oder durch Politik, Wirtschaft und sonstigen Gruppierungen beeinflussen oder gar manipulieren lassen. Die Medien müssen auf ihre Pressefreiheit pochen, denn sie leben damit auch Demokratie vor.
Dabei ist die unvoreingenommene und wahrheitsgemäße Berichterstattung ganz wichtig, denn einer Lügenpresse wird man die Objektivität absprechen und ihren Nachrichten nicht mehr glauben. Dies bedeutet

aber nicht, dass die Medien nicht ihre eigene Meinung im vorgegebenen Rahmen äußern dürfen. Es muss nur ganz klar sein, dass die Kommentare Meinungen sind und keine neutralen Berichte.
Auch Leserbriefe sind Kommentare der Bevölkerung und sollten als Volksmeinungsvielfalt ernstgenommen werden. An ihnen sind Meinungsströmungen zu erkennen und es liegt an den Redaktionen, sie ausgewogen zu veröffentlichen.
Wie Leser und Hörer immer wieder feststellen können, gibt es außer den guten neutralen Medien auch welche, die in ihren Nachrichten versteckte Behauptungen offerieren, mit denen sie Geschehnisse manipulieren und ihnen damit eine falsche Richtung und Zuordnung verpassen.
Die hauptsächlichen Beweggründe sind: durch Sensationsnachrichten Konsumenten anzulocken, um die Auflagen und Einschaltquoten zu steigern, oder um Personen, Gemeinschaften und Staaten in Misskredit zu bringen sowie wiederum vom entstandenen Zwist wirtschaftliche und persönliche Vorteile wie Befriedigung und Genugtuung zu ergattern.
Wenn offener Hass in Nachrichten, Kommentaren oder Satire versprüht werden, ist es das Schlimmste, was Medien tun können. Denn die Reaktionen daraufhin könnten verheerend sein.
In ideologischen oder auch bewaffneten Auseinandersetzungen ist es ein beliebtes Mittel, den Gegner als Untermenschen hinzustellen, ihm alles Ethische abzusprechen und ihn als vogelfrei erscheinen zu lassen, der beliebig vernichtet und getötet werden kann.
Hat sich der Hass erstmals in den Köpfen der Kontrahenten durch Indoktrinierung festgesetzt werden die Auseinandersetzungen extrem grausam.
Kleine Zeitungsenten, die immer mal wieder durch den Blätterwald watscheln und durch Verstümmelung oder unklare Korrespondenz bei der Nachrichtenübermittlung beziehungsweise durch Nachlässigkeit in den Redaktionen entstanden sind, sollten berichtigt werden, bevor sie in Dinos auswachsen und Unheil schaffen.
Dies zeugt dann von Ehrlichkeit und führt das Schimpfwort „Lügenpresse“ ins Absurdum.
Wilhelm Waldkirch, der ja den Hass im Ersten Weltkrieg kennengelernt hatte und die Presseanfeindungen nach diesem Krieg während der Besatzungszeit erlebte sowie umgekehrt die Versöhnung der Versöhnungspolitik der beiden freimaurerischen Außenminister des Franzosen A. Briand und des deutschen G. Stresemann, beobachten konnte, tat etwas Einmaliges.
Er gründete 1927 an der Heidelberger Rupprecht-Karls-Universität das „Institut für Zeitungswesen“.

Waldkirch hatte den deutschen Zeitungsverlegerverband in Berlin und die Universität davon überzeugt, dass es wichtig sei, schon den journalistischen Nachwuchs rechtzeitig mit der Ethik des Zeitungswesens und der Verantwortung als Meinungsmacher bekannt zu machen, um so negative Auswüchse zu verhindern. Er leitete das Institut und hielt mit anderen Dozenten selbst Vorlesungen. Für diese Leistung wurde ihm von der Universität der Titel und die Würde eines Doktors h. c. der Staatswissenschaften ehrenhalber verliehen.
In der NS-Zeit bekam Wilhelm Waldkirch, der als Freimaurer für Freiheit, Gleichheit und Brüderlichkeit stand und die Pressefreiheit verteidigte, die ganze Toleranzlosigkeit und den Hass einer Diktatur zu spüren. Sein Betrieb wurde enteignet, er und seine mitarbeitenden Söhne erhielten Berufsverbot, das Institut wurde ihm genommen und damit sein ganzes Lebenswerk vernichtet.
Die Literatur beschrieb ihn als mutig und es war verständlich, dass er während der NS-Diktatur ein Buch veröffentlichte, das die „Hasspolitik als Element der Zerstörung" brandmarkte. Da er schon als Volksverhetzer damals ein todeswürdiges Verbrechen abgestempelt war, konnte er nicht auch noch die NS-Hasspolitik aufs Korn nehmen. Er musste sich auf die Gegner des Regimes beschränken. Aber jeder der zwischen den Zeilen lesen konnte, merkte, dass auch das Dritte Reich gemeint war.

Schlusswort

Diese vorliegenden Dokumentationen über die Waldkirch Pressegeschichte sollten Beispiele sein und bewusst machen, dass Menschen, auch die intelligentesten, durch die Medien beeinflussbar sind. Sie haben nur eine Chance diese „Meinungsmache“ zu erkennen, wenn sie das Original als solches kennen und das ist nicht immer ganz einfach. Es bleibt nur die Möglichkeit, das Objekt oder die Situation von allen Seiten her zu beleuchten, zwischen den Zeilen zu lesen und dem Zeitgeist nicht blindlings zu folgen, sondern ihn kritisch zu hinterfragen.
Eine negative Kampagne zum Beispiel beginnt seit alters her meist mit dem Lächerlich machen, der Häme, der Verunglimpfung und dann, wenn der Boden bereitet ist, kommt die Verleumdung.
Journalisten wollen oft ihre eigene Meinung durchdrücken. Frustrierte Berichterstatter ihren Frust loswerden. Und Reporter eine Sensation kreieren.
Auch sollte immer bedacht werden, dass die Medienfütterer auch beeinflussbar sind und irren können. Darum Vorsicht vor allen unbewiesenen Nachrichten und Mitteilungen.

Der Autor Dr. h. c. Julius Wilhelm Waldkirch

Quellenverzeichnis

Seite 7 „Meyers Enzyklopädie" 1979, Band 20, S. 741
– Satire –

Seite 12 „Meyers Enzyklopädie" 1979" Band 4, S. 857
– Gutenberg –

Seite 56 „Meyers Enzyklopädie" 1979 Band 25, S. 19
– 1. Weltkrieg –

Seite 58 „Pfälzische Rundschau"
– eigenes Archiv –

Seite 60 „Illustrierte Weltschau"
– eigenes Archiv –

Seite 79 „Niemals"
– eigenes Archiv –

Seite 81 „Rheinpfalz" 12. Oktober 2014

Seite 84 „Niemals"
– eigenes Archiv –

Seite 148 „Die Pfalzbefreier"
– Verlag pro Message –
Gerh. Gräber, Matt. Spindler

Seite 177 „Aufklärung eines Mythos"
– Verlag b.bra. Tom Goeller –

Seite 177 „Internationales Freimaurerlexikon"
– Verlag Amalthea –
E. Lennof und 0. Posner

Seite 178 „Pfälzische Rundschau"
– eigenes Archiv –

Seite 202 Der Lachende Poet
– Verlag Wellhöfer –

Seite 207 „Eisenhammer"
– eigenes Archiv –

Seite 214 „Presse in Fesseln"
– Verlag, Archiv + Kartei –
Gemeinschaftsarbeit

Seite 216 „NSZ Rhein Front"
– eigenes Archiv –

Seite 259 „Pfalz unterm Hakenkreuz"
– Verlag Pfälzische Verlagsanstalt –
Gerh. Nestler + Han.Ziegler

Seite 282 „Arisierung und Wiedergutmachung in Mannheim", S. 151
– Verlag Regionalkultur –
Christiane Fritsche

Seite 289 Spruchkammer Mannheim"
– eigenes Archiv –

Seite 300 „Rheinpfalz" im Frühjahr 2013
– Verlag Medienunion –

Seite 302 „Arisierung und Wiedergutmachung in Mannheim"
– Verlag Regionalkultur –
Christiane Fritsche

Seite 302 „Kleinkrieg gegen die Opfer"
– Autor C. Pross –

Seite 306 „Parteien und Presse in Rheinland Pfalz 1945-1971"
– Kommission des Landtages für Geschichte des Landes Rheinland Pfalz –
St. Pieroth

Seite 312 „Mannheimer Morgen"
– eigenes Archiv –

Seite 314 „Das Wesen der NS-Druckereien"
– Referat Herbert Meininger, Neustadt –

Seite 315 „Das ganze Deutschland" (Wochenzeitschrift)
– Verlag Dr. Karl Silex –

Seite 326 „Anwaltsbüro" – Prof. Dr. Löffler
– Stuttgart –

Seite 342 „Die Pfalz unterm Hakenkreuz"
– Verlag Pfälzische Verlagsanstalt –
G. Nestler und H. Ziegler

Seite 348 „Nürnberger Tagebuchnotizen"
–Verlag Fritz Knapp –
Dr. Freiherr von Lippe

Seite 352 „Udo Leuschner"
– Internet –

Seite 356 „Wilhelm Waldkirch"
– eigenes Archiv –

Alle Abbildungen:
– eigenes Archiv –